ICH ELTON JOHN

DIE AUTOBIOGRAFIE

Aus dem Englischen von
Harriet Fricke, Stephan Glietsch und Torsten Groß

WILHELM HEYNE VERLAG
MÜNCHEN

Die Originalausgabe erschien 2019 unter dem Titel
»ME« bei Macmillan, an imprint of Pan Macmillan.

Verlagsgruppe Random House FSC® N001967

Deutsche Erstausgabe 2019

© 2019, Elton John
All rights reserved
© der deutschsprachigen Ausgabe 2019
by Wilhelm Heyne Verlag, München,
in der Verlagsgruppe Random House GmbH,
Neumarkter Straße 28, 81673 München
Redaktion: Lars Zwickies
Umschlaggestaltung: Hauptmann & Kompanie Werbeagentur, Zürich
nach der Vorlage von James Annal © Pan Macmillan
unter Verwendung eines Fotos von © Terry O'Neill,
© HST Global Limited
Satz: Satzwerk Huber, Germering
Druck und Bindung: GGP Media GmbH, Pößneck
Printed in Germany
ISBN: 978-3-453-20292-4

www.heyne.de

*Dieses Buch ist meinem Mann David und
unseren wunderbaren Söhnen Zachary und Elijah gewidmet.
Ein besonderer Dank an Alexis Petridis,
ohne den dieses Buch nicht möglich gewesen wäre.*

PROLOG

Ich stand auf der Bühne des Latino in South Shields, als mir klar wurde, dass ich so nicht weitermachen konnte. Das Latino war einer dieser Supper Clubs, die es im Großbritannien der Sechziger- und Siebzigerjahre überall gab und die alle identisch aussahen. Leute in Abendgarderobe saßen an Tischen und tranken Wein aus Bastflaschen; die Lampenschirme hatten Fransen, die Tapeten Blumenmuster und die Kellner Fliegen um den Hals. Gerade so, als wäre man in die Vergangenheit zurückgeworfen worden. Draußen war es Winter 1967, und die Rockmusik veränderte sich so schnell, dass mir bei dem bloßen Gedanken der Kopf schwirrte: *Magical Mystery Tour* von den Beatles, die Mothers of Invention, *The Who Sell Out*, *Axis: Bold as Love*, Dr. John und *John Wesley Harding*. Im Latino ließen sich die Swinging Sixties nur deswegen erahnen, weil ich einen Kaftan und eine Kette mit Glöckchen trug. Das Outfit stand mir nicht. Ich sah aus wie ein Finalteilnehmer im Wettbewerb um Großbritanniens unglaubwürdigstes Blumenkind.

Die Idee mit dem Kaftan und den Glöckchen stammte von John Baldry. Ich war der Organist in seiner Begleitband Bluesology. John hatte mitbekommen, dass alle anderen R'n'B-Bands plötzlich auf psychedelisch machten. In der einen Woche sah man Zoot Money's Big Roll Band noch Stücke von James Brown spielen, in der nächsten hießen sie Dantalian's Chariot, trugen auf der Bühne weiße Gewänder und sangen davon, dass im Dritten Weltkrieg alle Blumen sterben würden. John hatte beschlossen, ihrem Beispiel zumindest in Sachen Mode zu folgen. Deshalb hatte er für alle Kaftane besorgt. Die Band musste sich mit billigen Modellen begnügen, während John sich seine bei Take Six in der Carnaby Street individuell anfertigen ließ. Wenigstens glaubte er das, bis er bei einem Gig im Publikum einen Mann entdeckte, der den gleichen Kaftan trug wie er. Mitten im Lied hörte er auf und rief dem Mann wütend zu: »Woher haben Sie das Hemd? Das ist *meins*!« Nach meinem Empfinden entsprach das so gar nicht dem Geist der Liebe, des Friedens und der Brüderlichkeit, für den der Kaftan eigentlich stand.

Ich bewunderte Long John Baldry sehr. Er war irrsinnig komisch, unglaublich exzentrisch, offensiv schwul und ein brillanter Musiker, vielleicht der beste Zwölf-Saiten-Gitarrist, den Großbritannien je hervorgebracht hat. In den frühen Sechzigern war er eine Schlüsselfigur im britischen Blues-Boom gewesen und hatte mit Alexis Korner, Cyril Davies und den Rolling Stones gespielt. Sein Blues-Wissen war enzyklopädisch. Er war quasi mein Lehrmeister, durch ihn habe ich jede Menge Musik kennengelernt, von der ich vorher noch nie gehört hatte.

Vor allem aber war er unglaublich aufmerksam und großzügig. Er hatte ein Gespür für gute Musiker und erkannte ihr Talent vor allen anderen; dann baute er sie auf und nahm sich die Zeit, ihr Selbstvertrauen zu stärken. Bei mir hat er es so gemacht und davor bei Rod Stewart, dem Sänger von Steampacket, Johns ehemaliger Band, die aus Rod, John, Julie Driscoll und Brian Auger bestand. Diese Band war fantastisch gewesen, hatte sich aber aufgelöst. Wie ich gehört hatte, war es zwischen Rod und Julie nach einem Auftritt in Saint-Tropez zum Streit gekommen. Julie schüttete ein Glas Rotwein über Rods weißen Anzug – Sie können sich vorstellen, wie gut das bei ihm ankam. Danach war Schluss mit Steampacket. Stattdessen waren Bluesology bei Johns Gigs als Backingband eingesprungen, und nun spielten wir in den angesagten Soul Clubs und Blueskellern des ganzen Landes.

Es machte großen Spaß, obwohl John recht eigenartige Vorstellungen von Musik hatte. Unsere Sets waren ganz schön schräg. Wir fingen mit knallhartem Blues an: »Times Getting Tougher Than Tough«, »Hoochie Coochie Man«. Wir hatten das Publikum fest im Griff, aber dann bestand John darauf, »The Threshing Machine« zu spielen, einen zotigen Novelty Song aus dem Südwesten Englands, der eher an die Lieder erinnerte, die Rugbyspieler im Vollrausch grölen. Stücke wie »'Twas on the Good Ship Venus« oder »Eskimo Nell«. John benutzte beim Singen sogar den passenden Akzent. Im Anschluss mussten wir etwas aus dem Great American Songbook spielen – »It Was a Very Good Year« oder »Ev'ry Time We Say Goodbye« –, weil John so gern die amerikanische Jazzsängerin Della Reese imitierte. Keine Ahnung, wie er auf die Idee kam, das Publikum hätte von ihm »The Threshing Machine« oder eine Della-Reese-Parodie hören wollen, aber er war felsenfest davon überzeugt, obwohl es zwingende Beweise gab, dass dem nicht so war. Man musste sich nur die Leute in der ersten Reihe angucken, die wegen der Blueslegende Long John Baldry gekommen waren, allesamt Mods, die Kaugummi kauten und uns entsetzt anstarrten.

Was zum Geier macht der Typ da? Es war urkomisch, obwohl ich mich innerlich dasselbe fragte.

Dann trat die Katastrophe ein: Long John Baldry landete einen Riesenhit. Normalerweise wäre das ein Grund zur Freude gewesen, aber »Let the Heartaches Begin« war schrecklich, ein zuckersüßer, massenkompatibler Schmachtfetzen, Marke *Housewives' Choice*. Das Stück war Lichtjahre von der Musik entfernt, die John eigentlich hätte machen sollen, aber die Single hielt sich wochenlang auf Platz eins und wurde rund um die Uhr im Radio gespielt. Ich würde gern behaupten, ich hätte keine Ahnung gehabt, was er sich dabei gedacht hatte, aber ich wusste es nur allzu gut und nahm es ihm nicht mal übel. Er hatte jahrelang geschuftet und verdiente zum ersten Mal richtiges Geld. Von den Blueskellern wurden wir bald nicht mehr gebucht, dafür spielten wir in den Supper Clubs, die auch viel besser zahlten. Oft gaben wir an einem Abend zwei Shows. Die Leute dort interessierten sich nicht für Johns maßgebliche Rolle beim britischen Blues-Boom oder für seine Fertigkeiten an der zwölfsaitigen Gitarre. Sie wollten nur jemanden sehen, der im Fernsehen aufgetreten war. Manchmal hatte ich den Eindruck, sie würden sich überhaupt nicht für Musik interessieren. Wenn wir in einigen Clubs länger als vereinbart spielten, ließen die Betreiber mitten in einem Stück den Vorhang fallen. Doch es war nicht alles schlecht: Die Gäste der Supper Clubs begeisterten sich für »The Threshing Machine« wesentlich stärker als die Mods.

»Let the Heartaches Begin« brachte noch ein weiteres Problem mit sich: Bluesology konnten es live nicht spielen. Nicht dass wir uns geweigert hätten. Wir *konnten* es einfach nicht spielen. Auf der Single wirkten ein Orchester und Sängerinnen mit, sie klang wie Mantovani. Wir waren eine achtköpfige

Rhythm-&-Blues-Band mit Bläsern. Den Sound hätten wir niemals reproduzieren können. John kam auf die Idee, den Backingtrack auf Tonband zu überspielen. War der große Moment gekommen, schob er ein gigantisches Bandgerät von Revox auf die Bühne, drückte auf Play und sang dazu. Wir anderen standen derweil untätig auf der Bühne herum. In Kaftans und mit Glöckchenketten. Während die Gäste Hähnchen mit Pommes futterten. Es war unerträglich.

Eine Sache war allerdings ziemlich komisch: Sobald John »Let the Heartaches Begin« anstimmte, fingen die Frauen im Publikum an zu kreischen. Von Verlangen übermannt, ließen sie Hähnchen und Pommes stehen und liefen zum Bühnenrand. Dann grapschten sie nach Johns Mikrofonkabel und versuchten, ihn vom Podest zu zerren. Mit Sicherheit passierte Tom Jones das jeden Abend, und er wurde spielend leicht damit fertig, aber Long John Baldry war nun mal nicht Tom Jones. Statt sich in den Huldigungen seiner Verehrerinnen zu suhlen, rastete er aus. Er hörte auf zu singen und brüllte die Frauen an wie ein Schulmeister: »WENN SIE MEIN MIKROFON KAPUTT MACHEN, KRIEGE ICH VON IHNEN FÜNFZIG PFUND!« An einem Abend stieß die Drohung jedoch auf taube Ohren. Und während die Frauen weiter am Mikrofonkabel zerrten, hob John plötzlich einen Arm. Dann dröhnte ein lauter Knall durch die Lautsprecher. John hatte irgendeiner lustgeplagten Zuschauerin eins mit dem Mikrofon übergezogen. Dass er nicht wegen Körperverletzung verhaftet oder angezeigt wurde, grenzt im Nachhinein betrachtet an ein Wunder. Wenn John danach »Let the Heartaches Begin« sang, vertrieben wir anderen uns die Zeit damit, innerlich Wetten abzuschließen, ob er wieder eine kreischende Verehrerin vermöbeln würde.

Dieser Song lief auch, als mich in South Shields plötzlich die Erkenntnis traf. Seit meiner Kindheit hatte ich davon geträumt, Musiker zu sein. Diese Träume hatten alle möglichen Formen angenommen: Ich war abwechselnd Little Richard, Jerry Lee Lewis oder Ray Charles gewesen. Allerdings war darin nie vorgekommen, in einem Supper Club außerhalb von Newcastle auf der Bühne zu stehen und die Vox-Continental-Orgel nicht zu spielen, während Long John Baldry zu einem Tonband ins Mikrofon schmachtete und den Gästen androhte, ihnen fünfzig Pfund abzuknöpfen. Und trotzdem tat ich genau das. Und so sehr ich John auch mochte, ich musste dringend etwas anderes machen.

Das Problem war nur, ich hatte nicht gerade eine ganze Palette an anderen Möglichkeiten. Tatsächlich hatte ich keine Ahnung, was ich machen sollte. Singen und Klavier spielen konnte ich zwar, aber ich hatte nicht das Zeug zum Popstar. Zunächst einmal sah ich nicht aus wie einer – was sich nicht zuletzt darin zeigte, dass ich im Kaftan keine besonders gute Figur machte. Außerdem hieß ich Reg Dwight. Das war kein Name für einen Popstar. »Heute bei *Top of the Pops*, die neue Single von … Reg Dwight!« Das würde ganz sicher niemals passieren. Die anderen Mitglieder von Bluesology hatten Namen, die man sich gut bei *Top of the Pops* vorstellen konnte: Stuart Brown, Pete Gavin, Elton Dean. Elton Dean! Selbst der Saxofonist klang mehr nach Popstar, dabei wollte er das überhaupt nicht werden. Er war ein Vollblut-Jazzer, der bei Bluesology nur Zeit totschlug, bis er mit irgendeinem Impro-Quintett loslegen konnte.

Natürlich hätte ich meinen Namen ändern können, aber wozu sollte das gut sein? Es war nämlich nicht nur so, dass ich glaubte, nicht das Zeug zum Popstar zu haben. Man hatte es mir außerdem unmissverständlich zu verstehen gegeben.

Einige Monate zuvor hatte ich bei Liberty Records vorgespielt. Sie hatten eine Anzeige im *New Musical Express* geschaltet: LIBERTY RECORDS SUCHT NEUE TALENTE. Wie sich zeigte, hatten sie nicht mich gesucht. Ich war hingefahren, hatte Ray Williams ein paar Stücke vorgespielt und in einem kleinen Studio sogar ein, zwei Sachen aufgenommen. Ray meinte, ich hätte durchaus Potenzial, aber alle anderen beim Label sahen das anders. Danke, aber kein Bedarf. Damit hatte sich das erledigt.

Tatsächlich blieb mir nur eine Möglichkeit. Als ich mich bei Liberty vorgestellt hatte, hatte ich Ray gesagt, ich könnte Stücke schreiben, oder vielmehr halbe Stücke. Melodien bekam ich hin, aber keine Texte. Bei Bluesology hatte ich es mal versucht, und das, was dabei herausgekommen war, ließ mich nachts noch immer schweißgebadet im Bett hochschrecken: »We could be such a happy pair, and I promise to do my share.« Nachdem Ray mir eine Absage erteilt hatte, drückte er mir, fast wie einen Trostpreis, einen Umschlag in die Hand. Auf die Anzeige im *New Musical Express* hin hatte jemand ein paar Songtexte eingereicht. Ich hatte den Verdacht, dass Ray sie noch nicht mal gelesen hatte, als er sie an mich weitergab.

Der Texter kam aus Owmby-by-Spital in Lincolnshire, nicht gerade die pulsierende Welthauptstadt des Rock'n'Roll. Offenbar arbeitete er auf einer Hühnerfarm, wo er tote Vögel mit einer Schubkarre abtransportierte. Aber seine Texte waren ziemlich gut. Esoterisch, ein bisschen wie Tolkien, nicht weit von Procol Harums »A Whiter Shade of Pale« entfernt. Vor allem aber verspürte ich bei keinem davon das dringende Bedürfnis, mir vor Peinlichkeit den Kopf abzureißen. Insofern stellten sie eine erhebliche Verbesserung zu allem dar, was mir selbst bisher eingefallen war.

Aber das Entscheidende war, dass ich Musik dazu schreiben konnte, und das auch noch richtig schnell. Die Texte hatten etwas, das mich sofort ansprach. Mit dem Texter war es dasselbe. Er kam nach London, wir gingen zusammen Kaffee trinken und verstanden uns auf Anhieb. Wie sich herausstellte, war Bernie Taupin alles andere als ein Landei. Für einen Siebzehnjährigen war er ganz schön weltgewandt: langhaarig, attraktiv, belesen, ein großer Fan von Bob Dylan. Wir fingen an, zusammen Songs zu schreiben. Das heißt, richtig zusammen schrieben wir sie nicht. Er schickte mir seine Texte per Post aus Lincolnshire, ich komponierte die Musik zu Hause, in der Wohnung meiner Mutter und meines Stiefvaters in Northwood Hills. Mit dieser Methode schrieben wir Dutzende Lieder. Allerdings gelang es uns erst mal nicht, die verdammten Sachen an irgendeinen Künstler zu verkaufen, und wenn wir uns in Vollzeit in die Arbeit gestürzt hätten, wären wir bald pleite gewesen. Aber was hatten wir außer Geld schon groß zu verlieren? Eine Schubkarrenladung toter Vögel beziehungsweise zwei Nichteinsätze pro Abend, während »Let the Heartaches Begin« vom Band lief.

Im Dezember, nach einem Auftritt in Schottland, verkündete ich John und den Mitgliedern von Bluesology, dass ich die Band verlassen würde. Keiner nahm es mir übel. Wie gesagt, John war unglaublich großzügig. Auf dem Rückflug überlegte ich mir, meinen Namen doch zu ändern. Aus irgendeinem Grund meinte ich, mir ganz schnell einen neuen einfallen lassen zu müssen. Vermutlich sah ich darin ein Symbol für meinen Neuanfang. Schluss mit Bluesology, Schluss mit Reg Dwight. Weil ich es eilig hatte, klaute ich mir die Namen von anderen. Elton aus Elton Dean, John aus Long John Baldry. Elton John. Elton John und Bernie Taupin. Das *Songwriter-Duo* Elton John und Bernie Taupin. Das klang gut. Ungewöhnlich. Einprägsam. Im

Bus von Heathrow nach Hause erzählte ich meinen neuen Ex-Bandkollegen, wie ich in Zukunft heißen würde. Sie lachten sich schlapp, dann wünschten sie mir viel Glück.

EINS

Elvis Presley lernte ich durch meine Mutter kennen. Jeden Freitag nach der Arbeit holte sie ihre Lohntüte ab, hielt auf dem Heimweg bei Siever's, einem Elektrogeschäft, das auch Schallplatten im Angebot hatte, und kaufte sich eine neue 78er-Schellackplatte. Für mich war das der schönste Tag in der Woche. Ungeduldig wartete ich zu Hause auf ihre Rückkehr. Meine Mutter ging gern tanzen, daher stand sie auf Big Bands – Billy May und sein Orchester, Ted Heath – und sie liebte amerikanische Sänger wie Johnnie Ray, Frankie Laine, Nat King Cole und Guy Mitchell mit seinem Hit »She Wears Red Feathers and a Huly-Huly Skirt«. Doch an einem Freitagnachmittag brachte sie etwas völlig anderes mit. Wie sie mir erzählte, hatte sie so etwas noch nie gehört, aber weil der Sänger so fantastisch war, hatte sie die Platte einfach kaufen müssen. Sobald sie den Namen Elvis Presley ausgesprochen hatte, wusste ich Bescheid. Am Wochenende davor war ich beim Friseur gewesen und hatte in einer Zeitschrift ein Foto des ungewöhnlichsten Mannes entdeckt, den ich je gesehen hatte. Alles an ihm wirkte besonders: die Kleidung, die Haare, sogar die Haltung. Verglichen mit den Leuten, die vor dem Fenster des Friseurladens im nordwestlichen Londoner Vorort Pinner vorbeischlenderten, hätte er ebenso gut knallgrüne Haut und eine Antenne auf dem Kopf haben können. Das Foto hatte mich dermaßen fasziniert, dass ich noch nicht mal den dazugehörigen Artikel gelesen hatte. Als ich nach Hause kam, hatte ich den Namen bereits vergessen. Jetzt fiel er mir wieder ein: Elvis Presley.

Sobald Mum die Platte auflegte, war klar, dass Elvis Presley genauso klang, wie er aussah – als käme er von einem anderen Planeten. Im Vergleich zu den Sachen, die meine Eltern sonst hörten, ging »Heartbreak Hotel« nicht mal als Musik durch. Eine Meinung, die mein Vater im Lauf der nächsten Jahre immer wieder nachdrücklich kundtat. Rock'n'Roll hatte ich zwar schon gehört (»Rock Around the Clock« war 1956 ein Megahit gewesen), aber »Heartbreak Hotel« klang völlig anders. Roh, sparsam instrumentiert, langsam, unheimlich. Und dann noch dieses merkwürdige Echo auf der Stimme. Man verstand kaum, was er sang. Ich begriff, dass sein Baby ihn verlassen hatte, aber danach verlor ich komplett den Faden. Was mochte ein »dess clurk« sein? Und wer war dieser »Bidder Sir Lonely«, den der Sänger immer wieder erwähnte?

Eigentlich waren die Worte völlig egal, denn der Gesang berührte einen fast körperlich. Man konnte die ungeheure Energie, die vom Sänger ausging, buchstäblich *fühlen*, fast so, als wäre sie ansteckend und würde aus dem Lautsprecher der Musiktruhe direkt in einen hineinfahren. Ich war damals bereits verrückt nach Musik und besaß eine eigene Sammlung von 78ern, bezahlt mit Gutscheinen für Plattenläden, die ich zum Geburtstag oder zu Weihnachten geschenkt bekam. Bis zu diesem Freitag war meine Heldin Winifred Atwell gewesen, eine große, mitreißend fröhliche Frau aus Trinidad, die auf der Bühne zwei Klaviere benutzte, einen Flügel für leichte Klassik und ein altes Stehklavier für Ragtime und Pub-Lieder. Ich liebte ihre gute Laune und die leicht theatralische Art, mit der sie verkündete: »So, jetzt setze ich mich an mein *anderes* Klavier«. Außerdem ihre Angewohnheit, sich beim Spielen nach hinten zu lehnen und dem Publikum ein breites Grinsen zu schenken, als würde sie sich königlich amüsieren. Ich fand Winifred Atwell einfach fantastisch, aber wenn ich ihr zugehört hatte, empfand ich nie so etwas wie bei diesem Lied. Tatsächlich hatte ich in meinem ganzen Leben noch nie so etwas empfunden. Während »Heartbreak Hotel« lief, hatte ich das Gefühl, alles hätte sich verändert und nichts würde mehr so sein wie früher. Wie sich herausstellte, stimmte das auch.

Gott sei Dank, denn die Welt hatte Veränderungen dringend nötig. Ich wuchs im Großbritannien der Fünfzigerjahre auf, und vor Elvis und Rock'n'Roll war es dort ziemlich trostlos. In Pinner zu leben machte mir nichts aus – ich bin keiner dieser Popstars, die sich von dem brennenden Wunsch antreiben ließen, der Vorstadt zu entkommen, sondern ich habe dort immer gern gewohnt. Aber leider befand sich das ganze Land in einem schlimmen Zustand. Die Menschen waren ängstlich, borniert und voreingenommen. Sie schielten mit sauertöpfischen Mienen hinter den Gardinen hervor, sie verstießen ihre Töchter, wenn diese sich *in Schwierigkeiten* gebracht hatten. Denke ich heute an die Fünfzigerjahre in Großbritannien zurück, dann sehe ich mich auf der Treppe vor unserem Haus sitzen und höre zu, wie der Bruder meiner Mutter, Onkel Reg, versucht, ihr die Scheidung von meinem Vater auszureden: »Du kannst dich nicht scheiden lassen! Was sollen die Leute denken?« Einmal hat er sogar die Phrase »Was werden die Nachbarn sagen?« benutzt. Onkel Reg konnte nichts dafür. Das war die Mentalität damals – den Schein zu wahren war wichtiger als glücklich zu sein.

In Wahrheit hätten meine Eltern niemals heiraten dürfen. Ich kam zwar erst 1947 auf die Welt, war im Grunde aber ein Kriegskind. Vermutlich wurde ich gezeugt, als mein Vater von der Royal Air Force ein paar Tage Heimaturlaub bekommen hatte – er war 1942, auf dem Höhepunkt des Zweiten Weltkriegs, eingezogen worden und hatte den Dienst nach Kriegsende verlängert. Meine Eltern waren zweifellos ein Kriegspaar. Ihre Geschichte klingt romantisch. Sie hatten sich in dem Jahr kennengelernt, als mein Vater zur Armee ging. Er war siebzehn gewesen und hatte vorher in Rickmansworth in einer Werft gearbeitet, die Kanalboote baute. Mum war siebzehn, ihr Mädchenname war Harris, und sie lieferte für United Dairies mit einem Pferdewagen Milch aus – eine Arbeit, die vor dem Krieg keine Frau verrichtet hätte. Mein Vater spielte leidenschaftlich gern Trompete und hatte meine Mutter im Publikum entdeckt, als er während eines Heimaturlaubs mit einer Band in einem Hotel in North Harrow spielte.

In Wahrheit war die Ehe von Stanley und Sheila Dwight alles andere als romantisch. Sie vertrugen sich einfach nicht. Beide waren dickköpfig und unbeherrscht, zwei überaus reizende Eigenschaften, die ich zu meinem unfassbaren Glück geerbt habe. Ich bin mir nicht sicher, ob sie sich jemals wirklich geliebt haben. Während des Krieges konnten die Leute gar nicht schnell genug heiraten – sie blickten einer ungewissen Zukunft entgegen, selbst noch im Januar 1945, als die Hochzeit meiner Eltern stattfand, und packten jede Gelegenheit beim Schopf. Vielleicht war das auch bei ihnen der Fall gewesen. Gut möglich, dass sie sich tatsächlich einmal geliebt hatten. Oder vielleicht hatten sie es wenigstens geglaubt. Jetzt schienen sie einander nicht mal mehr zu mögen. Von morgens bis abends stritten sie miteinander.

Pausen gab es nur, wenn mein Vater nicht zu Hause war, was ziemlich oft vorkam. Er war inzwischen zum Hauptmann der Luftwaffe befördert worden und wurde regelmäßig zu Auslandseinsätzen geschickt, in den Irak oder nach Aden, daher wuchs ich in einem reinen Frauenhaushalt auf. Mit Ivy, meiner Großmutter mütterlicherseits, wohnten wir in der Pinner Hill Road Nummer 55 – im selben Haus, in dem ich geboren wurde. Es gehörte zu einer dieser mit öffentlichen Geldern erbauten Reihenhaussiedlungen, wie sie in den Zwanziger- und Dreißigerjahren überall in Großbritannien entstanden waren: drei Schlafzimmer, roter Klinker im Erdgeschoss, weißer Putz im ersten Stock. Tatsächlich wohnte bei uns auch ein weiterer Mann, obwohl man von ihm so gut wie nichts mitbekam. Mein Großvater war jung an Krebs gestorben, und meine Großmutter hatte wieder geheiratet, einen Mann namens Horace Sewell, der im Ersten Weltkrieg ein Bein verloren hatte. Horace hatte ein Herz aus Gold, war aber nicht gerade eine Plaudertasche. Die meiste Zeit war er draußen. Er arbeitete in der Gärtnerei Woodman's, und nach Feierabend sowie an den Wochenenden hockte er in unserem Garten, wo er Gemüse anbaute und Blumen schnitt.

Vielleicht war er die ganze Zeit über im Garten, weil er meiner Mutter aus dem Weg gehen wollte, was ich ihm nicht verübeln könnte. Auch wenn mein Vater nicht da war, waren die Launen meiner Mutter unerträglich. Denke ich an meine Kindheit zurück, dann fallen mir zuerst Mums Stimmungsschwankungen ein. Oft senkte sich ohne Vorwarnung ein grässliches, finsteres Schweigen über das Haus, und ich schlich auf Zehenspitzen herum und überlegte mir jedes Wort dreimal, um sie nicht aufzuregen und mir eine Ohrfeige einzufangen. Hatte sie gute Laune, war sie lebhaft und nett. Aber sie schien immer nach einem Grund zu suchen, keine gute Laune haben zu müssen, wollte sich ständig streiten und das letzte Wort behalten. Onkel Reg sagte einmal, sie könne sogar in einem leeren Zimmer einen Streit vom Zaun brechen. Jahrelang habe ich geglaubt, es wäre meine Schuld und dass sie vielleicht nie Mutter werden wollte. Sie war bei meiner Geburt erst einundzwanzig und in einer unglücklichen Ehe gefangen gewesen. Außerdem war sie damals wegen Geldmangels dazu gezwungen, bei ihrer Mutter zu wohnen. Aber wie mir ihre Schwester, Tante Win, erzählte, war meine Mutter schon immer so gewesen – in ihrer Kindheit hätte stets eine dunkle Wolke über dem Kopf von Sheila Harris gehangen, die anderen Kinder hatten Angst vor ihr, und sie schien das zu genießen.

Was meine Erziehung anging, hatte Mum jedenfalls recht merkwürdige Ansichten. Damals sorgte man bei seinen Kindern mit Schlägen für Zucht und Ordnung und glaubte fest daran, mit einer gehörigen Tracht Prügel ließen sich sämtliche ihrer »Macken« korrigieren. Meine Mutter war eine leidenschaftliche Anhängerin dieser Philosophie, was besonders demütigend war, wenn sie ihre Leidenschaft in der Öffentlichkeit auslebte. Um das Selbstwertgefühl eines Kindes in seinen Grundfesten zu erschüttern, gibt es kein besseres Mittel, als ihm vor dem Sainsbury's in Pinner eine Abreibung zu verpassen, während eine sichtlich interessierte Menschenmenge zusieht. Doch einige ihrer Erziehungsmaßnahmen waren selbst für die damalige Zeit extrem verstörend. Jahre später habe ich erfahren, dass sie mir als Zweijährigem das Windeltragen abgewöhnen wollte, indem sie mich mit einer Drahtbürste blutig schlug, wenn ich nicht aufs Töpfchen ging. Als meine Großmutter das herausfand, war sie verständlicherweise außer sich und sprach wochenlang kein Wort mehr mit ihr. Meine Großmutter tobte auch, als sie mitbekam, wie meine Mutter mich von einer Verstopfung kurieren wollte. Sie hatte mich auf das Abtropfbrett in der Küche gelegt und mir Karbolseife in den Po gesteckt. Falls es ihr tatsächlich Spaß machte, Menschen in Furcht zu versetzen, dann muss sie an mir die hellste Freude gehabt haben, denn ich hatte schreckliche Angst vor ihr. Ich habe sie geliebt – schließlich war sie meine Mutter –, aber ich war immer auf der Hut, um ja nichts anzustellen, was sie wütend machte. War sie zufrieden, war ich es auch, wenigstens vorübergehend.

Mit meiner Großmutter gab es diesen Ärger nicht. Sie war der Mensch, dem ich am meisten vertraute. Für mich war sie das Herz der Familie, die Einzige, die nicht arbeiten ging – meine Mutter fuhr inzwischen keine Milch mehr aus, sondern hatte eine Anstellung als Verkäuferin. Meine Großmutter war noch eine echte Matriarchin aus der Arbeiterklasse: pragmatisch, fleißig, lieb, lustig. Ich habe sie vergöttert. Sie war die beste Köchin, hatte den grünsten Daumen, trank ab und zu ein Gläschen und spielte gern Karten. Ihr Leben war sehr hart gewesen – als ihre Mutter schwanger geworden war, hatte sich der Vater des Kindes aus dem Staub gemacht, daher wurde meine Großmutter im Armenhaus geboren. Sie hat zwar nie darüber geredet, aber das Erlebnis hatte aus ihr offenbar einen Menschen gemacht, den nichts erschüttern konnte, nicht mal mein Geschrei, als ich mir die Vorhaut im Reißverschluss einklemmte und die Treppe runter raste, damit sie mir aus der Patsche half. Sie seufzte nur und machte sich ans Werk, als würde sie jeden Tag den Penis eines kleinen Jungen aus seinem Reißverschluss befreien.

In unserem Haus roch es nach Braten und Kohlenfeuer. Ständig klopfte jemand an die Tür: Tante Win oder Onkel Reg, mein Cousin John oder meine Cousine Cathryn, der Mietenkassierer, der Laufbursche der Watford Steam Laundry, der Kohlenlieferant. Außerdem lief immer Musik. Das Radio war quasi rund um die Uhr eingeschaltet: *Two-Way Family Favourites, Housewives' Choice, Music While You Work, The Billy Cotton Band Show*. Wenn es einmal nicht lief, hörten wir Schallplatten aus der Musiktruhe, meistens Jazz, aber hin und wieder auch Klassik.

Ich konnte Stunden damit verbringen, diese Schallplatten zu betrachten und mir die unterschiedlichen Labels einzuprägen. Die blauen von Decca, die roten von Parlophone, die knallgelben von MGM, die von HMV und RCA, auf denen aus schleierhaften Gründen ein Hund abgebildet war, der ein Grammophon anschaute. Schallplatten waren für mich magische Objekte; dass sie Geräusche machten, wenn man eine Nadel darauf legte, kam mir vor wie ein Wunder. Es dauerte nicht lange, und ich wünschte mir als Geschenke nur noch Schallplatten und Bücher. Ich weiß noch, wie enttäuscht ich war, als ich einmal die Treppe runterkam und eine große, in Geschenkpapier eingewickelte Schachtel sah. O Gott, sie haben mir einen Metallbaukasten gekauft!

Und dann gab es bei uns zu Hause noch das Klavier, das meiner Großmutter gehörte. Tante Win spielte immer darauf, und irgendwann auch ich. In meiner Familie wurde gern erzählt, ich sei am Klavier ein Wunderkind gewesen. Der Legende nach hatte meine Tante Win mich mit drei Jahren auf ihren Schoß gesetzt, und ich konnte die Melodie vom »Schneewalzer« auf Anhieb nach dem Gehör spielen. Keine Ahnung, ob die

Geschichte wahr ist, aber mit dem Klavierspielen habe ich tatsächlich sehr früh begonnen, etwa zu der Zeit, als ich in die Reddiford School kam. Ich spielte Kirchenlieder wie »All Things Bright and Beautiful«, die ich aus dem Gottesdienst kannte. So wie andere Menschen ein angeborenes fotografisches Gedächtnis haben, wurde ich eben mit einem guten Gehör geboren. Ich musste ein Lied nur einmal hören und konnte es am Klavier mehr oder weniger perfekt nachspielen. Mit sieben fing ich mit dem Musikunterricht an, die Lehrerin hieß Mrs. Jones. Bald darauf karrten meine Eltern mich zu Familienfesten und Hochzeiten, wo ich »My Old Man Said Follow the Van« oder »Roll Out the Barrel« zum Besten gab. Obwohl in unserem Haus ständig Schallplatten oder Radiosendungen liefen, liebte meine Familie diese Lieder zum Mitsingen am meisten.

Das Klavier erwies sich als besonders nützlich, wenn mein Vater im Urlaub nach Hause kam. Er war ein typischer Mann der Fünfzigerjahre – er schien jede Gefühlsregung außer Wut als fatale Charakterschwäche auszulegen. Er nahm mich nie in den Arm, sagte nie, dass er mich lieb hatte. Aber er mochte Musik, und wenn er mich Klavier spielen hörte, sagte er »gut gemacht« oder legte mir manchmal sogar einen Arm um die Schultern, was mir das Gefühl gab, er wäre ein bisschen stolz auf mich. Ich hatte wenigstens vorübergehend einen Pluspunkt bei ihm gesammelt, und das war für mich immens wichtig. Wenn ich vor ihm etwas weniger Angst hatte als vor meiner Mutter, dann nur, weil er so selten zu Hause war. Als ich sechs war, fasste meine Mutter den Entschluss, Pinner und der gesamten Familie den Rücken zu kehren und mit mir nach Wiltshire zu ziehen, wo mein Vater in der Luftwaffenbasis RAF Lyneham in der Nähe von Swindon stationiert war. Viel weiß ich aus der Zeit nicht mehr. Wenn ich mich recht entsinne, habe ich auf dem Land gern draußen gespielt, aber ich fühlte mich durch den Umzug verunsichert und durcheinander, was sich auf meine schulischen Leistungen auswirkte. Lange wohnten wir dort nicht – meiner Mutter ist vermutlich schnell aufgegangen, dass sie einen Fehler gemacht hatte. Und nachdem wir nach Pinner zurückgekehrt waren, kam mein Vater eigentlich nur noch auf Stippvisite zu uns.

Bei seinen Besuchen lief bei uns zu Hause vieles anders ab. Auf einmal gab es Dutzende neue Regeln. Ich handelte mir Ärger ein, wenn ich den Fußball aus Versehen in ein Blumenbeet kickte, aber ich bekam auch Ärger, wenn ich die Selleriestangen falsch aß. Richtig aß man sie (für den unwahrscheinlichen Fall, dass Sie das interessiert), indem man nicht allzu laut in sie hineinbiss. Einmal verdrosch er mich, weil ich meine Schuluniform angeblich falsch ausgezogen hatte; leider hatte ich wohl vergessen, wie man es richtig machte, obwohl dieses Wissen augenscheinlich lebensnotwendig war. Der Vorfall nahm meine Tante Win dermaßen mit, dass sie in Tränen aufgelöst zu meiner Großmutter lief. Womöglich hatten die Streitereien wegen Windelentwöhnung und Verstopfung meine Großmutter schon völlig zermürbt, denn sie riet meiner Tante, sich ja nicht einzumischen.

Was war bei uns bloß los? Keine Ahnung. Bis heute weiß ich über die Probleme meines Vaters genauso wenig wie über die meiner Mutter. Vielleicht lag es daran, dass er in der Armee war und dort alles nach festen Regeln ablief. Vielleicht war er auch ein bisschen eifersüchtig, weil er so oft weg war und sich von der Familie ausgeschlossen fühlte. Vielleicht war aber auch seine Erziehung schuld, obwohl mir seine Eltern – Großvater Edwin und Großmutter Ellen – nicht besonders streng vorkamen. Gut möglich, dass sich meine Eltern damit überfordert fühlten, ein Kind großzuziehen, schließlich besaßen sie darin keinerlei Erfahrung. Ich weiß es nicht. Ich weiß nur, dass bei meinem Vater schnell die Sicherungen durchbrannten und er offenbar nicht mit Worten umgehen konnte. Nie reagierte er besonnen und sagte so was wie: »Komm, wir setzen uns erst mal hin.« Er explodierte immer sofort. Die aufbrausende Art der Familie Dwight. Sie war der Fluch meiner Kindheit und blieb es mein Leben lang, weil ich sie offenkundig geerbt habe. Entweder war es mir von den Genen her vorbestimmt, schnell die Beherrschung zu verlieren, oder ich habe es mir unbewusst abgeschaut. Woran es auch immer gelegen haben mag, als Erwachsener hatten ich und die Menschen in meiner Nähe extrem damit zu kämpfen.

Wären meine Mutter und mein Vater nicht gewesen, hätte ich eine ganz normale, langweilige Fünfzigerjahre-Kindheit gehabt: *Muffin the Mule* im Fernsehen, am Samstagmorgen Kindervorstellungen im Embassy-Kino in North Harrow, am Sonntag im Radio die *Goon Show* und abends Schmalzbrote. Wenn ich nicht zu Hause war, ging's mir prima. Mit elf wurde ich auf die Pinner County Grammar School versetzt, wo mein Verhalten auffällig normal war. Ich wurde nicht von anderen tyrannisiert und schikanierte auch selbst niemanden. Ich war kein Streber, aber auch kein Rabauke. Das überließ ich meinem Freund John Gates, der zu den Menschen gehörte, die offenbar ihre gesamte Kindheit über nachsitzen oder vor dem Büro des Schulleiters warten müssen, ohne dass sich die verschiedenen Strafen irgendwie auf ihr Verhalten auswirken würden. Ich war ein bisschen pummelig, hielt mich im Sportunterricht aber recht wacker, ohne Gefahr zu laufen, zum Topathleten zu mutieren. Ich spielte Fußball und Tennis. Alles, nur kein Rugby. Wegen meiner Größe schickten sie mich beim Rugby immer ins

Gedränge, wo meine Rolle hauptsächlich darin bestand, mir vom Pfeiler der gegnerischen Mannschaft wiederholt in die Eier treten zu lassen. Nein, danke.

Mein bester Freund hieß Keith Francis und gehörte zu einem festen Kreis aus Jungen und Mädchen, zu denen ich heute noch Kontakt habe. Ab und zu halte ich bei mir zu Hause sogar Klassentreffen ab. Beim ersten Mal war ich vorher total nervös: Fünfzig Jahre waren vergangen, ich war berühmt und wohnte in einem großen Haus – was mochten sie wohl von mir denken? Ihnen war das alles aber völlig egal. Als sie bei mir eintrafen, hätte es ebenso gut 1959 sein können. Groß verändert hatte sich eigentlich niemand. John Gates hatte noch immer dieses verschmitzte Grinsen im Gesicht, das einem verriet, wie faustdick er es hinter den Ohren hatte.

Jahrelang passierte in meinem Leben nichts Außergewöhnliches. Das Aufregendste war eine Klassenfahrt nach Annecy, wo wir bei unseren französischen Brieffreunden wohnten und beim Anblick eines Citroën 2CV den Mund nicht mehr zubekamen. Auf den britischen Straßen hatte ich ein solches Fahrzeug noch nie gesehen – die Sitze erinnerten eher an Liegestühle. Oder dieser Tag in den Osterferien, als Barry Walden, Keith und ich aus Gründen, die längst vom Nebel der Zeit verschluckt worden sind, beschlossen, mit unseren Rädern von Pinner nach Bournemouth zu fahren, und ich mich, als mir aufging, dass ihre Räder im Gegensatz zu meinem über Gangschaltungen verfügten, fragte, ob das wirklich so eine schlaue Idee gewesen war. Doch die größte Gefahr bestand darin, dass sich einer meiner Freunde zu Tode langweilte, wenn ich anfing, über Schallplatten zu reden. Sie nur zu sammeln reichte mir nicht. Jedes Mal, wenn ich mir eine kaufte, machte ich mir in einem Heft Notizen dazu. Ich schrieb die Titel der A- und B-Seiten auf sowie alle weiteren Informationen, die auf dem Aufkleber standen: Songwriter, Label, Produzent. Dann merkte ich mir alles und wurde so zum wandelnden Musiklexikon. Wenn jemand fragte, warum die Nadel bei »Little Darlin'« von den Diamonds immer sprang, erklärte ich jedem in Hörweite, dass »Little Darlin'« von den Diamonds auf Mercury Records herausgekommen war, die in Großbritannien von Pye vertrieben wurden, dass Pye das einzige Label war, das 78er statt auf das alte Schellack auf neumodisches Vinyl presste, und dass Schellacknadeln auf Vinyl nun mal anders reagierten.

Aber ich will mich nicht über mein langweiliges Leben beklagen – mir gefiel es nämlich sehr gut. Zu Hause war es schon anstrengend genug, sodass mir das ereignislose Leben vor meiner Haustür sehr gelegen kam. Vor allem, als meine Eltern beschlossen, es noch einmal mit dem Zusammenwohnen zu versuchen. Das war kurz nachdem ich auf die Pinner County gewechselt war. Mein Vater war an den Luftwaffenstützpunkt in Medmenham in Buckinghamshire versetzt worden, und wir zogen in die Potter Street Nummer 111 in Norwood, gut zehn Minuten von Pinner entfernt. Dort lebten wir drei Jahre lang, und die Zeit reichte mehr als aus, um endgültig zu beweisen, dass die Ehe meiner Eltern einfach nicht funktionierte. O Gott, es war schrecklich. Ständig gab es Streit, unterbrochen nur von eisigem Schweigen. Man konnte nicht ein einziges Mal durchatmen. Weil ich die ganze Zeit auf den nächsten Wutausbruch meiner Mutter oder die nächste spontan aufgestellte Regel meines Vaters wartete, wusste ich am Ende nicht mehr, wie ich mich überhaupt verhalten sollte. Die Ungewissheit, was als Nächstes passieren würde, erfüllte mich mit Angst. Ich war zutiefst verunsichert und fürchtete mich vor meinem eigenen Schatten. Zu allem Überfluss glaubte ich, schuld am Zustand der Ehe meiner Eltern zu sein, weil es in ihren Streitereien oft um mich ging. Wenn mein Vater mit mir schimpfte, mischte sich meine Mutter regelmäßig ein, und dann stritten sie über meine Erziehung. Das ließ mich an mir selbst zweifeln und führte dazu, dass ich lange Zeit Minderwertigkeitskomplexe wegen meines Aussehens hatte. Jahrelang ertrug ich den Blick in den Spiegel nicht. Ich hasste alles an mir: Ich war zu dick, zu klein, mein Gesicht sah seltsam aus, meine Haare machten nie, was ich wollte, wozu auch gehört hätte, nicht vorzeitig auszufallen. Eine weitere Folge war meine Angst vor Konfrontation. Die hielt sich über Jahrzehnte. Weil ich Ärger vermeiden wollte, verharrte ich in beruflichen und privaten Beziehungen, die nicht gut für mich waren.

Wurde mir alles zu viel, lief ich nach oben und schloss mich in meinem Zimmer ein; das hatte ich mir als Kind bei den Streitereien meiner Eltern angewöhnt. Ich ging in mein Zimmer, wo ich alles in perfekter Ordnung hielt. Abgesehen von Schallplatten sammelte ich Comics, Bücher und Zeitschriften. Und ich war in allem sehr akribisch. Wenn ich nicht gerade alle Informationen zu einer neuen Single in meinem Heft notierte, schrieb ich sämtliche Single-Charts aus dem *Melody Maker*, *New Musical Express*, *Record Mirror* und *Disc* ab, verglich die Ergebnisse, rechnete den Mittelwert aus und stellte meine persönlichen Charts auf. Ich war schon immer ein Statistik-Freak. Selbst heute noch lasse ich mir täglich Hitlisten zuschicken – die Radio-Charts aus Amerika, aber auch die der Kinofilme und Broadway-Shows. Die meisten Künstler machen das nicht, weil es sie nicht interessiert. Unterhalte ich mich mit einem von ihnen, weiß ich oft mehr über die aktuelle Position seiner Single als er selbst, was schon verrückt ist. Meine Ausrede ist dann immer, dass ich mich auf dem Laufen halten muss, weil ich eine Firma besitze, die Filme produziert und Künstler betreut. In Wahrheit würde ich es aber genauso machen, wenn ich in einer Bank arbeiten würde. Das ist nun mal ein Spleen von mir.

Ein Psychologe würde vermutlich erklären, ich hätte als Kind versucht, in einem chaotischen Leben für Ordnung zu sorgen. Ich hatte keine Kontrolle über die sporadische Anwesenheit meines Vaters und die ständigen Zurechtweisungen und Streitereien oder die Stimmungsschwankungen meiner Mutter, wohl aber über die Sachen in meinem Zimmer. Objekte konnten mir nicht wehtun. Sie gaben mir Trost. Ich redete mit ihnen und tat so, als hätten sie Gefühle. Ging etwas kaputt, fühlte ich mich elend, gerade so, als hätte ich den Gegenstand umgebracht. Bei einem besonders schlimmen Streit warf meine Mutter mit einer Schallplatte nach meinem Vater, und sie zerbrach in Gott weiß wie viele Stücke. Es war »The Robin's Return« von der Ragtime-Pianistin Dolores Ventura. Ich weiß noch, dass ich damals dachte: »Wie kann man nur? Wie kann man etwas so Schönes einfach kaputtmachen?«

Mit der Ankunft des Rock'n'Roll explodierte meine Schallplattensammlung. Und es geschahen weitere Dinge, die andeuteten, dass sich selbst in den Vororten von London die graue Nachkriegswelt allmählich veränderte. Bei uns zu Hause gab es bald einen Fernseher und eine Waschmaschine, und in der High Street von Pinner eröffnete eine Kaffeebar, was unvorstellbar exotisch war – bis im nahe gelegenen Harrow ein Chinarestaurant aufmachte. Aber dieser Wandel vollzog sich langsam. Mit dem Rock'n'Roll verhielt es sich anders. Er kam quasi aus dem Nichts und so schnell, dass man zuerst gar nicht begriff, wie sehr er alles veränderte. In einem Moment stand der Begriff Popmusik noch für den den guten alten Guy Mitchell und »Where Will the Dimple Be?« oder Max Bygrave mit seinem

Lied über Zahnbürsten. Harmlose Schnulzen für Eltern, die nichts Aufregendes oder Schockierendes hören wollten. Während des Krieges hatten sie davon schon so viel abbekommen, dass es für ein ganzes Leben reichte. Im nächsten Moment bedeutete Pop dann Jerry Lee Lewis und Little Richard, die unverständliches Zeug sangen, als hätten sie Schaum vor dem Mund, und von unseren Eltern abgrundtief gehasst wurden. Selbst Mum, der Elvis-Fan, nahm bei Little Richard Reißaus. Für sie war »Tutti Frutti« nur entsetzlicher Krach.

Rock'n'Roll war wie eine Bombe, die einfach immer weiter detonierte. Eine Reihe von Explosionen, so schnell, dass man es kaum verarbeiten konnte. Auf einmal wurde eine fantastische Platte nach der anderen veröffentlicht. »Hound Dog«, »Blue Suede Shoes«, »Whole Lotta Shakin' Goin' On«, »Long Tall Sally«, »That'll Be the Day«, »Roll Over Beethoven«, »Reet Petite«. Ich musste mir einen Wochenendjob besorgen, damit ich mit dem Kaufen noch hinterherkam. Zum Glück suchte Mr. Megson von Victoria Wine fürs Lager eine Aushilfe, die leere Bierflaschen in Kisten packen und diese dann stapeln sollte. Zuerst hatte ich mir wohl vorgestellt, etwas Geld auf die hohe Kante legen zu können, dabei war dieses Vorhaben eigentlich von Anfang an zum Scheitern verurteilt. Victoria Wine lag gleich neben dem Plattenladen von Siever's. Mr. Megson hätte meine zehn Shilling auch gleich dort in die Kasse legen können. Schon damals zeigte sich meine Einstellung zum Shopping: Wenn es etwas gibt, das ich kaufen möchte, kann ich mein Geld nicht lange in der Tasche behalten.

Sechzig Jahre später lässt sich nur noch schwer erklären, welche revolutionäre und erschütternde Wirkung der Rock'n'Roll auf uns hatte. Nicht nur die Musik, auch die Kultur, für die er stand, die Klamotten, die Filme, die Haltung. Rock'n'Roll war das Erste, das nur uns Teenagern gehörte, wodurch wir uns anders fühlten als unsere Eltern und den Eindruck hatten, etwas *erreichen* zu können. Ebenso schwer lässt sich beschreiben, wie sehr die ältere Generation Rock'n'Roll verabscheute. Man gebe sämtliche Popmusikstile, die in der bürgerlichen Welt für moralische Entrüstung gesorgt haben – Punk und Gangster-Rap, Mods und Rocker, Heavy Metal –, zusammen und verdopple ihren Effekt: Das war das Ausmaß an Empörung, das Rock'n'Roll auslöste. Die Älteren hassten ihn wie die Pest. Und niemand hasste ihn mehr als mein Vater. Natürlich mochte er die Musik nicht, er stand auf Frank Sinatra, aber noch mehr hasste er die gesellschaftliche Wirkung des Rock'n'Roll. Er hielt ihn für moralisch verwerflich. »Wie die sich anziehen, wie die sich benehmen – sie wackeln mit den Hüften und zeigen ihre Pimmel. Dass du mir da ja nicht mitmachst.« In seiner Vorstellung bestand nämlich Gefahr, dass ich mich in einen »wide boy« verwandelte. »Wide boy« ist ein alter englischer Ausdruck für einen Kleinkriminellen – einen Trickbetrüger, der krumme Geschäfte macht und andere übers Ohr haut. Da er ohnehin schon glaubte, mein Unvermögen, Sellerie richtig zu essen, würde mich dafür prädestinieren, vom rechten Weg abzukommen, war er nun felsenfest davon überzeugt, Rock'n'Roll würde mich ins Verderben führen. Sobald ich Elvis oder Little Richard auch nur erwähnte, hielt er mir eine Strafpredigt darüber, wie nahe dran ich war, mich in einen wide boy zu verwandeln: In einem Moment hörte ich mir noch »Good Golly Miss Molly« an, und im nächsten versuchte ich womöglich den Leuten im Nachtjackenviertel von Pinner gestohlene Nylonstrümpfe anzudrehen oder sie zum Hütchenspiel zu verführen.

Die Gefahr, dass ich mich in diese Richtung entwickelte, war nicht besonders groß – es gibt Benediktinermönche, die wilder sind, als ich es in meiner Teenie-Zeit war. Aber mein Vater wollte lieber kein Risiko eingehen. Als ich 1958 an die Pinner County Grammar School kam, trugen dort alle bereits modernere Sachen, aber mir wurde ausdrücklich verboten, irgendetwas anzuziehen, das auch nur im Entferntesten nach Rock'n'Roll aussah. Keith Francis sorgte mit seinen Schuhen für Furore, weil sie vorne so lang und spitz waren, dass sie etliche Minuten vor ihm das Klassenzimmer zu betreten schienen. Ich hingegen sah noch immer aus wie eine Miniversion meines Vaters. Meine Schuhe waren leider nur so lang wie meine Füße. Das Einzige, was an mir ansatzweise rebellisch wirkte, war meine Brille oder vielmehr die Tatsache, dass ich sie immer auf der Nase hatte. Eigentlich war sie mir verschrieben worden, damit ich die Buchstaben auf der Tafel lesen konnte. Da ich unter der Wahnvorstellung litt, damit auszusehen wie Buddy Holly, trug ich sie jedoch von morgens bis abends und ruinierte mir dadurch die Augen. Danach musste ich sie tatsächlich ständig tragen.

Mein nachlassendes Sehvermögen hatte auch unvorhergesehene Auswirkungen auf meine sexuelle Neugier. Ich kann mich nicht mehr an die genauen Umstände erinnern, als mein Vater mich zum ersten Mal beim Masturbieren erwischte. Ich glaube, ich war nicht mehr mit der Tat an sich beschäftigt, sondern wollte gerade das Beweismaterial verschwinden lassen. Aber in meiner Erinnerung war ich nicht halb so beschämt, wie ich es hätte sein müssen, was wohl hauptsächlich daran lag, dass ich gar nicht so genau wusste, was ich da eigentlich tat. In Sachen Sex war ich ein echter Spätzünder. Bis Anfang zwanzig interessierte ich mich nicht besonders dafür, obwohl ich mich danach mächtig ins Zeug legte, um das Versäumte nachzuholen. In der Schule war ich nur verwirrt, wenn ich einen meiner Freunde darüber reden hörte: »Hey, ich hab sie ins Kino eingeladen und dafür 'ne Handvoll Titten gekriegt.« Hä? Was meinte er bloß damit?

Bei meinem ersten Selbstbefriedigungsversuch ging es vermutlich eher darum, etwas Schönes zu empfinden, als mich an meiner aufkeimenden Sexualität zu berauschen. Wie dem auch sei, als mein Vater mich dabei erwischte, drohte er mir mit dem alten Spruch: »Wenn du *so was* machst, wirst du eines Tages noch blind.« Das Gleiche hörten sich vermutlich Tausende von Jungs im ganzen Land an, aber ihnen war klar, wie blödsinnig diese Drohung war, und sie ignorierten sie geflissentlich. Mir dagegen setzte sie richtig zu. Was, wenn es stimmte? In meinem verzweifelten Versuch, wie Buddy Holly auszusehen, hatte ich mir schon die Augen ruiniert, vielleicht würde ihnen das den Rest geben? Ich beschloss, das Risiko lieber nicht einzugehen. Während viele Musiker gern erzählen, welch enormen Einfluss Buddy Holly auf sie gehabt hat, bin ich vermutlich der einzige, den er unbeabsichtigt vom Wichsen abgehalten hat – es sei denn, er hat The Big Bopper auf einer gemeinsamen Tour einmal dabei erwischt.

Mein Vater konnte mir noch so oft vorschreiben, wie ich mich anzuziehen hatte, oder mich vor meinem unvermeidlichen Abstieg in die Kriminalität warnen, vom Rock'n'Roll fernhalten konnte er mich nicht mehr. Ich hatte mich ihm nämlich bereits mit Haut und Haaren verschrieben. Im Kino hatte ich *Gold aus heißer Kehle* und *Schlagerpiraten* gesehen. Bald besuchte ich die ersten Konzerte. Jede Woche ging eine große Gruppe von Schulfreunden ins Granada in Harrow: Keith, Kaye Midlane, Barry Walden, Janet Richie und ich waren die treusten Stammgäste, zusammen mit Michael Johnson, der als einziger so musikbesessen war wie ich. Manchmal schien er sogar noch mehr zu wissen. Ein paar Jahre später kam er mit der Single »Love Me

Do« von einer gewissen Band namens Beatles in die Schule und behauptete, sie würden die größte Nummer seit Elvis werden. Ich fand, er trug ein bisschen dick auf, aber dann spielte er mir das Stück vor, und ich gab ihm recht: der Beginn einer neuen musikalischen Obsession.

Eine Karte fürs Granada kostete zwei Shilling und einen Sixpence oder fünf Shilling, wenn man auf einem Plüschsessel sitzen wollte. In beiden Fällen war es gut angelegtes Geld, denn in den Shows traten gleich mehrere Sänger und Bands auf. An einem Abend konnte man bis zu zehn Künstler sehen, zwei Stücke von jedem, bis der Hauptact auf die Bühne kam und vier oder fünf Songs spielte. Früher oder später trat dort jeder auf: Little Richard, Gene Vincent, Jerry Lee Lewis, Eddie Cochran, Johnny and the Hurricanes. Und wenn sich doch jemand weigerte, die Bühne des Granada in Harrow zu beehren, konnte man mit der U-Bahn schnell mal nach London reinfahren. Im Palladium sah ich Cliff Richard and the Drifters, bevor sich die Begleitband in The Shadows umbenannte. In den Vororten holten sich bald auch kleinere Läden wie der Club der South Harrow British Legion oder der Kenton Conservative Club Bands ins Programm. Solange man genug Geld hatte, konnte man in einer Woche zwei oder drei Shows besuchen. Lustigerweise kann ich mich nicht daran erinnern, auch nur ein schlechtes Konzert gesehen zu haben oder einmal enttäuscht nach Hause gegangen zu sein, obwohl einige Auftritte schlimm gewesen sein müssen. Der Sound war mit Sicherheit grauenhaft. Ganz bestimmt verfügte die South Harrow British Legion nicht über eine Soundanlage, die die wilde, ungebändigte Kraft des Rock'n'Roll richtig rübergebracht hätte.

Wenn mein Vater nicht zu Hause war, übte ich Stücke von Little Richard und Jerry Lee Lewis auf dem Klavier. Die beiden waren meine absoluten Helden. Das lag nicht nur an ihrer Art zu spielen, obwohl die fantastisch war: Sie hauten dermaßen aggressiv in die Tasten, als wollten sie das Instrument zertrümmern. Es lag auch daran, dass sie beim Spielen aufstanden, den Hocker wegkickten und auf das Klavier sprangen. Sie vermittelten dir das Gefühl, Klavier zu spielen sei so aufregend, sexy und wild, wie Gitarre zu spielen oder zu singen. Davor hätte ich mir das niemals vorstellen können.

Mich spornten sie jedenfalls dazu an, bei ein paar Auftritten einer Band namens Corvettes in einem nahe gelegenen Jugendclub mitzuspielen. Es war keine große Sache, alle Mitglieder gingen noch zur Schule – auf die weiterführende Northwood School –, und die Band löste sich schon nach wenigen Monaten auf. Bei den meisten Gigs wurden wir in Coca-Cola ausbezahlt. Dennoch hatte ich mit einem Mal eine Vorstellung davon, was ich aus meinem Leben machen wollte. Und die hatte wenig mit den Plänen zu tun, die mein Vater für mich hatte, nämlich entweder zur Royal Air Force zu gehen oder in einer Bank zu arbeiten. Laut hätte ich es natürlich niemals auszusprechen gewagt, aber im Stillen entschied ich, dass er sich beide Pläne in den Hintern schieben konnte. Vielleicht hatte mich der Rock'n'Roll in gewisser Hinsicht doch rebellisch werden lassen, wie es mein Vater immer befürchtet hatte.

Vielleicht hatten wir außer der Leidenschaft für Fußball auch einfach nichts gemeinsam. Mein Vater kam aus einer Familie von Fußballfans, und die wenigen glücklichen Kindheitserinnerungen, die ich mit ihm verbinde, hängen alle mit Fußball zusammen. Zwei seiner Neffen, Roy Dwight und John Ashen, waren Profispieler, beide bei Fulham im Südwesten von London. Zur Belohnung nahm er mich manchmal mit ins Craven-Cottage-Stadion, damit ich ihnen von der Seitenlinie

aus zuschauen konnte, in der Zeit, als Jimmy Hill dort rechter
Flügelstürmer und Bedford Jezzard Torschützenkönig war.
Selbst wenn sie nicht auf dem Spielfeld standen, waren Roy
und John für mich schillernde Persönlichkeiten; bei Familientreffen hatte ich immer ein bisschen Ehrfurcht vor ihnen. Nach
dem Ende seiner Karriere entwickelte sich John zum gewieften
Geschäftsmann mit einer Vorliebe für amerikanische Autos.
Wenn er uns mit seiner Frau Bet in Pinner besuchte, parkte er
seinen fantastisch aussehenden Cadillac oder Chevrolet vor unserem Haus. Roy war ein großartiger Fußballer, ein Rechtsaußen, der zu Nottingham Forest wechselte und 1959 sogar für sie
beim FA-Cup-Finale antrat. Ich schaute mir das Spiel zu Hause
im Fernsehen an, eingedeckt mit einem Vorrat an Schokoladeneiern, die ich in vorfreudiger Erwartung des großen Augenblicks seit Ostern aufbewahrt hatte. Völlig überdreht saß ich vor
dem Gerät und stopfte mir Schokolade in den Mund. Ich konnte kaum glauben, was sich vor meinen Augen abspielte. Nach
zehn Minuten schoss Roy das erste Tor. Er war bereits kurz davor gewesen, in den Kader der englischen Nationalmannschaft
gerufen zu werden. Jetzt hatte er den Sack mit Sicherheit zugemacht: Mein Cousin – *ein Verwandter von mir* – würde in
der englischen Nationalelf spielen. Das war so unglaublich wie
Johns Autogeschmack. Fünfzehn Minuten später trugen sie
Roy vom Platz. Er hatte sich beim Zweikampf ein Bein gebrochen, und das besiegelte letztendlich sein Schicksal. Seine aktive Fußballerkarriere war damit vorbei. Er versuchte es
zwar wieder, kehrte aber nie mehr zu alter Form zurück. Am
Ende wurde er Sportlehrer an einer Jungenschule im Süden von
London.

Mein Vater war Fan des weit weniger glanzvollen und ehrfurchtgebietenden FC Watford. Ich war sechs, als er mich zum ersten Mal zu einem Spiel mitnahm. Die Mannschaft dümpelte auf den unteren Tabellenplätzen der Third Division South herum; weiter konnte man in der Fußballliga nicht sinken. Tatsächlich war sie, kurz bevor ich regelmäßig zu den Spielen ging, wegen ihrer miserablen Leistung aus der Fußballliga geflogen, durfte aber in die Third Division zurückkehren, nachdem sie sich um die Wiederaufnahme beworben hatte. Das Stadion in der Vicarage Road verriet einem alles, was man über die Mannschaft wissen musste. Dort gab es nur zwei sehr alte, sehr wacklige, sehr kleine Tribünen. Zu anderen Zeiten wurden im Stadion Greyhound-Rennen ausgetragen. Hätte ich nur einen Funken Verstand besessen, ich hätte einen Blick aufs Stadion geworfen, an die aktuelle Form der Mannschaft gedacht und mir stattdessen ein Team ausgesucht, das tatsächlich Fußball spielen konnte. Damit hätte ich mir zwanzig Jahre fast endlosen Kummers erspart. Aber so läuft es beim Fußball nicht – oder sollte es wenigstens nicht. Man hat es im Blut. Watford war die Mannschaft meines Vaters, deshalb war sie auch meine.

Außerdem machten mir der schlimme Zustand des Stadions, die aussichtslose Situation der Mannschaft und die bittere Kälte nichts aus. Für mich war es Liebe auf den ersten Blick. Es war wahnsinnig aufregend, in Watford aus dem Zug zu steigen und durch den Ort zum Stadion zu laufen, in der Halbzeit die Zeitungsverkäufer zu erleben, die dir die Ergebnisse der anderen Spiele verrieten, das Ritual zu zelebrieren, immer an derselben Stelle zu stehen, in der Fankurve, die sich gleich neben Shrodells Stand befand. Wie eine Droge, von der man sofort abhängig ist. Bald war ich vom Fußball genauso besessen wie von der Musik. Wenn ich im Kinderzimmer meine persönlichen Charts zusammenstellte, schnitt ich aus meinen Comicheften auch die Fußballtabellen aus und heftete sie an die Wand, wobei ich immer darauf achtete, dass sie auch wirklich aktuell waren. Das ist eine Sucht, von der ich nie losgekommen bin, weil ich das auch gar nicht wollte; sie war erblich und wurde von meinem Vater an mich weitergegeben.

Als ich elf war, schlug mich meine Klavierlehrerin für die Royal Academy of Music in London vor. Ich bestand die Aufnahmeprüfung, und in den folgenden fünf Jahren sahen meine Samstage so aus: vormittags klassische Musik, nachmittags auf nach Watford. Mir war der zweite Programmpunkt lieber. Damals roch es in der Royal Academy of Music förmlich nach Angst. Alles wirkte einschüchternd, das gewaltige Gebäude in der Marylebone Road, die erhabene Geschichte der Academy voller berühmter Komponisten und Dirigenten, die Tatsache, dass alles, was nicht zur klassischen Musik gehörte, strengstens verboten war. Heute geht es dort ganz anders zu. Wenn ich vorbeischaue, herrscht dort eine fröhliche Atmosphäre. Die Schüler werden dazu ermutigt, sich neben der klassischen Ausbildung auch an Pop oder Jazz zu versuchen und eigene Stücke zu komponieren. Doch damals wäre es ein Sakrileg gewesen, an der Royal Academy auch nur über Rock'n'Roll zu reden. Als würde man in die Kirche gehen und dem Pfarrer erzählen, man wolle lieber den Teufel anbeten.

Doch der Unterricht an der Royal Academy brachte auch Spaß. In Helen Piena hatte ich eine wunderbare Lehrerin, ich mochte das Chorsingen und spielte Mozart, Bach, Beethoven und Chopin wahnsinnig gern. An anderen Tagen langweilte ich mich zu Tode. Als Schüler war ich faul. Oft vergaß ich meine Hausaufgaben oder erschien erst gar nicht zum Unterricht. Ich rief von zu Hause aus an, meldete mich mit verstellter Stimme krank und nahm – damit meine Mutter nicht merkte, dass ich schwänzte – den Zug zur Baker Street. Dort setzte ich mich einfach in die U-Bahn. Dreieinhalb Stunden lang fuhr ich mit der Circle Line im Kreis und las *The Pan Book of Horror Stories*, statt Stücke von Bartók einzustudieren. Dass ich kein klassischer Musiker werden wollte, war mir früh klar gewesen. Zum einen war ich dafür nicht gut genug. Ich habe nicht die Hände eines Pianisten. Meine Finger sind zu kurz. Schauen Sie sich nur mal Fotos von Konzertpianisten an: Deren Hände sehen aus wie Tarantulas. Zum anderen war es nicht die Musik, die ich machen wollte. Alles war genau vorgegeben, man musste zum richtigen Zeitpunkt die richtigen Noten mit dem richtigen Gefühl spielen, für Improvisation gab es keinen Platz.

In gewisser Hinsicht kann man von einer Ironie des Schicksals sprechen, dass ich von der Royal Academy später zum Ehrendoktor ernannt wurde. Als ich dort studierte, hätte ich keinen Preis als Musterschüler gewonnen. Doch in anderer Hinsicht war es gar nicht mal so abwegig. Ich würde nie behaupten, die Royal Academy sei für mich reine Zeitverschwendung gewesen. Ich bin sehr stolz, dass ich sie besuchen durfte. Und ich habe Benefizkonzerte für sie gegeben, Geld für eine neue Orgel gesammelt, war mit dem Royal Academy Symphony Orchestra in Großbritannien und Amerika auf Tour und finanziere pro Jahr acht Stipendien. Dort habe ich viele Menschen kennengelernt, mit denen ich als Elton John später zusammengearbeitet habe – den Produzenten Chris Thomas, den Arrangeur Paul Buckmaster, die Harfenistin Skaila Kanga und den Percussionisten Ray Cooper. Was ich dort gelernt habe, ist in meine Musik eingeflossen: wie man mit anderen zusammenarbeitet, wie Akkordfolgen funktionieren, wie man einen Song schreibt. Nur wegen meines Studiums wuchs mein Interesse, Stücke mit mehr als drei oder vier Akkorden zu komponieren. Wenn man sich das Album *Elton John* und im Prinzip jedes

Album danach anhört, kann man die Einflüsse der klassischen Musik und der Royal Academy deutlich wahrnehmen.

Während meiner Zeit dort ließen sich meine Eltern tatsächlich scheiden. Man muss es ihnen hoch anrechnen, dass sie sich um eine funktionierende Ehe bemüht hatten, obwohl jedem klar war, wie wenig sie einander ausstehen konnten. Vermutlich wollten sie mir ein stabiles Zuhause geben. Das war zwar das Schlimmste, was sie machen konnten, aber immerhin haben sie es versucht. 1960 wurde mein Vater nach Harrogate in Yorkshire versetzt, und in seiner Abwesenheit lernte meine Mutter einen neuen Mann kennen. Das war das Ende ihrer Ehe.

Mum und ich zogen zu ihrem neuen Partner Fred, einem Maler und Dekorateur. Finanziell gesehen war es keine einfache Zeit. Fred war ebenfalls geschieden, hatte eine Exfrau und vier Kinder und musste jeden Penny zweimal umdrehen. Wir lebten in einer schrecklichen Wohnung in Croxley Green voller Schimmel und mit Tapeten, die sich von den Wänden ablösten. Fred arbeitete rund um die Uhr. Zusätzlich zu den Malerarbeiten putzte er Fenster und übernahm andere Gelegenheitsjobs, nur damit wir genug zu essen auf dem Tisch hatten. Für ihn waren es schwierige Zeiten, und für meine Mutter auch. Onkel Reg hatte recht gehabt – Geschiedene wurden damals stigmatisiert.

Ich freute mich sehr über die Scheidung. Die täglichen Reibereien zwischen meinem Vater und meiner Mutter waren endlich vorbei. Meine Mutter hatte bekommen, was sie wollte – sie war meinen Vater los –, und eine Zeit lang schien sich die neue Situation positiv auf sie auszuwirken. Sie war glücklich, und das Glück färbte auf mich ab. Die Stimmungsschwankungen traten seltener auf, und sie kritisierte auch nicht mehr alles und jeden. Außerdem mochte ich Fred sehr. Er hatte ein großes Herz und blieb immer gelassen. Nachdem er etwas Geld zur Seite gelegt hatte, kaufte er mir ein Fahrrad mit Rennlenker. Als ich mir angewöhnte, seinen Namen rückwärts auszusprechen und ihn Derf zu nennen, fand er das witzig, und der Spitzname blieb hängen. Mir wurde nicht mehr vorgeschrieben, was ich anzuziehen hatte. Schon einige Jahre, bevor Derf und Mum heirateten, bezeichnete ich ihn anderen gegenüber als meinen Stiefvater.

Und das Beste war, Derf stand auf Rock'n'Roll. Er und meine Mutter haben meine musikalische Karriere sehr unterstützt. Wie ich vermute, gab es für meine Mutter noch den zusätzlichen Ansporn, dass mein Vater sich furchtbar aufregte, sobald sie mich dazu ermutigte. Aber eine Zeit lang schien sie doch mein größter Fan zu sein. Derf organisierte meinen ersten bezahlten Auftritt im Northwood Hills Hotel, wobei es sich allerdings nicht um ein Hotel, sondern um einen Pub handelte. Derf war auf ein Bier dort gewesen, hatte vom Wirt erfahren, dass der frühere Klavierspieler gekündigt hatte, und schlug ihm vor, es mit mir zu probieren. Ich spielte alles, was mir so einfiel. Lieder von Jim Reeves, Johnnie Ray, Elvis Presley, »Whole Lotta Shakin' Goin' On«. Sachen von Al Jolson, den die Gäste besonders liebten. Allerdings nicht so sehr wie die alten britischen Pub-Lieder, die alle mitgrölen konnten. »Down at the Old Bull and Bush«, »Any Old Iron«, »My Old Man« – Lieder, die auch meine Familie nach ein paar Drinks lauthals mitsang. Ich verdiente dort richtig gutes Geld. Zwar bekam ich am Abend nur ein Pfund, und das drei Abende in der Woche, aber Derf begleitete mich in den Pub, ließ ein Pint-Glas rumgehen und sammelte Trinkgeld. Manchmal verdiente ich so fünfzehn Pfund in einer Woche, was für einen Fünfzehnjährigen in den frühen Sechzigern eine beträchtliche Menge war. Ich legte etwas davon beiseite und kaufte mir ein elektrisches Klavier, ein Hohner Pianet, und ein Mikrofon, damit ich im Kneipenlärm besser zu hören war.

Der Job als Pub-Pianist brachte mir nicht nur Geld ein, er erfüllte auch eine andere wichtige Funktion. Er nahm mir die Angst vor Auftritten, denn das Northwood Hills Hotel ließ sich auch mit viel Fantasie nicht als vornehmster Laden Großbritanniens beschreiben. Ich spielte in der Schankstube, nicht im etwas gediegeneren Lokal nebenan, und sobald genügend Alkohol geflossen war, gab es an jedem Abend Streit zwischen den Gästen. Damit meine ich keine verbalen Auseinandersetzungen, sondern handfeste Schlägereien. Gläser flogen durch die Luft, Tische wurden umgeworfen. Zuerst spielte ich einfach weiter, in der vergeblichen Hoffnung, Musik würde die erhitzten Gemüter beruhigen. Verfehlte mein »Bye Bye Blackbird« seine magische Wirkung, bat ich eine Gruppe irischer Traveller, die zu den Stammgästen des Pubs zählten, um Beistand. Ich hatte mich mit einer ihrer Töchter angefreundet – sie lud mich sogar zum Abendessen in ihren Wohnwagen ein –, und sie gaben mir Rückendeckung, wenn es richtig hoch herging. Waren sie abends mal nicht da, blieb mir nur ein Ausweg. Ich kletterte aus dem Fenster neben dem Klavier und kehrte erst zurück, wenn sich die Lage einigermaßen beruhigt hatte. Das jagte mir gehörige Angst ein, aber immerhin legte ich mir dabei für meine Liveauftritte ein dickes Fell zu. Ich kenne Künstler, die die Erfahrung, vor einem undankbaren Publikum einen schlechten Auftritt hingelegt zu haben, völlig fertiggemacht hat. Ich hatte durchaus auch den einen oder anderen miesen Auftritt vor undankbarem Publikum, aber ich habe mich davon nie zu sehr mitnehmen lassen. Solange ich einen Auftritt nicht unterbrechen und aus Angst um mein Leben aus dem Fenster klettern muss, läuft es für mich allemal besser als in meiner Anfangszeit.

Oben in Yorkshire hatte mein Vater inzwischen eine neue Frau kennengelernt. Sie hieß Edna. Die beiden heirateten, zogen nach Essex und eröffneten einen Schreibwarenladen. Vermutlich war er mit ihr glücklich – sie hatten vier Söhne, die ihn liebten –, aber auf mich wirkte er unverändert. Offenbar wusste er einfach nicht, wie er sich mir gegenüber verhalten sollte. Er war immer noch distanziert und streng, beschwerte sich immer noch über den verwerflichen Einfluss des Rock'n'Rolls und war immer noch besessen von der Vorstellung, ich würde Schande über den Namen Dwight bringen. In den Bus der Green Line zu steigen, nach Essex zu fahren und ihn zu besuchen, war der Tiefpunkt jeder Woche. Zu den Spielen des FC Watford ging ich inzwischen allerdings ohne ihn: Ich war alt genug, um allein in der Fankurve zu stehen.

Mein Vater muss getobt haben, als er erfuhr, dass ich die Schule vor dem A-Level abbrechen und mir einen Job im Musikgeschäft suchen wollte. In seinen Augen war das nicht das richtige Berufsfeld für einen Jungen mit höherer Schulbildung. Noch schlimmer aber war, dass mir ausgerechnet sein eigener Neffe den Job vermittelt hatte, mein Cousin Roy, der im FA Cup das Tor geschossen hatte und nach der Scheidung freundschaftlich mit meiner Mutter verbunden geblieben war. Offenbar hatten alle Fußballer Kontakte in die Musikindustrie. Roy war mit Tony Hiller befreundet, dem Geschäftsführer des Musikverlags Mills Music mit Sitz in der Denmark Street, Großbritanniens Antwort auf die amerikanische Tin Pan Alley. Von Roy erfuhr ich, dass Mills Music einen Job in der Versandabteilung zu vergeben hatte. Sie zahlten zwar nur vier Pfund pro Woche, aber immerhin hätte ich so einen Fuß in der Tür. Außerdem war mir klar, dass ich die A-Level-Prüfung niemals bestehen würde. Während ich die Royal Academy besuchte, Klavierspielen übte wie Jerry Lee Lewis und regelmäßig aus dem Fenster des North-wood Hills Hotels kletterte, war es mit meinen schulischen Leistungen langsam, aber sicher bergab gegangen.

Ich behaupte, dass mein Vater getobt haben muss, weil ich mich an seine Reaktion ehrlich gesagt nicht mehr erinnern kann. Ich weiß, dass er meiner Mutter geschrieben und von ihr verlangt hat, mir die Sache auszureden, aber Sie können sich sicherlich vorstellen, wie das bei ihr ankam: Sie war hellauf begeistert. Alle anderen schienen sich für mich zu freuen – meine Mutter und Derf, sogar mein alter Schuldirektor, was einem kleinen Wunder gleichkam. Mr. Westgate-Smith war äußerst streng. Ich hatte furchtbare Angst, als ich zu ihm gehen und ihm die Sache mit meinem neuen Job beichten musste. Aber er reagierte wirklich wunderbar. Er sagte, er wüsste, wie sehr ich die Musik liebte und dass er von meinen Kursen an der Royal Academy gehört hätte. Er meinte, er würde mich gehen lassen, sofern ich versprach, mich dem neuen Projekt voll und ganz zu widmen. Ich war verwundert, weil er es tatsächlich ernst meinte. Er hätte sich mit Leichtigkeit querstellen können. Ich hätte die Schule dann trotzdem geschmissen, allerdings unter den schlechtesten Voraussetzungen. Stattdessen hat der Direktor mich unterstützt. Jahre später, nach meinen ersten Erfolgen, schrieb er mir, wie stolz er auf meine Leistung sei.

Es mag seltsam klingen, aber auch die Haltung meines Vaters hat mir in gewisser Weise geholfen. Mit meiner Berufswahl war er nie einverstanden. Nie hat er mich für irgendetwas gelobt. Erst vor Kurzem hat mir seine Frau Edna allerdings geschrieben, er sei auf seine Art stolz auf mich gewesen, hätte das aber nie zum Ausdruck bringen können. Aber gerade, weil er es mir nicht gesagt hat, wuchs in mir der Wunsch, ihm zu zeigen, dass ich die richtige Entscheidung getroffen hatte. Es weckte meinen

46

Ehrgeiz. Je erfolgreicher ich war, so glaubte ich, umso mehr konnte ich ihm beweisen, wie falsch er gelegen hatte, ob er meinen Erfolg nun zu würdigen wusste oder nicht. Selbst heute denke ich manchmal noch, dass ich meinem Vater etwas beweisen will, dabei ist er schon seit 1991 tot.

ZWEI

Meinen ersten Job im Musikbiz trat ich zum denkbar schlechtesten Zeitpunkt an, denn die Denmark Street stand kurz vor ihrem endgültigen Niedergang. Zehn Jahre zuvor war sie das Zentrum der britischen Musikindustrie gewesen, dort hatten Songwriter ihre Stücke an Verlage verkauft, die sie wiederum an Künstler vermittelt hatten. Dann waren die Beatles und Bob Dylan aufgetaucht und hatten alles auf den Kopf gestellt. Die Hilfe professioneller Songwriter hatten sie nicht nötig – sie waren selber welche. Plötzlich gab es immer mehr Bands, die ihre Stücke selbst schrieben: die Kinks, The Who, die Rolling Stones. Jeder wusste, dass das die Zukunft sein würde. Immerhin gab es in der Denmark Street noch genug zu tun, um den Betrieb am Laufen zu halten, denn nicht jede Band war in der Lage, eigenes Material zu schreiben. Es gab außerdem noch etliche Sänger und Easy-Listening-Crooner, die ihre Stücke auf herkömmliche Art bezogen. Aber lange würde das nicht mehr so weitergehen.

Selbst mein neuer Job bei Mills Music wirkte wie das Relikt einer längst vergangenen Ära. Mit Pop hatte er rein gar nichts zu tun. Zu meinen Aufgaben gehörte es, Pakete mit Notenblättern für Blaskapellen zusammenzustellen und zur Post gegenüber dem Shaftesbury Theatre zu tragen. Mein Arbeitsplatz befand sich nicht mal im Hauptgebäude: Die Versandabteilung war in einem Hinterhaus untergebracht. Dass man sich kein unspektakuläreres Umfeld hätte vorstellen können, wurde mir so richtig klar, als Terry Venables, Mittelfeldstar von Chelsea, eines Nachmittags mit einigen Teamkollegen unerwartet dort auftauchte. Sie wurden von Reportern verfolgt: Es war zu einem Skandal gekommen, weil sie sich der Anordnung des Trainers widersetzt hatten und nach dem Spiel einen trinken gegangen waren. Also hatten sie sich meinen neuen Arbeitsplatz als Versteck auserkoren. Offenbar kannten sie Mills Music gut (auch sie waren Fußballfreunde wie mein Cousin Roy) und wussten, dass die Versandabteilung der letzte Ort in London war, wo man nach Prominenten suchen würde.

Mir gefiel es dort trotzdem. Ich hatte einen Fuß in der Tür der Musikindustrie. Und selbst wenn die Denmark Street in den letzten Zügen lag, für mich ging von ihr immer noch ein Zauber aus. Sie hatte etwas Glamouröses, auch wenn es sich dabei um verblichenen Glanz handelte. Um mich herum gab es jede Menge Gitarrenläden und Aufnahmestudios. Zum Mittagessen ging man in die Gioconda Kaffeebar oder in den Lancaster Grill in der Charing Cross Road. Dort sah man zwar keine Stars, denn es handelte sich um Restaurants für diejenigen, die sich nichts Besseres leisten konnten. Trotzdem war es irgendwie aufregend: Überall traf man auf junge Nachwuchstalente, angehende Hit-Lieferanten, Leute, die gesehen werden wollten. Leute wie mich eben.

Mum, Derf und ich waren inzwischen aus der schimmeligen Mietwohnung in Croxley Green in eine neue Wohnung gezogen, die ein paar Meilen von der alten entfernt in Northwood Hills lag, nicht weit von dem Pub, aus dessen Fenster ich noch vor Kurzem regelmäßig geklettert war. Von außen sah Frome Court aus wie ein ganz gewöhnliches vorstädtisches Reihenhaus, aber drinnen war es in zwei Dreizimmerwohnungen unterteilt. Wir wohnten in der 3A. Tatsächlich fühlten wir uns dort richtig zu Hause. Im Gegensatz zu unserer alten Bleibe, die uns immer wie eine Strafe dafür vorgekommen war, dass Mum und Derf sich hatten scheiden lassen. Ich spielte das elektrische Klavier, das ich mir von den Einnahmen aus dem Pub gekauft hatte, nun in einer neuen Band, die von Stuart Brown, einem weiteren Ex-Mitglied der Corvettes, gegründet worden war. Bluesology waren eine wesentlich ambitioniertere Band. Stuart sah extrem gut aus und war von seinen Starqualitäten absolut überzeugt. Wir hatten einen Saxofonisten. Und wir suchten uns ein paar unbekannte Bluesstücke von Jimmy Witherspoon und J. B. Lenoir aus, die wir im Gate Pub in Northwood probten. Wir hatten sogar einen Manager namens Arnold Tendler, einen Juwelier aus Soho, bei dem unser Drummer Mick Inkpen arbeitete. Arnold war ein lieber, netter Kerl, der unbedingt ins Musikbusiness einsteigen wollte, sich als Investitionsobjekt dann aber ausgerechnet Bluesology aussuchte, nachdem Mick ihn zu einem unserer Gigs mitgeschleppt hatte. Er steckte sein Geld in Equipment und Bühnenoutfits für uns – identische Rollkragenpullis, Hosen und Schuhe – und bekam dafür rein gar nichts zurück. Bis auf unser ständiges Gejammer, wenn mal wieder alles schieflief.

Bald spielten wir Gigs in ganz London, und Arnold gab uns Geld, damit wir in einem kleinen Studio in Rickmansworth ein

Demo aufnehmen konnten. Wie durch ein Wunder gelang es Arnold, dieses Demo bei Fontana Records einzureichen. Ein noch größeres Wunder war es, dass sie daraus eine Single machten. Aus einem Song, den ich geschrieben hatte – eigentlich dem einzigen, den ich geschrieben hatte:»Come Back Baby«. Die Single floppte. Ein paarmal wurde sie zwar im Radio gespielt, allerdings nur auf einem der wenig glamourösen Piratensender, wo sie ohnehin alles spielten, sofern die Plattenfirma Kohle rüberwachsen ließ. Es gab das Gerücht, das Stück würde bei *Juke Box Jury* laufen, deshalb versammelten wir uns vor dem Fernseher. Es lief nicht bei *Juke Box Jury*. Wir veröffentlichten die zweite Single »Mr. Frantic«, ebenfalls aus meiner Feder. Dieses Mal gab es noch nicht mal das Gerücht, sie würde bei *Juke Box Jury* laufen. Die Single verpuffte einfach.

Gegen Ende 1965 nahm uns der Agent Roy Tempest unter Vertrag, der vor allem schwarze amerikanische Künstler nach Großbritannien holte. In seinem Büro stand ein Aquarium mit Piranhas, und als Geschäftsmann hatte er ebenso viel Biss wie seine Fische. Gelang es ihm nicht, die Temptations oder die Drifters über den Atlantik zu holen, suchte er sich in London eine Handvoll unbekannter schwarzer Sänger, steckte sie in Anzüge und schickte sie als Temptin' Temptations oder Fabulous Drifters auf Tour durch die Clubs. Beschwerte sich jemand, gab er sich unschuldig:»Natürlich sind das nicht die Temptations! Das sind die Temptin' Temptations! Eine völlig andere Band!« Im Prinzip hat Roy Tempest damit die Tribute-Bands erfunden.

In gewisser Hinsicht waren Bluesology mit Roy als Agent ganz gut bedient. Denn die Künstler, für die er uns als Backingband buchte, gehörten zu den besten: Major Lance, Patti LaBelle and the BlueBelles, Fontella Bass, Lee Dorsey. Dank der Engagements konnte ich meinen Job bei Mills Music bald an den Nagel hängen und Berufsmusiker werden. Allerdings blieb mir auch gar keine andere Wahl. Nie im Leben hätte ich es geschafft, bei den vielen Auftritten, die Tempest für uns organisierte, noch einem regelmäßigen Job nachzugehen. Leider war die Bezahlung miserabel. Bluesology bekamen fünfzehn Pfund pro Woche, wobei wir Benzin, Essen und Unterkunft selbst zahlen mussten. Wenn wir außerhalb von London auftraten und nach dem Gig nicht mehr nach Hause fahren konnten, mussten wir uns für fünf Shilling ein Zimmer in einem B&B nehmen. Ich bin mir sicher, dass die Stars, die wir begleiteten, auch nicht viel mehr bekamen. Das Arbeitspensum ging an die Substanz. Nacht für Nacht waren wir auf dem Motorway unterwegs. Wir traten in den großen Clubs des Landes auf: im Oasis in Manchester, im Mojo in Sheffield, im Place in Hanley, im Club A Go Go in Newcastle, im Clouds in Derby. Und wir spielten in den coolsten Londoner Läden: im Sybilla's, im Scotch of St. James, wo die Beatles und die Stones Whisky-Cola tranken, sowie im Cromwellian mit seinem wunderbaren Barmann Harry Heart, der fast so berühmt war wie die Popstars, die er bediente. Harry war extrem campy, er sprach Tuntenslang und hatte auf dem Tresen immer eine Karaffe mit einer geheimnisvollen klaren Flüssigkeit stehen. Die Lösung des Rätsels erfuhr man, wenn man ihm einen ausgeben wollte: »Gin Tonic bitte, und schenk dir selbst auch einen ein, Harry.« Dann erwiderte er: »Ooh, vielen Dank, Liebes, bona, bona, ich geb einen ins Töpfchen.« Daraufhin maß er eine Einheit Gin ab, goss sie in die Karaffe und nahm hin und wieder einen Schluck daraus, während er die Gäste bediente. Das wahre Rätsel war allerdings die Frage, wie jemand, der im Laufe eines Abends eine große Karaffe mit purem Gin austrank, überhaupt noch aufrecht stehen konnte.

Einige Läden waren äußerst seltsam. In Harlesden spielten wir buchstäblich in einem Wohnzimmer, in Spitalfields hatten sie aus mir bis heute unerfindlichen Gründen statt einer Bühne einen Boxring aufgebaut. Außerdem traten wir in vielen schwarzen Clubs auf, was uns eigentlich hätte einschüchtern müssen – weiße Bubis aus irgendeinem Vorortkaff, die vor schwarzem Publikum schwarze Musik zu spielen versuchten. Doch wir ließen uns nicht entmutigen. Zum einen schienen die Gäste unsere Musik zu lieben. Zum anderen lässt man sich nicht mehr so schnell ins Bockshorn jagen, wenn man als Teenie in einem Pub »Roll Out the Barrel« gespielt hat, während sich die Gäste gegenseitig halb totprügeln.

Der einzige Auftritt, bei dem mir doch etwas mulmig zumute war, fand in Balloch statt, kurz hinter Glasgow. Bei unserer Ankunft im Club hatten wir festgestellt, dass die Bühne drei Meter hoch war. Eine Sicherheitsmaßnahme, wie uns schnell klar wurde. Das sollte die Zuschauer davon abhalten, auf die Bühne zu klettern und die Musiker zu erschlagen. Da ihnen dieses Vergnügen vorenthalten wurde, mussten sie sich damit begnügen, sich gegenseitig umzubringen. Als das Publikum eintraf, baute es sich zu beiden Seiten des Clubs auf. Der erste Ton unseres Sets war offenbar der Startschuss dafür, dass der Spaß beginnen konnte. Sofort flogen überall Biergläser und Fäuste. Ein Gig im eigentlichen Sinn war das nicht, eher eine Ausschreitung mit Begleitmusik von einer R'n'B-Band. Dagegen hatten die Samstagabende in Northwood Hills gewirkt wie die Zeremonie bei der Parlamentseröffnung.

Fast jeden Abend absolvierten wir zwei Auftritte – manchmal sogar noch mehr, wenn wir unser Einkommen durch Konzerte unter eigenem Namen aufzubessern versuchten. An einem Samstag hatte Roy für uns um 14 Uhr einen Gig in einem

Club für amerikanische Soldaten am Lancaster Gate organisiert. Danach stiegen wir in unseren Bus und fuhren nach Birmingham, wo wir zwei Shows gaben – im Ritz und im Plaza. Hinterher stiegen wir wieder in den Bus, fuhren zurück nach London und traten im Count Suckle's Cue Club in Paddington auf. Das Cue war ein bahnbrechender schwarzer Club, in dem Soul und Ska liefen, und in London einer der ersten Läden, in dem nicht nur amerikanische Acts, sondern auch Bands von den westindischen Inseln auftraten. Ehrlich gesagt, erinnere ich mich gar nicht so sehr an die hochmoderne Mischung aus amerikanischer und jamaikanischer Musik, sondern mehr an den Essenstresen, wo man köstliche Cornish Pastys serviert bekam. Halb verhungert und um sechs Uhr morgens können sich selbst bei einem obsessiven Musikfan die Prioritäten schon mal verschieben.

Manchmal unterliefen Roy Tempest beim Booking katastrophale Fehler. Er holte die Ink Spots nach Großbritannien, wohl in dem Glauben, bei einer schwarzen amerikanischen Gesangsgruppe müsse es sich zwangsläufig um eine Soulband handeln. Dabei waren sie eine Doo-Wop-Band aus der Ära vor dem Rock'n'Roll. Sobald sie die ersten Töne von »Whispering Grass« oder »Back in Your Own Back Yard« anstimmten, verkrümelten sich die Zuschauer. Eigentlich waren es wunderbare Stücke, aber nicht die Sachen, die die Kids in einem Soulclub hören wollten. Es brach einem das Herz, doch dann traten wir im Twisted Wheel in Manchester auf. Das Publikum bestand aus echten Musikfans, die sich mit der Geschichte der schwarzen Musik bestens auskannten. Einige waren sogar mit den 78ern ihrer Eltern erschienen und ließen sie sich von den Ink Spots signieren. Am Ende des Sets holten sie die Sänger von der Bühne und trugen sie auf den Schultern durch den Saal. Immer reden die Leute vom Swinging London der Sixties, aber die Kids im Twisted Wheel hatten viel mehr Ahnung und waren wesentlich hipper als die im übrigen Teil des Landes.

In Wahrheit interessierten mich weder das Geld noch das Auftrittspensum oder die wenigen miesen Gigs. Für mich ging nämlich ein Traum in Erfüllung. Ich spielte mit Künstlern zusammen, deren Platten ich sammelte. Mein Lieblingssänger war Billy Stewart, ein kolossaler Typ aus Washington, D.C., der bei Chess Records unter Vertrag stand. Er war ein fantastischer Sänger und hatte aus seinem Übergewicht eine Art Markenzeichen gemacht. In seinen Songs spielte er immer wieder auf seine Leibesfülle an: »She said I was her pride and joy, that she was in love with a fat boy.« Seine Anfälle von Jähzorn waren legendär – gerüchteweise hatte er, als die Sekretärin von Chess zu lange brauchte, um ihn hereinzulassen, eine Pistole gezogen und den Türgriff einfach weggeschossen. Und wie wir schnell herausfanden, war auch seine Blase sagenhaft. Wenn uns Billy auf dem Motorway bat, den Bus am Straßenrand anzuhalten, weil er dringend pinkeln musste, konnten wir für den Rest des Abends alle anderen Pläne begraben. Wir warteten stundenlang. Das Geräusch, das aus dem Gebüsch kam, war unglaublich, als würde jemand mit einem Feuerwehrschlauch einen Swimmingpool auffüllen.

Mit diesen Leuten aufzutreten konnte einem richtig Angst machen. Und das lag nicht nur daran, dass einige von ihnen angeblich um sich schossen, wenn ihnen der Geduldsfaden riss. Es war ihr Talent, das beängstigend war. Von ihnen konnte man wahnsinnig viel lernen. Sie waren nicht nur fantastische Sänger, sondern auch großartige Entertainer. Es war die Art, wie sie sich bewegten, wie sie sich anzogen, was sie zwischen den Stücken erzählten, wie sie es schafften, das Publikum in eine bestimmte Richtung zu lenken. Sie hatten einen solchen Sinn für Stil und unglaublich viel Esprit. Manche hatten allerdings auch ihre Marotten. Patti LaBelle bestand zum Beispiel darauf, das Publikum bei jedem Auftritt mit ihrer Version von »Danny Boy« zu erfreuen. Doch ihnen nur auf der Bühne zuzusehen war eine Lehrstunde in Sachen Virtuosität. Ich konnte nicht begreifen, dass sie hierzulande nur einem kleinen Kreis bekannt waren. In Amerika hatten sie Hits gelandet, doch in Großbritannien hatten sich weiße Bands ihre Songs geschnappt und waren mit Coverversionen wesentlich erfolgreicher gewesen. In dieser Hinsicht waren die schlimmsten Schurken wohl Wayne Fontana and the Mindbenders. Sie hatten »Um Um Um Um Um Um« von Major Lance und »A Groovy Kind of Love« von Patti LaBelle neu aufgenommen und die Originale bei den Abverkäufen um Längen geschlagen. Billy Stewarts Single »Sitting in the Park« war gefloppt, während Georgie Fame mit dem gleichen Stück ein Hit gelungen war. Man merkte den amerikanischen Sängern an, wie sehr das an ihnen nagte. Tatsächlich bekam ich eine ziemlich genaue Vorstellung, wie sehr es sie wurmte, als ein Mod bei einem Konzert im Ricky-Tick Club in Windsor den Fehler machte und »Wir wollen Georgie Fame!« rief, während Billy Stewart »Sitting in the Park« sang. Ich habe noch nie einen Mann mit seiner Statur gesehen, der sich so schnell bewegt hat. Billy sprang von der Bühne und wollte sich auf den Störenfried stürzen. Aus Angst um sein Leben rannte der Mod aus dem Laden, wie es wohl jeder gemacht hätte, der von einem schießwütigen Hundertfünfzig-Kilo-Mann verfolgt wird.

Im März 1966 reisten Bluesology nach Hamburg. Wir schleppten unsere Instrumente erst auf die Fähre und dann in den Zug, um im Top Ten auf der Reeperbahn zu spielen. Der Club war legendär, weil die Beatles vor ihrem großen Durchbruch dort aufgetreten waren. Als sie mit Tony Sheridan ihre erste Single aufnahmen, wohnten sie auf dem Dachboden des Clubs. In den fünf Jahren, die seitdem vergangen waren, hatte sich der Laden nicht groß verändert. Die Bands wurden immer noch unter dem Dach untergebracht. In den Seitenstraßen gab es immer noch Bordelle mit Prostituierten in den Fenstern, und der Club verlangte von den Bands immer noch, im Wechsel mit anderen jeden Abend fünf Stunden lang zu spielen – eine Stunde auf der Bühne, eine Stunde Pause, während die Gäste kamen und gingen. Man konnte sich gut vorstellen, dass die Beatles dasselbe Leben geführt hatten, und zwar nicht zuletzt, weil die Bettwäsche in der Dachwohnung aussah, als wäre sie nicht mehr gewechselt worden, seit John und Paul darin geschlafen hatten.

Wir traten als Bluesology und als Begleitband der schottischen Sängerin Isabel Bond auf, die von Glasgow nach Deutschland gezogen war. Isabel war urkomisch, das niedliche, dunkelhaarige Mädchen hatte die dreckigsten Sprüche drauf, die ich je von einer Frau gehört habe. Sie sang Standards, veränderte den Text und gab ihm einen schlüpfrigen Unterton. Sie ist die einzige mir bekannte Sängerin, die es schaffte, die Zeile »give us a wank« in »Let Me Call You Sweetheart« einzubauen.

Damals war ich noch völlig unschuldig. Ich trank so gut wie keinen Alkohol und interessierte mich nicht für Sex. Was vor allem daran lag, dass ich es geschafft hatte, neunzehn zu werden, ohne die geringste Ahnung zu haben, worum es dabei überhaupt ging. Abgesehen von der fragwürdigen Behauptung meines Vaters, vom Masturbieren würde man blind werden, hatte mich niemand mit Informationen versorgt, was man beim Sex tat oder tun sollte. Penetration oder Blowjob waren für mich Fremdwörter. Aus diesem Grund bin ich wahrscheinlich der einzige britische Musiker der Sechzigerjahre, der auf der

Reeperbahn gearbeitet hat und als Jungfrau nach Hause zurückgekehrt ist. Da war ich also, im größten Sündenpfuhl Europas, wo für alle noch so abseitigen Vergnügungen gesorgt war – und das Verwegenste, was ich tat, war, mir im Kaufhaus eine Schlaghose zu besorgen. Ich wollte einfach nur Musik machen und deutsche Plattenläden durchstöbern. Ich ging voll und ganz in der Musik auf. Und ich war unglaublich ehrgeizig.

In meinem Herzen wusste ich, dass Bluesology es nicht schaffen würden. Wir waren einfach nicht gut genug. Das lag auf der Hand. Am Anfang hatten wir unbekannte Bluesstücke gespielt, jetzt spielten wir dieselben Soulsongs, die buchstäblich jede britische R'n'B-Band Mitte der Sechzigerjahre im Repertoire hatte – »In the Midnight Hour«, »Hold On I'm Coming«. The Alan Bown Set oder The Mike Cotton Sound spielten diese Songs jedoch sehr viel besser als wir. Und es gab viel bessere Sänger als Stuart und mit Sicherheit auch sehr viel bessere Organisten als mich. Ich war Pianist und wollte auf die Tasten hämmern wie Little Richard. Macht man das aber bei einer Orgel, kann einem der Sound den ganzen Tag vermiesen. Mir fehlte das technische Know-how, um die Orgel sauber spielen zu können. Am schlimmsten war die Hammond B-12, die einen festen Platz auf der Bühne des Flamingo Clubs in der Wardour Street hatte. Eine riesige Holzkiste, es war fast so, als würde man auf einer Kommode spielen. Überall steckten irgendwelche Schalter und Knöpfe, Zugstangen und Pedale. Stevie Winwood oder Manfred Mann benutzten alle davon und brachten die Hammond so zum Singen und Schreien. Ich dagegen traute mich nicht, sie auch nur anzufassen, weil ich keine Ahnung hatte, wofür sie eigentlich da waren. Selbst die kleine Vox Continental, die ich sonst spielte, war für mich ein technisches Minenfeld. Eine Taste klemmte ständig. Bei einem Auftritt im Scotch of St. James passierte das mitten in einem Stück. Ich spielte »Land of a Thousand Dancers«, da gab die Orgel plötzlich ein Geräusch von sich, als wäre die deutsche Luftwaffe für eine zweite Runde Blitzkrieg erneut über London aufgetaucht. Die anderen Jungs aus der Band vergnügten sich weiter mit Long Tall Sally, twisteten mit Lucy und tanzten den Watusi, während ich die Situation zu retten versuchte, indem ich in wilde Panik verfiel. Ich spielte schon mit dem Gedanken, den Notruf zu wählen, als Eric Burdon, Leadsänger der Animals, auf die Bühne kam. Er verfügte eindeutig über das technische Know-how, das mir fehlte – der Animals-Keyboarder Alan Price war an der Vox Continental ein wahrer Meister –, denn er schlug einfach mit der Faust auf die Orgel, und die Taste schoss wieder nach oben.

»Das passiert Alan ständig.« Er nickte mir zu und verschwand von der Bühne.

Wir waren nicht so gut wie die Bands, die das Gleiche machten wie wir, und diese waren wiederum nicht so gut wie diejenigen, die ihre eigenen Stücke schrieben. Als Bluesology einen Gig im Cedar Club in Birmingham spielen sollten, kamen wir dort zu früh an. Auf der Bühne probte gerade eine Band. Es handelte sich um The Move, ein Quintett aus der Stadt, das offenbar kurz vor dem Durchbruch stand. Auf der Bühne gaben sie sich wild, ihr Manager war nicht auf den Mund gefallen, und der Gitarrist Roy Wood konnte Songs schreiben. Wir schlichen uns in den Saal und beobachteten sie. Ihr Sound war fantastisch, und die Stücke von Roy Wood klangen sogar noch besser als ihre Coverversionen. Von der Handvoll Songs, die ich für Bluesology geschrieben hatte, hätte das nur ein vollkommen Verrückter behauptet. Ehrlich gesagt, hatte ich sie nur geschrieben, weil mir nichts anderes übrig geblieben war, denn uns stand eine Aufnahmesession bevor, und dafür brauchten wir eigenes Material. Ich hatte nicht gerade mein Herz und meine Seele in diese Songs hineingelegt, und das hörte man ihnen auch an. Ich weiß noch, dass mir der Sound von The Move wie eine Offenbarung vorkam. *So muss das sein. So geht's weiter. So was sollte ich auch machen.*

Vermutlich hätte ich Bluesology viel früher verlassen, wäre John Baldry nicht auf der Bildfläche erschienen. Wir wurden von ihm engagiert, weil wir zur richtigen Zeit am richtigen Ort waren. Bluesology tourten gerade durch Südfrankreich, als Long John Baldry vor einem geplanten Auftritt im Papagayo Club in Saint-Tropez plötzlich ohne Band dastand. Also wollte er eine neue Gruppe wie Steampacket gründen, mit ihm, Stuart Brown und dem jungen Alan Walker (der den Job wohl nur bekam, weil Baldry ein Auge auf ihn geworfen hatte) als Sängern und der erst kürzlich nach London gezogenen Amerikanerin Marsha Hunt als weiblicher Stimme. Baldrys Wahl als Backingband fiel auf Bluesology, allerdings motzte er zuerst noch unser Line-up ein bisschen auf: Einige Musiker, die er nicht mochte, flogen raus und wurden durch andere ersetzt, die ihm geeigneter erschienen. Große Lust hatte ich auf den Job nicht. In meinen Augen war das Line-up für John ein echter Rückschritt. Ich wusste, wie gut Julie Driscoll und Rod Stewart waren. Als ich noch zur Schule gegangen war, hatte ich im Kenton Conservative Club einen Auftritt von Rod und John und ihrer Band, damals noch die Hoochie Coochie Men, gesehen, und Rod hatte mich schwer beeindruckt. Brian Auger war unter Musikern eine echte Legende: Als Organist war er ganz sicher nicht darauf angewiesen, dass der Leadsänger der Animals mitten in einem Stück auf die Bühne kletterte und mit der Faust auf sein Instrument hämmerte.

Ich hatte also meine Vorbehalte gegen das Engagement. Und das Line-up mit Alan Walker und Marsha Hunt hielt sich ohnehin nicht lange – Marsha sah umwerfend aus, groß, schwarz, hübsch, war aber keine tolle Sängerin. Allerdings muss ich zugeben, dass es bei Long John Baldry sehr viel interessanter zuging als in meiner bisherigen Karriere. Wer das Gefühl hat, sein Leben würde sich zur eintönigen Routine entwickeln, dem kann ich wärmstens empfehlen, mit einem wahnsinnig exzentrischen, zwei Meter fünf großen, schwulen Bluessänger mit Alkoholproblemen auf Tournee zu gehen. Sie werden feststellen, wie viel Schwung plötzlich in der Bude herrscht.

Ich war gern mit John unterwegs. Er holte mich mit seinem Wagen, in dem es sogar einen Plattenspieler gab, vor der Tür des Frome Court ab und machte mich auf seine Ankunft aufmerksam, indem er sich aus dem Fenster lehnte und »REGGIE!« brüllte. In seinem Leben war ständig etwas los. Meist hing es mit seinem Alkoholkonsum zusammen, der, wie ich schnell herausfand, etwas Selbstzerstörerisches hatte. Das war mir klar geworden, als er sich nach unserem Auftritt im Links Pavilion in Cromer dermaßen die Kante gab, dass er in seinem weißen Anzug von der Steilküste fiel. Dass er schwul war, merkte ich hingegen nicht gleich. Im Nachhinein betrachtet kann man sich das kaum vorstellen. Wir sprechen hier immerhin von einem Mann, der sich selbst Ada nannte, andere Männer als »sie« bezeichnete und einem ständig in aller Ausführlichkeit von seinem Sexleben erzählte: »Ich hab da diesen neuen Freund – Ozzie –, der wirbelt ständig auf meinem Schwanz rum, Darling.« Doch ich war damals so naiv, ich hatte keine Ahnung, was schwul eigentlich bedeutete, und wäre nie darauf gekommen, dass die Bezeichnung auch auf mich zutreffen könnte. Ich saß nur da und dachte: »Hä? Er wirbelt auf *deinem Schwanz* rum? Wie geht das? Wovon redest du bloß?«

62

Es war außerordentlich unterhaltsam, aber das änderte nichts an der Tatsache, dass ich weder Orgel spielen noch als Begleitmusiker arbeiten oder bei Bluesology bleiben wollte. Deshalb stand ich schließlich in den neuen Büroräumen von Liberty Records in der Nähe der Piccadilly und leitete mein Vorspielen für das Label mit Gejammer ein, über die stagnierende Karriere von Bluesology, den schrecklichen Tingeltangel-Zirkus, das Tonbandgerät und unsere legendären Nichteinsätze bei »Let the Heartaches Begin«.

Mir gegenüber am Tisch nickte Ray Williams mitfühlend. Er war sehr blond, sehr attraktiv, sehr gut angezogen und sehr jung. Wie sich herausstellte, war er sogar so jung, dass er noch gar nicht in der Position war, jemanden unter Vertrag nehmen zu können. Darüber hatten seine Bosse zu entscheiden. Vielleicht hätten sie mich verpflichtet, wenn ich fürs Vorspielen nicht ausgerechnet »He'll Have to Go« von Jim Reeves ausgewählt hätte. Ich hatte mir überlegt, alle anderen würden »My Girl« oder irgendein Motown-Stück singen, und wollte auffallen, indem ich etwas komplett anderes darbot. Außerdem mag ich »He'll Have to Go« wirklich sehr. Ich wusste, ich konnte das Stück singen, denn im Northwood Hills Hotel hatte es die Gäste jedes Mal umgehauen. Hätte ich noch einmal gründlich darüber nachgedacht, wäre mir vielleicht aufgegangen, dass ich bei Leuten, die ein progressives Rocklabel aufziehen wollten, mit dem Stück nicht unbedingt Begeisterungsstürme entfachen würde. Liberty hatten The Bonzo Dog Doo-Dah Band, The Groundhogs und The Idle Race unter Vertrag genommen, letztere waren eine Psychedelic Band mit dem Frontmann Jeff Lynne, der später das Electric Light Orchestra gründete. Das Letzte, wonach sie suchten, war Pinners Antwort auf Jim Reeves.

Vielleicht hatte ich mir mit »He'll Have to Go« auch genau den richtigen Song ausgesucht. Hätte ich die Labelchefs beim Vorspielen überzeugt, hätte Ray mir vielleicht nicht den Umschlag mit Bernies Texten gegeben. Ich weiß nicht, was passierte wäre, wenn er sie mir nicht in die Hand gedrückt hätte. Tatsächlich habe ich mich das jahrelang gefragt, denn dass mein Schicksal eine solche Wende genommen hat, verblüfft mich noch heute. An dieser Stelle muss ich auf das Chaos in Rays Büro hinweisen. Überall stapelten sich Tonbänder und Briefe. Nicht nur jeder aufstrebende britische Musiker und Songschreiber hatte ihn kontaktiert, sondern auch sämtliche Spinner, die die »Talente gesucht«-Anzeige von Liberty im *New Musical Express* gelesen hatten. Ray schien den Umschlag aufs Geratewohl aus einem Stapel zu ziehen, vermutlich wollte er mir einfach irgendetwas mitgeben, damit mir das Treffen nicht wie ein totaler Reinfall vorkam. Ich kann mich nicht mehr daran erinnern, ob er den Umschlag überhaupt vorher geöffnet hatte. Trotzdem enthielt er meine Zukunft: Alles, was seitdem passiert ist, geschah nur wegen seines Inhalts. Bei der Vorstellung kann einem regelrecht schwindlig werden.

Wer weiß? Vielleicht hätte ich einen anderen Texter gefunden, hätte mich einer anderen Band angeschlossen oder meinen Weg als Musiker auch so gemacht. Aber ohne Bernie wären mein Leben und meine Karriere wohl ganz anders verlaufen, höchstwahrscheinlich schlechter – ich kann mir kaum vorstellen, wie es besser hätte laufen sollen. Und Sie würden dieses Buch jetzt vermutlich nicht lesen.

Liberty Records hatte kein Interesse an den ersten Songs, die Bernie und ich schrieben. Daher bot Ray an, uns bei einem von ihm gegründeten Musikverlag unter Vertrag zu nehmen. Geld sollten wir erst bekommen, wenn wir einen Song verkauften, aber das war mir in dem Moment herzlich egal. Ray glaubte an mich und hat sogar versucht, mich mit anderen Textern zusammenzubringen, aber so gut wie mit Bernie klappte es mit keinem. Eigentlich erwartete man von Bernie und mir, dass wir uns zusammensetzten und uns Musik und Text gemeinsam überlegten. So konnte ich aber nicht arbeiten. Die Wörter mussten vor mir liegen, damit ich daraus einen Song machen konnte. Ich brauchte das als Zündung, als Inspiration. Bernies Texte lösten etwas in mir aus, und ich wollte unbedingt Musik dazu komponieren. Das passierte, sobald ich in der U-Bahn nach Hause saß und den Umschlag öffnete. Und bis heute hat sich daran nichts geändert.

Die Songs sprudelten nur so aus uns heraus. Und sie waren besser als alles, was ich bisher zustande gebracht hatte – aber das hieß nicht viel. Ehrlicherweise waren nur manche Songs besser als alles, was ich bisher geschrieben hatte. Wir schrieben zwei Sorten Lieder. Zum einen Songs, von denen wir glaubten, sie an Künstler wie Cilla Black oder Engelbert Humperdinck verkaufen zu können: üppige Schmachtballaden, schmissigen Bubblegum-Pop. Sie waren grässlich, manchmal schüttelte es mich bei dem Gedanken, dass die Schmachtfetzen kaum anders klangen als das furchtbare »Let the Heartaches Begin«, aber so verdiente man als Auftrags-Songwriterteam nun mal sein Geld. Unser Zielmarkt waren die großen Mainstream-Stars. Doch dieses Ziel verfehlten wir jedes Mal. Der größte »Star«, dem wir einen Song verkaufen konnten, war der Schauspieler Edward Woodward, der sich gelegentlich als Easy-Listening-Crooner verdingte. Sein Album hieß *This Man Alone* und der Titel nahm auf unheimliche Weise die Zahl seiner Zuhörer vorweg.

Und dann gab es noch die Songs, die wir wirklich schreiben wollten, inspiriert von den Beatles, Moody Blues, Cat Stevens,

Leonard Cohen – Sachen, die wir bei Musicland in Soho kauften, wo Bernie und ich regelmäßig rumhingen, sodass mich die Verkäufer irgendwann baten, sie in der Mittagspause zu vertreten. Die Psychedelic-Ära war noch nicht ganz zu Ende, deshalb schrieben wir verschrobene Stücke mit Texten über Löwenzahn und Teddybären. Wir versuchten uns an allen möglichen Stilen anderer Künstler und stellten fest, dass keiner richtig zu uns passte. Aber so läuft das nun mal, wenn man auf der Suche nach der eigenen Stimme ist, und der Prozess machte sogar Spaß. Alles machte Spaß. Bernie war nach London gezogen, und wir waren Freunde geworden. Wir verstanden uns so gut, dass er mir wie der Bruder vorkam, den ich nie gehabt hatte. Womöglich trug dazu auch die Tatsache bei, dass wir vorübergehend in meinem ehemaligen Kinderzimmer in Frome Court in Etagenbetten schliefen. Tagsüber schrieben wir Songs. Bernie hämmerte in meinem Zimmer Texte in die Schreibmaschine, brachte sie zu mir ans Klavier im Wohnzimmer, bevor er sich wieder in mein Zimmer verzog, damit ich komponieren konnte. Wenn wir Stücke schrieben, blieb jeder von uns für sich, aber die freie Zeit verbrachten wir immer zusammen, in Plattenläden oder im Kino. Abends besuchten wir Konzerte oder saßen in den Musikerclubs, wo wir Harry Heart dabei zusahen, wie er seine Karaffe mit Gin leerte, oder mit den anderen Nachwuchshoffnungen fachsimpelten. Dort saß auch immer so ein kleiner, witziger Typ, der seinen Namen, passend zur damaligen Flower-Power-Stimmung, in Hans Christian Anderson geändert hatte. Die märchenhafte Aura, die dieses Pseudonym umgab, bekam leichte Risse, wenn er den Mund aufmachte und ein starker Lancaster-Akzent herauskam. Am Ende änderte er seinen Vornamen wieder in Jon und wurde Leadsänger von Yes.

Beide Arten von Songs nahmen wir in einem kleinen Vier-Spur-Studio an der New Oxford Street auf, in den Räumen von Dick James Music, die auch den Musikverlag von Ray verwalteten. Das Studio erlangte später Berühmtheit, weil man die Troggs dort heimlich aufgenommen hatte, als sie sich beim Schreiben eines Stückes ganze elf Minuten lang beschimpften. (»Dein verdammtes Gequatsche ist doch für'n Arsch!« »Verdammter Trommler – auf so jemanden scheiß ich!«) Später wurden die berühmt-berüchtigten Aufnahmen als Troggs-Tapes veröffentlicht. Der hauseigene Toningenieur von Dick James Music hieß Caleb Quaye, ein Multi-Instrumentalist, der immer einen Joint in den Fingern hielt. Caleb war superhip und ließ einen das auch ständig spüren. Sein halbes Leben lang hat er sich über das, was Bernie oder ich sagten, machten oder anhatten, halb totgelacht, weil wir damit nur bewiesen, wie lächerlich uncool wir waren. Dennoch schien auch er an uns zu glauben. Wenn er sich nicht gerade vor Lachen auf dem Boden kugelte oder Lachtränen aus den Augen wischte, verschwendete er mehr Zeit und Aufmerksamkeit auf unsere Stücke, als von ihm eigentlich verlangt wurde. Wir verstießen gegen die Richtlinien der Firma und arbeiteten bis spät in die Nacht an unseren Sachen. Wenn alle Angestellten von DJM längst zu Hause waren, baten wir einige mit Caleb befreundete Sessionmusiker um Unterstützung und probierten heimlich Arrangements und Produktionsideen aus.

Es war aufregend, doch dann wurden wir vom Musikverleger erwischt. Wie er herausfand, dass wir im Studio saßen, weiß ich nicht mehr, vermutlich hatte jemand beim Vorbeifahren ein Licht gesehen und uns für Einbrecher gehalten. Caleb dachte, er wäre seinen Job los, und spielte Dick James aus lauter Verzweiflung unsere Aufnahmen vor. Statt Caleb zu feuern und Bernie und mich vor die Tür zu setzen, bot Dick James an, unsere Songs zu verlegen. Dafür wollte er uns einen Vorschuss von fünfundzwanzig Pfund pro Woche zahlen, zehn für Bernie, fünfzehn für mich. Ich bekam einen zusätzlichen Fünfer, weil ich auf den Demobändern Klavier spielen und singen sollte. Jetzt konnte ich endlich tun, was ich schon lange vorgehabt hatte: bei Bluesology aufhören und mich aufs Songwriting konzentrieren. Als wir aus seinem Büro kamen, waren wir wie benommen und viel zu perplex, um uns über unser Glück zu freuen.

Die neue Vereinbarung hatte einen Haken, denn Dick sah unsere Zukunft in Balladen und Bubblegum-Pop. Er arbeitete zwar mit den Beatles zusammen und verwaltete ihren Musikverlag Northern Songs, aber im Grunde seines Herzens war er ein altmodischer Verleger im Stil der Tin Pan Alley. DJM war ein seltsamer Laden. Die Hälfte der Belegschaft war wie Dick, um die fünfzig und eher aus dem alten jüdischen Showbiz stammend als Rock'n'Roll-begeistert. Die andere Hälfte war jünger und ziemlich modern, wie Caleb, Dicks Sohn Stephen oder Tony King.

Tony King hatte sich im ersten Stock des Gebäudes einen Schreibtisch gemietet und arbeitete für die neue Produktionsgesellschaft Associated Independent Recording. AIR war ein Zusammenschluss unabhängiger Musikproduzenten, den George Martin ins Leben gerufen hatte, nachdem ihm aufgegangen war, wie schlecht er von EMI für seine Arbeit an den Beatles-Platten bezahlt wurde. Tony war für den Musikverlag und die Werbung zuständig. Zu sagen, dass Tony in den Räumlichkeiten von DJM auffiel wie ein bunter Hund, wäre maßlos untertrieben. Tony hätte sogar während einer Invasion vom Mars alle Blicke auf sich gezogen. Er trug Anzüge von den hipsten Londoner Schneidern, orangefarbene Samthosen, jede Menge Satin. An seinem

Hals hingen Hippieketten aus bunten Glasperlen, ständig flatterte mindestens ein Seidenschal hinter ihm her, dazu hatte er blond gefärbte Strähnchen im Haar. Er war ein absoluter Musikfan und hatte schon mit den Rolling Stones und Roy Orbison zusammengearbeitet. Die Beatles zählten zu seinen Freunden. Wie Long John Baldry lebte er offen schwul, und es scherte ihn einen Dreck, ob sich jemand daran störte. Er ging nicht durchs Büro, er schwebte. »Tut mir leid, dass ich etwas zu spät bin, Darling, das Telefon hatte sich in meiner Kette verfangen.« Er war urkomisch. Ich war von ihm total fasziniert. Mehr noch: Ich wollte sein wie er. So stilvoll, ausgefallen, exotisch.

Tonys Aussehen färbte bald auf meins ab, mit zum Teil haarsträubenden Ergebnissen. Ich ließ mir einen Schnurrbart wachsen. Ich kaufte mir eine afghanische Schaffelljacke, entschied mich aber für eine billige Variante. Das Fell war nicht richtig gegerbt worden und stank so bestialisch, dass meine Mutter mich mit der Jacke nicht in die Wohnung ließ. Leider konnte ich mir die Boutiquen, in denen Tony einkaufte, nicht leisten. Also besorgte ich mir ein paar Meter Vorhangstoff mit der Comicfigur Noddy und bat eine Freundin meiner Mutter, mir daraus ein Hemd zu nähen. Auf den Werbeanzeigen für meine erste Single »I've Been Loving You« trug ich einen Mantel aus Kunstpelz und einen Trilby mit Leopardenmuster.

Aus irgendeinem Grund lockte die eindrucksvolle Aufmachung die Plattenkäufer bei der Veröffentlichung meiner Single im März 1968 nicht massenhaft in die Läden. Sie floppte total. Mich überraschte das nicht. Ich war nicht mal enttäuscht. Ich wollte gar nicht unbedingt Solokünstler sein – eigentlich wollte ich nur Songs schreiben –, und mein Plattenvertrag war mehr oder weniger durch Zufall zustande gekommen. Dicks Sohn Stephen war mit unseren Demobändern zu verschiedenen

Plattenfirmen gegangen, in der Hoffnung, einer ihrer Künstler würde einen Song von uns aufnehmen. Jemandem bei Philips gefiel meine Stimme, und plötzlich hatte ich einen Vertrag für ein paar Singles. Obwohl ich mir unsicher war, sagte ich zu, in der Hoffnung, etwas Aufmerksamkeit für die Stücke zu bekommen, die Bernie und ich schrieben. Als Songwriter machten wir echte Fortschritte. Wir hatten uns vom erdigen Americana-Sound von The Band und jüngeren Songwritern wie Leonard Cohen inspirieren lassen, die wir bei Musicland in den Import-Regalen entdeckt hatten. Unter ihrem Einfluss wurden unsere Stücke besser. Mit einem Mal fielen uns Sachen ein, die nicht mehr wie ein Abklatsch anderer Künstler klangen. Wir hatten den Song »Skyline Pigeon« geschrieben, und ich hörte ihn mir immer wieder an. Mir fiel niemand ein, der so klang. Wir hatten endlich etwas Eigenes hinbekommen.

Für meine Debütsingle hatte Dick James jedoch »I've Been Loving You« ausgewählt, offenbar nach einer langen und schließlich erfolgreichen Suche nach dem ödesten Song in meinem Portfolio. Das Stück war absolut nichtssagend. Eigentlich hatten wir es einem Mainstream-Crooner andrehen wollen, und Bernie hatte nicht mal den Text dafür geschrieben. Vermutlich hatte Dick sich von seinen Wurzeln im Tin-Pan-Alley-Sound leiten lassen. Mir war klar, dass es eine schlechte Wahl war, aber ich wollte mich nicht mit ihm streiten. Dick war die Legende aus der Denmark Street, die schon mit den Beatles zusammengearbeitet hatte. Er hatte uns in seinen Songwriter-Stamm aufgenommen und mir einen Plattenvertrag verschafft, obwohl er Bernie und mich vor die Tür hätte setzen können. In den Werbeanzeigen für die Single hieß es, dies sei »die beste Performance auf einer Debütsingle«, ich sei das »vielversprechende Talent von 1968« und »WIR HABEN SIE GEWARNT«.

Die britischen Käufer reagierten, als hätte man sie davor gewarnt, dass jedes Exemplar der Single mit Wasser aus der Kanalisation verseucht sei. Das vielversprechende Talent fing noch einmal von vorne an.

Zu diesem Zeitpunkt passierte noch etwas, das mein Leben komplizierter machte. Ich verlobte mich mit Linda Woodrow. Wir hatten uns Ende 1967 bei einem Bluesology-Auftritt im Mojo in Sheffield kennengelernt. Linda war mit dem DJ des Clubs befreundet, einem Anderthalb-Meter-Mann, der sich Mighty Atom nannte. Sie war groß, blond und drei Jahre älter als ich. Einen Job hatte sie nicht, trotzdem war sie finanziell unabhängig. Keine Ahnung, woher das Geld kam, ihre Familie war vermutlich wohlhabend. Linda war süß und nett und interessierte sich für meine Arbeit. Eine kurze Unterhaltung nach dem Gig führte zu einem Treffen, das sich verdächtig nach Date anfühlte und zu einer weiteren Verabredung führte. Irgendwann besuchte sie mich dann in Frome Court. Unsere Beziehung war sonderbar. Wir hatten keinen Sex und kamen uns körperlich auch sonst nicht näher. Doch anstatt darin Desinteresse von meiner Seite zu wittern, nahm Linda es als Beweis für meine Ritterlichkeit und romantische Ader. Allerdings muss man erwähnen, dass es 1968 für Paare nicht ungewöhnlich war, vor der Hochzeit nicht miteinander zu schlafen.

Aber auch ohne Sex entwickelte die Beziehung bald eine gewisse Dynamik. Linda beschloss, nach London zu ziehen. Eine Wohnung konnte sie sich leisten, und ich sollte bei ihr wohnen. Bernie durfte als Untermieter einziehen.

Es wäre gelogen, wenn ich behaupten würde, bei der Aussicht sei mir nicht ein wenig mulmig zumute gewesen. Das lag nicht zuletzt daran, dass Linda anfing, meine Musik zu kritisieren. Sie war ein Riesenfan des amerikanischen Crooners Buddy Greco und ließ durchblicken, wie viel besser sie es gefunden hätte, wenn ich mich an ihm orientiert hätte. Allerdings schob ich meine Bedenken überraschend schnell beiseite. Die Vorstellung, aus Frome Court wegzuziehen, war zu reizvoll. Vermutlich dachte ich auch einfach, mit zwanzig würde von mir erwartet, mit einer Frau zusammenzuziehen.

Und so landeten wir schließlich in einer Wohnung in der Furlong Road in Islington. Ich, Bernie, Linda und ihr Chihuahua Caspar. Linda suchte sich einen Job als Sekretärin, und bald war die Rede von unserer Verlobung. Inzwischen schrillten bei mir die Alarmglocken so laut, dass ich sie eigentlich nicht länger ignorieren konnte, vor allem, weil die Menschen, die mir am nächsten standen, sie ständig läuteten. Meine Mutter war absolut gegen die Verlobung, und was Bernie davon hielt, kann man dem Song »Someone Saved My Life Tonight« entnehmen, den er später über diese Zeit schrieb. Der Text ist wahrlich keine Lobeshymne auf die vielen guten Eigenschaften von Linda: »a dominating queen«, »sitting like a princess perched in her electric chair«. Bernie konnte sie nicht ausstehen. Er hatte Angst, dass Linda unsere Musik mit ihrem ständigen Gerede über Buddy Greco kaputtmachen würde. Er fand sie herrschsüchtig und kochte vor Wut, weil sie von ihm verlangte, das Simon-&-Garfunkel-Poster in seinem Zimmer wieder von der Wand zu nehmen.

Doch meine Sturheit sowie meine Angst vor Konfrontationen halfen mir, die Alarmglocken zu überhören. An meinem einundzwanzigsten Geburtstag fand die Verlobung statt – wer wen gefragt hat, weiß ich nicht mehr. Der Hochzeitstermin wurde festgelegt. Wir trafen die nötigen Vorbereitungen. Panik setzte bei mir ein. Die beste Lösung wäre gewesen, ehrlich zu

Linda zu sein. Aber ich schaffte es einfach nicht, Linda meine wahren Gefühle zu beichten. Stattdessen kam ich auf die tolle Idee, einen Selbstmordversuch zu inszenieren.

Bernie, mein Retter, hat mich immer wieder an die genauen Umstände jenes Tages erinnert, als ich angeblich meinem Leben mit Gas ein Ende setzen wollte. Jemand, der sich wirklich umbringen will, macht das, wenn er alleine ist, damit ihn niemand von seinem Vorhaben abbringt. Er tut es mitten in der Nacht oder an einem Ort, wo er ungestört ist. Ich dagegen versuchte es am helllichten Tage, in einer Wohnung voller Menschen. Bernie saß in seinem Zimmer, Linda hielt nebenan ein Nickerchen. Ich hatte ein Kissen in den Backofen gelegt, um meinen Kopf darauf zu betten, das Gas nicht voll aufgedreht und außerdem alle Fenster in der Küche geöffnet. Natürlich war es recht dramatisch, als Bernie meinen Kopf aus dem Backofen zog, aber in der Küche war nicht mal genügend Monoxid, um eine Wespe zu töten. Ich hatte mir vorab ausgemalt, wie erschrocken alle sein würden, und mir vorgestellt, Linda würde sofort begreifen, dass ich mich hatte umbringen wollen, weil mich die bevorstehende Hochzeit tiefunglücklich machte. Stattdessen reagierte sie nur leicht verwundert. Noch schlimmer, Linda schien zu glauben, ich sei wegen des ausgebliebenen Chart-Erfolgs von »I've Been Loving You« frustriert. Das wäre natürlich der ideale Moment gewesen, ihr die Wahrheit zu sagen. Stattdessen hielt ich den Mund. Mein Selbstmordversuch wurde nicht mehr erwähnt, und der Hochzeitstermin blieb im Kalender stehen. Zusammen machten wir uns auf die Suche nach einer Wohnung in Mill Hill.

Am Ende war es Long John Baldry, der aussprach, was ich eigentlich längst wusste. Nach meinem Ausstieg bei Bluesology waren wir gute Freunde geblieben, und ich hatte ihn gebeten,

Trauzeuge bei der Hochzeit zu sein. Meine Hochzeitspläne schienen ihn zwar zu amüsieren, zugesagt hatte er aber trotzdem. Um die Einzelheiten zu besprechen, trafen wir uns im Bag O'Nails in Soho. Bernie begleitete mich.

John machte von der ersten Minute an einen komischen Eindruck. Als würde er über irgendetwas nachgrübeln. Ich hatte keine Ahnung, worüber. Vermutlich gab es Ärger in seinem Privatleben. Vielleicht hatte Ozzie sich geweigert, auf seinem Schwanz herumzuwirbeln oder was auch immer die beiden hinter verschlossenen Türen so taten. Doch nach ein paar Drinks erklärte er mir in drastischen Worten, was das Problem war.

»Verdammte Scheiße«, schimpfte er. »Warum zum Geier willst du mit einer scheiß Frau zusammenleben? Wach endlich auf und schwimm ans andere Ufer. Du bist schwul. Du liebst Bernie mehr als sie.«

Betretenes Schweigen setzte ein. Ich wusste, dass er recht hatte, wenigstens in einem Punkt. Ich liebte Linda nicht, mit Sicherheit nicht genug, um sie zu heiraten. Ich liebte Bernie. Sexuelles Interesse hatte ich an ihm nicht, aber er war mein bester Freund. Und unsere musikalische Partnerschaft war mir wesentlich wichtiger als meine Verlobte. Aber schwul? Da war ich mir absolut nicht sicher. Was vor allem daran lag, dass ich noch nicht zu einhundert Prozent wusste, was das eigentlich bedeuten sollte, obwohl ich dank einiger unverblümter Gespräche mit Tony langsam eine bessere Vorstellung davon hatte. Vielleicht war ich wirklich schwul. Vielleicht war das auch der Grund, warum ich Tony so sehr bewunderte. Ich ahmte nicht nur seinen Kleidungsstil und seine weltläufige Lebensart nach, für mich verkörperte er auch einen Teil von mir.

Es gab also genug Gründe, mir mal richtig Gedanken zu machen. Stattdessen fing ich einen Streit an. Johns Behauptungen seien lachhaft. Er sei – mal wieder – betrunken und mache viel Lärm um nichts. Die Hochzeit abzublasen käme überhaupt nicht infrage. Alles sei vorbereitet. Wir hätten sogar schon die Torte bestellt.

Doch John wollte davon nichts hören. Er redete weiter auf mich ein. Wenn ich die Hochzeit durchzöge, würde ich mein Leben ruinieren und das von Linda gleich mit. Ich sei ein verdammter Idiot und ein Feigling obendrein. Unser Streit wurde immer hitziger, und bald zogen wir die Aufmerksamkeit der anderen Gäste auf uns. Die Leute an den Nachbartischen mischten sich ein. Weil wir uns im Bag O'Nails befanden, saßen an den Nachbartischen lauter Popstars, was die ganze Situation noch surrealer machte. Cindy Birdsong von den Supremes zwitscherte dazwischen – ich kannte sie noch aus meiner Zeit bei Bluesology, als sie eine von Patti LaBelles Blue Belles gewesen war. Dann mischte sich auch noch P. J. Proby in unseren Streit ein. Ich würde Ihnen zu gerne berichten, was das hosensprengende, bezopfte Enfant terrible des Mid-Sixties-Pop zu meiner bevorstehenden Hochzeit, ihrer möglichen Absage und der Frage, ob ich nun homosexuell war, gesagt hat. Aber leider war ich zu diesem Zeitpunkt schon total besoffen und erinnere mich nur noch verschwommen an die genauen Umstände, obwohl ich John wohl irgendwann zumindest im Hinblick auf meine Ehe recht gegeben haben muss.

Vom Rest des Abends sind mir lediglich bruchstückhafte Bilder im Gedächtnis geblieben. Im Morgengrauen wankten wir zu unserer Wohnung, Bernie hatte sich als moralische Stütze bei mir untergehakt, wir liefen in ein parkendes Auto und warfen Mülleimer um. Zu Hause ein furchtbarer Streit, bei dem Linda drohte, sich umzubringen. Lallend diskutierten Bernie und ich durch seine geschlossene Zimmertür – kurz nach unserer Ankunft hatte er sich verdünnisiert –, ob Linda die Selbstmorddrohung ernst meinen könnte. Dann bat ich Bernie, die Tür aufzumachen, damit ich bei ihm auf dem Boden pennen konnte.

Am nächsten Morgen kam es zu einem weiteren Streit, bevor ich aus purer Verzweiflung meine Eltern anrief. »They're coming in the morning with a truck to take me home«, schrieb Bernie in »Someone Saved My Life Tonight«. Das war dichterische Freiheit. Niemand erschien in einem Truck; nur Derf fuhr in seinem kleinen Transporter vor. Bernie und ich wurden wieder nach Hause gebracht. Zurück in unsere Etagenbetten in Frome Court. Bernie hängte sein Simon-&-Garfunkel-Poster wieder an die Wand. Linda haben wir nie mehr gesehen.

DREI

Theoretisch gesehen wollten Bernie und ich nur so lange in Frome Court bleiben, bis wir eine eigene Wohnung gefunden hatten. Doch bald dämmerte uns, dass wir dort praktisch gesehen wohl erst einmal festhängen würden. Eine eigene Wohnung war utopisch, wir konnten sie uns beim besten Willen nicht leisten. Und leisten konnten wir sie uns nicht, weil sich die britischen Sänger beharrlich weigerten, einen unserer Songs aufzunehmen. Ab und zu hieß es, der Manager oder Produzent eines Künstlers sei an einem unserer Stücke interessiert. Wir schöpften Hoffnung und dann … nichts. Die Absagen häuften sich. Cliff hat Nein gesagt, tut uns leid. Sorry, aber Cilla findet, der Song passt nicht hundertprozentig zu ihr. Nein, Octopus wollen »When I Was Tealby Abbey« nicht aufnehmen. Octopus? Wer zum Teufel waren *Octopus*? Ich wusste nur, dass sie unsere Songs nicht mochten. Wir bekamen Absagen von Leuten, von denen wir noch nie etwas gehört hatten.

Nichts tat sich. Nichts bewegte sich. Es fiel mir sehr schwer, dabei nicht den Mut zu verlieren. Doch das Leben in Frome Court hatte unter anderem den Vorteil, dass meine Mutter immer da war, um mich auf ihre unnachahmliche Weise aus der Verzweiflung zu reißen. Einmal schlug sie mir sogar vor, die Karriere als Songwriter an den Nagel zu hängen und mir in der Nachbarschaft einen Job zu suchen: »Du hast doch andere Möglichkeiten. In der Wäscherei die Straße runter suchen sie gerade jemanden ...« Ach, in der Wäscherei? Hmm. So reizvoll es klingt, von morgens bis abends Wäschetrommeln zum Poltern zu bringen, ich glaube, ich versuch's lieber noch ein bisschen mit dem Komponieren.

Da wir nicht ausziehen konnten, versuchten wir, aus einem ehemaligen Kinderzimmer mit Etagenbetten ein Zimmer zu machen, für das sich zwei erwachsene Männer nicht schämen mussten. Ich wurde Mitglied im Buchclub von *Reader's Digest* und füllte die Regale nach und nach mit ledergebundenen Ausgaben von *Moby Dick, David Copperfield* und dergleichen. Aus dem Katalog von Littlewoods bestellten wir uns eine Stereoanlage und zwei Kopfhörer – wegen der Ratenzahlung konnten wir uns das leisten. Bei Athena in der Oxford Street besorgten wir uns ein Poster von Man Ray, besuchten dann den Laden India Craft nebenan und kauften dort ein Dutzend Räucherstäbchen. Wenn wir mit Kopfhörern auf dem Fußboden lagen, die neueste Scheibe aus dem Musicland auf dem Plattenteller, die Luft vom Geruch der Räucherstäbchen geschwängert, dann konnten Bernie und ich uns für einen Moment einbilden, wir wären Künstler und führten ein Bohèmeleben an der Speerspitze der Gegenkultur. Wenigstens gelang uns das, bis meine Mutter den Zauber brach, indem sie an die Tür klopfte, sich über den schrecklichen Gestank beschwerte und nebenbei fragte, was wir zum Abendbrot haben wollten.

Ich hatte etwas mehr Geld als Bernie, weil Tony King seine Kontakte zu den AIR Studios und Abbey Road genutzt und mir einen Job als Sessionmusiker besorgt hatte. Bei einer dreistündigen Session bekam man für jede Stunde drei Pfund bar auf die Hand, sofern man für Abbey Road arbeitete. Und was noch besser war, nach den Vorschriften der Musikergewerkschaft durfte man, sobald eine Session auch nur eine Minute länger als die vereinbarte Zeit dauerte, anderthalb Sessions berechnen, also knapp fünfzehn Pfund, was in etwa dem Lohn entsprach, den ich bei DJM für eine Woche Arbeit erhielt. Ein zusätzlicher Bonus waren die Begegnungen mit den Sekretärinnen der AIR Studios, Shirley Burns und Carol Weston. Die beiden waren fantastisch, wussten immer den neuesten Klatsch zu berichten und empfahlen mich weiter, sobald sie von einem Job erfuhren. Irgendetwas an mir muss ihre Mutterinstinkte geweckt haben, denn sie steckten mir heimlich ihre Essensgutscheine zu. Obendrein kam ich also auch noch in den Genuss einer Gratismahlzeit – ich fühlte mich wie im Himmel.

Aber auf das Geld kam es gar nicht mal so an. Die Sessions waren eine wunderbare Erfahrung. Ein Sessionmusiker konnte nicht wählerisch sein. Ganz gleich, welcher Job zu welcher Zeit reinkam, man nahm ihn an. Und man musste schnell sein und pünktlich auf der Matte stehen, denn die Konkurrenz gehörte zu den besten Musikern des Landes. »Furchterregend« ist eigentlich kein Adjektiv, mit dem man die Mike Sammes Singers, die für buchstäblich *jeden* die Backingvocals einsangen, beschreiben würde. Sie sahen aus wie nicht mehr ganz taufrische Onkel und Tanten, die direkt von einer Tanzveranstaltung im Golf Club ins Studio kamen. Aber wenn man mit ihnen zusammenarbeiten sollte, jagten sie einem eine Höllenangst ein, weil sie derart begnadete Sänger waren.

Wandlungsfähig musste man außerdem sein, weil man ein schier unglaubliches Spektrum an Musik abdecken musste. An einem Tag sang man die Backingvocals für Tom Jones ein, am nächsten nahm man mit The Scaffold eine Comedy-Platte auf, spielte Klavier für die Hollies oder versuchte, sich für Tony Kings nicht sonderlich erfolgreiches Projekt The Bread and Beer Band ein Rockarrangement für das Titelstück von *Alexis Sorbas* auszudenken. Ständig lernte man neue Leute kennen und knüpfte Kontakte: Musiker, Produzenten, Arrangeure, Mitarbeiter von Plattenfirmen. Eines Tages arbeitete ich im Studio gerade mit den Barron Knights zusammen, als Paul McCartney plötzlich reinkam. Er setzte sich in den Kontrollraum und hörte uns eine Zeit lang zu. Dann ging er zum Klavier, spielte uns eine Acht-Minuten-Version von »Hey Jude« vor und sagte, an diesem Stück würde er in einem Studio um die Ecke gerade arbeiten. Das war natürlich die reinste Wohltat, verglichen mit dem, woran die Barron Knights gerade saßen – ein Gag-Song über die angebliche Olympiateilnahme des Entertainers Des O'Connor.

Viele Sessions waren toll, weil die Musik unglaublich gut war, andere waren es, weil die Musik so unglaublich schlecht war. Für das Label Marble Arch nahm ich etliche Coverversionen von aktuellen Charts-Hits auf, die dann auf Compilations mit Titeln wie *Top of the Pops*, *Hit Parade* oder *Chartbusters* für wenig Geld in Supermärkten verkauft wurden. Was diese Alben angeht, so sprechen die Leute oft von einem Tiefpunkt in meiner Karriere: der arme, unentdeckte Künstler, der die Songs anderer singen muss, um sich einen Kanten Brot zu verdienen. Im Nachhinein kann man es wohl so sehen, aber damals fühlte es sich für mich nicht besonders schlimm an, denn bei den Sessions hatten wir meistens irrsinnigen Spaß.

Der Produzent Alan Caddy verlangte die erstaunlichsten Sachen und stellte eine völlig verrückte Bitte nach der anderen. »Kannst du ›Young, Gifted and Black‹ singen?« Tja, das Stück ergibt zwar nicht besonders viel Sinn, wenn es ein weißer Junge aus Pinner singt, aber okay, ich versuch's mal. »Als Nächstes machen wir ›Back Home‹, da müsst ihr wie die englische Nationalelf klingen.« Okay, wir sind zwar nur drei Sänger, darunter eine Frau, und höchstwahrscheinlich klingen wir nicht *genau* wie das Original, aber schön, du bist hier der Boss. Einmal erklärte er mir, ich solle singen wie Robin Gibb von den Bee Gees, ein toller Sänger mit eigenwilligem Stil: ein leicht verschüchtertes, ins Tremolo fallendes, nasales Vibrato. Das bekam ich nur hin, wenn ich meinen Hals beim Singen schnell mit der Hand hoch und runter schob. Ich hielt das für einen Geistesblitz, aber bei meinen Kollegen sorgte es für Heiterkeit. Mit der Hand am Hals stand ich da und jaulte mir die Seele aus dem Leib, während ich mich gleichzeitig bemühte, ja nicht zur anderen Seite des Studios zu schauen, wo die Sessionsänger David Byron und Dana Gillespie Tränen lachten und sich gegenseitig stützen mussten.

Die Sessions für die Coveralben, diese vermeintlichen Tiefpunkte in meiner Karriere, machten mir sogar so viel Spaß, dass ich auch *nach* meinen ersten Erfolgen als Solokünstler noch an einer teilnahm. Das denke ich mir jetzt nicht aus. Ich hatte »Your Song« geschrieben, das Album *Elton John* rausgebracht, war in *Top of the Pops* aufgetreten und stand kurz vor meiner ersten Amerikatournee, als ich noch einmal ins Studio ging und schlechte Coverversionen von »In the Summertime« und »Let's Work Together« für ein schreckliches Album trällerte, das hinterher im

Supermarkt für vierzehn Shilling und einen Sixpence verscherbelt wurde. Es war wie immer zum Brüllen.

Doch das Beste an meiner Freundschaft mit Tony King waren nicht die Sessions, zu denen er mir verhalf. Er hatte einen großen Bekanntenkreis, fast schon eine kleine Bande, hauptsächlich Schwule aus dem Musikbusiness. Plattenproduzenten, BBC-Mitarbeiter und Konzertveranstalter gehörten dazu, aber auch der junge Schotte John Reid, der sehr ehrgeizig, selbstbewusst und witzig war. Mit einem Wahnsinnstempo kletterte er im Musikbiz die Karriereleiter hoch und wurde bald zum britischen Labelmanager von Tamla Motown ernannt, wo er die Supremes, die Temptations und Smokey Robinson betreute. Eine prestigeträchtige Position, die Tony mit der angemessenen Ehrerbietung würdigte, indem er John danach nur noch Pamela Motown nannte.

Das Grüppchen um Tony war nicht besonders wild – statt die Londoner Schwulenclubs heimzusuchen, veranstalteten sie gemeinsame Abendessen oder gingen zusammen in Restaurants oder Pubs. Ich fühlte mich in ihrer Gesellschaft immer sehr wohl. Sie waren kultiviert, smart und sehr, sehr witzig – ihr campy Sinn für Humor kam bei mir wunderbar an. Je häufiger ich mit ihnen unterwegs war, umso klarer wurde mir, wie gut aufgehoben ich mich bei ihnen fühlte. Ein Einzelgänger war ich nie gewesen, ich hatte immer einen großen Freundeskreis gehabt, in der Schule, bei Bluesology, in der Denmark Street, aber mit ihnen war es etwas anderes. Sie gaben mir ein Zugehörigkeitsgefühl. Ich kam mir vor wie eins der Kinder aus *Mary Poppins*, das mit einem Mal eine zauberhafte neue Welt betritt. Ein Jahr nachdem John Baldry im Vollrausch vor allen Leuten im Bag O'Nails verkündet hatte, ich sei schwul, ging mir plötzlich auf, dass er damit goldrichtig lag.

Wie zum Beweis regte sich meine Libido völlig unerwartet zum ersten Mal, als wäre sie ein verlegener Gast auf einer Party, die eigentlich schon zehn Jahre früher hätte anfangen sollen. Mit einundzwanzig schien ich in eine verspätete Pubertät zu kommen. Schlagartig war ich in ein halbes Dutzend Männer verknallt, auch wenn ich es nie aussprach. Es lag eindeutig nicht nur an seinem Sinn für Humor oder seinen umfangreichen Soul-Kenntnissen, dass mich John Reid dermaßen fesselte. Natürlich lebte ich meine Fantasien nicht aus. Ich hätte gar nicht gewusst, wie. Ich hatte noch nie absichtlich mit jemandem geflirtet, war noch nie in einem Gay Club gewesen. Vom Aufreißen hatte ich keine Ahnung. Was hätte ich zu meinem Auserwählten sagen sollen? Gehst du mit mir ins Kino und holst danach vielleicht noch deinen Schwanz raus? Diese Unsicherheit ist mir von meinem sexuellen Erwachen hauptsächlich im Gedächtnis geblieben. Ich glaube nicht, dass ich mich deswegen gequält oder verängstigt fühlte. Ich weiß nur noch, dass ich wahnsinnig gern Sex gehabt hätte, aber leider keinen blassen Schimmer hatte, wie man das anstellte. Noch dazu hatte ich große Befürchtungen, alles falsch zu machen. Tony habe ich zum Beispiel nie erzählt, dass ich schwul bin.

Außerdem hatte ich noch andere Sorgen. Eines Morgens rief Steve Brown, der erst vor Kurzem den Posten des Studiomanagers bei DJM von Caleb übernommen hatte, bei mir zu Hause an und bat Bernie und mich in sein Büro. Dort verkündete er, er habe sich unsere Stücke angehört und sei der Meinung, wir würden nur unsere Zeit verplempern.

»Hört mit dem Mist auf. Darin seid ihr nicht besonders gut. Im Grunde …« Er nickte, offenbar schien er immer mehr Gefallen an den entmutigenden Sprüchen zu finden. »… seid ihr hoffnungslose Fälle. Als Songwriter werdet ihr es nie schaffen. Ihr könnt es einfach nicht.«

Mir drehte sich alles vor Augen. Na, prima. Das war's dann wohl. Die Wäscherei in Northwood Hills ruft. Oder vielleicht doch nicht. Als Sessionmusiker würde ich immer Arbeit finden. Aber was würde aus Bernie werden? Der arme Junge würde wieder in Owmby-by-Spital landen und tote Hühner durch die Gegend karren; der einzige Beweis für seine Karriere im Musikgeschäft wäre eine gefloppte Single, die er nicht wirklich geschrieben hatte, und ein Absageschreiben von Octopus, wer immer die auch sein mochten. Wir hatten noch nicht mal die Stereoanlage abbezahlt.

Während sich meine Gedanken überschlugen, dämmerte mir allmählich, dass Steve Brown immer noch redete. Er erwähnte gerade »Lady What's Tomorrow«, einen Song, den wir noch nicht mal zum Verkauf angeboten hatten. Inspiriert war das Stück von Leonard Cohen, also wäre Cilla Black ganz sicher nicht daran interessiert. Doch Steve Brown war es offenbar.

»Ihr müsst mehr von solchen Stücken schreiben«, sagte er jetzt. »Stücke, die ihr machen wollt, und nicht solche, von denen ihr denkt, dass die sich irgendwie verkaufen lassen. Ich rede mal mit Dick, ob wir ein Album machen können.«

Danach saßen Bernie und ich im Pub und versuchten zu begreifen, was soeben geschehen war. Einerseits war ich nicht unbedingt scharf darauf, als Solokünstler weiterzumachen. Andererseits war die Gelegenheit, mit den Schmachtfetzen und dem Bubblegum-Pop aufhören zu können, zu verlockend, um sie verstreichen zu lassen. Außerdem glaubten wir immer noch, Platten unter dem Namen Elton John rauszubringen wäre eine gute Werbung für unsere Songs. Damit stiegen nämlich die

Chancen, dass einer der bekannteren Künstler Sachen von uns aufnehmen würde.

Allerdings gab es einen Haken. Der Vertrag mit Philips bezog sich ausdrücklich auf Singles, und sie wollten von uns einen Nachfolger für »I've Been Loving You« haben, kein ganzes Album. Steve Brown nahm einen neuen Song mit uns auf, den Bernie und ich auf seinen Rat hin, nicht länger auf reine Verkäuflichkeit zu setzen, geschrieben hatten. Er hieß »Lady Samantha« und kam mir vor wie ein kleiner Durchbruch. Zu diesem Zeitpunkt wäre mir, das gebe ich zu, jede Single, die ich mir ohne einen unfreiwilligen Entsetzensschrei anhören konnte, wie ein Durchbruch vorgekommen. Trotzdem: »Lady Samantha« war ein hübscher kleiner Song. Er klang ganz anders als »I've Been Loving You«, tiefgründiger, hipper, selbstsicherer. Nach der Veröffentlichung im Januar 1969 entwickelte sich das Stück zum »turntable hit«, eine freundliche Umschreibung für eine Single, die zwar häufig im Radio gespielt, aber von niemandem gekauft wurde.

Nach dem Single-Flop erfuhren wir, dass Philips Records kein Interesse an einer Verlängerung unseres Vertrags hatte. Aus einem unerfindlichen Grund sträubten sie sich, das Album eines Künstlers zu finanzieren, der sie bislang nur Geld gekostet hatte. Dick James deutete zwar an, er wolle ein eigenes Label aufziehen und das Album selbst rausbringen, statt Lizenzen an andere Plattenfirmen zu vergeben, doch reden wollte er lieber über den Eurovision Song Contest. Zu Dicks großer Freude wurde nämlich einer unserer Mainstream-Songs, also die Sorte Lieder, von denen er uns erst vor Kurzem abgeraten hatte, als Kandidat für den britischen Beitrag gehandelt. Lulu sollte in ihrer Fernsehshow sechs Lieder singen, und die Zuschauer sollten ihren Favoriten wählen. Zu sagen, dass Bernie diese

Neuigkeit ungerührt zur Kenntnis nahm, wäre stark untertrieben. Er war entsetzt. Damals war der Wettbewerb zwar noch keine Orgie der Peinlichkeit wie heute, trotzdem standen Bands wie Pink Floyd oder Soft Machine nicht gerade Schlange, um daran teilzunehmen. Noch schlimmer: Bernie wurde als Texter genannt, obwohl er den Song gar nicht verbrochen hatte. Ich hatte die paar Zeilen selbst zusammengehauen. »I've Been Loving You« hatte uns eingeholt: Wir waren wieder dort, wo wir angefangen hatten.

Bernies schlimmste Befürchtungen sollten sich als berechtigt erweisen. Wir setzten uns in Frome Court vor den Fernseher und schauten uns die Lulu-Show an. Unser Song – *mein* Song – ging zum einen Ohr rein und zum anderen wieder raus. Das konnte man von den übrigen fünf Liedern leider nicht behaupten. Jeder andere Songwriter hatte sich etwas derart Scheußliches einfallen lassen, dass man die Stücke beim besten Willen so schnell nicht wieder vergessen konnte. Ein Lied klang wie Musik, zu der sich besoffene Deutsche in einem bayrischen Bierzelt auf die Schenkel schlagen. Ein anderes setzte auf eine gruselige Mischung aus Big Band und Bouzouki. Das nächste hieß »March«. Der Titel bezog sich nicht auf den Monat. Im Stück ging es erstaunlicherweise ums Marschieren, und im Arrangement kam eine Militärblaskapelle vor, damit es auch der Letzte kapiere. Steve Brown hatte recht gehabt. So etwas konnten wir wirklich nicht mehr machen. Eindrucksvoll bewies das auch die Tatsache, dass unser Lied auf dem letzten Platz landete. Sieger wurde das deutsche Humptata-Lied. Es hieß »Boom Bang-A-Bang«.

Am nächsten Tag sahen wir uns bei DJM einen Artikel aus dem *Daily Express* an, in dem wir die hilfreiche Erklärung geliefert bekamen, warum unser Lied verloren hatte: Es sei mit

Abstand das schlechteste gewesen. Dick räumte müde ein, es sei vielleicht doch besser, wenn wir nicht länger allen die Zeit raubten und stattdessen ein eigenes Album einspielten. Sollte Philips es nicht veröffentlichen wollen, würde er einen PR-Typen anheuern und ein eigenes Label gründen.

Wir zogen uns also in das kleine Studio von DJM zurück. Steve produzierte das Album, Clive Franks saß an der Bandmaschine. Clive war derjenige, der die Troggs heimlich aufgenommen hatte; Jahre später fungierte er bei einigen meiner Alben als Co-Produzent, und noch heute begleitet er mich als Tontechniker auf Tourneen. Wir steckten buchstäblich alles in die neuen Songs. Psychedelische Soundeffekte, rückwärts abgespielte Gitarrensolos von Caleb, Flöten, Bongos, Stereo-Panning, improvisierte Jazz-Einlagen, raffinierte Schlüsse, bei denen der Song erst immer leiser wurde und dann erneut einsetzte, Gepfeife von Clive. Vielleicht wäre uns das Album besser gelungen, wenn uns klar gewesen wäre, dass weniger manchmal mehr ist. Aber so denkt man nun mal nicht, wenn man sein erstes eigenes Album aufnimmt. Da ist diese Stimme im Hinterkopf, die dir zuflüstert, dass du vielleicht nie wieder eins machen darfst. Deshalb probierst du eben gleich alles aus, wenn du einmal die Gelegenheit hast. Ach Gott, es war ein echtes Abenteuer und hat solchen Spaß gemacht. Das Album bekam den Titel *Empty Sky* und erschien am 6. Juni 1969 auf Dicks neuem Label DJM. Ich weiß noch, dass ich beim Titelstück dachte, das sei das Beste, was ich jemals gehört hatte.

Empty Sky war kein Hitalbum, es verkaufte sich nur einige Tausend Mal, trotzdem hatte ich das Gefühl, etwas würde langsam in Gang kommen. Die Besprechungen waren eher wohlwollend als überschwänglich, aber das war definitiv eine Verbesserung verglichen mit der Behauptung des *Daily Express*, wir könnten keinen Song schreiben, der an »Boom Bang-A-Bang« heranreichte. Kurz nach Veröffentlichung des Albums bekamen wir einen Anruf: Three Dog Night hatten »Lady Samantha« auf ihrem neuen Album gecovert. Three Dog Night! Echte Amerikaner! Eine amerikanische Rockband hatte einen unserer Songs gecovert. Kein Entertainer mit einer Samstagsabendshow auf BBC1, keine Teilnehmerin des Eurovision Song Contest, sondern eine angesagte, erfolgreiche Rockband aus Amerika. Ein Song von Bernie und mir war auf einem Album in den amerikanischen Top 20.

Mit den Stücken von *Empty Sky* hatte ich genügend Material für Liveauftritte zusammen. Die ersten Gigs waren eher Versuchsballons. Sie fanden in kleinen Clubs statt, ich holte mir jeden Musiker hinzu, den ich kriegen konnte – meistens Caleb mit seiner neuen Band Hookfoot –, und war ziemlich nervös. Bei meinem letzten Bühnenerlebnis hatte Long John Baldry sein Tonbandgerät dabeigehabt, ich trug einen Kaftan und hatte meinen Lebenswillen fast verloren. Aber je sicherer ich mich auf der Bühne fühlte, umso besser wurden die Gigs. Und richtig Fahrt nahmen sie auf, als ich mir eine eigene Band zusammenstellte. Nigel Olsson und Dee Murray kannte ich von DJM. Nigel spielte in der Band Plastic Penny, die 1968 einen Hit gelandet und, man höre und staune, auf ihrem erst vor wenigen Monaten erschienenen zweiten Album einen Song von Bernie und mir gecovert hatte. Es schien mal wieder bezeichnend für unser Glück, dass Plastic Penny unseren Song ausgerechnet in dem Moment auf Platte gepresst hatten, als ihre Zeit im Rampenlicht vorbei war und ihre Karriere allmählich im Orkus versank. Dee wiederum hatte bei der Psychedelic-Rockband Mirage mitgemacht, die jahrelang Singles veröffentlicht hatte, ohne nennenswerte Erfolge zu erzielen. Die beiden waren fantastische Musiker, und wir kamen auf Anhieb wunderbar miteinander zurecht. Dee war ein wahnsinnig guter Bassist. Nigel war ein Drummer à la Keith Moon und Ginger Baker, ein echter Showman mit einem Schlagzeug, das fast unseren gesamten Proberaum einnahm und auf dessen Double-Bass sein Name prangte. Singen konnten sie auch. Einen Gitarristen brauchten wir nicht. Zu dritt bekamen wir einen vollen, rohen Sound hin. Als Trio hat man bei Auftritten außerdem mehr Freiheiten, zu improvisieren. Dass wir die komplizierten Arrangements des Albums live nicht nachspielen konnten, störte uns nicht. Stattdessen dehnten wir die Songs nach Belieben aus, fügten Solos ein, spielten Medleys unserer Stücke, gingen in die Coverversion eines Elvis-Klassikers über oder griffen auf »Give Peace a Chance« zurück.

Bald machte ich mir Gedanken, wie ich mich auf der Bühne präsentieren sollte. Ich wollte ein echter Frontmann sein, war aber leider ans Klavier gefesselt. Ich konnte nicht wie Mick Jagger über die Bühne stolzieren oder mein Instrument zertrümmern wie Jimi Hendrix oder Pete Townshend. Lässt man sich nämlich dazu hinreißen, das Klavier von der Bühne zu schubsen, sieht man (wie ich später aus eigener Erfahrung lernen sollte) nicht aus wie ein Rockgott, der auf alle Regeln pfeift, sondern eher wie ein Möbelpacker, der einen schlechten Tag erwischt hat. Deshalb überlegte ich, wie die Klavierspieler, die ich als Kind so geliebt hatte, ein Gefühl von Action rübergebracht hatten, obwohl sie hinter dem alten Zwei-Meter-siebzig-Brett, wie ich mein Instrument liebevoll nannte, festsaßen. Ich dachte daran, wie Jerry Lee Lewis seinen Hocker wegkickte und auf das Klavier sprang, wie Little Richard beim Spielen aufstand und sich nach hinten lehnte, ja sogar daran, wie Winifred Atwell sich ans Publikum wandte und dabei breit grinste. Sie alle hatten Einfluss auf meine Performance. Wie sich zeigte, war es mit so kurzen Armen wie meinen verdammt anstrengend, wie Little Richard aufrecht stehend in die Tasten zu hauen. Trotzdem gab ich nicht auf. Wir klangen wie keine andere Band, und jetzt sahen wir auch auf der Bühne nicht mehr so aus. Was in der Popmusik zu Beginn der Siebzigerjahre auch alles passieren mochte, ich war mir ziemlich sicher, dass es kein zweites vom Klavier angeführtes Powertrio gab, dessen Frontmann die zügellose Wucht des frühen Rock'n'Roll mit der jovialen Art einer Winifred Atwell zu verbinden suchte.

Während wir durch Colleges und Hippieläden wie das Londoner Roundhouse tourten, wurden unsere Auftritte immer wilder und die Musik immer besser, vor allem, als wir die neuesten Songs von Bernie und mir ins Repertoire nahmen. Ich muss gestehen, die Qualität meiner eigenen Songs habe ich nie sonderlich gut einschätzen können – immerhin habe ich einmal lautstark verkündet, »Don't Let the Sun Go Down on Me« sei so grottenschlecht, dass ich es ganz sicher niemals veröffentlichen würde, aber dazu später mehr. Doch selbst mir war klar, dass unser neues Material Lichtjahre von den älteren Sachen entfernt war. Und die Songs schrieben sich fast von allein. Den Text zu »Your Song« verfasste Bernie eines Morgens beim Frühstück in Frome Court, und ich brauchte für die Musik gerade mal eine Viertelstunde, weil wir die ganze Arbeit in gewissem Sinn schon vorher erledigt hatten. Unser neuer Sound war das Ergebnis all der Stunden, die wir mit dem Schreiben von Stücken verbracht hatten, all der Live-Auftritte mit Nigel und Dee, die mein Selbstvertrauen gestärkt hatten, all der Jahre, die ich an der Royal Academy gebüffelt hatte, und nicht zuletzt auch all der Nächte, in denen ich mit Bluesology durch die Clubs getingelt war. Stücken wie »Border Song« oder »Take Me to the

Pilot« merkte man die Funk- und Souleinflüsse, die ich als Begleitmusiker von Patti LaBelle und Major Lance aufgesogen hatte, deutlich an. Aber in ihnen fanden sich auch klassische Anklänge, die von den unzähligen Samstagvormittagen herrührten, an denen man mich zum Einstudieren von Chopin und Bartók gezwungen hatte.

Wichtig für den neuen Sound war aber auch unser Zimmer in Frome Court. Als wir an den Stücken saßen, hörten wir von morgens bis abends zwei Bands auf unserer Stereoanlage. Die erste war das Rock-Soul-Duo Delaney & Bonnie. Vom Stil ihres Keyboarders Leon Russell war ich total besessen. Als wäre der Mann in meinen Kopf gekrochen und hätte rausgefunden, wie ich spielen wollte, noch bevor es mir selber klar wurde. Ihm war es gelungen, meine Lieblingsmusik – Rock'n'Roll, Blues, Gospel, Country – zu einem absolut natürlichen Stil zu verschmelzen.

Die andere Gruppe war The Band. Ihre ersten beiden Alben haben wir rauf- und runtergehört. Wie der Klavierstil von Leon Russell schienen ihre Songs eine Fackel zu entzünden, die uns den richtigen Weg wies. »Chest Fever«, »Tears of Rage«, »The Weight« – solche Sachen wollten wir unbedingt auch schreiben. Bernie stand total auf ihre Texte. Seit seiner Kindheit hatte er knallhart realistische Geschichten über das alte Amerika geliebt, und genau die erzählte auch The Band: »Virgil Caine is the name and I served on the Danville train, 'til Stoneman's cavalry came and tore the tracks up again.« Diese weißen Musiker machten Soul, ohne »In the Midnight Hour« zu covern oder Sachen zu spielen, die nur blasse Kopien schwarzer Musik waren. Eine Offenbarung.

Als wir Dick die Demos vorspielten, war er baff. Trotz der geringen Abverkäufe von *Empty Sky* erklärte er sich bereit, ein zweites Album mit uns zu machen. Und er wollte uns sechstausend Pfund geben. Das war ein enormer Vertrauensvorschuss. Damals war das eine unvorstellbar hohe Summe für die Produktion eines Albums, noch dazu von einem Künstler, der bisher kaum Platten verkauft hatte. Dass Dick an uns glaubte, will ich nicht bestreiten, trotzdem habe ich den Verdacht, er handelte unter leichtem Druck. Bernie und ich hatten uns mit Stevie Winwoods Bruder Muff angefreundet, der bei Island Records arbeitete und in der Nähe von Frome Court wohnte. Eines Tages waren wir uns wohl zufällig im Zug nach Pinner begegnet. Alle paar Abende schauten wir mit einer Flasche Mateus Rosé bei ihm vorbei und brachten für seine Frau Zena eine Schachtel Pralinen mit – sehr mondän. Dann spielten wir Tischfußball oder Monopoly und holten uns von Muff Tipps fürs Musikbusiness. Als wir ihm die neuen Sachen vorspielten, war er begeistert und wollte uns bei Island Records unter Vertrag nehmen, eine Firma, die größer und cooler war als DJM. Dick erfuhr von dem möglichen Konkurrenten und griff vielleicht deshalb sofort zum Scheckbuch.

Mit dem Geld konnten wir das alte Studio von DJM verlassen und uns in den Trident Studios in Soho einmieten. Steve Brown hatte uns zu einem neuen Produzenten geraten: Gus Dudgeon, der schon David Bowies »Space Oddity« produziert hatte, einen Nummer-eins-Hit, dessen Sound uns wahnsinnig gut gefiel. Wir konnten uns auch ein paar Streicher und einen Arrangeur leisten. Unsere Wahl fiel auf Paul Buckmaster, der ebenfalls an »Space Oddity« mitgearbeitet hatte. Bei seiner Ankunft im Studio sah er aus wie D'Artagnan, lange Haare mit Mittelscheitel, Kinnbart, großer Hut. Er wirkte ein bisschen exzentrisch, aber der erste Eindruck trog. Paul war nicht nur ein bisschen exzentrisch. Er war so irrsinnig exzentrisch, dass man ihn für völlig verrückt halten konnte. Wenn er vor dem Orchester stand, machte er komische Geräusche, damit die Musiker wussten, was er von ihnen erwartete:»Beschreiben kann ich es nicht, aber macht bitte genau diesen Sound.« Sie spielten ihn einwandfrei nach. Paul war ein Genie.

Die Sessions hatten etwas Magisches. Mit Gus, Steve und Paul hatte ich vorab alles – Songs, Sound, Arrangements – akribisch geplant, und wir konnten es im Studio genauso umsetzen. Bevor wir für »I Need You to Turn to« ein Cembalo mieteten, hatte ich erst wenige Male an einem gesessen. Das Instrument war nicht leicht zu bedienen, aber ich bekam es hin. Live mit Orchester zu spielen machte mir Angst, aber ich redete mir gut zu, dass ich es schaffen würde, weil alle meine Bemühungen nun endlich Früchte trugen. Die Auftritte in den beschissenen Dinner Clubs mit Long John Baldry und seinem Tonbandgerät, die unzähligen Stunden als Sessionmusiker, Derf, der im Northwood Hills Hotel mit einem Pint-Glas Pennys für mich sammelte, Bernies und meine Flucht aus der Furlong Road, Lindas Träume, aus mir einen Buddy Greco zu machen: Das waren Schritte auf dem Weg gewesen, der mich zu diesem Ziel geführt hatte. Und das gute Zureden wirkte. In nur vier Tagen spielten wir das komplette Album ein.

Uns war sofort klar, dass uns etwas Gutes gelungen war, das uns auf eine neue Ebene heben würde. Und wir lagen richtig. Als *Elton John* im April 1970 veröffentlicht wurde, bekam das Album fantastische Kritiken, John Peel spielte es in seiner Sendung, und es landete sogar in den Charts, wenn auch auf einem der hinteren Plätze. Wir bekamen Angebote, auch außerhalb von Großbritannien zu spielen, allerdings passierte bei unseren Auftritten im Ausland immer etwas Kurioses. In Paris buchte uns irgendein Genie als Support Act für Sérgio Mendes &

Brasil '66. Das Publikum, das einen Bossa-Nova-Abend erwartet hatte, brachte seine Begeisterung für diese unverlangte musikalische Horizonterweiterung mit Buhrufen zum Ausdruck. Wir reisten ins belgische Knokke und stellten bei der Ankunft fest, dass wir dort gar kein Konzert geben sollten. Vielmehr waren wir zu einem Songcontest eingeladen worden, der im Fernsehen übertragen wurde. Wir fuhren nach Holland, um in einer TV-Sendung aufzutreten, doch statt uns einfach spielen zu lassen, drehten sie einen Film, bei dem ich in irgendeinem Park sitzen und zum Playback von »Your Song« in ein Mikrofon singen musste, während als Paparazzi verkleidete Schauspieler um mich rumwuselten und Fotos von mir schossen. Ab und zu wird der Film dort heute noch im Fernsehen gezeigt. Ich sehe aus, als würde ich jemanden verprügeln wollen, was meine damalige Laune ziemlich gut widerspiegelt, aber nicht unbedingt ideal zu einer sanften Ballade über junge Liebe passt.

Zu Hause kamen die Dinge allerdings definitiv ins Rollen. Im August spielten wir auf dem Krumlin-Festival in Yorkshire. Der Reinfall war eigentlich vorprogrammiert. Das Gelände befand sich in einem Moor. Es war saukalt, goss in Strömen, und die Organisation war eine Katastrophe. Beim geplanten Festivalbeginn wurde die Bühne noch gebaut, und die anderen Bands nutzten die Zeit, um sich wegen der Running Order zu streiten. Weil ich mich nicht einmischen wollte, gingen meine Band und ich einfach raus, verteilten Brandy an die wartende Menschenmenge und rockten die Bühne, während Atomic Rooster und die Pretty Things sich backstage noch immer darum stritten, wer von ihnen die größeren Stars waren. Bei unseren Londoner Konzerten tauchten inzwischen auch bekannte Gesichter auf, ein Zeichen dafür, dass sich unsere Qualität im Musikbusiness langsam herumsprach. Ein paar Wochen vor dem Krumlin-

Festival hatten Pete Townshend von The Who und Jeff Beck unser Konzert im Speakeasy Club besucht, der das Cromwellian und das Bag O'Nails inzwischen als Stammladen der Musikindustrie abgelöst hatte. Bei *Top of the Pops* durften wir »Border Song« spielen. Der Auftritt half dem Verkauf der Single letztendlich zwar nicht auf die Sprünge, aber Dusty Springfield kam uns vorher in der Garderobe besuchen und bot an, bei unserer Performance die Backingsängerin zu mimen. Ich war vollkommen sprachlos. Als Schüler war ich nach Harrow gefahren und hatte mir einen Auftritt ihres damaligen Trios The Springfields angeschaut, danach hatte ich am Bühneneingang gewartet, um sie noch einmal kurz sehen zu dürfen. In todschickem lila Top und malvenfarbenem Rock war sie an mir vorbeigerauscht. In den frühen Sechzigern war ich ihrem Fanclub beigetreten und hatte Poster von ihr in meinem Zimmer gehabt.

Der Einzige, der unsere Fortschritte bremste, war Dick, denn er hatte sich in den Kopf gesetzt, dass wir in Amerika auftreten mussten. Ihm war es gelungen, unser Album bei dem zu MCA gehörigen US-Label Uni Records unterzubringen, und er redete ständig davon, wie begeistert die Leute dort von der Platte seien und wie gerne sie mit uns eine Kurztournee durch kleine Clubs machen würden. Ich sah darin keinen Sinn. In Großbritannien passierte gerade einiges. Die Gigs liefen wahnsinnig gut, das Album verkaufte sich ganz okay, und Dusty Springfield mochte mich. Bernie und ich schrieben einen Song nach dem anderen und saßen bereits an den Demos für das nächste Album. Warum sollten wir ausgerechnet jetzt alles stehen und liegen lassen und nach Amerika reisen, wo mich niemand kannte?

Doch je mehr Gegenargumente ich vorbrachte, umso hartnäckiger bestand Dick auf der Amerikareise. Zum Glück warf mir jemand einen Rettungsring zu. Nach dem Auftritt im Speakeasy hatte mich Jeff Beck zu einer Jamsession in seinen Proberaum in Chalk Farm eingeladen. Ein paar Tage später vereinbarte sein Agent ein Treffen mit DJM. Jeff wollte mich, Dee und Nigel als Backingband mit auf seine Amerikatournee nehmen. Ich sollte während des Sets die Gelegenheit bekommen, auch meine eigenen Songs zu präsentieren. Ein unvorstellbar gutes Angebot. Jeff Beck war einer der besten Gitarristen, die ich je gesehen hatte. Sein letztes Album *Beck-Ola* war ein Riesenhit gewesen. Wir sollten zwar nur zehn Prozent seiner Konzerteinnahmen bekommen, aber zehn Prozent von Jeff Becks Einnahmen waren immer noch erheblich mehr, als wir momentan verdienten. Und das Wichtigste war: Die Leute würden auf uns aufmerksam werden. Die Tournee würde Massen von Zuschauern anziehen und ich würde ihnen meine Songs präsentieren dürfen. Nicht als völlig unbekannter Künstler, sondern als Mitglied von Jeff Becks Band, nicht als Support Act, den die Leute womöglich ignorierten, sondern als Bestandteil des Hauptsets.

Ich wollte schon fragen, wo ich den Vertrag unterschreiben sollte, als Dick zu Jeffs Agent sagte, er könne sich seine zehn Prozent sonst wohin stecken. Was war bloß in ihn gefahren? Ich versuchte, Blickkontakt zu Dick aufzunehmen, weil ich ihm zu verstehen geben wollte, dass es womöglich schlauer wäre, die Klappe zu halten. Er schaute mich nicht an. Der Agent sagte, der Deal sei nicht verhandelbar. Dick zuckte nur mit den Schultern.

»Ich verspreche Ihnen eins«, sagte er. »In sechs Monaten wird Elton John doppelt so viel verdienen wie Jeff Beck.«

Wie bitte? Dick, du verdammter Idiot. Warum hast du das gesagt? Für mich klang es wie ein Spruch, der mich bis ans Ende meiner Kariere verfolgen würde. In Gedanken sah ich mich bereits fünf Jahre später immer noch durch die kleinen Clubs tingeln, als *der Typ, der mal doppelt so viel verdienen wird wie Jeff Beck.* Der Agent verabschiedete sich überstürzt, vermutlich wollte er dem Rest der Musikindustrie so schnell wie möglich erzählen, dass Dick James den Verstand verloren hatte. Aber Dick schien das nicht zu jucken. Er meinte, ich bräuchte Jeff Beck nicht. Ich sollte alleine nach Amerika gehen. Die Stücke auf *Elton John* seien großartig. Die Band sei live fantastisch. Das US-Label stehe voll und ganz hinter uns. Für die Werbung würden sie alle Hebel in Bewegung setzen. Eines Tages würde ich ihm dafür danken.

Zu Hause in Frome Court besprach ich die Sache mit Bernie. Er meinte, wir sollten die Amerikatour als Urlaub betrachten. Wir könnten Orte besuchen, die wir nur aus dem Fernsehen oder aus Filmen kannten, 77 Sunset Strip, das Haus aus *Beverly Hillbillies*. Oder Disneyland. Und wir könnten Schallplatten kaufen. Außerdem wollte das amerikanische Label ja alle Hebel in Bewegung setzen. Wahrscheinlich würden sie uns mit einer Limousine vom Flughafen abholen. Vielleicht sogar mit einem Cadillac. Einem Cadillac!

Wir standen in Los Angeles und blinzelten gegen die Sonne an – Bernie und ich, Dee und Nigel, Steve Brown und Ray Williams (den DJM zu meinem Manager ernannt hatte), unser Roadie Bob und David Larkham, der die Cover für *Empty Sky* und *Elton John* gestaltet hatte. Benommen vom Jetlag wunderten wir uns über den knallroten Londoner Bus, der vor dem LAX Airport wartete. Ein knallroter Bus, auf dem mein Name prangte: ELTON JOHN HAS ARRIVED. Ein knallroter Bus, in den wir auf Drängen unseres amerikanischen PR-Manns Norman Winter sofort einsteigen sollten. Bernie und ich wechselten enttäuschte Blicke: Verdammte Scheiße, das ist wohl unsere Limousine.

Wie langsam die Londoner Doppeldecker eigentlich sind, wird einem erst klar, wenn man einmal mit einem vom LAX zum Sunset Boulevard gefahren ist. Wir brauchten zweieinhalb Stunden, weil das Ding nicht schneller als sechzig Stundenkilometer fuhr und wir auch noch die Scenic Route nehmen mussten, denn auf dem Freeway durfte der Bus nicht fahren. Aus dem Augenwinkel sah ich Bernie auf seinem Sitz runterrutschen, bis man ihn von draußen nicht mehr sehen konnte. Vermutlich hatte er Angst, Bob Dylan oder ein Mitglied von The Band könnte zufällig vorbeifahren und ihn auslachen.

So hatte ich mir unsere Ankunft in Kalifornien weiß Gott nicht vorgestellt. Wären vor dem Fenster keine Palmen und im Bus keine Amerikaner (die Leute von Uni Records) gewesen, hätte ich ebenso gut in der Linie 38 nach Clapton Pond sitzen können. In diesem Moment wurde mir der Unterschied zwischen britischen und amerikanischen Plattenfirmen zum ersten Mal bewusst. In Großbritannien kann dich dein Label noch so sehr lieben und sich mit Feuereifer in die Arbeit für dein Album stürzen, es herrscht immer eine gewisse Reserviertheit, der typisch britische Hang zu Understatement und trockenem Humor. In Amerika war das deutlich anders. Die Leute waren ungebremst enthusiastisch, es herrschte eine völlig andere Energie. Niemand hatte jemals mit solcher Begeisterung über meine Gigs geredet wie Norman Winter: »Das wird 'ne große Sache, wir haben dies organisiert, das gedeichselt, Odetta kommt zum Konzert, Bread kommen zum Konzert, die Beach Boys kommen zum Konzert, das wird großartig.« Niemand hatte jemals *so viel* mit mir geredet wie Norman Winter. Seit er uns in der Ankunftshalle des Flughafens begrüßt hatte, hatte er den Mund nicht mehr zugemacht. Es war irritierend und gleichzeitig urkomisch.

Und alles, was er gesagt hatte, stimmte auch. Norman Winter und sein PR-Team hatten dies organisiert und jenes gedeichselt: Sie hatten die Plattenläden in L.A. davon überzeugt, unser Album ins Sortiment zu nehmen und Poster von mir aufzuhängen; sie hatten eine Reihe von Interviewterminen klargemacht und unzählige Stars zu den Konzerten eingeladen. Jemand hatte meinen amerikanischen Label-Kollegen Neil Diamond überredet, auf die Bühne zu gehen und mich anzukündigen. Mein Name stand auf dem Plakat über dem von David Ackles, was reichlich absurd war.

»David Ackles ist doch bei *Elektra*«, protestierte Bernie schwach, vermutlich dachte er an die vielen Stunden, in denen wir uns in Frome Court dessen Debütalbum angehört und von der West-Coast-Hipness seines Labels geschwärmt hatten. Elektra, gegründet vom großen Jac Holzman, Hauslabel von den Doors, Love, Tim Buckley und Delaney & Bonnie.

Das engagierte Team hatte fantastische Arbeit geleistet und sein gesamtes Know-how darauf verwendet, einen Hype zu erschaffen. Wie durch ein Wunder war es ihnen gelungen, aus dem kleinen Clubkonzert eines unbekannten Künstlers ein echtes Event zu machen. Und ich ließ mich von der Aufregung anstecken. Davor hatte ich meine Zweifel gehabt, ob es eine gute Idee sei, in Amerika aufzutreten. Jetzt hatte ich richtig Schiss. Als Ray einen Tagesausflug nach Palm Springs organisierte und alle mitfuhren, blieb ich allein im Hotel sitzen, um mich auf die dringende Aufgabe zu konzentrieren, wegen des bevorstehenden Gigs in Panik zu verfallen. Je mehr meine Panik wuchs, umso wütender wurde ich auch. Wie konnten die anderen es wagen, sich in Palm Springs zu amüsieren, wo sie doch bei mir im Hotel sitzen und sich grundlos Sorgen machen sollten? Weil niemand da war, den ich anblaffen konnte, rief ich Dick James

in London an und schrie ihn an. Ich würde nach England zu-
rückfliegen. Sofort. Sie konnten sich ihren Gig, die mit Stars ge-
spickte Gästeliste und Neil Diamonds Ansage in den Hintern
schieben. Dick musste seine gesamte onkelhafte Überredungs-
kraft einsetzen, um mich vom Kofferpacken abzuhalten. Am
Ende blieb ich in L.A. und verbrachte die Zeit bis zum Auftritt
damit, Schallplatten zu kaufen und zu schmollen, sobald jemand den Ausflug nach Palm Springs erwähnte.

Von unserem ersten Konzert im Troubadour sind mir zwei Dinge glasklar im Gedächtnis geblieben. Zuerst einmal war da der
merkwürdige Applaus, als ich die Bühne betrat. Ein überrasch-
tes Raunen begleitete ihn, als hätten die Leute jemand anderes
erwartet. Vermutlich hatten sie das auch. Das Cover von *Elton
John* ist dunkel, fast düster. Die Musiker auf der Rückseite sehen
aus wie Hippies in nicht besonders stylishen Klamotten – ich
trage schwarzes T-Shirt und Häkelweste. Daher hatten die Zuschauer sich wohl einen introvertierten, grüblerischen Singer-
Songwriter vorgestellt. Doch ich war kurz vor dem Abflug nach
Amerika bei Mr Freedom in Chelsea gewesen, einer Boutique,
die damals für Furore sorgte. Der Designer Tommy Roberts ließ
seiner überbordenden Fantasie freien Lauf und entwarf Sachen,
die aussahen, als seien sie für Comicfiguren gemacht. Die Klamotten im Schaufenster waren so abgefahren, dass ich eine halbe Ewigkeit vor der Tür rumgelungert hatte, bis ich den Mut
fand, den Laden zu betreten. Tommy Roberts war dermaßen
nett und überschwänglich, dass ich etliche Stücke kaufte, die
vermutlich nicht mal Tony King in der Öffentlichkeit zu tragen
gewagt hätte. Doch ich fühlte mich in den Sachen wie ein anderer Mensch, als würde ich eine Seite meiner Persönlichkeit zeigen, die ich bisher versteckt hatte: das unbändige Verlangen,

völlig schrill und schräg zu sein. Vermutlich rührte das von dem Elvis-Foto her, das ich als Kind zufällig beim Friseur in Pinner entdeckt hatte. Die Vorstellung, dass die Leute sich von dem Äußeren schockieren ließen und nicht wussten, was sie von dem Typen halten sollten, gefiel mir. Die Sachen von Mr Freedom waren nicht etwa schrill, weil sie sexy oder verstörend wirkten. Sie waren außergewöhnlich, wesentlich witziger als die Welt um uns herum. Ich fuhr total auf sie ab. Vor dem Auftritt im Troubadour hüllte ich mich von Kopf bis Fuß in Mr Freedom. Statt von einem introvertierten Singer-Songwriter wurde das Publikum von einem Mann in quietschgelber Latzhose, sternenübersätem, langärmeligem T-Shirt und quietschgelben Arbeiterstiefeln mit großen blauen Flügeln begrüßt. So sah 1970 in Amerika kein sensibler Singer-Songwriter aus. So sah 1970 in Amerika ganz bestimmt niemand aus, der noch ganz bei Trost war.

Als Zweites erinnere ich mich daran, dass ich während des Gigs in die Menge schaute und mit leichtem Entsetzen Leon Russell in der zweiten Reihe wahrnahm. Von den angekündigten Dutzenden von Stars hatte ich zwar sonst niemanden entdeckt, aber Leon konnte man nicht übersehen. Die üppige Silbermähne und der lange Bart rahmten sein ungerührtes Gesicht ein. Obwohl mir der Magen in die Kniekehle rutschte, konnte ich den Blick nicht von ihm wenden. Bis dahin war der Gig ganz gut gelaufen, Dee und Nigel spielten tight, unsere Anspannung wich langsam, und wir dehnten die Songs ein bisschen aus. Nun war ich plötzlich wieder so nervös wie an dem Tag, als die anderen den Ausflug nach Palm Springs gemacht hatten. Es war wie in einem dieser schrecklichen Albträume, wenn man wieder in der Schule sitzt, eine Klassenarbeit schreiben soll und feststellt, dass man weder Hose noch Unterhose anhat. Du gibst das wichtigste Konzert in deiner bisherigen Karriere, siehst deinen Helden im Publikum, und er starrt dich ausdruckslos an.

Ich musste mich zusammenreißen und mich davon ablenken, dass Leon Russell mich beobachtete. Also sprang ich auf und kickte meinen Klavierhocker weg. Mit gebeugten Knien stand ich da und hämmerte wie Little Richard in die Tasten. Ich ließ mich auf den Boden fallen, stützte mich mit einer Hand ab und spielte mit der anderen weiter, den Kopf unter dem Instrument. Dann sprang ich hoch und machte einen Handstand auf dem Klavier. Dem Geschrei des Publikums nach hatte auch mit solchen Showeinlagen niemand gerechnet.

Hinterher stand ich völlig benommen in der stickigen Luft der brechend vollen Künstlergarderobe. Die Briten waren allesamt in Hochstimmung. Norman Winter sprach so schnell und begeistert, dass sein Verhalten auf dem Weg vom LAX Airport dagegen im Rückblick ziemlich zurückhaltend und wortkarg wirkte. Die Leute von Uni Records schleppten ständig neue Gäste an, die mir die Hand schütteln wollten. Journalisten. Prominente. Quincy Jones. Die Frau von Quincy Jones. Die Kinder von Quincy Jones. Offenbar hatte er seine gesamte Familie mitgebracht. Ich kam nicht mehr mit.

Dann erstarrte ich. Hinter einem von Quincy Jones' unzähligen Verwandten tauchte Leon Russell im Türeingang auf. Langsam bewegte er sich durch die Menschenmenge auf mich zu. Er machte noch immer das unbeteiligte Gesicht, das ich von der Bühne aus gesehen hatte, und wirkte nicht unbedingt wie jemand, der gerade den besten Abend seines Lebens gehabt hatte. Mist. Ich war entlarvt. Gleich würde er mir erzählen, dass ich ein Hochstapler war. Und mir auf den Kopf zusagen, dass ich nicht Klavier spielen konnte.

Er schüttelte mir die Hand und fragte, wie es mir ginge. Seine Stimme hatte einen weichen Oklahoma-Akzent. Dann meinte er, mein Gig wäre toll gewesen, und fragte, ob ich mit ihm auf Tournee gehen wollte.

Die nächsten Tage kamen mir vor wie ein Fiebertraum. Wir gaben noch ein paar Konzerte im Troubadour, alle waren ausverkauft, alle waren fantastisch. Es kamen weitere Prominente. Jedes Mal griff ich noch tiefer in meine Tasche mit den Klamotten von Mr Freedom und zog immer schrägere Sachen raus, bis ich mich eines Abends einem Publikum aus Rockstars und Los-Angeles-Trendsettern gegenübersah und dabei enge silberne Hotpants und ein T-Shirt mit der Glitzeraufschrift ROCK AND ROLL trug. Leon Russell tauchte noch einmal backstage auf und verriet mir sein Privatrezept gegen Heiserkeit, als wären wir uralte Freunde. Uni Records fuhren mit Bernie und mir nach Disneyland, und bei Tower Records am Sunset Strip kaufte ich mir haufenweise Schallplatten. Der Musikredakteur der *LA Times*, Robert Hilburn, schrieb eine Konzertkritik.»Halleluja«, begann sie.»Die Rockmusik hat nach der jüngsten Flaute endlich einen neuen Star – Elton John. Das Amerika-Debüt des dreiundzwanzigjährigen Engländers fand am Dienstag im Troubadour statt und war in jeder Hinsicht fabelhaft.« Verdammte Scheiße. Bob Hilburn war eine echt große Nummer. Dass er beim Konzert gewesen war, hatte ich zwar gewusst, aber ich hatte keine Ahnung gehabt, dass er darüber schreiben würde. Nach dem Artikel konnte Ray Williams sich plötzlich vor Anfragen von amerikanischen Konzertveranstaltern kaum noch retten. Wir verlängerten unseren Aufenthalt und spielten Konzerte in San Francisco und New York. Ich gab ein Interview nach dem anderen. Im Radio lief ununterbrochen das Album

Elton John. Der Sender KPPC aus Pasadena schaltete in der *Los Angeles Free Press* eine ganzseitige Anzeige und bedankte sich darin bei mir für den Amerikabesuch.

Wie jeder weiß, ist Ruhm, vor allem wenn er sich über Nacht einstellt, oberflächlich und gefährlich. Seine dunkle Anziehungskraft ist kein Ersatz für wahre Liebe und echte Freundschaft. Aber ich kann Ihnen eins versichern: Für einen furchtbar schüchternen Menschen, der sich in seiner Kindheit möglichst unsichtbar machen wollte, um nicht den Zorn seiner Eltern auf sich zu ziehen, gibt es kein besseres Heilmittel, als plötzlich in der *LA Times* als Zukunft des Rock'n'Roll gefeiert und von seinen musikalischen Helden bejubelt zu werden. Als Beweis präsentiere ich Ihnen Elton John, eine dreiundzwanzigjährige Jungfrau, die noch nie jemanden aufgerissen hat, am Abend des 31. August 1970. Ich bin gerade in San Francisco, wo ich in ein paar Tagen ein Konzert geben soll. Den Abend verbringe ich im Fillmore bei einem Gig der britischen Folkrockband Fairport Convention, ebenfalls Überlebende der Matsch-Hölle des Krumlin-Festivals, und lerne dort den Besitzer des Ladens kennen, den legendären Konzertveranstalter Bill Graham, der mich unbedingt in sein New Yorker Fillmore East holen will. Doch ich konzentriere mich weder auf Fairport Convention noch auf Bill Graham. Ich habe nämlich entschieden, dass heute die Nacht der Nächte ist und ich endlich jemanden verführen werde. Oder mich von jemanden verführen lassen werde. Ganz gleich, wie es passieren wird, heute ist es so weit.

Wie ich zufällig erfahren hatte, hielt sich John Reid zur selben Zeit in San Francisco auf, weil Motown Records dort zehnjähriges Jubiläum feierte. Seit Tony King uns miteinander bekannt gemacht hatte, war ich ein paarmal in seinem Büro bei EMI reingeschneit. Was für schwache Signale ich auch immer

ausgesendet hatte – sofern ich das überhaupt versucht hatte –,
er schien sie nie zu bemerken. Offenbar glaubte er, ich wollte
nur den Stapel Soul-Singles auf seinem Schreibtisch durchstöbern oder ihm eine meiner Platten in die Hand drücken. Aber
das war in meinem alten Leben passiert. Mutig geworden durch
die Ereignisse der letzten Woche, fand ich heraus, in welchem
Hotel er abgestiegen war, und rief bei ihm an. Atemlos erzählte
ich ihm, wie es in Los Angeles gelaufen war, und ließ so beiläufig wie möglich die Frage fallen, ob wir uns nicht mal treffen
wollten. Ich wohnte im Miyako, einem hübschen kleinen, japa-
nisch anmutenden Hotel in der Nähe des Fillmore. Vielleicht
hatte er ja Lust, abends auf einen Drink vorbeizukommen?

Das Konzert von Fairport Convention war vorbei. Backstage
sagte ich kurz Hallo zur Band, trank ein paar Gläser mit ihnen,
verabschiedete mich und ging allein zurück ins Miyako. Ich
war noch nicht lange in meinem Zimmer, da klingelte das Telefon. An der Rezeption stand ein Mr. Reid und verlangte nach
mir. O Gott. Es ist so weit.

VIER

Nach jener Nacht in San Francisco ging es auf einmal ganz schnell. Eine Woche später war ich für ein paar Interviews in Philadelphia, als mich John, der nach England zurückgeflogen war, im Hotel anrief. Er hatte Tony King bei der BBC getroffen und ihm erzählt, was passiert war und welche Pläne wir hatten. Zuerst war Tony perplex gewesen (»Was? Reg ist *schwul*? Ihr wollt zusammenziehen, also zusammen *wohnen*?«), aber als er erfuhr, dass ich unsere Beziehung nicht an die große Glocke hängen wollte, lachte er sich schlapp. »Was soll das heißen, Reg will nicht, dass es alle Welt erfährt? Er ist mit dir zusammen! Dich kennt doch jeder, der schon mal in einem Londoner Gay Club war! Da kann er sich auch gleich ein Schild umhängen, auf dem in Leuchtbuchstaben ICH BIN SCHWUL steht.«

Ich wollte es nicht an die große Glocke hängen, weil ich nicht wusste, wie die Leute reagieren würden. Aber ich hätte mir gar keine Sorgen machen müssen. Keiner meiner Freunde oder Kollegen scherte sich darum. Bernie nicht, die Band nicht, Dick

James nicht und Steve Brown auch nicht. Ich hatte eher den Eindruck, sie wären erleichtert, weil ich endlich Sex hatte. Außerhalb des kleinen Kreises kam niemand auch nur auf die Idee, ich könnte irgendwas anderes sein als hetero. Wenn man bedenkt, was ich auf der Bühne trug und wie ich mich dort gab, klingt es aus heutiger Sicht fast verrückt, dass niemand auch nur eine Augenbraue hochzog. Aber die Welt war damals eben noch eine andere. In Großbritannien waren homosexuelle Handlungen erst seit drei Jahren nicht mehr strafbar, und ein Großteil der Bevölkerung hatte immer noch keine Ahnung von dem Thema. Bei unseren Konzerten in Amerika tauchten zur großen Freude der Band und Roadcrew alle legendären Groupies – die Plaster Casters und Sweet Connie aus Little Rock – backstage auf. Ich dachte dann: »Moment mal, was wollt ihr denn hier? Ihr seid bestimmt nicht *meinetwegen* da? Es hat euch doch sicherlich jemand aufgeklärt? Falls nicht, habt ihr ja gerade gesehen, wie ich von einem Bodybuilder auf die Bühne getragen wurde und dabei in sämtliche Diamanten, Pailletten und Marabufedern der Welt gehüllt war – klingelt es da nicht bei euch?« Anscheinend nicht. Also gewöhnte ich es mir an, mich, sobald die Damen auftauchten, schleunigst auf der Toilette einzuschließen, damit sie gar nicht erst auf mich aufmerksam wurden.

Falls sich jemand aus meinem Bekanntenkreis darüber wunderte, dass ich so schnell mit John zusammenziehen wollte, ließ er es mir gegenüber nicht durchblicken. Das schnelle Voranschreiten meiner Beziehung mit John war ein erstes Anzeichen dafür, wie ich in Sachen Liebesgeschichten so tickte. Ich lernte jemanden kennen, verknallte mich Hals über Kopf und fing sofort an, unser gemeinsames Leben zu planen. Unfähig, zwischen Verknalltheit und echter Liebe zu unterscheiden, sah ich bereits den weißen Gartenzaun und die ewige traute Zweisamkeit vor mir, noch bevor ich überhaupt mit dem Auserwählten gesprochen hatte. Später, als ich tatsächlich berühmt war, wurde das zu einem gewaltigen Problem für mich und das jeweilige Objekt meiner Begierde. Ich bestand darauf, dass er sein eigenes Leben aufgab und mich auf Tournee begleitete, was jedes Mal in einer Katastrophe endete.

Aber das lag alles noch in der Zukunft. Für John empfand ich wirklich etwas, diese intensive, unschuldige erste Liebe. Außerdem hatte ich die Freuden des Sex kennengelernt. Es ergab Sinn, mit ihm zusammenzuziehen. Meine aktuelle Wohnsituation war alles andere als ideal. Ob nun homo oder hetero, wie soll man eine erfüllte sexuelle Beziehung mit jemandem führen, wenn man bei seiner Mutter im ehemaligen Kinderzimmer wohnt und der Songwriting-Partner dazu noch versucht, im Etagenbett darunter zu schlafen?

Nach meiner Rückkehr aus Amerika begaben John und ich uns also auf Wohnungssuche. Fündig wurden wir in den neu entstandenen Water Gardens, in der Nähe der U-Bahn-Station Edgware Road: Die Wohnung bestand aus einem Schlafzimmer, einem Wohnzimmer, Küche, Bad. Bernie zog vorübergehend zu Steve Brown. Auch er hatte sich in Kalifornien verliebt, in Maxine, die beim berüchtigten Ausflug nach Palm Springs dabei gewesen war. Kein Wunder, dass er unbedingt hatte mitfahren wollen!

Die Letzten, denen ich es erzählte, waren Mum und Derf. Ich wartete mit dem Geständnis bis eine Woche nach meinem Auszug. Vermutlich musste ich mir selbst erst mal Mut machen. Am Ende überwand ich mich an genau dem Abend, an dem John und ich uns im London Palladium eigentlich Liberace anschauen wollten. Wir hatten Karten, aber ich bat John, alleine hinzugehen. Ich musste meine Mutter noch an diesem Abend anrufen. Obwohl ich wahnsinnig nervös war, verlief das Gespräch einigermaßen gut. Ich sagte ihr, dass ich schwul sei, aber sie wirkte nicht mal überrascht:»Ach, das wussten wir doch längst.« Damals erklärte ich es mir mit der sagenhaften Kraft der mütterlichen Intuition. Aber im Nachhinein betrachtet, hatten sie und Derf womöglich eine dunkle Vorahnung gehabt, als sie mir beim Umzug nach Water Gardens halfen, wo ich mit einem anderen Mann zusammen in einer Wohnung mit nur einem Schlafzimmer leben würde.

Meine Mutter war von der Vorstellung, dass ich schwul war, nicht unbedingt entzückt. Sie sagte, ich wäre zu einem Leben in Einsamkeit verdammt, was in Anbetracht der Tatsache, dass ich einen Freund hatte, nicht sonderlich viel Sinn ergab. Aber wenigstens hatte sie mich nicht gleich enterbt oder sich geweigert, es zu akzeptieren. Noch merkwürdiger aber war, dass John bei seiner Rückkehr vom Konzert aussah, als hätte er an dem Abend unter weit größerem Stress gestanden. Wie er mir erzählte, hatte Liberace während der Show ganz unerwartet angekündigt, im Publikum würde ein besonderer Gast sitzen, ein wunderbarer neuer Sänger, der auf dem besten Weg zum Superstar sei:»… wie ich weiß, ist er heute Abend hier, und ich möchte, dass er kurz aufsteht und Ihnen zuwinkt, denn er ist wirklich fabelhaft … Elton John!« Da Liberace offenbar davon ausging, ich würde aus lauter Bescheidenheit zögern, drängte er weiter, während ein Scheinwerfer vergeblich den Saal absuchte:»Komm schon, Elton, nur nicht so schüchtern, das Publikum möchte dich kennenlernen. Ladies and Gentlemen, Sie wollen Elton John doch kennenlernen, oder? Ich kann Ihnen versichern, dieser Junge wird ganz groß rauskommen. Einen Riesenapplaus, bitte. Wollen doch mal sehen, ob wir ihn nicht dazu bewegen können, kurz Hallo zu sagen ...« Nach Johns Bericht hatte Liberace noch ungefähr drei Wochen lang so weitergeredet; das Publikum hatte zuerst unruhig, dann hörbar gereizt auf meine flegelhafte Weigerung reagiert. Und der Einzige, der wusste, wo dieser Elton John steckte, hatte sich gefragt, ob er wohl als erster Mensch, der tatsächlich vor Scham stirbt, in die Geschichte eingehen würde. Irgendwann hatte Liberace aufgegeben. Laut John hatte er zwar immer noch gelächelt, aber die Art, wie er bei der »Ungarischen Rhapsodie« von Liszt in die Tasten haute, hätte seine Mordswut verraten.

Obwohl ich mit dem Outing bei meinen Eltern ein Liberace-Konzert ruiniert hatte, war das Leben mit einem Mal himmlisch. Endlich konnte ich der sein, der ich war, und musste weder Angst vor meinem wahren Ich noch vor Sex haben. John hat mir gezeigt, wie man im allerbesten Sinne ausschweifend lebt. Tony hatte recht gehabt: John kannte sich bestens in der Schwulenszene aus und war Stammgast in einschlägigen Clubs und Pubs. Zusammen besuchten wir die Vauxhall Tavern, um uns die große Dragqueen Lee Sutton anzusehen (»Wenn ich mich vorstellen darf: Lee Sutton, D.S.M., O.B.E. – Dirty Sex Maniac, On the Bed with Everybody«), oder gingen ins Sombrero in der Kensington High Street. Zu Hause veranstalteten wir Dinnerpartys und luden andere Musiker ein. Nachdem wir ein Konzert von Neil Young besucht hatten, kam er mit zu uns und beschloss nach ein paar Drinks, uns um zwei Uhr morgens sein noch nicht veröffentlichtes neues Album live vorzuspielen. Die Nachbarn waren durch den Krach, den meine Freundin Kiki Dee machte, als sie mit einem Tablett voller Sektgläser in eine Glastür lief, bereits auf unsere Spontanparty aufmerksam geworden. Sie brachten ihre Begeisterung für Neil Youngs neues Album auf ganz eigene Art zum Ausdruck. So habe ich den

Klassiker »Heart of Gold« zum ersten Mal gehört: in einem Arrangement für Piano, Gesang, Besen an der Zimmerdecke und lautes Rufen, Neil Young solle endlich die Klappe halten.

Meine eigene Karriere nahm zusehends an Fahrt auf. In Großbritannien waren wir zwar noch nicht so erfolgreich wie in den USA, aber die Band und ich waren mit neuer Zuversicht aus Amerika zurückgekehrt. Wegen der Bestätigung und Anerkennung, die wir dort von so vielen Menschen erfahren hatten, wussten wir, dass wir auf dem richtigen Weg waren. Unser Erfolg in Los Angeles hatte sich bis nach Großbritannien rumgesprochen, und nun interessierten sich auch die britischen Zeitungen für uns. Das Hippie-Magazin *Friends* schickte einen Journalisten, der ein Interview mit mir führen sollte. Ich spielte ihm zwei Tracks vor, die wir bereits für das neue Album *Tumbleweed Connection* aufgenommen hatten, und in seinem Artikel zeigte er sich ähnlich begeistert wie zuvor Robert Hilburn: »Elton John wird zusammen mit seinem Texter wahrscheinlich zum besten, mit ziemlicher Sicherheit aber populärsten Songwriter Englands und vielleicht sogar der ganzen Welt aufsteigen.« Wir spielten in der Royal Albert Hall, als Support der Band Fotheringay, die von Sandy Denny, ehemaliger Leadsängerin von Fairport Convention, gegründet worden war. Wie im Troubadour erwartete das Publikum einen zum schwermütigen Folkrock der Hauptband passenden, introvertierten Singer-Songwriter und bekam stattdessen Rock'n'Roll, Klamotten von Mr Freedom und Handstand auf dem Klavier. Wir waren voller Adrenalin, sprühten nur so vor Selbstbewusstsein, und das Publikum wusste nicht, wie ihm geschah. Als der Adrenalinrausch verflogen war und mir klar wurde, was wir getan hatten, fühlte ich mich mies. Sandy Denny war eine meiner Heldinnen, eine fantastische Sängerin. Das Konzert sollte eine große Sache für sie sein, und ich hatte ihnen die Show gestohlen. Noch bevor sie auf die Bühne kam, schlich ich mit Gewissensbissen nach Hause.

Trotzdem schien die Zeit reif zu sein. Die Sixties waren vorbei, die Beatles hatten sich aufgelöst, und es gab eine neue Welle von Künstlern, die zur selben Zeit groß wurden wie ich: Rod Stewart, Marc Bolan, David Bowie. Musikalisch gesehen, waren wir alle sehr unterschiedlich, doch in vieler Hinsicht auch sehr ähnlich. Wir stammten aus der Londoner Arbeiterschicht, hatten die Sechzigerjahre nur als Randfiguren erlebt, waren durch dieselben Clubs getingelt und nie dort gelandet, wo wir hatten hinkommen wollen. Natürlich kannten wir uns untereinander. Unsere Wege hatten sich backstage in den R'n'B-Clubs oder im Roundhouse gekreuzt. Echte Freunde waren Bowie und ich jedoch nie. Seine Musik liebte ich, und wir waren in der Zeit, als er für die Ziggy-Stardust-Tour probte, sogar ein paarmal zusammen weggegangen, besuchten das Sombrero mit Tony King oder aßen abends im Covent Garden. Aber er wirkte immer ein wenig reserviert, wenigstens in meiner Nähe. Welches Problem er mit mir hatte, weiß ich ehrlich gesagt nicht, aber er hatte definitiv eins. Jahre später machte er in Interviews oft schnippische Bemerkungen über mich und bezeichnete mich gar als »Quotenqueen des Rock'n'Roll«, obwohl man fairerweise sagen muss, dass er damals total auf Koks war.

Marc und Rod hingegen bewunderte ich sehr. Unterschiedlichere Menschen hätte es kaum geben können. Marc schien von einem anderen Planeten zu kommen und nur auf Durchreise auf der Erde zu sein. Das hörte man auch seiner Musik an. In unserer Anfangszeit in Water Gardens lief »Ride a White Swan« ununterbrochen im Radio, das Stück klang wie kein anderes. Man hätte niemals sagen können, ob Marc überhaupt irgendwelche musikalischen Vorbilder hatte. So war er auch als Mensch. Er war eine echte Erscheinung, campy, aber hetero und dazu unglaublich nett und sanft. Sein Ego war gewaltig, trotzdem schien er sich selbst nie ernst zu nehmen. Irgendwie bekam er es hin, absolut reizend zu sein und gleichzeitig den größten Mist von sich zu geben. Vollkommen ernst erzählte er die unglaublichsten Sachen:»Darling, heute Morgen habe ich eine Million Platten verkauft.« Ich dachte:»Marc, niemand in der *gesamten Geschichte der Musik* hat jemals eine Million Platten an nur einem Morgen verkauft, schon gar nicht du.« Aber er hatte so eine einnehmende Art, dass man das niemals laut zu ihm gesagt hätte. Stattdessen gab man ihm recht:»Eine Million, Marc? Fantastisch! Glückwunsch!«

Rod hatte ich wegen unserer gemeinsamen Vergangenheit mit Long John Baldry schon seit Jahren gekannt, doch richtig freundeten wir uns erst an, nachdem er »Country Comfort« gecovert hatte, eines der neuen Stücke, die ich dem *Friends*-Journalisten vorgespielt hatte. Allerdings veränderte Rod den Text, worüber ich mich in der Presse echauffierte:»Es klingt, als hätte er sich alles beim Singen ausgedacht! Selbst wenn er ›The Camptown Races‹ gesungen hätte, wäre er nicht weiter vom Original entfernt.« Im Prinzip gab das den Ton für unsere Freundschaft vor. Rod und ich haben eine Menge gemeinsam. Wir lieben Fußball und sammeln Kunst. Beide wuchsen wir nach dem Krieg auf, und unsere Familien besaßen nicht viel, deshalb hatten wir beide keine Scheu, die Früchte unseres Erfolgs zu genießen, wenn man es denn so ausdrücken möchte. Aber die größte Gemeinsamkeit ist unser Sinn für Humor. Für einen Mann, der, wie jeder weiß, zeit seines Lebens eine Leidenschaft für langbeinige Blondinen gehabt hat, ist Rods Sinn für Humor erstaunlich campy. Als wir uns in den Siebzigerjahren alle gegenseitig Drag-Namen verpassten, machte Rod begeistert mit. Ich hieß Sharon, John hieß Beryl, Tony hieß Joy und Rod hieß Phyllis. Seit fast fünfzig Jahren machen wir uns nun schon übereinander lustig und versuchen uns gegenseitig zu übertrumpfen. Als in den Zeitungen gerätselt wurde, ob mir die Haare ausfielen und ich ein Toupet tragen müsste, schickte Rod sofort ein Geschenk, einen dieser altmodischen helmartigen Haartrockner, unter denen alte Damen beim Friseur immer sitzen. Da ich mich für die fürsorgliche Anteilnahme nur zu gern revanchierte, ließ ich ihm postwendend einen mit Lichterkette geschmückten Rollator zukommen. Wenn ich heute sehe, dass sich ein Album von ihm besser verkauft als eins von mir, weiß ich, es ist nur eine Frage der Zeit, bis mir Rod eine E-Mail schickt: »Hi Sharon, wollte dir nur kurz sagen, wie entsetzlich leid es mir tut, dass deine Platte nicht mal in den Top 100 ist. Was für ein Jammer, Darling, wo sich meine doch so gut verkauft. Love, Phyllis.«

Den Höhepunkt erreichte unser Wettstreit in den frühen Achtzigern, vor einem Konzert von Rod im Earls Court. Als Werbung hatten sie über dem Gebäude einen riesigen Ballon mit Rods Konterfei aufgehängt. Ich war an diesem Wochenende ebenfalls in London und sah ihn von meinem Hotelzimmer aus. Eine solche Gelegenheit konnte ich natürlich nicht ungenutzt verstreichen lassen. Also rief ich bei meinem Management an, und sie engagierten einen Scharfschützen, der den Ballon abschoss. Offenbar landete er oben auf einem Doppeldeckerbus und wurde zuletzt gesehen, als er in Richtung Putney davonfuhr. Etwa eine Stunde später klingelte das Telefon. Es war Rod, der Gift und Galle spuckte.

»Wo ist mein verdammter Ballon? Das warst doch du, stimmt's? Du blöde Kuh! Du Bitch!«

Ein Jahr später trat ich im Olympia auf, und die Veranstalter hatten quer über die Straße ein riesiges Werbebanner gespannt. Auf wundersame Weise wurde das Banner aber gleich, nachdem sie es aufgehängt hatten, wieder abgeschnitten. Der Telefonanruf, der mich auf diesen Sabotageakt hinwies, kam von Rod. Merkwürdigerweise schien er bestens über den Vorfall informiert zu sein.

»Jammerschade, das mit deinem Banner, Honey. Wie ich gehört habe, hing es da oben keine fünf Minuten. Wetten, du hast es nicht mal gesehen?«

Kurz nach dem Umzug nach Water Gardens tourte ich wieder durch die USA. Das Land ist unermesslich groß, und die meisten Menschen dort schert es herzlich wenig, ob du von der *LA Times* als Zukunft des Rock'n'Roll bezeichnet wurdest. Du musst durchs Land fahren und den Leuten zeigen, was du draufhast. Außerdem wollten wir unser neues Album promoten. *Tumbleweed Connection* war fast fertig, aufgenommen hatten wir es im März 1970, und in Großbritannien erschien es im Oktober. So lief das damals. Mit einem neuen Album ließ man sich keine drei Jahre Zeit. Man nahm es schnell auf und brachte es sofort auf den Markt, um den Schwung zu nutzen. Zu meiner Arbeitsweise passte das hervorragend. Ich hasse es, Zeit im Studio zu verschwenden. Vermutlich kommt das noch aus meiner Zeit als Sessionmusiker oder von den nächtlichen Demoaufnahmen bei DJM: Damals arbeiteten wir immer gegen die Uhr an.

Wir fuhren kreuz und quer durch die Staaten, meistens als Support für Leon Russell, die Byrds, Poco, die Kinks oder Eric Claptons neue Band Derek and the Dominos. Mein Booker Howard Rose hatte die Idee gehabt, und sie erwies sich als cleverer Schachzug: Auf dem Plakat nicht an erster Stelle stehen, die Leute erst überzeugen, damit sie wiederkommen, wenn du der Hauptact bist. Alle Bands waren wahnsinnig nett und großzügig, trotzdem war die Arbeit ganz schön anstrengend. Jeden Abend gingen wir mit dem festen Vorsatz auf die Bühne, den anderen die Show zu stehlen. Wir kamen sehr gut an und glaubten immer, wir hätten den Headliner von der Bühne gefegt. Doch jedes Mal spielte der im Anschluss noch besser als wir. Wie man munkelte, waren Derek and the Dominos wegen ihres Heroin- und Alkoholkonsums in einer katastrophalen Verfassung, aber wer sie in jenem Herbst live spielen sah, hätte das niemals geglaubt. Sie waren phänomenal gut. Vom Bühnenrand aus schaute ich mir ihre Performance genau an. Eric Clapton war natürlich der Star, aber es war ihr Keyboarder Bobby Whitlock, den ich wie ein Habicht beobachtete. Er kam aus Memphis, hatte sein Handwerk im Studio von Stax gelernt und spielte mit dem speziellen Südstaaten-Feeling für Soul und Gospel. Die Tourneen mit ihnen oder Leon erinnerten mich ein wenig an die Zeit, als Bluesology die Begleitband für Patti LaBelle oder Major Lance gegeben hatten: Man schaute Leuten zu, die weit mehr Erfahrung hatten, und lernte von ihnen.

Auch wenn vor uns noch ein langer Weg lag, so zeigte sich auf dieser Tour doch schon, dass sich mein Name langsam rumsprach. In L.A. gingen wir mit Danny Hutton von Three Dog Night essen, und er erwähnte ganz nebenbei, Brian Wilson würde uns gern mal treffen. Ernsthaft? In den Sechzigerjahren hatte ich Brian Wilson vergöttert, aber die großen Erfolge der Beach Boys lagen schon länger zurück, und Brian Wilson war mittlerweile zu einer mysteriösen, beinah mythischen Figur geworden – glaubte man den Gerüchten, war er zum Einsiedler oder verrückt ge-worden, vielleicht auch beides. Aber nein, versicherte uns Danny, Brian sei ein Riesenfan und würde sich wahnsinnig über einen Besuch freuen.

Am Ende setzten wir uns ins Auto und fuhren zu seinem Haus in Bel Air, einem Herrenhaus im spanischen Stil mit einem Zaun davor. Danny drückte auf den Knopf der Gegensprechanlage neben dem Tor, nannte seinen Namen und verkündete, er hätte Elton John mitgebracht. Am anderen Ende tödliches Schweigen. Plötzlich eine Stimme, die unverkennbar zum Mastermind der Beach Boys gehörte und den Refrain von »Your Song« sang: »I hope you don't mind, I hope you don't mind.« Wir gingen zum Eingang, und niemand Geringeres als Brian Wilson machte auf. Er wirkte einigermaßen gesund – vielleicht ein bisschen pummeliger als auf dem Cover von *Pet Sounds*, aber nicht wie der durchgeknallte Einsiedler aus den Gerüchten. Wir sagten Hallo. Er starrte uns an, nickte. Dann sang er noch mal den Refrain von »Your Song«. Er sagte, wir sollten mit hochkommen und seine Kinder kennenlernen. Wie sich herausstellte, schliefen sie in ihren Zimmern. Er weckte sie auf. »Das ist Elton John!«, rief er begeistert. Seine Töchter wirkten verständlicherweise etwas durcheinander. Er sang ihnen den Refrain von »Your Song« vor: »I hope you don't mind, I hope you don't mind.« Dann sang er uns den Refrain von »Your Song« noch mal vor. Inzwischen hatte sich der Reiz des Neuen, dass mir ein echtes Genie der Popgeschichte den Refrain von »Your Song« vorsang, schon leicht abgenutzt. Und ich hatte langsam das mulmige Gefühl, uns würde ein langer, anstrengender Abend bevorstehen. Ich schaute zu Bernie, und wir wechselten einen Blick, der eine Mischung aus Angst und Verblüffung ausdrückte, aber auch zeigte, dass wir uns das Lachen über die völlig irrsinnige Situation verkneifen mussten. Es war ein Blick, der sagte: *Was zur Hölle geht hier ab?*

Tatsächlich gewöhnten wir uns in den letzten Monaten des Jahres 1970 diesen Blick immer mehr an. Ich wurde in das Haus von Mama Cass Elliot am Woodrow Wilson Drive in L.A. eingeladen, den legendären Treffpunkt der Musiker aus dem Laurel Canyon, wo sich Crosby, Stills and Nash formiert hatten und David Crosby seine Entdeckung, die Singer-Songwriterin Joni Mitchell, seinen Freunden vorgestellt hatte. Als ich ankam, waren dort *alle* versammelt. Es war völlig verrückt, als wären die Plattencover aus meinem ehemaligen Kinderzimmer in Frome Court plötzlich lebendig geworden: *Was zur Hölle geht hier ab?*

Auf der Treppe des Fillmore East kamen wir an Bob Dylan vorbei, er blieb stehen, stellte sich vor und erzählte Bernie, wie gut er den Text zu »My Father's Gun« vom *Tumbleweed*-Album fand: *Was zur Hölle geht hier ab?*

Nach einem Gig in Philadelphia saßen wir in der Künstlergarderobe, als die Tür plötzlich aufging und fünf Männer eintraten. Die Mitglieder von The Band konnte man mit niemandem verwechseln, sie sahen aus, als wären sie vom Cover der Platte gestiegen, die wir in England rund um die Uhr gehört hatten. Robbie Robertson und Richard Manuel erzählten uns jetzt, sie seien in einem Privatflugzeug aus Massachusetts hergeflogen, um sich das Konzert anzusehen. Ich tat so, als sei es die normalste Sache der Welt, dass The Band nur für mein Konzert extra aus Massachusetts eingeflogen war, und schielte zu Bernie hin, der ebenfalls bemüht war, möglichst cool zu bleiben. Nur ein Jahr zuvor hatten wir noch davon geträumt, ähnliche Stücke wie The Band zu schreiben, jetzt standen sie leibhaftig vor uns und baten, ihnen unser neues Album vorzuspielen: *Was zur Hölle geht hier ab?*

Nicht nur The Band wollte uns treffen, sondern auch ihre Manager Albert Grossman und Bennett Glotzer. Zwei Legenden des amerikanischen Musikbusiness, vor allem Grossman, ein beinharter Hund, der Bob Dylan seit den frühen Sechzigerjahren managte. Als Grossmans Schützling Janis Joplin heroinabhängig geworden war, hatte er ihr nicht etwa einen Entzug nahegelegt, sondern für sie eine Lebensversicherung zu seinen Gunsten abgeschlossen. Irgendwie hatten Grossman und Glotzer spitzgekriegt, dass ich momentan keinen Manager hatte. Ray Williams war ein wunderbarer Mensch, ich hatte ihm sehr viel zu verdanken, und er war immer unglaublich loyal gewesen – tatsächlich benannte er seine Tochter Amoreena nach einem Stück auf *Tumbleweed Connection* –, aber nach der ersten Amerikatournee hatte ich mit meiner Band geredet, und keiner von uns hielt ihn für den richtigen Mann. Aber Grossman und Glotzer waren es auch nicht, wie mir auf den ersten Blick klar wurde. Sie erinnerten an Figuren aus einem Film, einem Film, der wegen seiner comichaften Darstellung zweier aggressiver amerikanischer Showbiz-Manager beim Publikum durchgefallen war. Doch sie waren Menschen aus Fleisch und Blut, und ihre Versuche, mich für sich zu gewinnen, machten mir im Lauf der Zeit richtig Angst. Solange der Posten nicht besetzt war, ließen sie mich einfach nicht in Frieden.

»Ich gebe keine Ruhe, bis du bei mir unterschrieben hast«, sagte Glotzer zu mir.

Das war kein Witz. Um ihn loszuwerden, hätte ich schon ein Kontaktverbot erwirken müssen. Wieder einmal konnte ich der Versuchung, mich allein auf dem Klo einzuschließen, nur schwer widerstehen.

Gut möglich, dass mir der Gedanke, John könnte mein Manager werden, zum ersten Mal kam, als ich mich vor Glotzer versteckte. Aber je länger ich darüber nachdachte, umso vernünftiger erschien es mir. John war jung, ehrgeizig, voller Adrenalin.

Er war in den Fünfziger- und Sechzigerjahren in einer Arbeiterfamilie in Paisley aufgewachsen, und diese Erfahrung hatte ihn dermaßen abgehärtet, dass er mit allen Machenschaften der Musikindustrie fertigwerden würde. Und da wir ein Paar waren, würde er nur zu meinem Besten handeln. Er war der geborene Verkäufer, konnte reden wie ein Weltmeister und leistete hervorragende Arbeit. Mit Musik kannte er sich bestens aus, und den richtigen Riecher hatte er auch. Anfang des Jahres hatte er Motown überzeugt, ein drei Jahre altes Stück von Smokey Robinson & The Miracles als Single zu veröffentlichen, und dann seelenruhig zugeschaut, wie »Tears of a Clown« auf beiden Seiten des Atlantiks auf Platz eins stieg. Die Platte verkaufte sich so gut, dass Smokey Robinson seine Pläne, sich aus dem Musikgeschäft zurückzuziehen, auf Eis legte.

Meine Idee fanden alle gut, inklusive John. Zum Ende des Jahres kündigte er bei EMI und Motown und besorgte sich einen Schreibtisch in den Büroräumen von Dick James, der ihn später fest bei DJM anstellte, damit er als Bindeglied zwischen mir und der Firma fungierte. Zur Feier des Tages tauschten wir meinen Ford Escort gegen einen Aston Martin ein. Das war der erste extravagante Kauf meines Lebens, das erste Zeichen, dass ich mit meiner Musik richtig gutes Geld verdiente. Der Wagen hatte ursprünglich Maurice Gibb von den Bee Gees gehört und war perfekt für einen Popstar: ein lila DB6, auffallend, wunderschön. Und total unpraktisch, wie John und ich feststellten, als wir Martha & The Vandellas vom Flughafen Heathrow abholen sollten. Es war eine seiner letzten Aufgaben als Angestellter von Motown, und wir nahmen das Auto natürlich mit. Martha & The Vandellas wirkten beeindruckt, aber dann wurde ihnen klar, dass sie auf der Rückbank sitzen mussten. Die Konstrukteure hatten offensichtlich mehr Zeit auf das schlanke

Design und die traumhafte Silhouette des Wagens verwendet als auf die Frage, wie sich ein legendäres Soul-Trio auf der Rückbank unterbringen ließ. Irgendwie bekamen die drei es dann doch hin. Womöglich hatten sie in der berühmten Charm School von Motown auch Unterricht in Akrobatik genossen. Auf der Fahrt in die City schaute ich in den Rückspiegel. Hinten sah es aus wie zur Stoßzeit in der U-Bahn von Tokio. Aber Moment mal – Martha & The Vandellas saßen zusammengepfercht auf der Rückbank meines Sportwagens von Aston Martin! Zwölf Monate zuvor, als ich den Ford Escort gefahren war, auf dessen Rückbank von Motown-Superstars jede Spur fehlte, wäre mir das noch extrem seltsam vorgekommen. Doch in dem letzten Jahr war »seltsam« zu einem relativen Begriff geworden.

Aber ich hatte gar nicht die Zeit, darüber nachzusinnen, wie sehr sich mein Leben verändert hatte. Schließlich arbeitete ich ununterbrochen. 1971 waren wir auf Dauertour, reisten erst zwischen Amerika und Großbritannien hin und her und dann weiter nach Japan, Neuseeland und Australien. Inzwischen standen die Band und ich auf den Plakaten ganz oben, aber wir hielten uns an den Rat von Howard Rose und spielten in Hallen, die angesichts der Kartennachfrage eigentlich zu klein waren, oder blieben nur für einen Gig in einer Stadt, obwohl auch zwei Konzerte ausverkauft gewesen wären. In Großbritannien machten wir es genauso und traten in Universitäten und kleineren Rockclubs auf, obwohl wir längst große Hallen hätten füllen können. Nicht gierig zu werden, sondern die Karriere langsam aufzubauen, erwies sich als schlaue Herangehensweise. Das war typisch Howard, er hatte immer gute Tipps auf Lager und ist noch heute mein Agent. Bei den ersten Konzerten in Amerika hatte ich wahnsinniges Glück mit den Leuten, die sich um mich kümmerten. Junge britische Künstler waren leichte

Beute für die Haie, die sich im amerikanischen Musikbiz rumtrieben, aber mir wurden Profis zur Seite gestellt, die alles gaben, damit ich mich bei ihnen gut aufgehoben fühlte: Howard, aber auch mein PR-Agent David Rosner und seine Frau Margo.

Wenn ich nicht auf der Bühne stand, saß ich im Studio. 1971 brachte ich allein in Amerika vier Alben raus: *Tumbleweed Connection* kam dort erst im Januar in die Läden, im März folgte der Soundtrack zum Film *Friends* – kein besonders großer Erfolg, aber er lief besser als der Film, ein echter Flop –, im Mai dann das im Vorjahr eingespielte Livealbum *11-17-70* und im November schließlich *Madman Across the Water*. *Madman* nahmen wir in vier Tagen auf. Eigentlich waren fünf geplant gewesen, aber wegen Paul Buckmaster verloren wir einen Tag. Um das Arrangement auszuarbeiten, hatte er die Nacht vor der ersten Session durchgemacht – vermutlich unter Zuhilfenahme gewisser chemischer Substanzen – und es irgendwie geschafft, Tinte über die einzige Notenaufzeichnung zu kippen. Ich tobte vor Wut. Sein Fehler kam uns teuer zu stehen, danach arbeiteten Paul und ich jahrzehntelang nicht mehr zusammen. Insgeheim war ich trotzdem beeindruckt, weil er das gesamte Arrangement in nur vierundzwanzig Stunden rekonstruierte. Selbst wenn Paul Mist baute, merkte man ihm seine Genialität noch an.

Madman Across the Water ist ein wunderbares Album. In Amerika war es allerdings wesentlich erfolgreicher als in Großbritannien: Dort stieg es in die Top 10, zu Hause nur auf Platz einundvierzig. Sonderlich kommerziell war das Album nicht, es gab keine Smash-Hit-Single, die Songs waren länger und komplexer als die bisherigen. Einige von Bernies Texten waren wie Tagebucheinträge aus dem letzten Jahr. »All the Nasties« handelte von mir und der Frage, wie die Leute es aufnehmen würden, wenn ich mich öffentlich outete: »If it came to pass that they should ask – what would I tell them? Would they criticize behind my back? Maybe I should let them.« Allerdings schien niemand zu begreifen, worüber ich da eigentlich sang.

Die *Madman*-Sessions sind noch aus einem anderen Grund erwähnenswert. Gus Dudgeon hatte den Gitarristen Davey Johnstone dazu geholt, weil wir für ein paar Stücke jemanden an der akustischen Gitarre und der Mandoline brauchten. Ich mochte Davey auf Anhieb: ein schlaksiger Schotte, der kein Blatt vor den Mund nahm und einen ausgezeichneten Musikgeschmack hatte. Also fragte ich Gus, was er davon halten würde, wenn ich Davey in die Band holte. Mit dem Gedanken, unser Trio um einen Gitarristen zu ergänzen, hatte ich schon länger gespielt. Gus wollte davon nichts wissen. Davey war ein großartiger Musiker, spielte aber nur akustisch und hatte laut Gus noch nie eine E-Gitarre in der Hand gehabt. Er war Mitglied der Band Magna Carta, die vor allem Folk machte, und im Repertoire von Elton John gab es davon nicht allzu viele Stücke.

Das war natürlich ein überzeugendes Argument. Ich ignorierte es trotzdem und bot Davey den Job an. Eins hatte ich in den letzten Jahren nämlich gelernt: Das Entscheidende ist oftmals das Bauchgefühl. Man kann noch so viel schuften, alles noch so sorgfältig planen, manchmal geht es einfach nur darum, seinem Instinkt oder dem Schicksal zu vertrauen. Wie wäre es wohl ausgegangen, wenn ich nicht auf die Anzeige von Liberty geantwortet hätte? Wenn ich gleich beim ersten Vorspielen gut angekommen wäre und die Texte von Bernie nie bekommen hätte? Wenn Steve Brown nicht zu DJM gewechselt wäre? Wenn Dick nicht überzeugt gewesen wäre, dass ich es in Amerika versuchen musste, obwohl mir die Idee so absurd erschienen war?

Als wir nach Frankreich reisten, wo wir im Château d'Hérouville das nächste Album aufnehmen wollten, kam Davey mit. Es war das erste Mal, dass ich ein Album mit meiner Tourband statt mit Studiomusikern aufnehmen wollte, das erste Mal, dass Davey eine E-Gitarre in die Hand nahm, das erste Mal, dass wir genug Geld hatten, um uns im Ausland in einem Haus mit Studio einzumieten. Aber ich war zuversichtlich, dass es klappen würde. Kurz vor dem Aufbruch nach Frankreich hatte ich meinen Namen offiziell in Elton John ändern lassen. Elton *Hercules* John. Zweite Vornamen hatte ich eigentlich immer albern gefunden, also machte ich das Albernste, was mir einfiel, und klaute mir meinen vom Pferd des Lumpensammlers aus der Fernsehserie *Steptoe and Son*. Ich hatte nämlich genug davon, dass die Leute hinter den Ladenkassen mich zwar erkannten, aber mit dem Namen in meinem Scheckheft nichts anzufangen wussten. Doch die praktischen Gründe waren gar nicht mal ausschlaggebend. Mir ging es mehr um die symbolische Wirkung, als würde ich Reg Dwight endlich ganz legal hinter mir lassen und der Mensch werden, der ich sein wollte. Wie sich herausstellte, war das letzten Endes gar nicht so einfach, doch in dem Moment fühlte es sich gut und richtig an.

Mir gefiel die Vorstellung, in einem echten Château zu arbeiten, obwohl das Haus einen merkwürdigen Ruf hatte. Angeblich spukte es darin, und die Dorfbewohner machten einen Bogen um die Leute aus dem Studio, seitdem Grateful Dead bei ihrem Aufenthalt dort ein Gratiskonzert gegeben hatten, bei dem sie das Bewusstsein der französischen Landbevölkerung zu erweitern versuchten, indem sie den Zuschauern LSD in die Getränke mischten. Aber das Herrenhaus aus dem 18. Jahrhundert war wunderschön – am Ende gaben wir dem Album sogar den Titel *Honky Château* – und ich freute mich schon darauf, dort Songs zu schreiben.

Ich gehöre nicht zu den Musikern, die ständig Melodien im Kopf haben. Und ich habe auch nicht mitten in der Nacht einen Geistesblitz und renne dann sofort zum Klavier. Wenn ich gerade nicht mit Komponieren befasst bin, denke ich nicht mal daran. Bernie schreibt den Text, ich lese ihn, spiele einen Akkord, und dann übernimmt etwas anderes und führt meine Hand. Die Muse, Gott, das Glück: Suchen Sie sich etwas aus, ich habe nämlich keine Ahnung. Ich weiß nur vom ersten Moment an, wie sich die Melodie entwickeln soll. Manchmal brauche ich für das Schreiben eines Songs nicht länger, als man fürs Anhören braucht. Bei»Sad Songs (Say So Much)« war es so: Ich setzte mich ans Klavier, las den Text und spielte das Stück fast genauso, wie es später auf Platte gepresst wurde. Manchmal dauert es auch ein bisschen länger. Fällt mir nach fünfundvierzig Minuten nichts Überzeugendes ein, gebe ich auf und versuche mich an etwas Neuem. Zu einigen von Bernies Texten ist mir nie die passende Musik eingefallen. Er hat den tollen Text »The Day that Bobby Went Electric« geschrieben, der davon handelt, wie es war, Dylans »Subterranean Homesick Blues« zum ersten Mal zu hören, aber ich bin nie auf eine wirklich passende Melodie gekommen, obwohl ich es bestimmt vier- oder fünfmal versucht habe. Dennoch habe ich noch nie eine Blockade gehabt, habe mich nie mit einem von Bernies Texten ans Klavier gesetzt, ohne dass mir irgendetwas eingefallen wäre. Keine Ahnung, woran das liegt. Ich kann und will es auch gar nicht erklären. Tatsächlich freut es mich sogar, dass ich es nicht erklären kann. Denn das Schönste daran ist die Spontaneität.

Bernie nahm seine Schreibmaschine ins Château mit, und wir bauten unsere Instrumente im Esszimmer und im Studio auf.

Hatte Bernie einen Text fertig, legte er ihn auf mein Klavier. Ich wachte früh am Morgen auf, ging ins Esszimmer, sah mir die Texte an und schrieb die Melodie beim Frühstück. Als die Band am ersten Morgen im Château auf der Suche nach Essbarem die Treppe runterkam, hatte ich drei Stücke fertig: »Mona Lisas and Mad Hatters«, »Amy« und »Rocket Man«.

Sobald Davey mir glaubte, dass ich keinen Witz auf Kosten des neuen Bandmitglieds machte, sondern tatsächlich drei Stücke geschrieben hatte, während er noch im Bett lag, holte er seine Gitarre und bat mich, ihm »Rocket Man« noch einmal vorzuspielen. Er fügte nicht etwa ein Solo ein oder tat irgendetwas anderes, was Leadgitarristen normalerweise getan hätten. Er benutzte einen Bottleneck und spielte ein paar ungewöhnliche, einsame Töne, die sich um die Melodie legten und sich wieder von ihr wegbewegten. Es klang fantastisch. Wie gesagt: Manchmal ist das Entscheidende das Bauchgefühl, manchmal muss man auf sein Glück vertrauen.

Die anderen Bandmitglieder und ich waren so aufeinander eingespielt, dass zwischen uns eine Art Gedankenübertragung stattfand. Ich musste ihnen nicht erklären, was sie aus einem Song machen sollten, sie wussten es rein intuitiv. Es war einfach fantastisch, zusammen im Esszimmer zu sitzen, mitzuerleben, wie ein Stück langsam Gestalt annahm, neue Ideen auszuprobieren und von Anfang an zu wissen, dass sie richtig gut waren. Es gab Zeiten in meinem Leben, da habe ich mich in die Musik geflüchtet, denn sie war das Einzige, das immer funktionierte, auch wenn alles andere in Trümmern lag. Aber in dem Moment gab es für mich nichts, wovor ich hätte fliehen wollen. Ich war vierundzwanzig, ein anerkannter Musiker und verliebt. Und das Beste: Am nächsten Tag hatten wir frei, und ich wollte nach Paris fahren, wo ich das Geschäft von Yves Saint Laurent todsicher *plündern* würde.

(oben links) Ein Jahr alt, 1948.

(oben rechts) Mit meiner Mutter
Sheila Dwight im Garten des
Hauses meiner Großmutter in
der Pinner Hill Road 55.

(rechts) Mit Mum und meinem
Großvater Fred Harris vor dem
Buckingham Palace, 1950.

Ich musste eine Melodie nur einmal hören,
und schon konnte ich sie perfekt nachspielen.

(links) Mein Vater und ich in einem der seltenen Momente, in denen er sich nicht über den verheerenden Einfluss von Little Richard auf meine seelische und moralische Entwicklung beschwerte.

(rechts) Ich, auffallend normal aussehend in der Pinner County Grammar School.

Bluesology, 1965: Ein Foto, das für die Partitur unserer Single »Come Back Baby« verwendet wurde, in dem irrsinnigen Glauben, dass irgendjemand außer Bluesology selbst es jemals singen würde.

(links) Der Bruder, den ich nie hatte: Bernie mit meinem Cousin Paul und meinem glücklicherweise kurzlebigen Schnurrbart. Hintere Reihe: Mum, Tante Win, Tante Mavis.

(rechts) Frome Court. Hier lebten Bernie und ich gemeinsam mit Mum und Dad in der Wohnung in der ersten Etage.

Im April 1969 vor meinem neuen Hillman Husky.

Während der Produktion des *Elton John*-Albums 1970 demonstriert der geniale Arrangeur Paul Buckmaster sein bemerkenswertes Stilbewusstsein.

Ein Promotion-Foto von Bernie und mir, aufgenommen im Sommer 1970, als das neue Album gerade mächtig Fahrt aufnahm.

Das Troubadour, 1970: Wäre es nach mir gegangen, hätte ich dort gar nicht erst gespielt, sondern wäre sofort eingeschnappt nach Hause gefahren.

Die Nacht, die alles verändert hat. In gelber Latzhose und Sternenmuster-T-Shirt auf der Bühne des Troubadour.

Mein Held: Leon Russell und ich 1970 in New York. Stellen Sie sich vor, wie dieses Gesicht Sie während des wichtigsten Konzerts Ihres Lebens permanent anstarrt.

Sharon und Beryl. John Reid und ich, jung und verliebt, 1972.

Von Bryan Forbes habe ich eine Menge über Kunst gelernt. Hier sieht man mich bei einer von vielen Entdeckungstouren durch seinen Buchladen in Virginia Water.

Mit Prinzessin Margaret und ihrem Ehemann Lord Snowdon backstage im Shaw Theatre.
Prinzessin Margaret lud die Band und mich zu einer denkwürdigen Dinnerparty ein.

Dee, ich, Davey und Nigel 1972 im Château d'Hérouville.
Man beachte meine Vorstellung von lockerer Aufnahmestudio-Garderobe.

FÜNF

1972 zogen John und ich von London nach Virginia Water in Surrey. Unsere Wohnung in Water Gardens tauschten wir gegen etwas Größeres ein. Wir kauften einen Bungalow mit drei Schlafzimmern, der einen eigenen Swimmingpool hatte und dessen Dachboden zum Freizeitraum mit Snookertisch ausgebaut worden war. In Anlehnung an meinen zweiten Vornamen nannte ich das Haus »Hercules«. Bernie und Maxine, die 1971 geheiratet hatten, bewohnten ein Haus in der Nähe; meine Mutter und Derf, die schließlich ebenfalls geheiratet hatten, zogen ans Ende unserer Straße und kümmerten sich um den Bungalow, wenn wir unterwegs waren. Diese Gegend von England wird Stockbroker Belt genannt, was nach langweiligen Vororten klingt, aber so war es keineswegs. Keith Moon wohnte zum Beispiel nur zehn Minuten von mir entfernt. Das verlieh dem Alltag natürlich eine gewisse Unberechenbarkeit. Keith war großartig, aber sein dauerhafter Konsum von Chemikalien hatte sein Zeitverständnis ziemlich durcheinandergebracht. Manchmal tauchte er vollkommen hinüber und ohne jede Ankündigung morgens um halb drei bei uns auf – üblicherweise mit Ringo Starr im Schlepptau, einem weiteren Nachbarn – und wirkte aufrichtig überrascht, dass er uns aus dem Bett geklingelt hatte. Oder er stand am ersten Weihnachtstag plötzlich ohne jede Warnung um sieben Uhr morgens in der Einfahrt, in einem offenen Rolls-Royce-Cabrio, aus dessen Autoradio die *Greatest Hits* von den Shadows dröhnten. »Hey, mein Lieber! Guck dir mal mein neues Auto an! Komm mit auf eine Spritztour! Nein, jetzt! Den Bademantel kannst du anlassen!«

Die interessanteste Person, die ich in Virginia Water kannte, hatte aber nichts mit dem Musikgeschäft zu tun. Ich traf Bryan Forbes, als ich die Buchhandlung betrat, die er in der Stadt besaß, um mich dort nach etwas zum Lesen umzusehen. Er kam zu mir herüber, stellte sich vor und sagte, dass er glaube, mich zu erkennen. Das war nicht ungewöhnlich – inzwischen trug ich meine extravagante Bühnengarderobe auch im normalen Leben. Zu meiner Version eines zwanglosen Aufzugs für einen kleinen Einkaufsbummel in einem Vorort in Surrey gehörten also ein grell-oranger Pelzmantel und ein Paar zwanzig Zentimeter hohe Plateaustiefel. Wie sich herausstellte, hatte er mich aber ganz und gar nicht erkannt: Im Lauf des Gesprächs wurde immer deutlicher, dass er mich für einen der Bee Gees hielt.

Nachdem einmal geklärt war, dass ich nicht zu den Gibb-Brüdern gehörte, verstanden wir uns prächtig. Bryan faszinierte mich. Er war Schauspieler gewesen und arbeitete nun als Drehbuchautor, Schriftsteller und Regisseur, später sollte er ein Filmstudio leiten. Er war mit der Schauspielerin Nanette Newman verheiratet, und die beiden schienen absolut jeden persönlich zu kennen. Hollywoodlegenden, Autoren, Fernsehstars.

Wenn ich in Amerika war und etwa meinen Wunsch formulierte, David Niven oder Groucho Marx zu treffen, konnte Bryan das arrangieren. So kam ich auch zu meinem Marx-Brothers-Poster mit der Aufschrift: »to John Elton from Marx Groucho«. Er konnte nicht verstehen, warum mein Name »falsch herum« geschrieben war, wie er es nannte. Lustigerweise dachte ich Jahre später an Groucho, als ich im Buckingham Palace zum Ritter geschlagen wurde, denn Lord Chamberlain stellte mich genau so der Queen vor: »Sir John Elton«.

An einem sommerlichen Sonntagnachmittag nahmen John und ich gerade vor dem Bungalow einen kleinen Snack zu uns, als wir eine etwa sechzigjährige Dame bemerkten, die unsere Einfahrt hochradelte und ein wenig aussah wie Katharine Hepburn. Nun, es war Katharine Hepburn. »Ich bin bei Bryan Forbes zu Besuch. Er hat gesagt, ich könne Ihren Pool benutzen.« John und ich waren ziemlich verdattert und nickten einfach nur. Fünf Minuten später tauchte sie im Badeanzug wieder auf und beschwerte sich darüber, dass ein toter Frosch im Pool schwamm. Als ich etwas unentschlossen über Möglichkeiten referierte, ihn herauszubekommen – ich bin in solchen Dingen ein bisschen zimperlich –, sprang sie kurzerhand ins Wasser und schnappte sich das tote Tier mit bloßen Händen. Ich fragte sie, wie sie es über sich bringen könne, so etwas anzufassen.

»Charakter, junger Mann«, antwortete sie mit einem strengen Nicken.

Wenn man bei den Forbes zum Mittagessen eingeladen war, konnte es vorkommen, dass man zwischen hinreißenden Leuten wie Peter Sellers und Dame Edith Evans saß oder feststellte, dass Queen Mum zu den Gästen gehörte. Bryan kannte die königliche Familie: Er war Vorsitzender des National Youth Theatre, und Prinzessin Margaret war dort Schirmherrin. Wie sich herausstellte, liebte Prinzessin Margaret Musik und befand sich gern in Gesellschaft von Musikern. Schließlich lud sie die Band und mich nach einem Konzert in der Royal Festival Hall zum Abendessen in den Kensington Palast ein, was ziemlich peinlich endete. Nicht wegen Prinzessin Margaret selbst – sie war wirklich sehr nett und freundlich zu allen –, sondern wegen ihres Ehemanns, Lord Snowdon.

Jeder wusste, dass die beiden Eheprobleme hatten, in der Presse gab es ständig Gerüchte über außereheliche Affären von beiden. Trotzdem hätte uns nichts auf das vorbereiten können, was bei seiner Ankunft passierte. Er stürmte in den Raum und schnauzte sie buchstäblich an: »Wo ist mein beschissenes Abendessen?« Sie hatten einen gewaltigen Krach, worauf sie den Raum fluchtartig und in Tränen aufgelöst verließ. Die Band und ich saßen einfach nur da, fassungslos und ohne jede Ahnung, was wir tun sollten. Das Leben als Teil der Elton-John-Band kann mitunter recht bizarr sein. Andere Bands entspannen sich nach einem Konzert, indem sie einen Joint rauchen, Groupies aufreißen oder Hotelzimmer verwüsten. Wir sehen zu, wenn Prinzessin Margaret und Lord Snowdon einander anschreien.

Bryan verfügte aber nicht nur über einen großen Freundeskreis, sondern auch über ein gewaltiges Wissen. Er war der geborene Lehrer, geduldig und großzügig im Umgang mit seiner Zeit, überaus kultiviert und von mondänem Geschmack. Dabei war er jedoch alles andere als ein Snob, sondern vielmehr darauf bedacht, anderen die Dinge näher zu bringen, die er liebte. Er führte mich in die Welt der Kunst ein, unter seinem Einfluss begann ich zu sammeln. Zunächst vor allem Jugendstil- und Art-déco-Poster, die in den frühen Siebzigern schwer in Mode waren (Rod Stewart sammelte sie ebenfalls), dann surrealistische

Maler wie Paul Wunderlich. Ich begann, Tiffany-Lampen und Bugatti-Möbel zu kaufen. Bryan weckte mein Interesse am Theater und empfahl mir Bücher. Wir wurden sehr enge Freunde und fuhren oft gemeinsam in den Urlaub: John und ich, Bryan, Nanette und ihre Töchter Emma und Sarah. Dann mieteten wir einen Monat lang ein Haus in Kalifornien, in dem uns regelmäßig Freunde besuchten.

Nanette erwies sich als vorzügliche Komplizin beim Shoppen, was ich sehr zu schätzen gelernt hatte, als ich anfing, ein bisschen Geld zu verdienen. Obwohl das eigentlich nur die halbe Wahrheit ist. Ich bin immer schon mit Begeisterung einkaufen gegangen, schon als Kind. Wenn ich über meine Kindheit in Pinner nachdenke, fallen mir zuerst die Geschäfte ein. Die bunten Baumwollknäuel in dem Laden, wo meine Großmutter ihre Strickutensilien kaufte, der Geruch frischer Erdnüsse bei Woolworths, das Sägemehl auf dem Boden von Sainsbury's, wo Tante Win an der Buttertheke arbeitete. Ich weiß nicht warum, aber irgendetwas an dieser Welt faszinierte mich. Ich habe es immer schon geliebt, Dinge zu sammeln oder Geschenke für andere Leute zu kaufen, mehr noch als selbst welche zu bekommen. Als kleiner Junge liebte ich Weihnachten vor allem, weil ich mir dann überlegen konnte, was ich den anderen schenken würde: Aftershave für meinen Vater, einen Regenhut für Großmutter und für meine Mutter vielleicht eine Vase aus dem Kiosk bei der U-Bahn-Haltestelle Baker Street, an dem ich auf meinem Weg zur Royal Academy of Music immer vorbeikam.

Natürlich erlaubte es mir mein Erfolg, diese Leidenschaft jetzt auf einem etwas anderen Niveau zu zelebrieren. Wenn wir aus L.A. zurückkamen, hatten wir stets so viel Zeug dabei, dass die Zusatzgebühren für das aufgegebene Gepäck so viel kosteten wie der Flug selbst. Als mir einmal zu Ohren kam, meine

Tante Win sei deprimiert, ließ ich ihr ein neues Auto schicken, um sie ein bisschen aufzuheitern. Im Lauf der Jahre hatte ich immer wieder Therapeuten, die das als zwanghaftes Suchtverhalten beschrieben oder die Meinung vertraten, ich wolle die Aufmerksamkeit der Menschen mit Geschenken erkaufen. Bei allem Respekt gegenüber den Angehörigen des psychiatrischen Berufstandes, die derartige Dinge zu mir gesagt haben, bin ich dennoch geneigt, das für eine riesengroße Ladung gequirlte Scheiße zu halten. Ich bin nicht daran interessiert, die Aufmerksamkeit anderer zu erkaufen. Es bereitet mir einfach nur große Freude, Leute wissen zu lassen, dass ich an sie denke. Ich liebe es, in die Gesichter von Menschen zu sehen, denen ich etwas Gutes getan habe.

Ich brauche keine Therapeuten, die mir erzählen, dass materieller Besitz kein Ersatz für Liebe oder persönliches Glück ist. Ich habe genug einsame, miese Nächte in Häusern verbracht, die bis zum Rand mit schönen Dingen gefüllt waren, um diese Erkenntnis bereits vor langer Zeit selber gewonnen zu haben. Und ich würde definitiv niemandem empfehlen, etwa in der depressiven Phase nach einem dreitägigen Kokaingelage shoppen zu gehen, es sei denn, man will am nächsten Tag neben einem ganzen Haufen von Taschen aufwachen, die bis zum Rand mit absolutem Schrott gefüllt sind, an dessen Einkauf man sich überhaupt nicht mehr erinnern kann. Oder, wie in meinem Fall, am Morgen danach von einem Anruf geweckt werden, der einen darüber informiert, dass man eine Straßenbahn gekauft hat. Keine Spielzeugstraßenbahn. Eine richtige. Eine Melbourne-Straßenbahn der Klasse W2 mit offener Mittelsektion, die nun von Australien nach Großbritannien verschifft werden muss, wo sie wiederum nur mittels zweier Chinook-Transporthubschrauber angeliefert werden kann.

Ich wäre also der Erste, der zugeben würde, dass ich bereits einige reichlich unbesonnene Entscheidungen mit der Kreditkarte in der Hand getroffen habe. Ich hätte mich eventuell auch ohne eine Straßenbahn in meinem Garten irgendwie durchs Leben kämpfen können. Dasselbe gilt für jenes lebensgroße Tyrannosaurus-Rex-Modell aus Fieberglas, das ich am Ende einer langen Nacht von Ringo Starr übernahm. Ringo versuchte damals gerade sein Haus zu verkaufen, und die Präsenz eines Tyrannosaurus Rex im Garten stellte für potenzielle Käufer eine minimale Hürde dar. Aber solange ich denken kann, empfand ich das Sammeln von Dingen auf seltsame Weise als beruhigend. Ich habe es stets genossen, mehr über diese Dinge zu lernen, indem ich sie sammelte, egal ob Platten, Fotografien, Kleidung oder Kunst. Und daran hat sich auch nie etwas geändert, egal was sonst gerade in meinem Leben passierte. Ich empfand es als beruhigend und erfreulich, wenn ich einsam und antriebslos war, und wenn ich mich geliebt, glücklich und zufrieden fühlte, empfand ich es ebenfalls als beruhigend und erfreulich. So geht es vielen Menschen, die Welt steckt voller Modelleisenbahn-Enthusiasten, Briefmarkensammler und Vinylexperten. Ich habe einfach nur das Glück, genug Geld zu haben, um meine Leidenschaft etwas weiter zu treiben als die meisten anderen Menschen. Ich habe hart für dieses Geld gearbeitet, und wenn die Leute der Meinung sind, die Art, wie ich es ausgebe, sei maßlos oder lächerlich, dann ist das deren Problem. Ich fühle mich diesbezüglich in keiner Weise schuldig. Sollte es sich dabei um eine Sucht handeln, nun ja, ich war über die Jahre schon von weitaus schädlicheren Dingen abhängig als davon, Tafelgeschirr und Kunst zu kaufen. Es macht mich glücklich. Wissen Sie, in meinem Haus in Alabama gibt es ein Badezimmer, in dem tausend Duftkerzen stehen. Ich nehme an, das ist ein bisschen viel des Guten. Aber ich garantiere Ihnen: Es ist das am besten riechende Badezimmer, in dem Sie jemals waren.

Meine Shoppinggewohnheiten waren nicht das Einzige, was ein bisschen aus dem Ruder lief. Alles wurde immer größer, lauter, ausschweifender. Bernie und ich hatten »Rocket Man« eigentlich nicht als große Hitsingle angelegt. Wir betrachteten uns eher als Albumkünstler. Aber genau das wurde sie dann irgendwie doch. Der Song stieg in Großbritannien auf die Nummer zwei und war damit erfolgreicher als all unsere bisherigen Singles. In den USA gab es sogar Dreifach-Platin. Wir stießen in ganz andere kommerzielle Regionen vor, und durch den Erfolg des Songs veränderte sich auch unser Publikum. In den ersten Reihen der Konzerte und vor den Backstage-Eingängen tauchten plötzlich kreischende Mädchen auf, die sich am Auto festklammerten, wenn wir wegfahren wollten. Es fühlte sich sonderbar an, so als hätten sie eigentlich die Osmonds oder David Cassidy sehen wollen, seien dann aber versehentlich falsch abgebogen und bei uns gelandet.

Ich arbeitete hart, vielleicht zu hart, aber es schien so, als gäbe es ein unaufhaltsames Momentum, das mich immer weiter trug und das mich Rückschläge jeder Art überstehen ließ. Im Sommer 1972 erkrankte ich an Pfeifferschem Drüsenfieber, unmittelbar bevor wir ins Studio gingen, um *Don't Shoot Me, I'm Only the Piano Player* aufzunehmen. Ich hätte die Sessions absagen sollen, um mich zu erholen. Stattdessen fuhr ich einfach ins Château d'Hérouville und kämpfte mich angetrieben von Adrenalin durch die Aufnahmen. Wenn man das Album hört, würde man nie auf die Idee kommen, dass ich krank war. Der Typ, der »Daniel« und »Crocodile Rock« singt, klingt nicht so, als ginge es ihm schlecht. Einige Wochen nachdem wir fertig waren, ging ich wieder auf Tour. Ich gab mir bei den Liveshows alle Mühe, sie immer noch krasser und außergewöhnlicher zu gestalten. Inzwischen beschäftigte ich außerdem professionelle Kostümdesigner – zuerst Annie Reavey, dann Bill Whitten und Bob Mackie – und stachelte sie an, zu machen, was immer sie wollten. Egal wie verrückt es war. Mehr Federn und Pailletten, knalligere Farben, höhere Plateausohlen. Du hast ein Outfit mit bunten Kugeln entworfen, die an neonfarbenen Gummibändern befestigt sind? Wie viele Kugeln? Warum nimmst du nicht noch ein paar mehr? Weil ich dann nicht mehr Klavier spielen kann? Lass das meine Sorge sein.

Dann hatte ich die Idee, »Legs« Larry Smith, der bei der Bonzo Dog Doo-Dah Band gespielt hatte, mit auf Tour zu nehmen. Legs spielte Schlagzeug, und sein anderes großes Talent war der Stepptanz. Als wir *Honky Château* aufnahmen, holten wir ihn ins Studio und ließen ihn zu dem Song »I Think I'm Going to Kill Myself« steppen. Und jetzt tat er das eben auch auf der Bühne. Mit der Zeit wurde sein Auftritt immer kunstvoller. Legs kam mit einem Sturzhelm und der gewaltigen Schleppe eines Hochzeitskleids auf die Bühne. Dann begann er, mit zwei Kleinwüchsigen aufzutreten, die als US-Marines verkleidet waren, während Konfetti von der Decke rieselte. Als Nächstes entwickelte er eine Nummer, in der wir beide zusammen eine Szene aus *Singing in the Rain* nachspielten, komplett mit Dialog. Larry lehnte sich an mein Klavier und seufzte in meine Richtung: »Ach, Elton, ich wünschte, ich könnte spielen wie du. Ich wette, du kriegst sämtliche Typen ab.« Wie üblich zuckte niemand auch nur mit der Wimper.

Ich nahm Larry sogar mit, als ich gebeten wurde, bei der *Royal Variety Performance* aufzutreten, was einen gewaltigen Aufruhr verursachte. Bernard Delfont, der die Show organisierte, wollte komischerweise keinen Mann haben, der mit Braut-schleppe und Sturzhelm vor den Augen der Queen Mum einen Stepptanz aufführte. Ich empfahl ihm, sich zu verpissen, und teilte ihm mit, dass ich auf keinen Fall kommen würde, sollte Larry nicht auch dabei sein, und er gab tatsächlich nach. Meiner Meinung nach war es der Höhepunkt des Abends, vielleicht mal abgesehen von der Tatsache, dass ich mir die Garderobe mit Liberace teilte. Dass ich einige Jahre vorher nicht bei seiner Performance im London Palladium erschienen war, hatte er entweder vergessen oder mir vergeben. Er war einfach nur göttlich, wie eine lebendige Verkörperung des Showgeschäfts. Er brachte kofferweise Kleidung mit. Ich dachte, ich sähe bereits ziemlich ungeheuerlich aus – ich trug einen bunten Lurex-Nadelstreifenanzug mit dazu passenden Plateauschuhen und Zylinder –, aber im Vergleich zu seiner Hälfte der Garderobe erinnerte meine Seite eher an eine besonders schäbige Ecke bei Marks & Spencer. Einer seiner Anzüge war mit kleinen Glüh-birnen bedeckt, die leuchteten, wenn er am Klavier saß. Er gab mir ein Autogramm (seine Unterschrift war der Form eines Kla-viers nachempfunden) und erzählte dann den ganzen Nach-mittag lang mit unfassbar affektiertem Tonfall eine fantastische Geschichte nach der anderen. So war beispielsweise im vergan-genen Monat der Antrieb des hydraulischen Podests, das ihn auf die Bühne hob, während der Showeröffnung auf halbem Weg ausgefallen. Der Showprofi setzte seinen Auftritt jedoch fort, völlig unbeirrt von der Tatsache, dass das Publikum vier-zig Minuten lang nur seinen Kopf zu sehen bekam.

Auch mir wurde es immer wichtiger, zur Eröffnung meiner Konzerte einen großen Auftritt hinzulegen, denn das war der einzige Moment, an dem ich nicht an das Klavier gefesselt war. Der Höhepunkt diesbezüglich war erreicht, als wir 1973 in der

Hollywood Bowl spielten. Auf der Bühne hing ein riesiges Bild von mir in Frack und Zylinder, umgeben von Tänzerinnen. Als Erstes kam Tony King auf die Bühne und sagte Linda Lovelace an, zu dieser Zeit der größte Pornostar der Welt. Dann schritt eine Reihe von illustren Figuren eine illuminierte, mit Palmen flankierte Treppe im hinteren Teil der Bühne herab: die Queen, Batman und Robin, Frankensteins Monster und der Papst. Zum Schluss erschien ich zum Klang der Twentieth-Century-Fox-Fanfare und trug das, was ich das Unfassbare Käse-Stroh-Outfit nannte. Es war komplett mit weißen Marabufedern bedeckt, dazu trug ich einen passenden Hut. Während ich hinabstieg, sprangen die Deckel von fünf Konzertflügeln auf, und auf jedem von ihnen war ein Buchstabe des Wortes ELTON zu sehen.

Für alle, denen das zu subtil und dezent war, sollten an dieser Stelle eigentlich vierhundert weiße Tauben aus den Konzertflügeln emporsteigen. Ich habe keine Ahnung, ob sie eingeschlafen oder zu ängstlich waren, aber keine einzige von ihnen erschien. Als ich auf den für mich bestimmten Flügel sprang, leistete John Reid mir unerwartete Gesellschaft auf der Bühne. Seinem wütenden Gesichtsausdruck nach zu urteilen, empfand er die Panne mit den Tauben offenbar als persönliche Beleidigung, als vorsätzlichen Versuch, seine Autorität als Manager infrage zu stellen. Außerdem ein recht verlegen wirkender Bernie, der von einem Klavier zum nächsten rannte, verzweifelt nach Tauben schnappte und sie in die Luft warf.

Tanznummern, Marabufedern, Konzertflügel, aus denen Tauben aufstiegen (oder eben nicht) und auf deren Deckeln mein Name stand – die Band mochte derartige Sperenzchen nicht besonders und Bernie ebenso wenig. Er fand, das lenke die Aufmerksamkeit von der Musik ab. Ich hingegen war davon überzeugt, mich auf diese Art in eine Persönlichkeit zu verwandeln, die die Rockmusik noch nicht gesehen hatte. Und außerdem machte es mir Spaß. Wir hatten wegen der ganzen Geschichte immer wieder völlig absurde Meinungsverschiedenheiten. So verrannte sich das größte Songschreibergespann der Dekade etwa im Backstage-Bereich des Santa Monica Civic in einen Streit, bei dem es nicht um Geld oder die musikalische Ausrichtung ging, sondern um die Frage, ob es eine gute Idee von mir war, mit einer leuchtenden, vor meinem Schwanz baumelnden Weihnachtsmannfigur auf die Bühne zu stolzieren. Manchmal hatte Bernie nicht ganz unrecht. Die Kostüme hatten tatsächlich ganz konkrete Auswirkungen auf die Musik. Einmal trug ich zum Beispiel eine Brille in der Form des ELTON-Schriftzugs, die überall mit kleinen Leuchten bedeckt war. Die kombinierte Last der Brille und der Batterie, die die Leuchten antrieb, drückte mir die Nasenlöcher zu, sodass meine Stimme klang, als würde ich mir beim Singen die Nase zuhalten. Fairerweise muss man sagen, dass dadurch die emotionale Wirkung seiner liebevoll geschriebenen Texte eventuell ein wenig geschwächt wurde.

Die Hollywood-Bowl-Show war ein riesiges Event, eine Art Launch für mein nächstes Album, *Goodbye Yellow Brick Road*. Für meine Verhältnisse war die Produktion des Albums eine einzige Qual. Wir hatten uns für die Dynamic Sound Studios in Kingston, Jamaika entschieden. Zu dieser Zeit war es ziemlich angesagt, an einem etwas exotischeren Ort als Europa aufzunehmen. Und Dynamic Sounds war für uns eine naheliegende Wahl. Bob Marley hatte dort gearbeitet. Cat Stevens ebenfalls. Die Rolling Stones hatten dort *Goats Head Soup* aufgenommen. Als wir ankamen, stellten wir fest, dass es neben dem Studio ein Presswerk gab, das gerade bestreikt wurde. Sobald wir mit unserem Van, der uns vom Hotel zum Studio fuhr, anhielten, öffneten die Streikenden die Fenster des Wagens und attackierten uns mit zerstoßenem Fieberglas aus Blasrohren. Im Studio selbst funktionierte dann nichts. Und fragte man nach einem anderen Mikrofon, dann hieß es:»Wir könnten eins besorgen ... vielleicht so in drei Tagen?« Es war hoffnungslos. Ich habe nicht die geringste Ahnung, wie die Rolling Stones dort ein Album aufgenommen haben. Vielleicht war Keith so dicht, dass sich drei Tage für ihn anfühlten wie zwanzig Minuten.

Schließlich gaben wir auf, fuhren zurück zum Hotel und buchten per Telefon das Château d'Hérouville. Während wir auf unseren Flug warteten, saß die Band am Pool und versuchte einen neuen Weltrekord im Konsum von Marihuana aufzustellen. Als wir dann im Château ankamen, hatten wir so viele Songs, dass *Goodbye Yellow Brick Road* schließlich ein Doppelalbum wurde. Nachdem es erschienen war, ging es auf eine Art und Weise durch die Decke, mit der keiner von uns gerechnet hatte. In mancher Hinsicht ist es eine ziemlich düstere Platte. Songs über Traurigkeit und Desillusionierung, über Alkoholiker, Prostituierte und Mörder, ein Stück über eine sechzehnjährige Lesbe, die am Ende in einer U-Bahn stirbt. Aber es verkaufte und verkaufte und verkaufte sich – so gut, dass ich am Ende gar nicht mehr sagen konnte, wer diese Käufer waren. Das ist nicht nur so dahingesagt: Ich hatte wirklich keine Ahnung, was für Leute das Album kauften. Die amerikanische Plattenfirma drängte mich,»Bennie and the Jets« als Single zu veröffentlichen. Ich versuchte, mich ihnen mit Händen und Füßen zu widersetzen. Es ist ein ziemlich sonderbarer Song, er klingt anders als alles andere, was ich gemacht habe, er ist fünf Minuten lang, warum also nehmen wir nicht einfach »Candle in the Wind«, wie wir es bereits in Großbritannien gemacht haben? Dann erzählten sie mir, dass der Song von sämtlichen schwarzen

Radiosendern in Detroit gespielt würde. Als sie ihn veröffentlichten, schoss er an die Spitze der Billboard Soul Charts. Vollkommen surreal, meinen Namen neben den Singles von Eddie Kendricks, Gladys Knight und Barry White zu sehen. Ich war nicht der erste weiße Künstler, der das erreicht hatte, aber mit einiger Sicherheit kann ich behaupten, dass ich der erste aus Pinner war.

Inzwischen war ich so erfolgreich, dass ich Amerika mit dem Starship bereiste, einer alten Boeing 720, die zu einem opulenten fliegenden Tourbus für die Rock'n'Roll-Elite der Siebziger umgebaut worden war. Es gab abenteuerliche Geschichten über die Partys, die Led Zeppelin dort gefeiert hatten. Ich machte mir allerdings weniger Gedanken darüber, was sie im Inneren der Maschine getrieben haben könnten. Mir reichte vollkommen, was sie außen angerichtet hatten. Das Ding war lila und gold lackiert. Es sah aus wie eine riesige Schachtel Milk-Tray-Pralinen mit Flügeln. Aber das war kein Problem, wir konnten es nach unseren Wünschen neu bemalen lassen. Wir entschieden uns für eine Kombination aus Rot und Schwarz mit weißen Sternen. Deutlich geschmackvoller.

Im Inneren des Starship gab es eine Bar mit einem langen Spiegel dahinter, die mit orangefarbener und goldener Folie dekoriert war, außerdem eine Orgel, Esstische, Sofas und einen Fernseher mit Videorekorder, auf dem meine Mutter unbedingt *Deep Throat* sehen wollte (»Alle reden darüber, oder? Was ist schon groß dabei?«), während sie ihr Mittagessen zu sich nahm. Led Zeppelin mögen eine Menge krasse Nummern in diesem Flugzeug abgezogen haben, aber ich bin mir ziemlich sicher, dass sie sich niemals eine Stunde lang über eine Dame mittleren Alters und ihre entsetzten Schreie amüsiert haben, während Linda Lovelace ihre Nummer abzog: »O Gott, nein, was passiert jetzt? Oh! Ich kann da nicht hinsehen! Wie macht sie das nur?«

Im hinteren Teil gab es ein Schlafzimmer mit Dusche, Nachtschränken aus Plexiglas und einem künstlichen Kamin. Man konnte sich dort verkriechen und Sex haben. Oder schmollen, was ich eines Abends tat, als meine amerikanische Presseagentin Sharon Lawrence an die Tür klopfte und mich anflehte herauszukommen: »Komm zurück an die Bar, wir haben eine Überraschung für dich.« Ich sagte ihr, sie solle sich verpissen. Sie kam wieder zurück. Ich sagte, sie solle sich verpissen. Schließlich brach sie in Tränen aus (»Du musst an die Bar kommen! Du musst! Du musst!«), also öffnete ich wütend die Tür und tat, was sie von mir wollte. Garniert mit einem wütenden Schnaufen, verdrehten Augen und zornigen Tiraden in ihre Richtung. Als ich an die Bar kam, saß Stevie Wonder an der Orgel und begann, »Happy Birthday« zu spielen. Wären wir nicht in zwölftausend Metern Höhe geflogen, hätte ich gebetet, dass der Boden sich unter meinen Füßen öffnet und mich verschluckt.

Von außen betrachtet, wirkte alles perfekt. Die Tourneen wurden immer größer und spektakulärer, die Platten verkauften sich so gut, dass ich von Journalisten bereits als größter Popkünstler der Welt bezeichnet wurde. John hatte mein Management komplett übernommen. Der Vertrag, den er 1971 mit DJM unterzeichnet hatte, war ausgelaufen. Er hatte das Büro verlassen und seine eigene Managementagentur gegründet. Außerdem hatten wir gemeinsam mit Bernie und Gus Dudgeon eine Plattenfirma namens Rocket ins Leben gerufen. Nicht um meine Alben zu veröffentlichen, sondern um Nachwuchstalente zu fördern. Manchmal waren wir allerdings besser darin, neue Talente zu entdecken, als dann auch etwas aus ihnen zu machen. Wir schafften es beispielsweise nicht, einer Band namens

Longdancer zum Erfolg zu verhelfen, obwohl ihr Gitarrist, ein Teenager namens Dave Stewart, eindeutig eine besondere Gabe hatte – wie sich herausstellen sollte, als er Jahre später die Eurythmics gründete. Aber es gab auch Erfolge. So nahmen wir etwa Kiki Dee unter Vertrag, die John und ich seit Jahren kannten. Sie war die einzige weiße britische Künstlerin bei Motown gewesen, als John dort gearbeitet hatte. Seit den frühen Sechzigern hatte sie Singles veröffentlicht, aber nie einen Hit gehabt, bis wir ihre Version von »Amoureuse« veröffentlichten. Der Song von einer französischen Sängerin namens Véronique Sanson war im UK gefloppt. Tony King hatte ihn aber trotzdem zur Kenntnis genommen und dann Kiki vorgeschlagen.

Unter der Oberfläche entwickelten sich die Dinge allerdings in die falsche Richtung. Wir verbrachten die ersten paar Wochen des Jahres 1974 mit Aufnahmen auf der Caribou Ranch, einem Studio oben in den Rocky Mountains, das unserem neuen Album *Caribou* den Namen geben sollte. Es konnte ziemlich anstrengend sein, in dieser extremen Höhenlage zu singen, weswegen ich schließlich einen Tobsuchtsanfall bekam, als wir »Don't Let the Sun Go Down on Me« aufnahmen. Nachdem ich verkündet hatte, dass wir sofort aufhören sollten, an dem verhassten Song zu arbeiten, um ihn stattdessen unverzüglich Engelbert Humperdinck zu schicken (»Falls der ihn nicht braucht, soll er ihn Lulu geben! Sie kann ihn auf eine B-Seite packen!«), ließ ich mich dazu überreden, in die Gesangskabine zurückzukehren und die Aufnahme abzuschließen. Danach schrie ich Gus Dudgeon an, dass ich den Song jetzt sogar noch mehr hasste als vorher und ihn mit bloßen Händen umbringen würde, falls er ihn auf das Album brachte. Abgesehen davon war es toll im Caribou. Das Studio war wesentlich luxuriöser als das Château. Wir wohnten in wunderschönen, mit Antiquitäten ausgestatteten Blockhütten, das Bett, in dem ich schlief, hatte angeblich dem ehemaligen US-Präsidenten Grover Cleveland gehört. Es gab einen Filmvorführraum, und immer wieder kamen durchreisende Musiker auf einen Besuch vorbei. Nachdem er mir offenbar den Vorfall an Bord des Starship verziehen hatte, tauchte Stevie Wonder eines Tages mit einem gemieteten Schneemobil auf, das er unbedingt selbst fahren wollte. Um der nächsten Frage vorzugreifen: Nein, ich habe absolut keine Ahnung, wie es Stevie Wonder gelang, erfolgreich ein Schneemobil durch die Rocky Mountains von Colorado zu steuern, ohne dabei sich selbst oder jemand anderen umzubringen. Aber er hat es getan.

Eines Nachts wollten wir gerade Feierabend machen, als ich in einem Raum im hinteren Bereich des Studios John bemerkte, der mit irgendetwas auf dem Tisch herumfummelte. Ein Strohhalm und irgendein weißes Pulver. Ich wollte wissen, was das sei, und er antwortete, dass es sich um Kokain handle. Ich fragte ihn nach der Wirkung, und er antwortete: »Oh, es sorgt einfach dafür, dass du dich gut fühlst.« Also bat ich ihn, mir etwas davon zu geben. Nach meiner ersten Line musste ich würgen. Ich hasste das Gefühl tief in meiner Kehle, diese seltsame Mischung aus Taubheit von der Droge und staubiger Trockenheit von dem Dreck, mit dem das Koks gestreckt war. Ich wurde es nicht los, egal wie oft ich schluckte. Ich ging auf die Toilette und übergab mich. Und dann kam ich sofort zurück zu John ins Zimmer und fragte nach einer weiteren Line.

Was zur Hölle tat ich da? Ich probierte es, ich hasste es, es brachte mich zum Kotzen – hallo? Wir reden hier über Gottes Art, mir mitzuteilen, es besser bei diesem einen Versuch zu belassen. Eine deutlichere Warnung, dass es eine schlechte Idee war, ist kaum vorstellbar. Abgesehen von Feuer- und

Schwefelregen vielleicht. Warum also habe ich trotzdem weitergemacht? Nun, zum Teil deswegen, weil die Kotzerei die Wirkung des Kokains nicht beeinflusste und ich diese Wirkung mochte. Der plötzliche Anstieg von Selbstvertrauen und Euphorie, der Eindruck, mich auf einmal öffnen zu können und mich nicht mehr verlegen oder eingeschüchtert fühlen zu müssen, sondern mit absolut jedem Menschen sprechen zu können. Das war natürlich alles Schwachsinn. Ich platzte vor Energie, ich war neugierig, hatte einen Sinn für Humor und einen gewaltigen Wissensdurst. Ich brauchte keine Droge, um mit anderen Menschen reden zu können. Das Kokain gab mir eher mehr Selbstvertrauen, als gut für mich war. Wenn ich nicht bis zum Anschlag auf Koks gewesen wäre, als die Rolling Stones nach Colorado kamen und mich auf ihre Bühne baten, hätte ich vielleicht einfach nur »Honky Tonk Women« gespielt, ins Publikum gewinkt und wäre wieder gegangen. So aber entschied ich, gleich auf der Bühne zu bleiben und das komplette restliche Set mit ihnen zu jammen. Selbstverständlich ohne die Stones vorher zu fragen, ob sie einen zusätzlichen Keyboarder gebrauchen konnten. Eine Weile lang dachte ich, Keith Richards würde mich die ganze Zeit so anstarren, weil er von der Brillanz meiner improvisierten Beiträge zu ihrem Werk völlig überwältigt war. Nach einigen Songs kam mir allerdings die Erkenntnis, dass der Ausdruck in seinem Gesicht nicht einmal ansatzweise für tiefe musikalische Anerkennung sprach. Tatsächlich sah er eher aus wie jemand, der unmittelbar davor war, einem Musiker, der seine Gastfreundschaft über Gebühr in Anspruch genommen hatte, entsetzliche Gewalt zuzufügen. Ich sah schnell zu, dass ich mich verzog, während Keith mich weiterhin auf eine Weise ansah, die keinen Zweifel ließ, dass er die Sache unbedingt später noch ausgiebig »diskutieren« wollte. Auf der Aftershowparty tauchte ich dann folglich nicht auch noch auf.

Doch der Reiz des Kokains bestand nicht nur in dem guten Gefühl, das es mir gab. Kokain hatte ein ganz bestimmtes Gütesiegel. Es war angesagt und exklusiv. Es zu nehmen bedeutete, Teil einer exklusiven, elitären Clique zu sein, die sich gemeinsam einer geheimem, gefährlichen und exzentrischen Sache hingab. Erbärmlicherweise sprach mich das tatsächlich an. Ich war zwar erfolgreich und populär geworden, aber ich hatte mich nie cool gefühlt. Selbst bei Bluesology war ich immer der Nerd gewesen, der Typ, der nicht wie ein Popstar aussah, keine angesagten Klamotten trug, der seine ganze Zeit in Plattenläden verbrachte, während der Rest der Band ausging, um sich flachlegen zu lassen und Drogen zu nehmen. Und Kokain fühlte sich cool an. Die mit subtilen Codes versehenen Gespräche, um herauszufinden, wer etwas dabeihatte oder etwas wollte, wer ein Teil der Clique war und wer nicht, die konspirativen Besuche in den Toiletten von Clubs und Bars. Das war natürlich ebenfalls Schwachsinn. Ich war bereits ein Teil eines exklusiven Clubs. Seit dem Beginn meiner Solokarriere hatten mir andere Künstler nichts als Liebe und Freundlichkeit entgegengebracht. Von meiner ersten Minute in L.A. an hatten sich Musiker, die ich verehrte und schätzte, Leute, die zuvor nur mythische Namen auf Plattencovern gewesen waren, regelrecht überschlagen, mir ihre Freundschaft und Unterstützung anzubieten. Aber als der Erfolg endlich da war, ging alles so schnell, dass ich trotz des herzlichen Empfangs nicht anders konnte, als mich immer noch ein bisschen fremd zu fühlen. Als würde ich nicht dazugehören.

Wie sich herausstellte, entsprach es ganz und gar meiner Art, nach einer Line Koks gleich die nächste zu nehmen. Ich gehörte nie zu den Drogenabhängigen, die ohne eine Line nicht aus dem Bett kommen oder das Zeug jeden Tag nehmen müssen. Aber wenn ich einmal angefangen hatte, konnte ich nicht mehr aufhören, bis ich vollständig sicher war, dass absolut kein Kokain mehr zur Verfügung stand. Mir wurde schnell klar, dass ich jemand anders – einen persönlichen Assistenten oder einen Roadie – beauftragen musste, mein Koks aufzubewahren. Nicht weil ich zu fein oder zu ängstlich war, um das Zeug selbst zu bunkern, sondern weil bereits zum Nachmittagstee nichts mehr davon übrig gewesen wäre, wenn man mir die Kokainvorräte für den Abend überlassen hätte. Meine Gier danach war unfassbar – jedenfalls reichte sie aus, um in den Kreisen, in denen ich mich bewegte, aufzufallen. In Anbetracht der Tatsache, dass ich ein Rockstar war, der eine Menge Zeit im L.A. der Siebzigerjahre verbrachte, war das eine nicht zu unterschätzende Meisterleistung. Auch hier denken Sie vielleicht, ich hätte das entsprechende Gerede zum Anlass für eine Denkpause nehmen können. Und ich fürchte, in den nächsten sechzehn Jahren gab es haufenweise weitere Anlässe, die jeden rational denkenden Menschen zu einer kritischen Auseinandersetzung mit dem eigenen Drogenkonsum bewogen hätten. Aber genau das war das Problem: Durch das Kokain war ich kein rational denkender Mensch mehr. Man kann sich selbst sagen, es sei alles in Ordnung, solange der Drogenkonsum keine Auswirkungen auf die Karriere hat. Aber man kann unmöglich derartige Mengen von Kokain nehmen und weiterhin gesund und strukturiert denken. Man wird unzumutbar und verantwortungslos, egozentrisch, lebt nach seinen eigenen Gesetzen. Entweder so oder gar nicht. Es ist eine schreckliche Drecksdroge.

Ich hatte die schlimmste Entscheidung meines Lebens getroffen, aber das war mir damals noch nicht klar. Ganz im

Gegensatz zu meinen Problemen mit John, die immer offensichtlicher wurden. Ich erwähnte bereits, dass ich unvorstellbar naiv in Bezug auf schwule Beziehungen war. Mir war zum Beispiel nicht klar, dass es für John vollkommen in Ordnung war, hinter meinem Rücken Sex mit anderen Leuten zu haben. Bei schwulen Paaren sind offene Beziehungen weitaus üblicher als in heterosexuellen Partnerschaften, aber ich wollte so nicht leben. Ich war verliebt. Als ihm das klar wurde, hielt ihn das allerdings nicht davon ab, weiterhin promiskuitiv zu leben. Es machte ihn diesbezüglich einfach nur unehrlich. Das führte zu einigen ziemlich erniedrigenden Szenen. Einmal verschwand John während einer Party im Haus des Regisseurs John Schlesinger in L.A. einfach. Ich machte mich auf die Suche nach ihm und fand ihn im Obergeschoss mit jemandem im Bett. Ein anderes Mal rief meine Mutter mich während einer Tournee an und sagte, sie sei an unserem Haus in Virginia Water vorbeigekommen und habe festgestellt, dass John dort in meiner Abwesenheit eine Sexparty organisierte. Ich konfrontierte ihn mit diesen Dingen, dann gab es jedes Mal einen Riesenstreit, und wir beruhigten uns wieder. Dann zog er los und tat genau das Gleiche noch mal. Oder schlimmer noch, er kam mit einer neuen Strategie fürs Fremdgehen um die Ecke, die mich sogar noch hysterischer machte. Einmal fand ich heraus, dass er auf einer Filmpremiere eine bekannte Fernsehschauspielerin abgeschleppt hatte, mit der er dann eine Affäre begann. Mit *ihr*. Jetzt fickte er also auch noch Frauen. Was sollte ich angesichts dieser ganz speziellen Entwicklung in unserer Partnerschaft nur tun?

So ging es weiter und weiter und weiter, und es war erbärmlich. Ich verbrachte sehr viel zeit mit Heulen, aber dadurch änderte sich absolut gar nichts. Warum also habe ich ihn nicht verlassen? Zum Teil, weil ich ihn liebte. Ich hatte mich Hals über

Kopf in John verliebt, und wenn man so viel für jemanden empfindet, der einen betrügt, findet man ständig Entschuldigungen für sein Verhalten. Wieder und wieder macht man sich vor, dass der andere es diesmal wirklich ernst meint und von nun an alles gut wird. Und auf seine eigene Weise hat John mich wirklich geliebt. Er war nur vollkommen unfähig, seinen Schwanz in der Hose zu lassen, sobald er sich selbst überlassen war.

Ich blieb außerdem bei ihm, weil ich Angst vor ihm hatte. John hatte ein Temperament, das leicht ins Gewalttätige umschwenken konnte, besonders wenn er getrunken oder Koks genommen hatte. Manchmal waren seine Wutausbrüche unfreiwillig komisch. Wenn ich im Rocket-Büro anrief und darum bat, mit ihm zu sprechen, hieß es dann: »Oh, er ist nicht da. Er ist durchgedreht und hat versucht, eine elektrische Schreibmaschine die Treppen runterzuschmeißen. Das Kabel steckte allerdings noch in der Wand, also hat das nicht so richtig funktioniert. Was ihn nur noch wütender gemacht hat, also hat er alle Angestellten gefeuert und ist aus dem Büro gestürmt. Wir fragen uns jetzt gerade, ob wir nach Hause gehen sollen oder nicht.« Meistens waren diese Ausbrüche allerdings nicht besonders lustig. Ich war dabei, als John auf einer Party, die von Rod Stewarts Manager Billy Gaff gegeben wurde, einen anderen Gast mit einem zerbrochenen Glas bedrohte. Er schlug einen Portier vor der Tür eines Hotels in San Francisco. Zur Veröffentlichung von *Goodbye Yellow Brick Road* prügelte er in einem Raum voller Journalisten auf einen Tontechniker ein. Als wir 1974 durch Neuseeland tourten, warf er dem örtlichen Promoter der Plattenfirma ein gefülltes Weinglas ins Gesicht, weil auf der Party, die sie zu meinen Ehren schmissen, der Whisky ausgegangen war. Als die Reporterin einer lokalen Tageszeitung intervenieren wollte, schlug er ihr ins Gesicht. Später in der gleichen Nacht, auf einer anderen Party, geriet ich mit einem Lokaljournalisten in einen Streit über den Zwischenfall, den ich selbst gar nicht mitbekommen hatte. John kam herangerast, schlug den Mann zu Boden und traktierte ihn mit Tritten.

Am nächsten Morgen wurden wir beide verhaftet und wegen Körperverletzung angeklagt. Ich wurde gegen eine Zahlung von fünfzig Dollar freigesprochen, bezahlte und verließ Neuseeland so schnell wie möglich. Ich flog ohne John nach Hause, dessen Kautionsantrag man abgelehnt hatte und der schließlich zu einer achtundzwanzigtägigen Strafe im Mount Eden Gefängnis verurteilt wurde. Sein Verhalten war vollkommen inakzeptabel. Aber es war eine Ära, in der die Grenze zwischen harten Rockmanagern und Schlägertypen bisweilen verschwamm – man denke nur an Peter Grant und Led Zeppelin. Als ich eines Abends auf seinen wöchentlichen Anruf aus dem Gefängnis wartete, gelang es mir irgendwie, eine Version der Geschehnisse in meinem Kopf zu konstruieren, in der er der Geschädigte war. In dieser Version hatte er mich nur verteidigen wollen, nachdem die Journalistin ihn angeblich als Schwuchtel bezeichnet hatte, bevor er sie schlug. Als ob das irgendetwas rechtfertigen würde.

Ich kam erst zur Besinnung, als John *mich* schlug. Es passierte während einer schrillen Kostümparty, die wir im Hercules gaben. Ich weiß nicht einmal mehr, worüber wir an jenem Abend stritten, vielleicht über Johns letzten Eintrag in seinen endlosen Fremdgehkatalog. Aber es begann bereits, bevor die ersten Gäste kamen, und wurde zunehmend erhitzter. Es wurde geschrien, Türen wurden geknallt, und ein wunderschöner Art-déco-Spiegel, den Charlie Watts von den Rolling Stones uns geschenkt hatte, ging zu Bruch. Dann zerrte John mich ins Bad und schlug mir hart mit der Faust ins Gesicht. Ich war so geschockt, dass ich nicht zurückschlug. Er stürmte hinaus, und ich warf einen Blick in den Spiegel. Meine Nase blutete. Ich wusch mich, und die Party ging weiter, als wäre nichts geschehen. Alle hatten eine großartige Zeit – Derf ging als Dragqueen, Tony King war von oben bis unten mit goldener Farbe angemalt, wie Shirley Eaton in *Goldfinger*. Aber es war eben doch etwas geschehen, und für mich fühlte es sich an, als sei ein Schalter endgültig umgelegt worden. Ich konnte Johns Verhalten nicht mehr länger entschuldigen. Ich konnte nicht mit jemandem zusammenbleiben, der mich geschlagen hatte.

Ich hatte absolut nicht den Eindruck, dass John die Trennung akzeptierte. Selbst nachdem er in ein Haus am Montpelier Place in Knightsbridge gezogen war und ich Mum und Derf gebeten hatte, mich bei der Suche nach einem geeigneten neuen Wohnort für mich zu unterstützen – ich hatte wirklich keine Zeit, mich selbst auf die Suche nach einem Haus zu machen –, hatte ich das Gefühl, dass er mich immer noch liebte. Aber ich wollte ihn nicht zurück. Zwar wollte ich ihn gern als Manager behalten, aber alle anderen Aspekte unserer Beziehung veränderten sich. Das Kräfteverhältnis ebenfalls. Bis zu diesem Zeitpunkt war er der dominante Partner gewesen, aber nachdem wir kein Paar mehr waren, wurde ich selbstbewusster und durchsetzungsstärker. Er begann, auch andere Künstler als Manager zu betreuen, nicht nur Musiker, sondern auch Comedians wie Billy Connolly und Barry Humphries, aber unsere Geschäftsbeziehung funktionierte weiterhin, weil ich wusste, wie raffiniert er war und dass er ein fantastisches Gespür für Musik hatte. Eines Morgens wollte er mir in unserem Büro in der Audley Street etwas von einem seiner neuen Klienten vorspielen. Seiner Meinung nach würde das Stück ein riesiger Welthit werden. Wir hörten uns also den Song an, und ich schüttelte fassungslos den Kopf.

»Du hast nicht wirklich vor, das zu veröffentlichen, oder?«
Er runzelte die Stirn. »Was stimmt damit nicht?«

»Nun, zunächst ist es ungefähr drei Stunden lang. Außerdem ist es die tuntigste Nummer, die ich in meinem ganzen Leben gehört habe. Und nicht zuletzt ist der Titel absolut lächerlich.«

John war vollkommen unbeeindruckt. »Jetzt hör mir mal zu«, sagte er, während er die Testpressung von »Bohemian Rhapsody« vom Plattenspieler nahm. »Das hier wird eine der größten Singles aller Zeiten.«

Und auch wenn ich den berühmtesten aller Queen-Songs beim ersten Hören nicht zu würdigen wusste – Freddie Mercury begriff ich auf Anhieb. Und von dem Moment an, als ich ihn zum ersten Mal traf, liebte ich ihn. Wie bei mir üblich, gab ich ihm sofort einen Drag-Namen: Melina, nach der griechischen Schauspielerin Melina Mercouri. Er war einfach großartig. Unfassbar klug und abenteuerlustig. Liebenswürdig, großzügig und aufmerksam, aber auch unerhört witzig. Mein Gott, wenn man mit ihm und Tony King – sie waren gut befreundet – durch die Clubs zog, kam man die ganze Nacht nicht aus dem Lachen heraus. Niemand wurde verschont, selbst die anderen Queen-Mitglieder nicht: »Hast du die Gitarristin gesehen, Darling? Mrs. May? Hast du gesehen, was sie auf der Bühne trägt? Clogs! Beschissene Clogs! Wie konnte es nur so weit kommen, dass ich mit jemandem auf der Bühne stehe, der verfickte Clogs trägt?«

Michael Jackson bekam ebenfalls sein Fett ab. Freddie nannte ihn Mahalia, ein Name, den Michael vermutlich nicht annähernd so witzig fand wie Freddie selbst. Er hatte Freddies Zorn erregt, als er versuchte, ihn für seinen Privatzoo zu begeistern. Freddie hatte die Geschichte dann zu einem meisterhaft erzählten Vortrag ausgebaut, der es mühelos mit allem aufnehmen konnte, was er auf der Bühne von sich gab: »O Darling! Dieses grauenhafte Lama! Ich nehme den weiten Weg nach Kalifornien auf mich, um Mrs. Jackson zu sehen, und sie führt mich in den Garten, wo dann dieses Lama steht. Dann bittet sie mich, ihr dabei zu helfen, das Tier zurück in seinen Pferch zu verfrachten! Ich trug einen weißen Anzug und war komplett mit Schlamm bedeckt, also musste ich sie schließlich anschreien: ›Verdammte Scheiße, Mahalia, nimm gefälligst dein beschissenes Lama weg von mir!‹ Oh«, sagte er dann noch auf betont dramatische Weise, »es war ein Albtraum, Darling!«

SECHS

Ich lernte John Lennon über Tony King kennen, der nach L.A. gezogen war, um bei Apple Records die Geschäftsführung für die USA zu übernehmen. Tatsächlich hat John Lennon mit Tony King getanzt, als ich ihn zum ersten Mal traf. Keine große Sache, abgesehen davon vielleicht, dass sie nicht in einem Club waren, keine Musik lief und Tony als Queen Elisabeth II. verkleidet war. Sie befanden sich in Tonys neuem Büro bei Capitol Records in Hollywood, drehten einen TV-Werbeclip für Johns kommendes Album *Mind Games*, und aus Gründen, die nur John alleine kannte, war das hier das tolle Konzept.

Ich war auf Anhieb begeistert. Nicht nur weil er ein Beatle war und daher eins meiner Idole. Er war ein Beatle, der es für eine gute Idee hielt, sein neues Album zu promoten, indem er mit einem Mann tanzte, der als die Königin verkleidet war, zum Teufel noch mal. Ich dachte: Wir werden prächtig miteinander klarkommen. Und ich hatte recht. Als wir uns unterhielten, war es vom ersten Moment an so, als würde ich ihn schon mein ganzes Leben lang kennen.

Wir begannen, eine Menge Zeit miteinander zu verbringen, wenn ich in Amerika war. Er hatte sich von Yoko getrennt und lebte mit May Pang in Los Angeles. Mir ist klar, dass diese Zeit in seinem Leben allgemein als ziemlich problematisch, unerfreulich und düster gilt, aber um ehrlich zu sein, habe ich ihm das niemals angemerkt. Mir kamen bisweilen Geschichten zu Ohren – über Aufnahmen, die er mit Phil Spector gemacht hatte und die komplett außer Kontrolle geraten waren, oder darüber, wie er vollkommen durchgedreht war und das Haus des Produzenten Lou Adler zertrümmert hatte. Ich sah viel Finsternis in einigen der Leute, mit denen er abhing: Harry Nilsson zum Beispiel war ein süßer Junge, ein unfassbar talentierter Sänger und Songschreiber, aber wenn er einen Drink zu viel getrunken hatte, verwandelte er sich in jemand anderes, in jemanden, vor dem man sich wirklich in Acht nehmen musste. John und ich nahmen natürlich eine Menge Drogen zusammen, und es gab einige krasse Absturznächte, wie der arme Dr. John jederzeit bestätigen könnte. Wir waren ins Troubadour gegangen, um ihn uns anzusehen, und er lud John zum Jammen auf die Bühne ein. John war so betrunken, dass er schließlich das Klavier mit seinen Ellbogen bearbeitete. Aus irgendeinem Grund war ich dann derjenige, der ihn wieder von der Bühne bekommen musste.

Tatsächlich musste man nicht einmal ausgehen, um in Johns Gesellschaft eine wilde Nacht zu erleben. Eines Abends in New York verkrochen wir uns in meine Suite im Sherry-Netherland Hotel und widmeten uns wild entschlossen einem Haufen Kokain, als es an der Tür klopfte. Ich dachte sofort, es sei die Polizei. Wenn man viel Kokain genommen hat und es an der Tür klopft, denkt man *immer* sofort, es sei die Polizei. John signalisierte mir mit einer Geste, nachzusehen, wer vor der Tür stand. Ich blickte durch den Spion. Meine Reaktion war eine sonderbare Mischung aus Erleichterung und Ungläubigkeit. »John«, flüsterte ich. »Es ist Andy Warhol.«

John schüttelte wild den Kopf und fuhr sich mit dem Finger über den Hals. »Auf gar keinen Fall! Mach bloß nicht auf«, zischte er.

»Wie bitte?«, erwiderte ich flüsternd. »Was meinst du mit ›mach nicht auf‹? Es ist *Andy Warhol*.«

Es klopfte erneut an der Tür. John rollte mit den Augen. »Hat er diese beschissene Kamera dabei?«, fragte er.

Ich sah noch einmal durch den Spion und nickte. Andy nahm seine Polaroidkamera überallhin mit.

»Richtig«, sagte John. »Und willst du nun, dass er hier reinkommt und uns fotografiert, während dir eiszapfenweise das Koks aus der Nase hängt?«

Ich musste einräumen, dass ich das nicht wollte. »Dann mach verdammt noch mal die Tür nicht auf«, flüsterte John. Also machten wir einfach weiter, während wir versuchten, das konstante Klopfen des größten Pop-Art-Künstlers der Welt zu ignorieren.

Aber ich bin wirklich nie mit Johns fieser, einschüchternder, zerstörerischer Seite in Berührung gekommen, von der die Leute immer reden, diesem beißenden, bitteren Witz. Es geht mir nicht darum, posthum ein Heiligenbild von ihm zu zeichnen. Mir war natürlich klar, dass es diese Seite an ihm gab, ich habe sie nur nie aus erster Hand erlebt. Alles, was ich von ihm mitbekam, war Freundlichkeit, Höflichkeit und Freude in einem Ausmaß, dass ich ihn Derf und meiner Mutter vorstellen wollte. Wir gingen gemeinsam essen, und als John auf der Toilette war, hielt Derf es für einen großartigen Witz, sein Gebiss rauszunehmen und es in Johns Glas zu legen. Johns Humor hatte etwas Ansteckendes an sich, das die Leute dazu brachte, solche Dinge zu tun. Jesus, er war so lustig. Immer wenn ich mit ihm unterwegs war – oder noch besser, mit ihm und Ringo –, habe ich einfach nur gelacht und gelacht und gelacht.

Wir wurden so enge Freunde, dass John Tony und mich bat, seine Exfrau Cynthia und seinen Sohn Julian auf der Überfahrt nach New York zu begleiten. Wir reisten mit der SS *France* nach Amerika, diesem wunderschönen alten Schiff auf seiner letzten Überfahrt von Southampton nach New York. Die meisten meiner Musiker und ihre Partner kamen ebenfalls mit. Die anderen Passagiere traten uns gegenüber überwiegend ziemlich arrogant auf – diese reichen, gewaltigen amerikanischen Frauen, die Dinge sagten wie:»Angeblich ist er berühmt, aber ich habe noch nie etwas von ihm gehört.« Fairerweise muss ich hinzufügen, dass ich meine Haare grün gefärbt hatte und mit diversen Koffern reiste, die Anzüge des Designers Tommy Nutter enthielten, so schrill, dass sie dauerhafte Sehschäden verursachen konnten. Über mangelnde Aufmerksamkeit konnte ich mich also wirklich nicht beklagen, ob sie nun feindlich gesinnter Art war oder nicht. Sie mochten mich sogar noch weniger, als ich eines Nachmittags beim Bingo gewann, wohl auch deswegen, weil ich vor lauter Aufregung aus voller Kehle »BINGO!« brüllte. Später fand ich heraus, dass die korrekte Weise, auf der SS *France* einen Gewinn zu verkünden, darin bestand, gnädig und gesetzt das Word »Haus« zu murmeln. Nun, so spielen wir in Pinner jedenfalls nicht Bingo, Baby.

Es war mir egal. Ich hatte einen Heidenspaß, spielte Squash und sah mir die schrecklichen Cabaret-Shows an, die aus irgendeinem Grund immer damit endeten, dass alle gemeinsam eine furiose Version von »Hava Nagila« sangen. Auf halber Strecke erreichte mich per Funk die Nachricht, dass mein letztes Album, das im Juni 1974 veröffentlichte *Caribou*, mit Platin ausgezeichnet worden war. Und ich arbeitete bereits an einem Nachfolger. Bernie hatte einige Songs über unsere frühen gemeinsamen Jahre geschrieben. Sie erzählten in chronologischer Reihenfolge gewissermaßen unsere Geschichte. Es waren wunderbare Texte. Songs über die vielen Versuche, Songs zu schreiben. Songs darüber, dass niemand unsere Songs hören wollte. Ein Song über meinen dämlichen fehlgeschlagenen Selbstmordversuch in der Furlong Road, und ein anderer über das seltsame Verhältnis, das sich zwischen uns entwickelt hatte. Er hieß »We All Fall in Love Sometimes«. Er rührte mich zu Tränen, weil alles daran stimmte. Ich liebte Bernie nicht auf körperliche Weise, aber ich liebte ihn wie einen Bruder. Er war der beste Freund, den ich jemals gehabt hatte.

Angesichts dieser Texte fiel es mir sogar noch leichter als sonst, die passende Musik zu schreiben. Das war auch gut so, denn ich durfte den Musikraum jeweils nur einige Stunden am Tag während der Mittagszeit nutzen. Die restliche Zeit wurde er von der klassischen Pianistin des Schiffs in Beschlag genommen. Wenn ich auftauchte, überließ sie mir den Raum mit resigniert gönnerhaftem Blick, ging in ein Zimmer direkt über uns und spielte dort unverzüglich weiter. Manchmal war eine Opernsängerin dabei, der Star des bereits erwähnten, grauenhaften Cabarets. Also verbrachte ich zwei Stunden mit dem Versuch, die beiden zu übertönen. Auf diese Weise entstand *Captain Fantastic and the Brown Dirt Cowboy*. Jeden Tag schrieb ich während der Mittagspause einen Song – manchmal auch zwei – zur Begleitung einer eingeschnappten Pianistin, die über mir in die Tasten hämmerte, dass die Decke bebte. Und ich musste mir die Songs merken. Ich hatte kein Aufnahmegerät dabei.

In New York stiegen wir im Hotel Pierre in der 5th Avenue ab. John Lennon befand sich in der Suite über mir und rief uns zu sich. Er wollte uns den Rohmix seines neuen Albums vorspielen. Außerdem wollte er, dass ich auf zwei Songs spielte, »Surprise Surprise« und »Whatever Gets You Thru the Night«. Der zweite Song klang nach einem Hit – erst recht, als wir einige Abende später in die Record Plant Studios in der Nähe des Times Square gingen. Tontechniker war Jimmy Iovine, der später einer der größten Musikmogule der Welt wurde, aber die Produktion übernahm John selbst. Und er arbeitete ziemlich schnell. Wegen *Sergeant Pepper* und »Strawberry Fields« denken die Leute immer, John habe Ewigkeiten im Studio verbracht, aber er war ziemlich fix und schnell gelangweilt, ähnlich wie ich. Als wir fertig waren, war ich fest davon überzeugt, dass der Song ein Nummer-eins-Hit werden würde. John sah das jedoch anders. Paul hatte Nummer-eins-Singles, George hatte Nummer-eins-Singles, Ringo hatte Nummer-eins-Singles. Doch ihm war das noch nie gelungen. Also schlug ich eine Wette vor: Wenn der Song auf die Eins ginge, müsse er mit mir zusammen auftreten. Ich wollte ihn einfach nur live spielen sehen, was er seit dem Ende der Beatles kaum noch getan hatte – ein paar Auftritte bei Benefizkonzerten, mehr nicht.

Es ist ihm hoch anzurechnen, dass er nicht versuchte, sich zu drücken, als »Whatever Gets You Thru the Night« tatsächlich ein Nummer-eins-Hit wurde. Nicht einmal, nachdem er mit Tony zu einem meiner Konzerte in Boston gefahren war, um zu sehen, was auf ihn zukam. Ich kam zur Zugabe auf die Bühne und trug etwas, das ungefähr so aussah wie eine herzförmige Schokoladenbox, an der eine Tunika befestigt war, und John drehte sich bestürzt zu Tony um und sagte: »Verdammte Scheiße, ist es das, worum es heutzutage im Rock'n'Roll geht?«

Aber an Thanksgiving 1974 spielte er trotzdem mit uns im Madison Square Garden, unter der Bedingung, dass wir dafür sorgten, dass Yoko nicht auftauchte: Sie waren immer noch zerstritten. Natürlich kam Yoko trotzdem – was *absolut* typisch für sie ist, wie ich finde –, aber Tony stellte sicher, dass man ihre Plätze von der Bühne aus nicht sehen konnte. Vor der Show schickte sie John eine Gardenie, die er auf der Bühne im Knopfloch trug. Ich bin mir nicht sicher, ob er deswegen vorher so nervös war oder einfach nur, weil er nicht wusste, was ihn erwartete. Wie auch immer, plötzlich war er völlig panisch. Vor dem Auftritt übergab er sich. Er versuchte sogar, Bernie zu überreden, mit ihm auf die Bühne zu kommen. Allerdings vergebens: Bernie hatte das Rampenlicht stets gehasst, und nicht einmal ein verzweifelter Beatle konnte daran etwas ändern.

In meiner gesamten Karriere habe ich wirklich nie eine vergleichbare Publikumsreaktion erlebt wie an diesem Abend, als ich ihn ankündigte. Der Jubel ging einfach immer weiter und weiter und weiter. Aber ich wusste, wie die Leute sich fühlten. Ich war wegen der Sache genauso aufgeregt wie sie, dem Rest der Band ging es nicht anders. Es war vermutlich der Höhepunkt unserer bisherigen Karriere, die Bühne mit einem Künstler wie ihm zu teilen. Die drei Songs vergingen wie im Flug – und weg war er. Zur Zugabe kam er dann zurück, diesmal mit Bernie im Schlepptau, und sie spielten beide Tamburin zu »The Bitch is Back«. Es war fabelhaft.

Nach der Show kam Yoko hinter die Bühne. Wir alle landeten schließlich wieder im Hotel Pierre – John, Yoko, Tony, John Reid und ich. Wir saßen in einer Nische und tranken etwas, und als wäre die ganze Situation nicht schon sonderbar genug, tauchte plötzlich Uri Geller wie aus dem Nichts auf, trat an unseren Tisch und begann, sämtliche dort liegenden Löffel und Gabeln zu verbiegen. Dann zog er seine Nummer mit dem Gedankenlesen ab. Es war ein bizarrer Tag. Aber schließlich führte er dazu, dass John und Yoko wieder ein Paar wurden, Sean bekamen – meinen Patensohn – und sich in ein behagliches häusliches Leben im Dakota Building zurückzogen. Ich freute mich für ihn, auch wenn ich mir bessere Orte für ein zurückgezogenes häusliches Leben als das Dakota vorstellen konnte. Dieses Gebäude hatte etwas sehr Düsteres an sich. Es lag an seiner Architektur. Allein bei seinem Anblick bekam ich Gänsehaut. Roman Polanski hat *Rosemary's Baby* vermutlich nicht ohne Grund dort gedreht.

Captain Fantastic aufzunehmen war ebenso problemlos, wie es zu schreiben. Die Sessions waren ein Kinderspiel: Im Sommer 1974 gingen wir wieder ins Caribou und nahmen die Songs in der Reihenfolge auf, in der sie dann auch auf dem Album erschienen. Als würden wir während der Aufnahmen eine Geschichte erzählen. Wir hatten außerdem noch ein paar Singles rausgehauen, eine Coverversion von »Lucy in the Sky With Diamonds«, auf der John Gitarre spielte und Backing-Vocals sang, und »Philadelphia Freedom«, einer der wenigen Songs, die ich jemals explizit bei Bernie in Auftrag gegeben habe. Normalerweise ist er in der Wahl seiner Themen völlig frei – dass wir nicht besonders gut auf Anweisung schreiben können, war uns damals klar geworden, als wir versuchten, Hits für Tom Jones oder Cilla Black zu komponieren und dabei kläglich scheiterten. Aber Billie Jean King hatte mich gebeten, eine Hymne für ihre Tennismannschaft zu schreiben, die Philadelphia Freedoms. Ich konnte nicht ablehnen. Ich verehrte Billie Jean. Wir hatten uns ein Jahr zuvor auf einer Party in L.A.

kennengelernt, und sie war eine meiner besten Freundinnen geworden. Es klingt wie ein komischer Vergleich, aber sie und John Lennon erinnerten mich aneinander. Sie wirkten beide ziemlich getrieben, sie waren beide liebenswürdig, beide liebten es zu lachen, und ihnen beiden war sehr deutlich bewusst, dass sie ihre Popularität nutzen konnten, um Dinge zu verändern. John engagierte sich politisch, Billie war eine große Pionierin des Feminismus, setzte sich für Schwulenrechte und für Frauen im Sport ein, nicht nur im Tennis. Alle heutigen weiblichen Tennisstars sollten auf die Knie fallen und sich bei ihr bedanken, denn nachdem sie die US Open gewonnen hatte, brachte sie den Mut auf, zu sagen: »Entweder ihr gebt Frauen das gleiche Preisgeld wie Männern, oder ich trete nächstes Jahr nicht an.« Ich liebe sie einfach über alles.

Verständlicherweise war Bernie nicht besonders begeistert von der Idee, über Tennis zu schreiben – es ist ja auch nicht unbedingt ein ideales Thema für einen Popsong –, also schrieb er stattdessen über die Stadt Philadelphia. Das funktionierte perfekt, weil der Song ohnehin von der Musik beeinflusst war, die zu dieser Zeit aus der Stadt kam: The O'Jays, MFSB, Harold Melvin and the Blue Notes. Das war die Musik, die ich hörte, wenn ich in die New Yorker Schwulenclubs ging: Crisco Disco, Le Jardin und 12 West. Ich liebte sie alle, auch wenn man mir im Crisco Disco einmal den Einlass verwehrt hatte. Ich war mit Divine unterwegs, der legendären Dragqueen. Ich weiß, schon klar, Elton John und Divine werden am Eingang eines Schwulenclubs abgewiesen, guter Witz. Aber er trug einen Kaftan, ich ein grelles, buntes Jackett, und sie sagten uns, wir seien overdressed: »Was zur Hölle glaubt ihr, was hier läuft? Halloween?«

Man ging nicht in diese Läden, um Typen aufzureißen. Jedenfalls ging ich nicht deswegen dorthin. Ich ging nur zum

Tanzen hin, und wenn jemand da war, mit dem sich am Ende der Nacht noch etwas ergab, großartig. Keine Drogen, außer vielleicht Poppers. Man brauchte sie einfach nicht. Die Musik reichte. »Honey Bee« von Gloria Gaynor, »I'll Always Love My Mama« von den Intruders. Fabelhafte Platten, sehr inspirierend, mutige Musik. Gene Page, der alle Barry-White-Alben arrangiert hatte, kümmerte sich um die Streicher auf »Philadelphia Freedom«, und alles klang genauso, wie es klingen sollte. Offenbar hatten wir alles richtig gemacht – einige Monate, nachdem der Song erschienen war, coverten MFSB ihn und betitelten außerdem eine Platte danach.

»Philadelphia Freedom« wurde in Amerika mit Platin ausgezeichnet. Einige Monate später war *Captain Fantastic* das erste Album, das jemals auf Anhieb die Eins der US-Charts erreichte. Im Jahr 1975 war ich buchstäblich überall. Nicht nur im Radio: überall. Man fand mich in den Spielhallen – Bally hatte einen Captain-Fantastic-Flipper produziert. Ich war im schwarzen TV zu sehen: einer der ersten weißen Künstler überhaupt, der in die Sendung *Soul Train* eingeladen wurde. Dort interviewte mich der außergewöhnlich entspannte Don Cornelius, der Gefallen an einer weiteren Tommy-Nutter-Kreation fand, die ich trug, diesmal mit extrem breitem Revers sowie goldenen und braunen Nadelstreifen: »Hey, Bruder, woher hast du diesen *Anzug*?«

Aber ich war immer noch rastlos. Ich entschied, die Band umzubesetzen und Nigel und Dee zu entlassen. Ich rief sie persönlich an. Sie nahmen die Nachricht gut auf – Dee reagierte aufgebrachter als Nigel, aber es gab keinen großen Streit und kein böses Blut. Heute fühle ich mich deswegen schlechter als damals. Es muss niederschmetternd für sie gewesen sein. Sie waren jahrelang ein integraler Bestandteil der Band gewesen, und wir befanden uns auf dem Gipfel unserer Karriere. Aber damals habe ich einfach immer nur nach vorne geblickt, und zu dieser Zeit sagte mir mein Bauchgefühl, dass ich unseren Sound aufpolieren musste, indem ich ihn funkier und härter gestaltete. Ich holte Caleb Quaye an der Gitarre und Roger Pope am Schlagzeug in die Band, die bereits auf *Empty Sky* und *Tumbleweed Connection* gespielt hatten, außerdem zwei amerikanische Studiomusiker, James Newton Howard und Kenny Passarelli an Keyboard und Bass.

Ich probierte noch einen weiteren amerikanischen Gitarristen aus, aber es funktionierte nicht. Weder musikalisch noch persönlich – als er uns erzählte, dass er gerne Hühner in den Arsch fickte und ihnen dabei den Kopf abschnitt, reagierte die Band ziemlich verstört. Offenbar zieht sich der Schließmuskel des Huhns zusammen, wenn man das macht, wodurch man direkt kommt. Ich war mir nicht ganz sicher, ob er einen absolut abscheulichen Sinn für Humor hatte oder ein abscheuliches Sexualleben. Es gibt nicht besonders viele Regeln im Rock'n'Roll. Aber einige gibt es: Folge deinem musikalischen Instinkt, lies immer das Kleingedruckte, bevor du etwas unterschreibst, und (sofern irgendwie möglich) gründe niemals eine Band mit jemandem, der Hühner in den Arsch fickt und sie dabei enthauptet. Oder auch nur darüber spricht. So oder so wird dir die Nummer nach einer Weile gewaltig auf die Nerven gehen, wenn du mit solchen Leuten ein Hotelzimmer teilen musst.

Es gab noch ein weiteres Problem. Bernies Ehe mit Maxine war zerbrochen, und sie hatte eine Affäre mit Kenny Passarelli begonnen. Mein neuer Bassist schlief also mit der Frau meines Songwriting-Partners. Das war ganz offensichtlich sehr verletzend für Bernie, aber ich hatte genug Probleme in meinem eigenen Leben, ohne in anderer Leute Beziehungen verwickelt zu werden.

Ich ging mit der neuen Band zum Proben nach Amsterdam. Die Proben liefen fantastisch – wir waren eine scheißgute Klasseband –, aber die freien Tage waren chaotisch. Wie sich herausstellte, waren wir nämlich auch scheißgut in Sachen Drogen. Tony King tauchte mit Ringo Starr auf, und wir alle unternahmen eine gemeinsame Bootsfahrt über die Grachten, die zu einer gewaltigen Drogenorgie degenerierte. Es war absolut verkommen. Ich fürchte, die liebenswürdige Ästhetik des Grachtengürtels wurde an diesem Tag von niemandem beachtet. Alle waren zu sehr damit beschäftigt, Koks zu ziehen oder anderen Leuten den Qualm ihrer Joints in den Mund zu blasen. Ringo war so breit, dass er irgendwann fragte, ob er in unsere Band einsteigen könne. So haben es mir die anderen jedenfalls später erzählt – ich hatte kein Wort von dem verstanden, was er sagte. Sollte er das wirklich gesagt haben, hatte er es ohnehin neunzig Sekunden später selbst schon wieder vergessen.

Einer der Gründe, warum ich so viele Drogen nahm, war mein Liebeskummer. Ich hatte mich in jemanden verliebt, der heterosexuell war und meine Liebe nicht erwiderte. Ich verbrachte so viel Zeit heulend in meinem Hotelzimmer, während ich »I'm Not in Love« von 10CC hörte, dass Tony schließlich eine goldene Schallplatte anfertigen ließ und sie mir überreichte: für eine Million Durchläufe von »I'm Not in Love«.

Tatsächlich war mein Privatleben seit der Trennung von John ein mehr oder weniger großes Desaster. Ich verliebte mich ständig in heterosexuelle Männer, jagte also Dingen hinterher, die für mich unerreichbar waren. Manchmal zog sich das über Monate hin – dieser Irrsinn, zu denken, dass heute ganz bestimmt der Anruf des jeweils aktuellen Typen käme, bei dem er mir doch noch seine Liebe gestehen würde, obwohl er deutlich gesagt hatte, dass genau das niemals passieren würde.

Oder ich sah jemanden, dessen Äußeres mir gefiel, in einer Schwulenbar, und bevor ich auch nur ein Wort mit ihm gesprochen hatte, war ich hoffnungslos verliebt und fest davon überzeugt, dies sei der Mann, der bis ans Ende meiner Tage für mich bestimmt war. In Gedanken malte ich mir dann bereits eine wunderbare gemeinsame Zukunft aus. Es waren immer die gleichen Männer. Blond, blaue Augen, gut aussehend und jünger als ich, sodass ich sie mit einer Art väterlicher Liebe erdrücken könnte – vermutlich die Art von Liebe, die ich selbst als Kind nie bekommen hatte. Meistens riss ich die Typen nicht nur auf, sondern nahm sie regelrecht in Geiselhaft: »Also, du musst dein bisheriges Leben aufgeben, komm mit mir auf Tournee, flieg mit mir um die Welt.« Ich kaufte ihnen Uhren, Kleidung und Autos, aber letztlich hatten diese Jungen keinen Lebensinhalt außer dem, mit mir zusammen zu sein. Und da ich viel beschäftigt war, blieben sie Randfiguren. Damals war mir das nicht klar, aber ich habe ihnen praktisch ihre Existenz genommen. Und nach drei oder vier Monaten nahmen sie mir das schließlich übel, während ich begann, mich mit ihnen zu langweilen, sodass alles in Tränen endete. Und dann angelte ich mir jemand anderes, und das Ganze begann wieder von vorne. Es war wirklich ein entsetzliches Verhalten: Ich ließ den einen am Flughafen stehen, während der nächste gerade landete.

Es war eine dekadente Ära. Viele Popstars verhielten sich auf ganz ähnliche Weise – Rod Stewart teilte Frauen bisweilen mit, dass es vorbei war, indem er ein Flugticket auf ihrem Bett liegen ließ. Er war also auch nicht gerade ein Kandidat für den Ritterschlag. Aber irgendwo in der hintersten Ecke meines Gehirns wusste ich, dass mein Verhalten nicht richtig sein konnte.

Ungeachtet dessen brauchte ich stets eine Partybegleitung, jemanden, mit dem ich reden konnte. Ich konnte es nicht aushalten, alleine zu sein. Ich wollte keine Einsamkeit, keine Zeit zum Nachdenken. Ich musste mit anderen Leuten zusammen sein. Ich war unglaublich unreif. Unter der ganzen Maskerade war ich immer noch der kleine Junge aus der Pinner Hill Road. Die Veranstaltungen, die Konzerte, die Platten, der Erfolg – alles ganz großartig, aber abseits dieser Dinge war ich kein Erwachsener, sondern ein Teenager. Es war ein fataler Irrtum gewesen, zu denken, wenn ich meinen Namen änderte, würde ich dadurch automatisch ein anderer Mensch werden. Ich war nicht Elton, ich war Reg. Und Reg war immer noch derselbe wie der Junge, der sich vor fünfzehn Jahren in seinem Schlafzimmer verkrochen hatte, während seine Eltern stritten: unsicher, essgestört, von Selbstekel erfüllt. Ich wollte abends nicht zu diesem Jungen nach Hause gehen. Hätte ich es doch getan, dann hätte der Kummer alles verschlungen.

Eines Abends, während wir gerade mit der Band Aufnahmen in den Caribou-Studios machten, nahm ich eine Überdosis Valium, bevor ich zu Bett ging. Zwölf Tabletten. Ich kann mich nicht mehr erinnern, was mich dazu veranlasst hat, vermutlich eine katastrophal gescheiterte Liebesaffäre. Als ich am nächsten Morgen aufwachte, wurde ich panisch, rannte nach unten und rief Connie Pappas an, die für John Reid arbeitete, um ihr zu erzählen, was ich getan hatte. Während ich mit ihr sprach, fiel ich in Ohnmacht. James Newton Howard hörte mich umfallen und trug mich zurück nach oben in mein Zimmer. Sie riefen einen Arzt, der mir Tabletten für meine Nerven verschrieb. In der Rückschau erscheint es mir als etwas seltsame Maßnahme, jemandem so etwas zu geben, der gerade versucht hat, sich damit das Leben zu nehmen, aber sie müssen wohl geholfen haben, jedenfalls kurzfristig – wir brachten die Aufnahmen zu Ende.

Die erste Show mit der neuen Band fand am 21. Juni 1975 im Londoner Wembley-Stadion statt. Es war eher ein eintägiges Festival als ein Konzert, und es lief unter der Bezeichnung Midsummer Music. Die auftretenden Künstler hatte ich selbst ausgesucht: eine Band namens Stackridge, die bei unserem Label Rocket unter Vertrag stand, Rufus mit Chaka Khan, Joe Walsh, die Eagles und die Beach Boys. Sie waren alle großartig. Das Publikum liebte sie. Während meines Headliner-Sets spielte ich *Captain Fantastic and the Brown Dirt Cowboy* komplett, alle zehn Songs, vom Anfang bis zum Ende. Es war das größte Konzert, das ich jemals gespielt hatte. Alles war perfekt – der Sound, die Vorgruppen, sogar das Wetter. Trotzdem war es ein totales Desaster.

Hier kommt etwas, das ich gelernt habe. Wenn man direkt nach den Beach Boys auf die Bühne muss, deren Set aus einem der unfassbarsten und beliebtesten Hit-Kataloge in der Geschichte der Popmusik besteht, ist es eine wirklich sehr, sehr schlechte Idee, zehn neue Songs hintereinander zu spielen, mit denen das Publikum kaum vertraut ist, weil das dazugehörige Album erst wenige Wochen zuvor veröffentlicht wurde. Unglücklicherweise gewann ich diese entscheidende Erkenntnis erst nach drei oder vier Liedern, als mir eine gewisse Rastlosigkeit im Publikum auffiel. Die Art von Rastlosigkeit, wie man sie von Schulkindern während einer besonders langen Versammlung kennt. Wir spielten weiter. Wir klangen wunderbar – wie ich bereits sagte, waren wir eine scheißgute Band. Die ersten Leute verließen das Gelände. Ich bekam es mit der Angst zu tun. Es war ewig her, dass ich zuletzt ein Publikum verloren hatte. Das Gefühl, das ich damals auf der Bühne gehabt hatte, wenn Long John Baldry darauf bestand, »The Threshing Machine« zu spielen oder seine Della-Reese-Imitation abzog, war wieder da.

Am einfachsten wäre es gewesen, einfach umzuschwenken und die Hits zu spielen. Aber das konnte ich nicht. Zunächst war es eine Frage der künstlerischen Integrität. Außerdem hatte ich zu Beginn des Konzerts eine große Ansprache darüber gehalten, dass wir das komplette Album spielen würden. Da konnte ich nicht mittendrin aufhören und plötzlich »Crocodile Rock« anstimmen. Scheiße. Ich musste die Sache also durchziehen. Ich konnte mir jetzt schon ziemlich gut vorstellen, in welche Richtung die Konzertbesprechungen des Abends gehen würden, und ich hatte gerade einmal eine halbe Stunde gespielt. Wir machten weiter. Die Songs klangen immer noch wundervoll. Noch mehr Leute gingen. Ich begann, über die große Aftershowparty nachzudenken, die im Anschluss geplant war. Sie sollte bis zum Rand mit Stars gefüllt sein, die von meiner Performance berauscht waren: Billie Jean, Paul McCartney, Ringo Starr. Toll. Einfach verdammt großartig. Da unten stehen 82.000 Zuschauer sowie *die halben Beatles*, und ich setze es komplett in den Sand.

Schließlich spielten wir doch noch die Hits, aber es war zu wenig und es kam zu spät, wie in den Rezensionen später vollkommen richtig geschrieben wurde. Wir flogen zurück nach Amerika. Uns war eine Lektion über die Tücken künstlerischer Integrität und die Tatsache erteilt worden, dass man niemals zu erfolgreich sein kann, um voll auf den Arsch zu fallen.

Ich verbrachte immer mehr Zeit in den Staaten, sodass es Sinn ergab, ein Haus in L.A. zu mieten. Ich fand eins am oberen Ende des Tower Grove Drive, das ich schließlich sogar kaufte. Es war ein Haus im spanischen Kolonialstil, das für den Stummfilmstar John Gilbert gebaut worden war. Er wohnte dort, während er eine Affäre mit Greta Garbo hatte. Im Garten gab es eine Hütte neben einem Wasserfall, wo Garbo angeblich geschlafen hatte, wenn sie allein sein wollte.

Es war ein schönes Viertel, auch wenn kurz nach meinem Einzug ein Haus in der Nähe abbrannte. Angeblich war das Feuer ausgebrochen, weil der Besitzer Kokainbase geraucht hatte, etwas, das bei mir absolut verpönt war. Drogen aufzukochen bedeutete, dass man süchtig war. Und das war ich definitiv nicht, wie ich mithilfe einer bemerkenswert verworrenen inneren Logik entschieden hatte, ungeachtet einiger zwingender Anhaltspunkte für das Gegenteil. Ich kokste die ganze Nacht durch und rührte das Zeug dann sechs Monate lang nicht mehr an. Also war ich kein Süchtiger. Alles war in Ordnung.

Es war ein wunderschönes Haus, und ich beschäftigte eine Haushälterin namens Alice, die sich darum kümmern und mich an Katertagen pflegen sollte. Ich richtete es mit dem ganzen Kram ein, den ich sammelte – Jugendstil, Art déco, Bugatti-Möbel, Gallé-Lampen, Lalique, unglaubliche Poster. Aber eigentlich bewohnte ich lediglich drei Räume: das Schlafzimmer, das Fernsehzimmer und den Snooker-Raum. Tatsächlich nutzte ich den Snooker-Raum überwiegend, um Typen zu verführen. Strip-Snooker! Im Allgemeinen hat das bestens funktioniert, erst recht nach einigen Lines Kokain.

Auch deshalb nahm ich eine Menge von dem Zeug. Für mich funktionierte es als Aphrodisiakum, was seltsam ist, weil es bei den meisten Leuten jegliche Erektion komplett killt. Ein Problem, das ich leider niemals hatte. Eher im Gegenteil. Wenn ich genug Koks nahm, war ich tagelang dauerhart. Und es regte meine Fantasie an: Auf Koks machte ich Sachen, die ich sonst niemals probieren würde und zu denen mir auch der Mut gefehlt hätte. Das Zeug treibt den Leuten alle Hemmungen aus. Selbst bei heterosexuellen Männern funktioniert das manchmal. Man gibt ihnen ein paar Lines, und sie tun Dinge, die sie andernfalls in einer Million Jahren nicht getan hätten. Am nächsten Tag bereuen sie es dann, nehme ich an. Oder sie kommen wieder und wollen mehr.

Tatsächlich habe ich selbst aber gar nicht so viel rumgefickt. Ich war ein Beobachter, ein Voyeur. Es stachelte meine Perversion an, zwei oder drei Typen zuzugucken, wie sie sich nach meinen Vorgaben miteinander vergnügten. Meine größte sexuelle Freude lag darin, Leute dazu zu bewegen, Sex miteinander zu haben, die normalerweise niemals Sex miteinander gehabt hätten. Aber ich habe nicht richtig mitgemacht. Ich sah nur zu, schoss Polaroids, organisierte den Rahmen. Das einzige Problem war, dass ich bezüglich des Hauses ziemlich penibel war. Am Ende hatten sie Sex auf dem Snookertisch, während ich daneben stand und rief: »Passt bloß auf, dass ihr nicht auf dem Billardtuch kommt!«, was bisweilen die Atmosphäre ein bisschen beeinträchtigen konnte. Dass ich selbst nie so richtig interessiert daran war, Sex zu haben, ist auch der Grund, warum ich mich niemals mit HIV angesteckt habe. Hätte ich mich angesteckt, wäre ich heute ziemlich sicher tot.

Das Haus am Tower Grove Drive entwickelte sich zu einer großen Party-Location. Mitte der Siebziger war L.A. das Zentrum der Musikindustrie. Außerdem gab es dort wunderbare Schwulenclubs: das After Dark und das Studio One. Ersteres war eine Underground-Disco, Letzteres beherbergte ein Cabaret. Dort habe ich Eartha Kitt gesehen, die ich in meiner Jugend geliebt hatte, wobei ich ihren eigentlichen Auftritt streng genommen nicht gesehen habe. Ich ging hinter die Bühne, um sie vor dem Konzert zu treffen, und ihre ersten an mich gerichteten Worte waren: »Elton John, ich habe noch nie irgendwas von dem gemocht, was du gemacht hast.« Ach wirklich? Danke für deine offene und ehrliche Einschätzung. Dann gehe ich jetzt wohl besser nach Hause.

Wenn Dusty Springfield zu Besuch war, gingen wir zum Roller Derby, um uns die LA Thunderbirds anzusehen. Das war dermaßen campy und fabelhaft, alles gestellt, wie beim Wrestling, aber Lesben liebten es. Im Wesentlichen ging es um einen Haufen Lesben, die auf Rollschuhen durch die Gegend flitzten und sich bekämpften. Wir hatten fantastische Lunch- und Dinnerpartys. Franco Zeffirelli kam zum Essen und offenbarte, dass seine engsten Freunde ihn Irene nannten. Simon and Garfunkel waren eines Abends ebenfalls zum Essen da und spielten danach Scharade. Wenigstens haben sie es probiert. Sie waren grauenhaft darin. Das Beste, was ich diesbezüglich über sie sagen kann, ist, dass sie besser waren als Bob Dylan. Er hat die »Wie viele Silben?«-Nummer einfach absolut nicht begriffen. Wenn ich so recht darüber nachdenke, konnte er mit dem Hinweis »es klingt wie« ebenfalls nichts anfangen. Einer der besten Lyriker der Welt, der absolut größte Mann im Umgang mit Buchstaben in der Geschichte der Rockmusik, war nicht in der Lage, einem zu sagen, ob ein Wort nun eine oder zwei Silben hatte oder worauf es sich reimte! Er war ein derart hoffnungsloser Fall, dass ich begann, Orangen nach ihm zu werfen. Worüber ich am nächsten Morgen von einem gackernden Tony King informiert wurde. Nicht unbedingt die Art von Anrufen, über die man sich freut, wenn man verkatert ist: »Morgen, Darling, erinnerst du dich noch, wie du Bob Dylan vergangene Nacht mit Orangen beworfen hast?« O mein Gott.

L.A. hatte eine seltsam düstere Aura. Die Manson-Morde hingen immer noch in der Luft, obwohl seitdem schon sechs Jahre vergangen waren. Sie hatten das seltsame Gefühl hinterlassen, dass man in dieser Stadt niemals ganz in Sicherheit war, selbst in einem großen Haus in Beverly Hills. Heute hat jeder Überwachungskameras und Sicherheitsleute, aber damals hatte niemand solche Dinge, nicht einmal die Ex-Beatles, weswegen ich eines Morgens aufwachte, als ein Mädchen am Ende meines Betts saß und mich anstarrte. Ich konnte nicht aufstehen, da ich beim Schlafen niemals etwas anhatte. Alles, was ich tun konnte, war dort zu sitzen und sie anzuschreien, sich verdammt noch mal zu verpissen. Sie antwortete nicht und starrte mich weiterhin an, was irgendwie sogar noch schlimmer war, als wenn sie etwas gesagt hätte. Schließlich kam die Haushälterin und schmiss sie raus. Sie hatte mich zu Tode erschreckt – zumal wir keine Ahnung hatten, wie sie reingekommen war.

Man brauchte allerdings keinen Stalker, um an die dunkle Seite von L.A. erinnert zu werden. Eines Abends ging ich ins Troubadour, um mir die Average White Band anzusehen. Sie waren so fantastisch, dass ich auf die Bühne kletterte und mit ihnen jammte, mit Cher und Martha Reeves im Schlepptau. Nach dem Gig lud ich die Band in einen Laden namens Le Restaurant ein, wo es großartiges Essen gab und man sich nicht an unkonventionellem Betragen störte. Das Management hatte sich nicht einmal von John Reids Geburtstagsparty abschrecken lassen, was durchaus beachtlich war, angesichts der Tatsache, dass ein Freund das Pferd, welches er John zum Geburtstag geschenkt hatte, mit ins Restaurant gebracht hatte, wo es sofort auf den Boden schiss. Wir blieben bis sechs Uhr morgens. Es war sehr schön, mit ihnen Zeit zu verbringen, eine junge britische Band an der Schwelle zum Durchbruch, die ein dauerhaftes Engagement im Troubadour hatte und es kaum erwarten konnte, in Amerika groß rauszukommen. Sie erinnerten mich daran, wie ich selbst noch fünf Jahre zuvor gewesen war. Zwei Tage später rief mich John Reid an und erzählte mir, der Schlagzeuger der Average White Band Robbie sei tot. Sie waren am Abend nach unserem Treffen auf eine andere Party oben in den

Hollywood Hills gegangen, wo sie Heroin nahmen, das irgend-ein Freak ihnen gegeben hatte, weil sie dachten, es sei Kokain. Ein paar Stunden später war Robbie in seinem Hotelzimmer gestorben.

Ich vermute, das hätte überall passieren können, aber sein Tod schien doch sehr typisch für L.A. zu sein. Die Stadt konnte sich so anfühlen wie ein Ort, an dem der lahme alte Spruch »Träume werden wahr« nicht nur ein lahmer alter Spruch war, sondern eine Tatsache. Es war quasi die Stadt, in der ich ein Star geworden war, wo meine Idole mich gefeiert hatten, wo ich, warum auch immer, schließlich Tee mit Mae West getrunken hatte. (Zu meiner Freude betrat sie den Raum mit einem laszi-ven Grinsen und den Worten: »Ah, mein liebster Anblick – ein Zimmer voller Männer«, was angesichts der Tatsache, dass es sich bei diesen Männern um John Reid, Tony King und mich handelte, die Vermutung nahelegte, ihr stehe ein Abend voller Enttäuschungen bevor.) Aber wenn man seine Sinne nicht zu-sammenhielt, wenn man eine falsche Abbiegung nahm oder die falsche Begleitung wählte – dann konnte L.A. einen mühelos verschlucken.

Der Bürgermeister von Los Angeles, Tom Watson, erklärte die Woche vom 20. bis zum 26. Oktober zur Elton-John-Woche. Ne-ben einigen anderen Aktionen wurde mein Stern auf dem Holly-wood Walk of Fame enthüllt, direkt vor Grauman's Chinese Theatre. Außerdem waren zwei Konzerte im Dodger-Stadion ge-bucht, jeweils vor 55.000 Leuten. Ich hatte schon vor größerem Publikum gespielt – im Wembley Stadion waren 82.000 Zuschau-er gewesen, jedenfalls bevor sie genug hatten und die Ausgänge stürmten –, aber die Dodger-Konzerte fühlten sich trotzdem an wie ein totaler Höhepunkt. Ich war der erste Künstler, der dort wieder eine Auftrittsgenehmigung bekam, seitdem der Veranstalter bei einem Beatles-Konzert 1966 nicht genug Security verpflichtet hatte. Nach dem Beatles-Konzert hatte es kleinere Ausschreitungen gegeben, und die Stadionbesitzer hatten daraufhin ein Auftrittsverbot für Rockbands verhängt. Angesichts der Tatsache, dass meine Karriere vor fünf Jahren im Troubadour so richtig Fahrt aufgenommen hatte, fühlten sich die Konzerte auf seltsame Weise wie eine Heimkehr an.

Also charterte ich eine Boeing 707 bei Pan Am und flog meine Mutter, Derf, meine Großmutter und einen Haufen Freunde aus England ein, zusammen mit den Rocket-Mitarbeitern, Journalisten, anderen Medienschaffenden und einem TV-Doku-Team, das von dem Talkshowmaster Russell Harty angeführt wurde. Ich empfing sie mit Tony King sowie einer Cadillac- und Rolls-Royce-Flotte auf dem Rollfeld. Also die Art von Empfang, über die ich mich gefreut hätte, als ich zum ersten Mal nach Amerika gekommen war, anstelle dieses beschissenen Doppeldeckerbusses. Vermutlich war die ganze Nummer ein bisschen übertrieben, aber ich wollte, dass meine Familie die Zeit ihres Lebens hatte, dass sie stolz auf mich waren.

Die Elton-John-Woche verging wie im Flug. Meine Familie unternahm Ausflüge nach Disneyland und in die Universal Studios. Es gab eine Party auf John Reids Jacht *Madman*, um die Veröffentlichung von *Rock of the Westies* zu feiern. Die große Enthüllung des Sterns auf dem Hollywood Walk of Fame erwies sich als etwas geschmacklos. Ich trug einen limettengrünen Anzug von Bob Mackie, beschrieben mit den Namen anderer Walk-of-Fame-Stars, und eine passende Melone. Ich musste in einem goldfarbenen Golfmobil anrollen, an dessen Front eine riesige beleuchtete Brille und eine Fliege befestigt waren. Mir ist klar, dass ich auf der Bühne nicht unbedingt ein schüchterner

Tiefstapler war, aber es gab gewisse Grenzen. Man findet dazu einen Clip auf YouTube, und wenn man sich dort meinen Gesichtsausdruck ansieht, wird ziemlich klar, wie grandios ich das Ganze fand. Ich weiß nicht, ob Sie jemals mit sehr langsamer Geschwindigkeit durch einen Haufen kreischender Fans gefahren wurden, in einem goldfarbenen Golfmobil, mit einer riesigen beleuchteten Brille und einer Fliege an der Vorderseite, während die Weltmedien alles übertragen, aber falls das nicht der Fall sein sollte, kann ich Ihnen versichern, dass es sich um eine überaus quälende Erfahrung handelt.

Das Ganze war mir sehr unangenehm, und ich versuchte, die Situation zu entspannen, indem ich während der Festreden Grimassen schnitt und Witze machte, als ich das Wort erhielt (»Hiermit erkläre ich diesen Supermarkt für eröffnet!«), aber ich konnte es kaum abwarten, die Sache hinter mich zu bringen. Anschließend wurde mir mitgeteilt, dass zum ersten Mal in der Geschichte des Walk of Fame so viele Fans zu einer Enthüllung gekommen waren, dass der Hollywood Boulevard komplett gesperrt werden musste.

Am nächsten Tag lud ich meine Familie zum Mittagessen am Tower Grove Drive ein. Wie zuvor schon *Captain Fantastic* ging auch *Rock of the Westies* direkt auf die Eins der US-Albumcharts. Niemandem war das jemals zuvor gelungen – weder Elvis noch den Beatles –, und nun hatte ich es in einem Zeitraum von sechs Monaten sogar zweimal geschafft. Ich war achtundzwanzig Jahre alt und der größte Popstar der Welt. Ich stand kurz davor, die prestigeträchtigsten Konzerte meiner Karriere zu geben. Meine Familie und Freunde waren da und teilten meinen Erfolg mit mir. Und das war dann der Moment, an dem ich beschloss, einen weiteren Selbstmordversuch zu unternehmen.

Auch hier kann ich mich nicht genau erinnern, was mich dazu getrieben hat, aber während meine Familie am Swimmingpool beim Essen saß, stand ich auf, verließ den Tisch, ging nach oben und schluckte eine Ladung Valium. Anschließend kam ich im Morgenmantel wieder herunter und verkündete, dass ich eine Menge Tabletten genommen hatte und nun sterben würde. Dann stürzte ich mich in den Pool.

Ich weiß nicht mehr, wie viele Pillen ich genau genommen hatte, aber es waren nicht so viele wie damals in den Caribou-Studios – ein Zeichen dafür, dass ich in meinem tiefsten Inneren absolut nicht die Absicht hatte, mich tatsächlich umzubringen. Eine Tatsache, die mir bewusst wurde, als ich merkte, dass der Morgenmantel mich runterzuziehen drohte. Für jemanden, der gerade im Begriff stand, mit allem Schluss zu machen, der offenbar der Überzeugung war, das Leben habe ihm nichts mehr zu bieten, und der deswegen mit einem tiefen Wunsch nach einer gnädigen Erlösung durch den Tod erfüllt war, entwickelte ich plötzlich einen ziemlich ausgeprägten Willen, nicht zu ertrinken. Verzweifelt versuchte ich, an den Beckenrand zu schwimmen. Jemand half mir hinaus. Am deutlichsten erinnere ich mich an die Wortmeldung meiner Großmutter. »Oh«, sagte sie. Und dann, in einem deutlich gekränkten Tonfall – zweifellos die Stimme einer älteren Dame aus der Arbeiterklasse von Pinner, der klar wurde, dass ihre wunderbaren Ferien in Kalifornien plötzlich vor der Gefahr des vorzeitigen Abbruchs standen –, fügte sie hinzu: »Dann können wir ja jetzt genauso gut wieder nach Hause fahren.«

Ich konnte nicht mehr aufhören zu lachen. Das war vermutlich genau die Reaktion, die ich gebraucht hatte. Gewünscht hatte ich mir etwas wie: »Oh, du armes Ding.« Stattdessen bekam ich: »Warum benimmst du dich wie ein Trottel?«

Das war eine gute Frage. *Warum* benahm ich mich wie ein Trottel? Vermutlich, um mich mit einer dramatischen Aktion in den Mittelpunkt der Aufmerksamkeit zu drängen. Auf einer gewissen Ebene ist mir durchaus klar, dass das angesichts der Tatsache, dass ich in einer Stadt lebte, die soeben die Elton-John-Woche ausgerufen hatte, bescheuert klingt. Ich sollte vor 110.000 Menschen spielen, und ein ITV-Kamerateam war damit beschäftigt, eine Dokumentation über mich zu drehen. Wie viel mehr Aufmerksamkeit kann ein Mann gebrauchen? Aber es ging mir um eine andere Form der Aufmerksamkeit. Ich versuchte, meiner Familie klarzumachen, dass etwas mit mir nicht stimmte, ganz egal wie gut meine Karriere auch laufen mochte. Es wirkte vielleicht so, als sei alles großartig, als sei mein Leben perfekt, aber das war es nicht. Ich konnte ihnen nicht sagen, dass ich zu viele Drogen nahm, das hätten sie niemals verstanden; sie wussten nicht einmal, was Kokain war. Ich hatte nicht den Mut, zu sagen: »Wisst ihr, es geht mir wirklich nicht besonders gut, ich brauche ein bisschen Liebe.« Weil ich nicht wollte, dass sie die Risse in der Fassade bemerkten. Ich war zu trotzig und hatte zu viel Angst vor ihren Reaktionen, um meine Mutter zur Seite zu nehmen und zu sagen: »Weißt du, Mum, ich muss dringend mit dir sprechen – mir geht es hier nicht besonders gut, ich brauche ein bisschen Hilfe, was denkst du?« Stattdessen staute sich in mir alles immer weiter auf, bis ich explodierte wie der Vesuv und diesen lächerlichen Selbstmordversuch inszenierte. So bin ich: alles oder nichts. Es lag nicht an meiner Familie, sondern an mir. Ich war zu stolz, zuzugeben, dass mein Leben nicht perfekt war. Es war erbärmlich.

Sie riefen einen Arzt. Ich wollte nicht ins Krankenhaus und mir den Magen auspumpen lassen, also gab er mir eine abscheuliche Flüssigkeit, die mich zum Kotzen brachte. Sobald ich mich übergeben hatte, fühlte ich mich besser: »Alles klar, es geht mir wieder gut. Wie auch immer, ich muss diese beiden Konzerte spielen.« Es klingt lächerlich – es *war* lächerlich –, aber ich sprang ziemlich schnell vom Sterbebett auf. Alles in Ordnung, ich habe einen Selbstmordversuch unternommen, das ist erledigt, wie geht's weiter? Falls die anderen das etwas seltsam fanden, behielten sie es für sich. Und vierundzwanzig Stunden später stand ich auf der Bühne des Dodger-Stadions.

Die Shows waren ein totaler Triumph. Das ist das Besondere an Livekonzerten, zumindest für mich. Auch heute noch: Egal welches Chaos mich gerade umgibt, mit einem Mal fällt alle Last von mir ab. Schon damals fühlte ich mich auf der Bühne anders. Es war der einzige Ort, an dem ich wirklich das Gefühl hatte, alles unter Kontrolle zu haben.

Es waren gigantische Events. Cary Grant kam backstage und sah unvorstellbar schön aus. Ich hatte Gospelsänger auf der Bühne, James Cleveland's Southern California Community Choir. Billie Jean King kam ebenfalls auf die Bühne und sang Backing-Vocals bei »Philadelphia Freedom«. Die Sicherheitsleute trugen alberne lilafarbene Overalls mit Rüschen. Kaliforniens bekanntester Gebrauchtwagenhändler, ein Mann namens Cal Worthington, kam mit einem Löwen auf die Bühne – Gott allein weiß, warum, aber ich nehme an, es trug wohl zur allgemeinen Erheiterung bei. Sogar Bernie hat sich dem Publikum gezeigt, was praktisch nie passierte.

Ich trug eine paillettenbesetzte Dodgers-Uniform und eine passende Kappe, entworfen von Bob Mackie. Ich kletterte aufs Klavier und schwang einen Baseballschläger durch die Luft. Ich hämmerte in die Tasten, bis meine Finger bluteten. Wir spielten drei Stunden lang, und ich liebte es. Ich weiß, wie man eine Show auf die Beine stellt, weil ich all diese Jahre in den Clubs gespielt habe, als Begleitung für Major Lance oder vor zwanzig Leuten mit Bluesology. Ich habe eine Menge Erfahrung, die dafür sorgt, dass meine Konzerte ein gewisses Niveau niemals unterschreiten. Aber an manchen Abenden kommt dieses gewisse Etwas hinzu: Dann weiß man vom ersten Moment an, dass man absolut nichts falsch machen kann. Es ist, als würden die Hände unabhängig vom Gehirn agieren, man braucht sich nicht einmal zu konzentrieren, sondern fühlt sich einfach nur frei wie ein Vogel und kann tun, was immer man will. Das sind die Konzerte, für die man lebt. Und im Dodger-Stadion war es an beiden Tagen so. Sound und Wetter waren perfekt. Ich kann mich noch erinnern, dass ich auf der Bühne stand und spürte, wie das Adrenalin durch meine Adern jagte.

Es war der Höhepunkt, und ich war schlau genug zu wissen, dass er nicht ewig anhalten würde. Jedenfalls nicht auf diesem Niveau. So ist das mit Erfolg dieser Größenordnung: Es ist egal, wer oder wie großartig du bist, deine Alben werden nicht für alle Zeiten die Nummer eins der Charts erreichen. Ich wusste, dass etwas oder jemand anders kommen würde. Ich erwartete diesen Moment, und die Aussicht darauf machte mir keine Angst. Es war beinahe eine Erleichterung, als die zweite Single aus *Rock of the Westies* »Grow Some Funk of Your Own« kein großer Hit wurde. Ich war erschöpft, ausgelaugt vom Touren, müde von den vielen Interviews, von der andauernden Katastrophe meines Privatlebens. Darüber hinaus hatte ich es nie darauf angelegt, Hitsingles zu schreiben. Ich war Albumkünstler, machte Platten wie *Tumbleweed Connection* und *Madman Across the Water* und wurde eher versehentlich zu dieser gewaltigen Single-Maschine, die einen Hit nach dem anderen produzierte, von denen aber kein einziger mit dieser Absicht geschrieben worden war.

Einer der seltenen Momente, in denen ich mich bewusst mit dem Vorsatz hinsetzte, eine Hitsingle zu schreiben, kam Ende 1975. Ich machte mit ein paar Freunden Urlaub auf Barbados: Bernie war dabei, Tony King, Kiki Dee, eine Menge Leute. Ich fand, dass wir ein Duett für Kiki und mich schreiben sollten. Bernie und ich komponierten schließlich gleich zwei davon. Eins hieß »I'm Always on the Bonk«: »I don't know who I'm fucking, I don't know who I'm sucking, but I'm always on the bonk.« Das andere war »Don't Go Breaking My Heart«. Ich schrieb die Melodie am Klavier, hatte die Idee für den Titel, und Bernie erledigte den Rest. Er hasste das Endergebnis, und ich kann ihm wirklich keinen Vorwurf machen. Bernie mag eben nichts, was er für seichten Pop hält. Aber selbst er musste zugeben, dass der Song deutlich mehr kommerzielles Potenzial hatte als »I'm Always on the Bonk«.

SIEBEN

Ich stimmte dem Interview mit dem *Rolling Stone* nur zu, weil ich mich zu Tode langweilte. Die Elton-John-Welttour von 1976 sollte eigentlich eine journalistenfreie Zone sein. Ich brauchte keine Presse, um die Tour zu promoten, weil sämtliche Konzerte auf Anhieb ausverkauft waren. Aber ich hing zwei Wochen in einer Suite des Sherry-Netherland in New York fest, weil wir eine Reihe von Konzerten im Madison Square Garden spielten, und wusste nicht mehr, was ich mit der Zeit vor und nach den Auftritten anfangen sollte.

Es war nicht leicht, das Hotel zu verlassen. In Manhattan war es jetzt im August unerträglich heiß, aber der Eingang wurde trotzdem permanent von einem Haufen Fans belagert. Wenn ich es schaffte, an ihnen vorbeizukommen, brach überall Chaos aus, wo ich auftauchte. Ich wurde Zeuge, als Fans alte Damen buchstäblich umrempelten und überrannten, um einen Blick auf mich erhaschen zu können. Kein Anblick, der mir hinsichtlich meiner Popularität ein besonders positives Gefühl vermittelte.

Trotzdem versuchte ich mich zu beschäftigen. Ich traf mich mit Freunden, von denen ich wusste, dass sie in der Stadt waren. Ich ging in den Club 12 West und besuchte einen Radiosender namens WNEW. Sie gaben mir Champagner, ein generöser Akt, den sie sofort wieder bereuten, als ich auf Sendung ging und meine ehrliche und offene Meinung über einen Rockkritiker namens John Rockwell mit den Hörern teilte, der eins meiner Konzerte verrissen hatte: »Ich wette, seine Füße stinken. Ich wette, er hat die Nase voller Popel.« Ich ging einkaufen, wenngleich mir klar wurde, dass ich die therapeutischen Möglichkeiten des Frustshoppens womöglich in dem Moment maximal ausgeschöpft hatte, als ich eine Kuckucksuhr kaufte, die anstelle eines Kuckucks einen großen Holzpenis enthielt, der zu jeder vollen Stunde aus- und wieder einfuhr. Ich brachte sie John Lennon mit, als ich ihn besuchte. Ich dachte mir, sie sei ein gutes Geschenk für jemanden, der bereits alles hatte. John und Yoko waren beim Shoppen genauso schlimm wie ich. Die verschiedenen Apartments, die sie im Dakota besaßen, waren dermaßen vollgestopft mit unbezahlbaren Kunstwerken, Antiquitäten und Klamotten, dass ich ihnen einmal eine Karte schickte, auf der ich den Text von »Imagine« umgedichtet hatte: »Imagine six apartments, one is full of fur coats, another's full of shoes.« Herrgott noch mal, sie besaßen sogar Rinderherden, preisgekrönte Holsteinrinder. Jahre später fragte ich, was aus ihnen geworden war. Yoko zuckte mit den Achseln und sagte: »Oh, die habe ich nicht mehr. Ständig dieses *Muhen*.«

Aber abgesehen von der Lieferung einer Penis-Kuckucksuhr an John Lennon hatte ich nichts zu tun. Jedenfalls nichts, was es wert gewesen wäre, noch mehr alte Damen auf die Krankentrage zu bringen. Ich lungerte einfach im Hotel herum. Die Band war natürlich nicht in der Stimmung, mit mir abzuhängen, denn ich hatte sie alle am Abend vor zwei Tagen gefeuert, direkt bevor wir auf die Bühne gingen.

Es war eine seltsame Tour. Kommerziell war sie ein riesiger Erfolg, und auf gewisse Weise machte sie auch Spaß. Kiki Dee hatte uns begleitet, um »Don't Go Breaking My Heart« zu singen, das trotz Bernies tiefer Bedenken in diesem Sommer auf beiden Seiten des Atlantiks die Nummer eins der Charts erreicht hatte. In Großbritannien reisten wir mit dem Auto, sahen uns zwischen den Konzerten die Touristenattraktionen an, machten Pausen, um Eis zu essen oder zum Mittagessen in die Pubs abzutauchen. In Amerika waren die Shows große Ereignisse gewesen. Hollywoodstars hinter der Bühne; ein großer Auftritt in Massachusetts zum zweihundertsten Jahrestag der amerikanischen Unabhängigkeitserklärung am 4. Juli, zu dem ich mich als Freiheitsstatue verkleidet hatte; ein Gastauftritt von Divine, der ungeachtet der Tatsache, dass einer seiner hohen Absätze in dem Moment abgebrochen war, als er auf die Bühne kam, einen flotten Shimmy aufs Parkett legte.

Und ich traf Elvis Presley backstage im Capital Centre in Landover, Maryland, wenige Nächte, bevor ich selbst dort auftrat. Ich nahm Bernie und meine Mama mit. Das ergab Sinn: Mama hatte mich mit Elvis' Musik vertraut gemacht, nun machte ich sie mit Elvis selbst vertraut. Wir wurden in eine ordentlich mit Leuten gefüllte Garderobe geführt. Ich war an Rockstars gewöhnt, die überall nur in Mannschaftsstärke hingingen, aber so etwas wie Elvis' Entourage hatte ich noch nie gesehen. Er war umgeben von Cousins, alten Freunden aus der Heimat in Memphis sowie von Leuten, die offenbar ausschließlich beschäftigt wurden, um ihm Getränke und Handtücher anzureichen. Nachdem ich mich an ihnen vorbeigedrängelt hatte, um seine Hand zu schütteln, brach mir das Herz. Ganz offensichtlich war er in extrem schlechter Verfassung. Er war übergewichtig, wirkte aschfahl und schwitzte. An der Stelle, wo seine Augen hätten sein sollen, waren ausdruckslose, schwarze Löcher. Er bewegte sich wie ein Mann, der gerade aus einer Vollnarkose erwacht war, seltsam und träge. Ein Rinnsal schwarzer Haarfarbe lief an seiner Stirn herunter. Er war komplett verbraucht und schien sich vor unseren Augen aufzulösen.

Unser Treffen war kurz und schrecklich gestelzt. Ich war gleichzeitig fasziniert und entsetzt, nicht unbedingt die ideale Voraussetzung für eine prickelnde Unterhaltung. Und Elvis … Nun ja, ich wusste nicht, ob Elvis keine Ahnung hatte, wer ich war – die Chancen standen gut, dass er überhaupt *niemanden* mehr erkannte –, oder ob er es ganz genau wusste und einfach nicht besonders begeistert war, mich zu sehen. Es war bekannt, dass Elvis sich über Konkurrenz nicht gerade freute; man erzählte sich dieses irre Gerücht über seinen Besuch bei Richard Nixon im Weißen Haus, bei dem er sich buchstäblich über die Beatles ausgeheult hatte. Und einige Jahre zuvor hatte mich seine Exfrau Priscilla kontaktiert, um mir zu sagen, dass ihre Tochter Lisa Marie ein riesiger Fan sei. Sie fragte mich, ob ich bereit wäre, mich zur Überraschung anlässlich ihres Geburtstags mit ihr zu treffen. Ich empfing sie in meinem Haus in L.A. zum Tee. Vielleicht war er deswegen verärgert.

Ich fragte ihn, ob er am Abend »Heartbreak Hotel« spielen würde, und er grunzte auf eine Weise, die eindeutig implizierte, dass er das nicht beabsichtigte. Ich bat ihn um ein Autogramm und sah, dass seine Hände zitterten, als er den Stift nahm. Die Unterschrift war nur mit Mühe zu lesen. Dann gingen wir wieder, um uns die Show anzusehen. Gelegentlich erhaschte man während des Konzerts eine Ahnung von dem unfassbaren Künstler, der er einmal gewesen war. Diese Ahnung hielt ein paar Textzeilen lang an und war dann wieder verschwunden. Das Bild, das ich von diesem Abend im Kopf behalten habe, ist Elvis, wie er Schals an die Frauen im Publikum verteilt. In der Vergangenheit war er berühmt dafür gewesen, Seidenschals auf der Bühne zu verteilen, eine große, für den King of Rock'n'Roll absolut standesgemäße Geste. Aber die Zeiten hatten sich eindeutig geändert, und diese Schals hier waren billige Nylondinger. Sie sahen nicht so aus, als würden sie lange halten. Das Gleiche galt für Elvis selbst, wie meine Mama treffend anmerkte.

»In einem Jahr wird er tot sein«, sagte sie, als wir gingen. Sie sollte recht behalten.

Aber noch Wochen später musste ich ständig über unser Treffen nachdenken. Es war nicht nur seine schlechte Verfassung, auch wenn die für sich genommen bereits unfassbar war – das letzte Gefühl, mit dem ich gerechnet hätte, wenn ich schließlich doch noch Elvis treffen würde, war Mitleid. Es war einfach nur so, dass ich ein bisschen zu mühelos verstand, wie er so hatte enden können, abgeschlossen von der Außenwelt. Vielleicht hatte er einfach nur zu viel Zeit damit verbracht, ohne eine richtige Beschäftigung in teuren Hotels gefangen zu sein. Eventuell hatte er eine kleine Dame zu viel auf der Krankentrage gesehen und danach beschlossen, die Welt da draußen sei die Mühe nicht wert.

Ungeachtet aller Erfolge fühlte die Tour sich ähnlich an wie die letzte: die Stadien, das Starship, die Berühmtheiten, sogar das Set, das wir spielten. Wir hatten ein neues Album aufgenommen, eine Doppel-LP namens *Blue Moves*, aber es sollte erst im Herbst erscheinen. Und ich hatte meine Lektion über das Spielen brandneuer Songs, die noch niemand kannte, erst vor einem Jahr in Wembley gelernt. Das galt besonders für Material wie das, was sich auf *Blue Moves* befand. Ich bin ziemlich stolz darauf, aber die Musik war komplex und schwierig zu spielen, ziemlich experimentell und jazzorientiert. Und die Stimmung war ziemlich düster und nachdenklich. Bernie schüttete sein Herz wegen der Scheidung von Maxine aus, und ich schrieb Musik, die dazu passte. Ich verfasste sogar ein wenig Text selbst, die ersten Zeilen von »Sorry Seems to Be the Hardest Word«. Es waren die Nachwehen einer weiteren desaströsen Vernarrtheit in einen heterosexuellen Mann: »What can I do to make you love me? What can I do to make you care?« Es ist ein großartiges Album, aber es ist nicht unbedingt die Arbeit zweier Menschen, die voller Lebensfreude und Räder schlagend die Straße runterpurzeln.

Und darin lag auch das eigentliche Problem der Tour. Der Urlaub auf Barbados war großartig gewesen, aber ich konnte mich nur noch vage an ihn erinnern. Ich befand mich wieder in genau der gleichen Verfassung wie damals, als ich mich in L.A. in den Swimmingpool geschmissen hatte. Mama und Derf hatten ein neues Heim für mich gefunden, es hieß Woodside. Das klang natürlich schön – der Nachbau eines riesigen georgianischen Hauses in Old Windsor auf einem siebenunddreißig Hektar großen Grundstück –, aber so genau konnte ich gar nicht sagen, wie schön es dort war, weil ich mich nämlich seit dem Einzug kaum dort aufgehalten hatte. Immerhin hatte ich Derf gebeten, ein paar Regale für meine Plattensammlung zu bauen und ein kleines Gehege für ein paar Tiere anzulegen: ein Kaninchen namens Clarence, einen Kakadu namens Ollie, außerdem Roger, einen Beo, dem irgendjemand die Worte »Piss off« beigebracht hatte, eine Phrase, mit der er sich später blamierte, als er sie im Beisein von Prinzessin Margaret verwendete, die ich zum Mittagessen eingeladen hatte. Aber kaum dass

Roger eingetroffen war und sämtlichen Leuten riet, sich zu verpissen, nahm ich ihn auch schon beim Wort. Ständig standen weitere Aufnahmesessions oder Tourneen an.

Ich liebte es immer noch, live zu spielen, aber körperlich war ich erschöpft. Ich bekam Krämpfe, beinahe wie epileptische Anfälle; nicht oft, aber oft genug, um es mit der Angst zu bekommen. Ich ließ meinen Kopf durchchecken, aber der Neurologe konnte nichts finden. Obwohl ich davon überzeugt bin, dass er sofort mit einer präzisen Diagnose angekommen wäre, wenn ich ihm erzählt hätte, was ich mir so alles durch die Nase jagte. Bernie schien es auch nicht viel besser zu gehen als mir. Seit seiner Scheidung stellte er das Bier nur noch ab, um eine Line Koks zu ziehen. Ich schlug ihm vor, es doch auch einmal als Texter für andere Leute zu versuchen. Nicht dass mit unserem Verhältnis irgendetwas nicht stimmte, weder professionell noch privat, aber vielleicht würde eine andere Umgebung uns beiden ganz guttun.

Am vorletzten Abend unseres Engagements im Madison Square Garden spitzte die Krise sich zu. Hinter der Bühne sagte ich der Band, dass ich nicht weitermachen könne. Ich würde ihnen ein Jahresgehalt als Abfindung zahlen, aber in absehbarer Zukunft gäbe es keine weiteren Tourneen mehr. Gegen Ende der Show murmelte ich unverbindlich, dass ich für eine Weile abhauen wolle. Während ich es aussprach, war ich unsicher, ob ich es ernst meinte oder nicht. Einerseits konnte ich mich definitiv nicht auf diese Weise weiterhin von Konzert zu Konzert schleppen. Ich redete mir ein, dass genau das die Wurzel aller Probleme war. Deshalb war ich so kaputt, deshalb funktionierten meine Beziehungen nicht, deshalb war ich so unglücklich. Andererseits liebte ich es immer noch, auf der Bühne zu stehen. Seit meinem achtzehnten Lebensjahr gab ich Konzerte. Es war mein Job. Was sollte ich sonst den ganzen Tag über machen? Derf dabei zusehen, wie er Regale aufstellte, und mir alle zehn Minuten von einem Beo sagen lassen, ich solle mich verpissen? Ich war also in nachdenklicher Stimmung, als der Journalist vom *Rolling Stone* in mein Hotel kam. Er hieß Cliff Jahr und hatte mich seit Wochen wegen eines Interviews genervt. Ich hatte keine Ahnung, dass Cliff ein bekennender Schwuler war, wild entschlossen, die Wahrheit über meine sexuelle Gesinnung herauszufinden. Ich glaube nicht, dass es für ihn eine politische Komponente gab – andere zu outen galt damals nicht unbedingt als ein Akt gegen das repressive Gesellschaftssystem. Ich denke, er war einfach nur ein ambitionierter Freelancer auf der Suche nach einer Sensationsgeschichte.

Später erfuhr ich, dass Cliff einen sorgfältig ausgetüftelten Plan hatte, um die gewünschte Information aus mir herauszuquetschen. Dazu gehörte ein geheimes Codewort, das er während der Unterhaltung fallen lassen wollte, damit der Fotograf dann auf dieses Signal hin den Raum verließ, woraufhin er seine ganze journalistische Arglist einsetzte, um mir meine tiefsten und dunkelsten Geheimnisse zu entlocken. Wie sich herausstellen sollte, kam der Glückliche aber gar nicht dazu, seinen sorgfältig austarierten Plan auch umzusetzen. Ich schnitt das Thema an, bevor er es tat. Er fragte mich, ob ich in irgendjemanden verliebt sei, was in diesen Tagen die absolut falsche Frage darstellte, wenn man nicht zufälligerweise brennend daran interessiert war, sich stundenlanges Gejammer über mein völlig verpfuschtes Privatleben anzuhören. Ich begann, ihm zu erzählen, wie sehr ich mich danach sehnte, jemanden zu finden, den ich lieben konnte. Verzweifelt fragte ich mich laut, ob Beziehungen zu Frauen möglicherweise länger hielten als jene, die ich mit Männern hatte. Er guckte ein bisschen irritiert und fragte – was ich ihm hoch anrechne –, ob er das Aufnahmegerät ausschalten solle, um das Gespräch vertraulich fortsetzen zu können. Ich lehnte ab. Scheiß drauf. Es schien mir wirklich kein besonders großes Thema zu sein. Mein komplettes Umfeld hatte bereits vor Jahren akzeptiert, dass ich schwul war. Jeder im Musikgeschäft wusste über meine Beziehung mit John Reid Bescheid. Und auch für Cliff Jahr konnte es kein allzu großer Schock sein, immerhin hatte ich ihm zuvor bereits die Geschichte erzählt, wie Divine und ich an der Tür des Crisco Disco abgewiesen worden waren. Werfen wir einen Blick auf die Indizien: Gemeinsam mit der bekanntesten Dragqueen der Welt hatte ich versucht, in einen Schwulenclub zu gelangen, der nach einem als Anal-Gleitgel berühmten Backfett benannt war. Die Nachricht, dass ich nicht heterosexuell war, kam unter diesen Umständen nicht unbedingt wie ein Blitz aus heiterem Himmel.

Er fragte, ob ich bisexuell sei, und ich sagte Ja. Meinetwegen eine ausweichende Antwort, aber ich hatte tatsächlich sowohl vor als auch nach meinem Coming-out Beziehungen zu Frauen gehabt. Er fragte, ob Bernie und ich jemals ein Paar gewesen waren, und ich verneinte. John Reids Name kaum auf, und ich flunkerte, indem ich sagte, ich hätte niemals eine ernsthafte Beziehung mit irgendjemandem gehabt. Es war bestimmt nicht meine Aufgabe, andere Leute im *Rolling Stone* zu outen. Ich sagte ihm, jeder solle ins Bett gehen dürfen, mit wem auch immer er wolle. »Bei Ziegen sollte man aber eine Grenze ziehen«, fügte ich hinzu.

In diesem Moment steckte John Reid plötzlich seinen Kopf durch die Tür und fragte, ob alles in Ordnung sei. Ich war mir nicht sicher, ob das einfach nur perfektes Timing war, oder ob er die ganze Zeit über in einem Zustand zunehmender Panik gelauscht hatte und schließlich nicht länger an sich halten konnte, als ich begann, Witze über Sodomie zu reißen. Vielleicht waren Ziegen ja auch für ihn die Grenze. Ich sagte John, dass alles in Ordnung sei. Und so habe ich es auch gemeint. Ich fühlte mich weder erleichtert noch war ich nervös, stolz oder was auch immer die Leute nach einem öffentlichen Coming-out erwarten. Ich habe wirklich einfach gar nichts gefühlt. Die Sorgen und den Ärger wegen meiner Sexualität und was die Leute darüber denken könnten, hatte ich vor Jahren hinter mich gebracht. Es war mir komplett egal.

Eine Haltung, die mein Umfeld keineswegs teilte. Nicht dass ich direkt darauf angesprochen wurde. Sie übten respektvolle Zurückhaltung angesichts der vielen Kohle, die ich ins Haus brachte. Und den guten alten Dwight-Hitzkopf zu einem seiner berüchtigten Anfälle zu verleiten, das hätten sie nicht gewagt. Aber in der Zeit nach der Veröffentlichung des Interviews befanden sich John Reid und meine amerikanische Plattenfirma ziemlich eindeutig in einem permanenten Angstzustand, weil sie mit desaströsen Auswirkungen dieser Offenbarung auf meine Karriere rechneten.

Schließlich legte sich die Aufregung, und das niederschmetternde Ausmaß des Schadens, den ich angerichtet hatte, wurde klar. Es gab keinen. Ein paar Vollidioten schrieben dem *Rolling Stone*, sie beteten, meine irregeführte Seele möge von Gottes Zorn und der ewigen Verdammnis verschont bleiben. Einige amerikanische Radiosender kündigten an, meine Platten nicht mehr spielen zu wollen, aber das machte mir nicht das Geringste aus. Es klingt vielleicht arrogant, aber ich war mir einigermaßen sicher, dass meine Karriere auch ohne ihre Hilfe irgendwie weitergehen würde. Die Leute sagen, durch den *Rolling Stone*-Artikel seien die Verkäufe meiner Alben in den USA eingebrochen, aber tatsächlich waren die Verkäufe bereits schon lange vorher zurückgegangen. *Rock of the Westies* mag zwar noch die Nummer eins erreicht haben, aber es verkaufte sich deutlich schlechter als *Captain Fantastic*.

In Großbritannien sagte die *Sun* parallel eine Verlosung von *Blue Moves* ab, weil auf dem Cover – ein wunderschönes Patrick-Procktor-Gemälde aus meinem Besitz, das Menschen im Park zeigte – keine Frauen zu sehen waren. Also handelte es sich um entsetzliche homosexuelle Propaganda, vor der die Öffentlichkeit beschützt werden müsse. Offenbar folgte die *Sun* hier einer Logik, nach der ihre Leser ein Bild mit ein paar Männern im Park sahen und sich daraufhin unmittelbar ihre Eheringe vom Finger zerrten, Frau und Kinder verließen und in die nächste Schwulenbar rannten, um dort »I Am What I Am« zu singen. Damit sind die negativen Reaktionen dann aber auch schon aufgezählt.

Tatsächlich schien die britische Presse interessierter an dem zu sein, was auf meinem Kopf passierte, als an meinem Sexualleben. In gewisser Weise konnte ich ihnen keinen Vorwurf machen: Ich war selbst ziemlich ergriffen von dem, was dort seit ungefähr einem Jahr oder so vor sich ging. Seit den frühen Siebzigern war mein Haar ein bisschen dünner geworden, aber nun hatte eine misslungene Tönung in New York zu einer Massenabwanderung des verbliebenen Personals geführt. Beeindruckt von der Art, wie die Modedesignerin Zandra Rhodes ihre Haarfarbe immer wieder ihrem jeweiligen Outfit anpasste, hatte ich meine Haare in einem Londoner Salon seit Jahren in allen denkbaren Tönen färben lassen, ohne dass sie jemals sichtbaren Schaden genommen hätten. Ich habe keine Ahnung, was die New Yorker Friseure benutzt hatten, aber nicht lange nach dem Termin fielen mir die Haare büschelweise aus. Als 1976 die

193

Tournee losging, war da oben buchstäblich nichts mehr übrig geblieben.

Ich hasste mein Aussehen. Einige Leute sind mit einem Gesicht gesegnet, zu dem eine Glatze gut passt. Ich gehöre nicht zu diesen Leuten. Ohne Haare entwickelte ich eine verstörende Ähnlichkeit mit der Trickfilmfigur Shrek. Aber die Erlösung war anscheinend in Sicht. Man empfahl mir einen Mann namens Pierre Putot in Paris, der angeblich ein bedeutender Pionier in der Kunst der Haartransplantation war. Zu diesem Zeitpunkt waren Haartransplantationen so neu, dass jeder Arzt, der irgendwie in der Lage war, sie überhaupt vorzunehmen, bereits als bedeutender Pionier galt. Aber mir wurde versichert, er sei der beste. Ich würde mich einer simplen Prozedur unterziehen, so hieß es, und Paris anschließend als ein neuer Mensch verlassen, begleitet von den begeisterten *Incroyable!*- und *Sacrebleu*-Ausrufen der Zuschauer, völlig hingerissen von meiner neuen Löwenmähne.

So lief es dann allerdings nicht. Zunächst einmal war das Prozedere alles andere als simpel. Es dauerte fünf Stunden. Es musste zweimal wiederholt werden, und beide Male taten höllisch weh. Die Technik, derer sie sich bedienten, hatte die unappetitliche Bezeichnung »Streifenentnahme«. Mit einem Skalpell wurden streifenweise Haarpartien von meinem Hinterkopf entfernt und dann am Scheitel angebracht. Das Geräusch, das beim Entfernen der Haarpartien entstand, erinnerte auf beunruhigende Weise an einen Hasen, der sich durch eine Karotte nagt. Nach der ersten Behandlung torkelte ich schmerzerfüllt aus der Klinik und verlor den Halt, als ich in ein wartendes Auto steigen wollte, woraufhin ich mit dem Kopf gegen den Türrahmen schlug. In diesem Moment wurde mir klar, dass die Qualen selbst der schlimmsten Haartransplantation nur ein läppischer

Nadelstich im Vergleich zu den Schmerzen waren, die man spürt, wenn man sich unmittelbar nach einer Haartransplantation den Kopf an einer Autotür stößt. Während ich meinen nunmehr blutenden Schädel verzweifelt mit einem Tuch abtupfte, fiel mir die einzige Sache ein, die mich von diesen Schmerzen ablenken konnte. Ich wies den Fahrer an, mit mir einkaufen zu gehen.

Das Schlimmste aber war, dass die Haartransplantation nicht einmal funktioniert hatte. Ich bin mir nicht sicher, warum, aber es hielt einfach nicht. Es war nicht der Fehler des Arztes. Vielleicht hatte es etwas mit den vielen Drogen zu tun, die ich nahm. Eventuell lag es aber auch daran, dass sie mir zwar gesagt hatten, ich solle in den Wochen nach der Behandlung auf gar keinen Fall Hüte tragen, ich mich aber entschied, diesen Ratschlag komplett zu ignorieren. Was vor allem daran lag, dass ich nun ohne Hut so aussah wie etwas, das gegen Ende eines Horrorfilms auftaucht und mit der Axt eine »Streifenentnahme« bei Teenagern vornimmt. Mein Kopf war mit seltsamen Kratern und jeder Menge Schorf bedeckt. Vermutlich wäre es ein guter Kompromiss gewesen, etwas Leichteres als einen Hut zu tragen, etwa ein Kopftuch, aber in der Öffentlichkeit im Aufzug eines Karten legenden Zigeuners aufzutauchen ging selbst mir ein bisschen zu weit.

Als die Nachricht von den jüngsten Ereignissen in Monsieur Putots Klinik die Presse erreichte, drehten sie durch. Nichts, was ich bis zu diesem Zeitpunkt jemals in meiner Karriere getan hatte, schien sie auch nur ansatzweise so sehr zu faszinieren wie die Haartransplantation. Die Paparazzi entwickelten eine regelrechte Obsession, ein Bild von mir ohne Hut zu erhaschen. Man hätte denken können, anstelle einiger dünner Haare sei unter diesem Hut das Geheimnis des ewigen Lebens und

Glücks verborgen. Die Paparazzi gingen jedoch leer aus; in der Öffentlichkeit trug ich ungefähr die nächsten zehn Jahre lang durchgehend Hüte. In den späten Achtzigern, kurz bevor ich clean wurde, hatte ich genug davon, färbte das, was von meinen Haaren übrig geblieben war, platinblond und ließ mich so für das Cover meines Albums *Sleeping with the Past* ablichten. Nachdem ich dann clean geworden war, ließ ich ein Weaving vornehmen, für das die Reste meiner Haare mit Fremdhaaren verknüpft wurden. Mein Debüt in diesem neuen Look gab ich beim Freddie Mercury Tribute Concert. Danach schrieb ein Journalist, ich habe ausgesehen, als hätte ich ein totes Eichhörnchen auf dem Kopf getragen. Das war natürlich nicht besonders nett, aber ich musste zugeben, dass er nicht ganz unrecht hatte.

Schließlich gab ich auf und besorgte mir ein Toupet, hergestellt von den Leuten, die Perücken für Hollywoodfilme anfertigten. Es ist wirklich absurd. Die Menschen waren jahrelang besessen von meinen Haaren oder dem, was von ihnen übrig geblieben war. Dann begann ich eine Perücke zu tragen, und absolut niemand hat es seitdem jemals wieder erwähnt. Ungeachtet dessen hat so eine Perücke ihre ganz eigenen Nachteile. Vor einigen Jahren lag ich in meiner Wohnung in Atlanta im Bett, als ich von Stimmen geweckt wurde. Ich war überzeugt, wir würden ausgeraubt. Als ich bereits im Flur war, fiel mir auf, dass ich mein Toupet nicht aufgesetzt hatte. Also rannte ich zurück ins Schlafzimmer – wenn ich schon von Eindringlingen totgeknüppelt werden würde, wollte ich dabei ganz bestimmt nicht kahl sein. Wieder mit Perücke ging ich dann in die Küche, wo ich zwei Arbeiter fand, die geschickt worden waren, um eine undichte Stelle zu reparieren. Sie entschuldigten sich vielmals, mich geweckt zu haben, aber trotz meiner Erleichterung bemerkte ich, dass sie mich unentwegt anstarrten. Vermutlich, weil ich ein Prominenter war, nahm ich an, während ich mich auf den Weg zurück ins Bett machte. Bei einem Zwischenstopp im Bad wurde mir allerdings klar, dass sie keineswegs vom Anblick des legendären Elton John geblendet waren. Sie waren vielmehr geblendet, weil der legendäre Elton John mit einer verkehrt herum aufgesetzten Perücke vor ihnen aufgetaucht war. Ich sah absolut lächerlich aus, wie Frankie Howerd nach einer harten Nacht bei starkem Wind. Ich nahm das Ding vom Kopf und legte mich wieder hin.

Auch wenn die Welt die Nachricht über meine Sexualität im Großen und Ganzen sehr gut aufgenommen hatte, begann ich mich doch zu fragen, ob der Zeitpunkt der Verkündung richtig gewesen war. Ein Ratschlag, den ich allen geben kann, die ein öffentliches Coming-out planen, ist folgender: Machen Sie es nicht unmittelbar, nachdem Sie zum Vorsitzenden eines britischen Fußballvereins berufen wurden. Es sei denn, Sie möchten ihre Samstagnachmittage damit verbringen, Tausenden von Auswärtsfans zu lauschen, die zur Melodie von »My Old Man Said Follow the Van« die Zeilen »setz dich nicht hin, wenn Elton in der Nähe ist, sonst bekommst du einen Penis in den Arsch« singen. Vermutlich sollte ich an dieser Stelle mit einem kleinen Vortrag die Homophobie britischer Fußballfans Mitte der Siebzigerjahre anprangern, aber ehrlich gesagt fand ich das lustig. Beschämend, aber lustig. Ich fühlte mich dadurch nicht bedroht oder eingeschüchtert, weil es ganz offensichtlich humorvoll gemeint war. Man musste es mit Fassung tragen.

Tatsächlich hatte ich beim FC Watford mit weitaus größeren Problemen zu kämpfen als den Gesängen der gegnerischen Fans. Ein Journalist und Watford-Fan hatte mich bei einem Interview auf die Probleme aufmerksam gemacht, die der Club auch abseits des Platzes hatte. Ich war immer noch begeisterter

Fan, ging ins Stadion und versuchte, mir ihre Spiele anzusehen, wann immer es ging. Ich stand nach wie vor in der Kurve auf demselben Platz der Vicarage-Road-Tribüne, auf dem ich schon als Kind mit meinem Vater gestanden hatte. Dort zu stehen war allerdings nicht das Einzige, was Kindheitserinnerungen weckte. Watford war immer noch genau so ein hoffnungsloser Fall wie in den Fünfzigerjahren und hing dauerhaft im Tabellenkeller fest. Sie zu unterstützen war ein bisschen so, wie ein Mitglied von Bluesology zu sein: Ich liebte sie über alles, wusste aber genau, dass sie niemals etwas erreichen würden.

Durch den Journalisten wusste ich nun, dass der Verein auch noch finanzielle Probleme hatte. Sie hatten kein Geld, weil niemand mehr daran interessiert war, ins Stadion zu gehen, um sie Woche für Woche verlieren zu sehen. Sie waren verzweifelt auf der Suche nach zusätzlichen Einnahmequellen. Ich rief sie an und schlug ein Benefizkonzert im Stadion vor. Sie stimmten zu und boten mir im Gegenzug die Möglichkeit an, Anteile zu kaufen und Vizepräsident zu werden. Bei dem Konzert trug ich ein Bienenoutfit, näher konnte ich dem Wappentier des Clubs, einer Cartoon-Hornisse namens Harry, nicht kommen. Außerdem brachte ich Rod Stewart mit, der mit mir gemeinsam auftrat. Nicht zuletzt eine Gelegenheit für Rod, sich einen Nachmittag lang über die entsetzlichen Platzverhältnisse lustig zu machen (der Rasen war zugegebenermaßen eine runtergekommene Müllhalde, um die immer noch eine Hunderennbahn führte) sowie über die katastrophale Ausbeute des Teams im Vergleich zu seinen geliebten Celtics, und ganz besonders natürlich über mich in meiner neuen Rolle als Vizepräsident.

»Was zur Hölle weißt du schon über Fußball, Sharon?«, fragte er. »Wenn du auch nur die geringste Ahnung hättest, würdest du diesen Haufen hier nicht unterstützen.«

Ich sagte ihm, er solle sich verpissen. Die anderen Vorstandsmitglieder hätten allerdings kaum freundlicher sein können. Falls es ihnen etwas ausmachte, dass ich der einzige Vizepräsident der Liga war, der mit grünen und orangefarbenen Haaren zu den Sitzungen kam und mit seinen Plateausohlen alle anderen überragte, haben sie es nie erwähnt. Was Watford selbst betraf, machte meine Präsenz allerdings kaum einen Unterschied: Das Team war immer noch hoffnungslos schlecht, der Verein immer noch pleite. Mir ging ein Gedanke durch den Kopf. Nachdem meine Unterstützung für den Club auf ähnliche Weise frustrierend war wie meine Zeit bei Bluesology, sollte ich diesbezüglich vielleicht etwas unternehmen.

Als also der Präsident des Clubs, ein örtlicher Geschäftsmann namens Jim Bonser, im Frühling 1976 anbot, mir den Club auf der Stelle zu verkaufen, sagte ich zu. John Reid war wütend und erklärte mir wieder und wieder, wie sehr der Besitz eines Fußballclubs meine Finanzen austrocknen würde. Auch ihm sagte ich, er solle sich verpissen. Ich wollte das wirklich machen. Ich war schon immer ein Wettbewerbstyp, egal ob es um Squash, Tischtennis oder Monopoly ging. Selbst heute ist das noch so – wenn ich Tennis spiele, will ich nicht einfach nur gegen den Ball schlagen und mich ein bisschen bewegen. Ich will ein Spiel spielen und es gewinnen. Den Job des Präsidenten zu übernehmen sprach diesen Teil meines Charakters an. Ich mochte die Herausforderung. Aber vor allem hatte ich die Schnauze voll davon, mir meine Wochenenden zu ruinieren, weil Watford ständig verlor.

Und ich liebte den Club. Watford-Fan zu sein war die eine große Konstante meines Lebens, während sich alles andere bis zur Unkenntlichkeit verändert hatte. Vicarage Road war zehn oder elf Kilometer von meinem Geburtsort entfernt. Es verband mich mit meinen Wurzeln und erinnerte mich daran, dass ich ungeachtet des vielen Geldes und aller Erfolge immer noch ein Arbeiterklassejunge aus einem Sozialbau in Pinner war.

Es gab aber noch einen anderen Aspekt. Ich liebte es, mich im Umfeld des Vereins zu bewegen, weil alles an dieser Welt so anders war als in meiner gewohnten Umgebung, der Musikwelt. Es gab keinen Glamour, keinen Luxus, keine Limousinen, keine Starships. Man fuhr mit den Spielern im Zug nach Grimsby, sah sich das Spiel an, hörte den Fans der gegnerischen Mannschaft dabei zu, wie sie von meinem unstillbaren Verlangen sangen, allen meinen Penis in den Arsch zu rammen, und dann nahm man den Zug nach Hause. Mit einer Schachtel Fisch aus örtlichen Gewässern im Gepäck, die die Vereinsleitung von Grimsby einem nach dem Spiel geschenkt hatte.

Es gab keinen Bullshit. In der Musikwelt sagen einem die Leute aus dem eigenen Umfeld ab einem gewissen Erfolgslevel nur noch die Dinge, von denen sie denken, dass man sie hören will und niemals das, was sie wirklich denken. Niemand will einen enttäuschen, niemand will Unruhe reinbringen. Aber bei Watford lief das anders. Mitarbeiter und Spieler waren freundlich und respektvoll, aber sie waren nicht daran interessiert, mein Ego zu polieren. Sie teilten es mir jederzeit freudig mit, wenn sie mein aktuelles Album nicht besonders mochten (»Warum machst du nicht noch mal so einen Song wie ›Daniel‹? Der war gut.«) oder wenn sie der Meinung waren, der Mantel, den ich trug, sähe lächerlich aus. Dass sie mich nicht mit Samthandschuhen anfassten, nur weil ich Elton John war, wurde immer dann einigermaßen deutlich, wenn ich an einem Spiel fünf gegen fünf teilnahm. Ich bekam den Ball, sah einen Watford-Spieler aus dem gegnerischen Team zum Angriff übergehen, im nächsten Moment hatte er den Ball, und ich flog im hohen

Bogen durch die Luft. Und zwar rückwärts, als Vorspiel zur Landung auf meinem Hintern.

Es gab auch kein schlechtes Benehmen und keine divenhaften Wutanfälle meinerseits. Ich musste lernen, ein guter Verlierer zu sein und den Vertretern der gegnerischen Vereinsleitung die Hände zu schütteln, wenn sie uns besiegt hatten. Ich konnte es mir nicht erlauben, die Beherrschung zu verlieren oder zu schmollen. Und schon gar nicht konnte ich Drogen nehmen oder mich volllaufen lassen, weil ich nämlich nicht als großer Star da war, der von allen gehätschelt und getätschelt wurde, sondern als Repräsentant des Watford Football Club. Einmal habe ich die Regeln gebrochen. Am Boxing Day tauchte ich schwer verkatert von einem gigantischen Koksgelage bei einem Spiel auf und hielt mich im Konferenzraum mit Scotch über Wasser. Am Tag danach gab es einen ordentlichen Anschiss der Art, die normalerweise niemand mir gegenüber wagte.

»Was glaubst du eigentlich, was zur Hölle du da tust? Du lässt dich selbst hängen, und du lässt den Club hängen.«

Der Mann, der mir die Leviten las, war Graham Taylor, der neue Trainer, den ich im April 1977 persönlich davon überzeugt hatte, nach Watford zu kommen. Als ich ihn traf, war er zweiunddreißig Jahre alt – jung für einen Fußballtrainer – und erinnerte mich an Bernie. Genau wie Bernie kam er aus Lincolnshire. Und genau wie Bernie wollte er es mit mir riskieren. Für den Trainer eines unterklassigen Teams wie Watford wurde Graham ziemlich gut bezahlt, aber den Job zu übernehmen war definitiv ein Rückschritt für ihn. Er hatte bereits seinen letzten Verein, Lincoln City, aus der vierten Liga geführt und hätte danach eigentlich zu einem größeren Club gehen können, nicht zurück nach unten. Aber genau wie mit Bernie verstand ich mich auch mit ihm auf Anhieb bestens. Und ebenfalls wie

Bernie redete ich auch Graham nirgendwo groß rein, sondern ließ ihn einfach seinen Job machen.

Und als wir dann richtig durch die Decke gingen, taten wir das auf eine Weise, die jenseits aller vorstellbaren Kategorien war, auch das hatte er mit Bernie gemeinsam. Graham war ein unfassbarer Trainer. Er baute ein fantastisches Team um sich herum auf. Sein Assistent wurde Bertie Mee, ein Veteran, der in den Dreißigerjahren selbst gespielt hatte und das Geschäft in- und auswendig kannte. Eddie Plumley kam von Coventry und wurde Geschäftsführer. Graham kaufte neue Spieler und baute tolle junge Talente auf. Er nahm den sechzehnjährigen John Barnes unter Vertrag. Einer der großartigsten englischen Spieler aller Zeiten, und Graham bekam ihn für den Preis eines Trikots. Zöglinge des Clubs wie Luther Blissett und Nigel Callaghan wurden unter seiner Führung zu Starspielern. Er sorgte dafür, dass sie alle härter trainierten als je zuvor und aufregenden Fußball spielten – zwei große Mittelstürmer, zwei schnelle Flügelspieler, viele Tore, was bedeutete, dass die Leute zu uns kamen, um sich die Spiele anzusehen. Er schaffte die Hunderennbahn ab, baute neue Tribünen und einen Familienbereich, wo Eltern bedenkenlos und sicher mit ihren Kindern die Spiele ansehen konnten. Heute hat jede Mannschaft so einen Bereich, aber Watford hatte ihn zuerst.

All diese Dinge kosteten Geld, es gab also noch mehr Gejammer von John Reid. Es war mir egal. Ich war kein Geschäftsmann, der sein Engagement für den Club als Geldanlage betrachtete. Watford war ein Teil von mir. Ich war besessen bis zum Aberglauben. Wenn wir eine Siegesserie hatten, wechselte ich meine Kleidung nicht und leerte auch den Inhalt meiner Taschen niemals aus. Ich war wahnsinnig enthusiastisch, und es gelang mir, Leute dazu zu überreden, Watford-Fans zu werden.

Meinen alten Freund Muff Winwood bekehrte ich vom West-Brom-Fan zum Watford-Vorstandsmitglied. Ich nahm an Stadtratssitzungen teil und versuchte vergeblich, sie davon zu überzeugen, uns ein neues Stadion am Stadtrand bauen zu lassen. Nach den Spielen besuchte ich den Fanclub, der in einem kleinen Gebäude am oberen Ende der Haupttribüne untergebracht war, und hörte mir an, was unsere Anhänger zu sagen hatten. Sie sollten wissen, dass mir der Club wirklich eine Menge bedeutete, wir ihre Unterstützung nicht als selbstverständlich betrachteten und Watford ohne sie ein Nichts wäre. Ich schmiss große Partys für Spieler, Mitarbeiter und ihre Familien in Woodside, mit Eierlaufen und Fünf-gegen-fünf-Spielen. Ich kaufte einen Aston Martin, ließ ihn in den Vereinsfarben lackieren – gelb mit einem roten und einem schwarzen Querstreifen in der Mitte – und fuhr damit zu den Auswärtsspielen. Ich nannte ihn das Präsidentenauto. Mir war nicht bewusst, wie viel Aufmerksamkeit ich damit erregte, bis ich Prinz Philip vorgestellt wurde. Wir tauschten Höflichkeitsformeln aus, bis er plötzlich das Thema wechselte.

»Sie leben in der Nähe von Windsor Castle, oder?«, fragte er. »Haben Sie diesen verdammten Idioten schon gesehen, der dort mit seinem grässlichen Auto durch die Gegend fährt? Es ist leuchtend gelb, mit so einem lächerlichen Streifen. Kennen Sie den?«

»Ja, Eure Hoheit. Er steht vor Ihnen.«

»Wirklich?« Er wirkte angesichts dieser Nachricht nicht besonders erstaunt. Tatsächlich schien er sogar froh zu sein, den Idioten, um den es ging, gefunden zu haben. So konnte er ihm nämlich seinen besonderen Ratschlag angedeihen lassen: »Was zur Hölle denken Sie sich dabei? Lächerlich. Sie sehen damit aus wie ein verdammter Trottel. Werden Sie den Wagen bloß los.«

Wenn ich es mit dem Präsidentenauto nicht pünktlich zu den Spielen schaffte, charterte ich einen Hubschrauber. Konnte ich nicht zu einem Spiel kommen, weil ich im Ausland war, rief ich beim Verein an und ließ mich mit der Liveübertragung des örtlichen Krankenhausradios verbinden. Irgendwo in Amerika hörte mir die Band dann dabei zu, wie ich mir allein in meiner Garderobe die Seele aus dem Hals schrie, weil wir Southampton in einem Pokalspiel geschlagen hatten. Es konnte mitten in der Nacht in Neuseeland sein, ich stand auf und hörte das Spiel. Fand das Spiel zur gleichen Zeit statt wie der geplante Konzertbeginn, verschob ich den Konzertbeginn. Ich liebte es. Den Nervenkitzel der Spiele, die Kameradschaft, das Gefühl, Teil eines Teams zu sein, in dem alle an einem Strang zogen, von den Spielern bis zu den Tee-Damen. Das persönliche Glück, das ich Watford verdanke, hätte ich für kein Geld der Welt kaufen können.

Überdies war das Ganze auch kein Fass ohne Boden. Die Resultate meiner Investition waren klar erkennbar. Watford begann zu gewinnen und gewann weiter. Nach einer Saison waren wir in der dritten Liga. Nach einer weiteren in der zweiten. 1981 stieg Watford zum ersten Mal in seiner Geschichte in die erste Liga auf. Ein Jahr später waren wir Vizemeister, die zweiterfolgreichste Fußballmannschaft Großbritanniens. Das bedeutete, dass wir im UEFA-Cup gegen die größten Mannschaften Europas antreten würden. Real Madrid, Bayern München, Inter Mailand. Bei unserem ersten Treffen hatte ich Graham gesagt, dass ich genau das mit dem Verein erreichen wolle. Er hatte mich angesehen, als sei ich nicht ganz richtig im Kopf. Er sagte mir, wir könnten froh sein, wenn wir mit dieser Mannschaft den Verbleib in der vierten Liga sichern würden (»Dein Mittelstürmer ist eine verdammte Giraffe.«), bevor ihm klar wurde, dass ich es absolut ernst meinte und mich mit aller Kraft für mein Ziel einsetzen wollte. Wir dachten, es würde ungefähr zehn Jahre dauern. Watford brauchte nur fünf.

Und dann erreichten wir 1984 das FA-Cup-Finale. Der älteste und renommierteste Pokalwettbewerb Englands: Wembley-Stadion, hunderttausend Fans. Inzwischen war es für mich eigentlich normal geworden, dass es gut für Watford lief – komisch, wie schnell man sich nach jahrzehntelangem Versagen an den Erfolg gewöhnen kann –, aber kurz vor dem Anpfiff wurde mir mit einem Schlag bewusst, wie weit wir es gebracht hatten. Von einem hoffnungslosen kleinen Verein, zu dessen Spielen niemand kam und über den die Leute lachten, bis zu diesem Punkt. Die Blaskapelle stimmte »Abide With Me« an, die traditionelle FA-Cup-Hymne, und damit war es um mich geschehen. Ich brach vor den versammelten BBC-Kameras in Tränen aus. Der Höhepunkt des Tages, wie sich zeigen sollte. Wir verloren 2:0 gegen Everton. Es hätte ein deutlich knapperes Spiel sein müssen, eins ihrer Tore hätte nicht gegeben werden dürfen, doch am Ende hatten sie einfach besser gespielt als wir. Ich war verzweifelt, aber letztlich schmissen wir trotzdem eine Party für die Mannschaft. Sie hatte Großes erreicht.

Als ich das Publikum im Wembley-Stadion sah, fühlte ich mich wie damals auf der Bühne des Dodger-Stadions. Und genau wie bei den Dodger-Konzerten hatte ich auch diesmal wieder den Eindruck, hiermit sei eine Art Gipfel erreicht. Ich ahnte, dass es danach nicht mehr besser werden würde. Ich hatte recht. Einige Jahre später verließ Graham den Verein und wurde Trainer bei Aston Villa. Ich holte einen Trainer namens Dave Bassett als Ersatz, aber es funktionierte nicht. Die Chemie stimmte einfach nicht, er kam nicht mit der Mannschaft klar. Mir kam der Gedanke, dass ich Watford hätte verlassen müssen, als Graham gegangen war. Ich liebte den Club immer noch, aber das mit uns beiden war ein Glücksfall gewesen, pure Magie, und diese Magie konnte ich ohne ihn nicht einfach so wieder reproduzieren.

Schließlich verkaufte ich Watford an Jack Petchey, einen Multimillionär, der sein Geld mit Autos verdient hatte. Sieben Jahre später kaufte ich große Anteile des Vereins zurück und wurde erneut Präsident. Jack war vor allem Geschäftsmann, nicht der Typ, der sein Herz für den Verein gegeben hätte. Und für mein Gefühl hatte er ein schreckliches Chaos verursacht, wodurch Watford wieder in die zweite Liga abgestiegen war. Ich tat es nur, weil Graham zugestimmt hatte, als Trainer zurückzukommen. Die Mannschaft schlug sich gut, aber es war nicht mehr dasselbe wie beim ersten Mal. Es gab nicht mehr diese unfassbare Herausforderung, aus dem Keller an die Spitze zu klettern. Schließlich verließ Graham den Verein ein zweites Mal, und diesmal ging ich mit. Im Jahre 2002 dankte ich für immer als Präsident ab. Auf eine seltsame Art ging unsere Partnerschaft weiter. Bis zu seinem Tod 2017 rief ich Graham immer noch regelmäßig an, um mit ihm über die Mannschaft zu sprechen. Wie sie spielten, wie wir über den jeweils aktuellen Trainer dachten. Was auch immer Graham sonst noch alles im Fußball erreicht hatte, mit dem Herzen war er immer bei Watford geblieben.

Ich bin wahnsinnig stolz auf das, was wir gemeinsam erreicht haben, aber ich schulde Watford mehr als Watford mir. Meine Präsidentschaft dort fiel in die schlimmste Phase meines Lebens. Jahre der Abhängigkeit und des Elends, der gescheiterten Beziehungen, schlechten Geschäfte und Gerichtsverfahren, ein ständiger Aufruhr. Während all diese Dinge passierten, war Watford eine konstante Quelle des Glücks für mich. Wenn es sonst keine Liebe mehr in meinem Leben zu geben schien, gab es immer noch die Liebe des Vereins und seiner Fans. Ich konnte mich auf etwas völlig anderes konzentrieren, eine Leidenschaft, mit der ich mich von all den Dingen ablenken konnte, die schlecht liefen. Aus offensichtlichen Gründen kann ich mich an große Teile der Achtziger nicht mehr erinnern. Damals wusste ich oft schon nach einem Tag nicht mehr, was tags zuvor passiert war, wie soll ich mich also daran erinnern, was vor dreißig Jahren geschah? Aber jedes einzelne Watford-Spiel, das ich jemals gesehen habe, ist dauerhaft fest in meiner Erinnerung verankert. Der Abend, an dem wir Manchester United im Old Trafford aus dem League Cup geworfen haben, während wir noch in der dritten Liga waren: zwei Blissett-Tore, beide mit dem Kopf, und die Zeitungen, die Watford sonst niemals erwähnten, nannten die Mannschaft am nächsten Morgen »Elton Johns Rocket Men«. Dieser Abend im November 1982, ein Auswärtsspiel bei Nottingham Forest im Milk Cup. Sie schlugen uns 7:3, aber für mich war es eins der besten Fußballspiele, die ich jemals in meinem Leben gesehen hatte, und der legendäre Forest-Trainer Brian Clough stimmte mir zu, bevor er sich zu Graham umdrehte und ihm sagte, dass er es *seinem* Präsidenten niemals erlauben würde, so an der verdammten Seitenlinie zu sitzen, wie ich es tat. Gott alleine weiß, was aus mir geworden wäre, wenn ich den Fußballverein nicht gehabt hätte. Ich übertreibe keineswegs, wenn ich sage, dass Watford mir das Leben gerettet hat.

ACHT

Im Herbst 1976 war ich wieder zu Hause und hatte mich als Livekünstler theoretisch zur Ruhe gesetzt, also machte ich mich an die Renovierung von Woodside. Ein Haus hatte es auf diesem Grundstück in Old Windsor bereits seit dem 11. Jahrhundert gegeben – ursprünglich errichtet für den Leibarzt von Wilhelm dem Eroberer –, aber es war immer wieder abgebrannt. Die aktuelle Version des Hauses war 1947 für Michael Sobell gebaut worden, der mit der Herstellung von Radios und TV-Geräten ein Vermögen verdient hatte. Es war als Imitation eines georgianischen Anwesens angelegt worden, aber als ich es renovierte, entschied ich mich, auf palladianische und Regency-Dekoration zu verzichten, zugunsten eines Stils, der unter Innenarchitekturexperten wohlbekannt ist als Mittsiebziger-Popstar-auf-Drogen-dreht-durch. Es gab Flipper, Jukeboxen, Messingpalmen sowie meine über das ganze Haus verteilten Erinnerungsstücke. Direkt neben Tiffany-Lampen standen etwa meine einen Meter zwanzig hohen Doc Martens, die ich getragen hatte, als ich in dem The-Who-Film *Tommy* »Pinball Wizard« sang. An den Wänden teilten sich Rembrandt-Radierungen den Platz mit goldenen Schallplatten und allem möglichen Kram, den Fans mir geschickt hatten. Auf dem Grundstück hatte ich ein kleines Fußballfeld angelegt, und es gab eine komplett ausgestattete Disco direkt neben dem Wohnzimmer, mit Lichtorgel, Discokugel, DJ-Pult und gewaltigen Boxen. In einem Zimmer stand eine Nachbildung von Tutanchamuns Thron. An den Außenwänden hingen Boxen, die direkt mit der Stereoanlage in meinem Schlafzimmer verbunden waren. Wenn ich aufwachte, ließ ich eine Fanfare erklingen, um allen im Haus meine baldige Ankunft anzukündigen. Ich fand das einfach nur lustig, ein kleiner Camp-Witz, aber aus irgendeinem Grund tendierten Besucher, die nicht mit der Fanfare gerechnet hatten, dazu, mit einem nachdenklichen Gesichtsausdruck auf sie zu reagieren. Als würden sie die Möglichkeit in Betracht ziehen, der Erfolg könne mir zu Kopf gestiegen sein.

Auf dem Grundstück stand eine Orangerie, die ich zu einem eigenständigen Haus mit eigenem Garten umgewandelt hatte, damit meine Großmutter dort einziehen konnte. Ihr zweiter Ehemann Horace war verstorben, und ich wollte nicht, dass sie mit ihren mehr als siebzig Jahren alleine lebte. Sie verbrachte dort den Rest ihres Lebens, bis zu ihrem Tod 1995. Damit schloss sich für mich auf sehr schöne Weise ein Kreis. Ich war in ihrem Haus geboren worden, sie starb in meinem, auch wenn ihr Leben dort ziemlich eigenständig war. Sie war immer eine unabhängige Frau gewesen, und das wollte ich ihr auf keinen Fall nehmen. Hinter den Mauern von Woodside wusste ich sie in Sicherheit, aber sie führte dort ihr eigenes Leben und hatte ihre eigenen Freunde. Ich konnte jederzeit bei ihr vorbeikommen, um sie zu sehen, aber gleichzeitig hielt ich den ganzen

Wahnsinn meines Lebens von ihr fern und beschützte sie vor den Exzessen und der Dummheit. Sie wirkte dort sehr glücklich und hantierte die ganze Zeit im Garten herum. Sie jätete gerade ihre Beete, als die Queen Mum zum Mittagessen kam – wir hatten uns gut verstanden, als ich sie in Bryan Forbes' Haus getroffen hatte, und ich war zum Abendessen in die Royal Lodge eingeladen worden. Sie war wirklich sehr lustig. Nach dem Essen bestand sie darauf, dass wir zu ihrem Lieblingslied tanzten, ein altes irisches Trinklied namens »Slattery's Mounted Fut«. Val Doonican hat eine Version des Songs aufgenommen, so weit ich weiß.

Nachdem ich also die surreale Erfahrung hinter mich gebracht hatte, mit der Königinmutter zu einem alten irischen Trinklied zu tanzen, erschien es mir nicht verwerflich, sie zum Mittagessen einzuladen. Sie hatte mir erzählt, dass sie mit der Familie befreundet gewesen war, die vor dem Krieg in Woodside gewohnt hatte, und ich dachte, sie würde vielleicht gerne das Haus wiedersehen. Nachdem sie zugesagt hatte, hielt ich es für lustig, meiner Großmutter gegenüber im Vorfeld nicht zu erwähnen, wer uns besuchen würde. Ich rief sie einfach nur herbei:»Komm rüber, Gran, hier ist jemand, der dich gerne treffen würde.« Unglücklicherweise fand meine Großmutter das Ganze absolut nicht lustig. Als die Queen Mum gegangen war, brach die Hölle los.

»Wie konntest du mir das antun? In meinen schmutzigen Gummistiefeln und den Gartenhandschuhen mit der Queen Mum zu sprechen! In meinem ganzen Leben bin ich noch nicht dermaßen in Verlegenheit gebracht worden! Tu mir so was nie wieder an!«

Ich stellte ein paar Leute ein, die sich um Woodside kümmern sollten. Ein Typ namens Bob Halley wurde zunächst mein

Chauffeur, seine Frau Pearl die Haushälterin. Eine liebenswerte Frau, aber als Köchin leider nutzlos, wie sich herausstellen sollte. Es gab einige Putzkräfte und einen persönlichen Assistenten mit dem Namen Andy Hill. Er war der Sohn des Vermieters vom Northwood Hills, dem Pub, in dem ich früher Klavier gespielt hatte, und ich stellte ihn vor allem ein, weil ich ein Auge auf ihn geworfen hatte. Nachdem sich das wieder gelegt hatte, fiel mir auf, dass er für den Job nicht der Richtige war. Aber für irgendwas wird es gut gewesen sein. Schließlich gab ich Bob Halley den Job als persönlicher Assistent.

Ich holte meine Mutter, um sich um die Rahmenorganisation des Hauses zu kümmern, was sich als schrecklicher Fehler herausstellte. Die Buchhaltung beherrschte sie ziemlich gut, aber sie regierte das Haus mit eiserner Hand. Mir fiel eine Veränderung in ihrem Verhalten auf. Sie war immer noch glücklich mit Derf, schien aber trotzdem in alte Verhaltensmuster aus der Zeit, bevor sie ihn getroffen hatte, zurückzufallen: launisch, kompliziert und streitsüchtig, keiner konnte es ihr recht machen. Ich hatte gehofft, wenn wir zusammenarbeiteten, würden wir uns wieder näherkommen, wie es damals in Frome Court der Fall gewesen war, als Bernie und ich loslegten. Aber so war es nicht. Die Freude, die sie an meinen frühen Erfolgen gehabt hatte, schien sich abgenutzt zu haben. Sie krittelte ständig genervt an mir herum und kritisierte meine Kleidung, meine Freunde, die Musik, die ich machte. Und es gab eine Menge Streit um Geld. Vermutlich waren Krieg und Lebensmittelrationierungen für sie so prägend gewesen, dass sich das bescheidene »Spare in der Zeit, dann hast du in der Not« bei ihr fest eingebrannt hatte. Aber ich hatte in diesem Punkt eine etwas andere Einstellung als sie. Nach meinem Empfinden hatten wir uns dauerhaft etabliert. Es machte mich fertig, wenn alle meine

Ausgaben infrage gestellt wurden und ich mich jedes Mal mit ihr streiten musste, wenn ich jemandem ein Geschenk kaufte. Es fühlte sich so an, als könne ich ihr nicht entrinnen, ich hatte keine Privatsphäre mehr. Das muss man sich mal vorstellen: Man wacht morgens auf, nachdem man mit jemandem geschlafen hat, und rennt mit der neuen Eroberung als Erstes seiner eigenen Mutter in die Arme, die einem mit einer Quittung unter der Nase rumwedelt und wütend Auskunft verlangt: »Warum hast du so viel Geld für ein Kleid für Kiki Dee ausgegeben?« Es war einfach nur irre. So was dämpft den Zauber postkoitaler Wonnen wirklich erheblich. Das Schlimmste war aber, dass sie sich den anderen Hausangestellten gegenüber unmöglich verhielt und sie wie Dreck behandelte, als wäre sie die Gutsherrin und die anderen ihre Sklaven. Ich musste immer wieder die Gemüter beruhigen, wenn ihr Temperament mit ihr durchgegangen war und sie jemanden zusammengefaltet hatte. Schließlich wurde die Situation einfach zu beklemmend und angespannt. Derf und sie zogen runter an die Südküste, was sich wirklich wie eine Befreiung anfühlte.

Eines Sonntagmorgens lag ich in Woodside alleine im Bett und sah fern, als plötzlich ein Typ mit leuchtend orangefarbenen Haaren auf dem Bildschirm auftauchte und Rod Stewart ein nutzloses altes Arschloch nannte. Ich hatte kaum auf das Programm geachtet, aber nun war ich mit einem Schlag voll und ganz da. Wenn jemand Rod ans Bein pinkelte, durfte man das auf keinen Fall verpassen. Sein Name war Johnny Rotten, er trug die tollsten Klamotten, und ich fand ihn witzig – wie eine Mischung aus einem wütenden jungen Mann und einer zickigen alten Tunte, wirklich ätzend und originell. Er wurde von einer Frau namens Janet Street-Porter über die aufkeimende Londoner Punkszene interviewt. Sie mochte ich auch, sie war frech und hatte ein großes Mundwerk. Zu Rods Verteidigung muss man allerdings unbedingt sagen, dass Johnny Rotten einfach alles zu hassen schien. Es wurde ziemlich deutlich, dass er mich ebenfalls für ein nutzloses altes Arschloch hielt. Ungeachtet dessen nahm ich mir vor, Rod später anzurufen, damit er Bescheid wusste. »Hey, Phyllis, hast du heute Morgen ferngesehen? Diese neue Band war am Start, die Sex Pistols, nun, man glaubt es kaum, sie meinten, du wärst ein nutzloses altes Arschloch. Das waren ihre genauen Worte: Rod Stewart ist ein nutzloses altes Arschloch. Ist das nicht entsetzlich? Du bist doch erst zweiunddreißig. Das muss furchtbar für dich sein.«

Mir war es egal, was sie von mir dachten. Ich liebte Punk. Ich liebte seine Energie, die Attitüde, den Stil und die Tatsache, dass mein alter Freund Marc Bolan sofort für sich beanspruchte, Punk bereits vor zwanzig Jahren erfunden zu haben. Eine absolut typische Marc-Reaktion. Punk hat mich nicht schockiert. Ich hatte die Skandale und den sozialen Aufruhr erlebt, die der Rock'n'Roll in den Fünfzigern verursacht hatte, war also buchstäblich immun gegenüber der Idee, Musik könne Entrüstung verursachen. Und ich fühlte mich durch Punk auch nicht bedroht oder seinetwegen überflüssig. Ich konnte mir beim besten Willen keine Elton-John-Fans vorstellen, die *Captain Fantastic* verbrennen und dann ins Vortex gehen würden, um die Lurkers anzuspucken. Selbst wenn sie es getan hätten, hätte ich dagegen ohnehin nichts ausrichten können. Es war ein musikalischer Trend, dem hinterherzujagen ich kein Interesse hatte. Aber ich fand The Clash, die Buzzcocks und Siouxsie and the Banshees fantastisch. Janet Street-Porter fand ich ebenfalls großartig. Am Tag nach ihrer Show erwischte ich sie am Telefon und lud sie zum Mittagessen ein, und das war's dann. Seitdem sind wir Freunde.

214

Auch wenn Punk mich nicht unmittelbar betraf, war er doch ein Zeichen dafür, dass die Dinge sich veränderten. Ein *weiteres* Zeichen der Veränderung. Davon gab es eine ganze Menge. Ich hatte die Zusammenarbeit mit Dick James und DJM beendet. Mein Vertrag mit ihnen war nach der Veröffentlichung von *Rock of the Westies* ausgelaufen. Sie waren berechtigt, danach noch ein Livealbum namens *Here and There* zu veröffentlichen, das ich hasste – dabei war die Musik darauf nicht einmal schlecht. Es war eben einfach aus alten Aufnahmen von 1972 und 1974 zusammengestellt worden, und es schien dabei nur ums Geldverdienen zu gehen. Damit war es dann vorbei. Ich lehnte eine Vertragsverlängerung mit ihnen ab und ging zu meinem eigenen Label, Rocket. John Reid raunte verschwörerisch, Dick hätte uns seit Jahren über den Tisch gezogen. Er war der Überzeugung, dass die Verträge, die Bernie und ich in den Sechzigern mit Dick unterzeichnet hatten, unfair gewesen seien, dass unsere Anteile zu niedrig wären und dass irgendwas mit den Abrechnungen unserer internationalen Plattenerlöse nicht stimme. Nachdem DJM, seine Verwalter und die ausländischen Tochtergesellschaften ihren Anteil erhalten hatten, bekamen Bernie und ich von einhundert Pfund, die wir verdienten, nur jeweils fünfzehn Pfund zugesprochen. Es war das übliche Geschäftsgebaren im damaligen Musikgeschäft, aber das übliche Geschäftsgebaren im Musikgeschäft jener Tage war eben falsch. In den mittleren Achtzigern endete die ganze Sache schließlich in einem Prozess, den wir gewannen. Ich fühlte mich währenddessen die ganze Zeit über extrem unwohl, weil ich Dick liebte, persönlich kann ich kein schlechtes Wort über ihn sagen. Trotzdem war es der richtige Weg. Die Musikindustrie musste einfach ihren Umgang mit den Künstlern verändern. Dick hatte kurz danach einen tödlichen Herzinfarkt, und sein Sohn Steve

gab mir die Schuld an seinem Tod. Es war sehr unschön und
traurig. So hätte Dicks und meine gemeinsame Geschichte auf
keinen Fall ausgehen dürfen.

Abgesehen davon, dass wir DJM verließen, waren Bernie und
ich übereingekommen, eine Zeit lang nicht mehr zusammenzuarbeiten. Es gab keinen großen Streit, kein Zerwürfnis. Es schien
das Richtige zu sein. Wir waren seit zehn Jahren aneinander ge-
bunden gewesen, und es war gut, aufzuhören, bevor unsere
Partnerschaft zu einer Bürde geworden wäre. Ich wollte nicht,
dass wir endeten wie Bacharach und David, die so lange zusammengearbeitet hatten, bis sie den Anblick des anderen nicht
mehr ertragen konnten. Das Einzige, was Bernie ohne mich gemacht hatte, war ein Soloalbum, auf dem er seine Poesie zu musikalischer Begleitung von Caleb Quaye und Davey Johnstone
vorgetragen hatte. Dick James hatte es veröffentlicht und dann
ein vollkommen absurdes Meeting einberufen, bei dem er darauf beharrte, ich solle Bernie bei der nächsten Amerika-Tour als
Support Act engagieren: »Er kann seine Gedichte vortragen! Die
Leute werden es lieben!« Ich konnte mir beim besten Willen
nicht vorstellen, warum Dick das für eine gute Idee hielt, vielleicht hatte er eine Lebensversicherung für Bernie zu seinen
Gunsten abgeschlossen und hoffte nun auf schnelle Rendite, indem er ihn auf der Bühne umbrachte. Das amerikanische Rock-
publikum in den frühen Siebzigern konnte sich für eine Menge
Dinge begeistern, aber sich fünfundvierzig Minuten lang die
Gedichte eines Mannes über seine Kindheit in Lincolnshire anzuhören gehörte nicht dazu, wie wunderbar diese Gedichte
auch gewesen sein mögen. Ich merkte an, dass es schon schwierig genug werden würde, Bernie überhaupt dazu zu bewegen, auf die Bühne zu gehen und sich am Ende einer jeden
Show zu verbeugen, von der Aufführung eines experimentellen

Spoken-Word-Eröffnungsstücks ganz zu schweigen. Und damit hatte sich die Idee gnädigerweise erledigt.

Nun hatte Bernie sich aber irgendwie tatsächlich alleine herausgewagt. Er hatte ein Album mit Alice Cooper gemacht, ein großes Konzeptwerk über Alices Alkoholismus und seinen jüngsten Entzug. Er hatte unseren alten Bassisten Dee Murray und Davey Johnstone an der Gitarre dazugeholt. Es war ein gutes Album. Ich war beeindruckt. Warum also fühlte es sich so seltsam an, in den Songwriting-Credits Alice Coopers Namen neben Bernie zu lesen statt meinen? Tatsächlich war nichts an meinen Gefühlen seltsam. Sie waren sogar ziemlich eindeutig. Ich gestand es mir nur äußerst ungern ein, aber ich war eifersüchtig.

Ich verdrängte es. Schließlich fand ich einen neuen Texter, Gary Osborne, den ich zum ersten Mal getroffen hatte, als er den englischen Text zu »Amoureuse« schrieb, dem französischen Song, der zum Hit für Kiki Dee geworden war. Es war das Gegenteil meiner Zusammenarbeit mit Bernie – Gary wollte seine Texte erst schreiben, wenn die Musik bereits fertig war –, aber wir komponierten gemeinsam einige wirklich gute Songs: »Blue Eyes«, »Little Jeannie« und eine Ballade namens »Chloe«. Und wir wurden ziemlich enge Freunde. So eng, dass ich Weihnachten in Tränen aufgelöst bei Gary und seiner Frau Jenny anrief, als mein damaliger Freund komischerweise nicht wie geplant mit dem Flugzeug aus L.A. gekommen war. Selbst für meine Verhältnisse eine katastrophale Wahl: Er hatte plötzlich entschlossen, gar nicht schwul zu sein, und sich mit einer Stewardess davongemacht, die auf dem Starship arbeitete. Nicht dass er mir davon irgendetwas erzählte. Er verschwand einfach nur. Sein Flugzeug landete in Heathrow, er war nicht an Bord, und danach habe ich nie wieder etwas von ihm gehört.

Vielleicht hätte ich es ahnen können, aber um ehrlich zu sein, wirkte er nicht besonders heterosexuell, wenn er mit mir im Bett war. Ich war in einer schrecklichen Verfassung, saß alleine zu Hause mit einem Haufen ungeöffneter Geschenke und einem ungekochten Truthahn als einziger Gesellschaft. In der Erwartung eines besinnlichen Weihnachtsfestes hatte ich der gesamten Belegschaft die Woche über freigegeben. Gary und Jenny änderten ihre Pläne und kamen aus London, um bei mir zu sein. Sie waren ein entzückendes Paar.

Und es hatte definitiv noch weitere Vorteile, nicht mit Bernie zu arbeiten. Ich konnte auf eine Weise musikalisch experimentieren, wie ich es nie zuvor getan hatte. Ich flog nach Seattle, um ein paar Songs für eine EP mit dem Produzenten Thom Bell aufzunehmen, dem Mann, der für die Philadelphia-Soul-Platten verantwortlich zeichnete, die »Philadelphia Freedom« inspiriert hatten. Er ließ mich tiefer singen als zuvor und hüllte die Songs in üppige Streicher. Siebenundzwanzig Jahre später wurde »Are You Ready for Love« einer der Songs, die wir gemacht hatten, die Nummer eins in England, woran man die Zeitlosigkeit im Sound von Thom Bell erkennen kann. Danach schrieb ich ein paar großartige Songs mit dem New-Wave-Sänger Tom Robinson. Einer davon hieß »Sartorial Eloquence«. Aber nachdem meine US-Plattenfirma der Meinung war, Amerikaner seien zu dumm, um den Titel zu verstehen, bestanden sie darauf, ihn in »Don't Ya Wanna Play This Game No More« umzubenennen. Was nun wirklich nicht die gleiche poetische Qualität hat. Ein anderer von Toms Tracks, »Elton's Song«, war anders als alles, was Bernie gemacht hätte, eine melancholische Beschreibung eines schwulen Schuljungen, der in einen seiner Freunde verknallt ist. Ich schrieb Songs mit Tim Rice, der die Siebziger damit verbracht hatte, Rekorde zu brechen und Preise für *Jesus*

Christ Superstar und *Evita* einzuheimsen; Musicals, die er mit Andrew Lloyd Webber geschrieben hatte. Nur einer von diesen Songs wurde damals auch veröffentlicht (»Legal Boys«, das 1982 auf meinem Album *Jump Up!* enthalten war), aber Jahrzehnte später sollte sich diese musikalische Partnerschaft als eine der wichtigsten meiner Karriere erweisen.

Zum ersten Mal in meiner Karriere schrieb ich nun auch gelegentlich komplett alleine. An einem verkaterten, trübsinnigen Sonntag in Woodside komponierte ich einen Instrumentalteil, der zu meiner Stimmung passte, und sang darüber immer wieder eine Textzeile: »Life isn't everything.« Am nächsten Morgen erfuhr ich, dass ein Junge namens Guy Burchett, der für Rocket gearbeitet hatte, exakt zu der Zeit bei einem Motorradunfall gestorben war, als ich den Song schrieb. Also nannte ich ihn »Song for Guy«. Er war anders als alles andere, was ich jemals gemacht hatte, und die amerikanische Plattenfirma weigerte sich, das Stück als Single zu veröffentlichen – ich war stinksauer! –, aber es wurde ein Riesenhit in Europa. Als ich Jahre später Gianni Versace zum ersten Mal traf, erzählte er mir, es sei sein liebster Song von mir. Außerdem sagte er, wie wunderbar mutig er seiner Meinung nach war. Das fand ich dann doch ein bisschen übertrieben: Der Song war natürlich anders, aber als mutig hätte ich ihn auch nicht unbedingt bezeichnet. Nach einer Weile stellte sich jedoch heraus, dass Gianni den Song deswegen für besonders mutig hielt, weil er den Titel falsch verstanden hatte und dachte, er hieße »Song for a Gay«.

Eine meiner Experimente wären jedoch besser im Labor geblieben. Popvideos waren 1978 immer noch eine ziemlich neue Sache, und ich wollte den Sprung ins kalte Wasser wagen. Natürlich habe ich das getan: Für einen Song namens »Ego« machte ich das hanebüchenste, teuerste, verschwenderischste

Popvideo aller Zeiten. Wir gaben ein Vermögen dafür aus und heuerten den Regisseur Michael Lindsay-Hogg an. Es wurde wie ein Film gedreht. Dutzende Schauspieler waren involviert, Bühnenbilder, flammende Fackeln, Mordszenen, in Sepia getauchte Rückblenden. Ich war mit solcher Hingabe dabei, dass ich in einer Szene sogar meinen Hut auszog. Wir mieteten ein Kino im West End für die Premiere und übersahen dabei den Umstand, dass die Leute eine längere Spielzeit als dreieinhalb Minuten erwarteten, wenn sie auf eine Filmpremiere gingen. Als das Video vorbei war, gab es ein bisschen zögerlichen Applaus, und die Frage »Soll es das schon gewesen sein?« stand überdeutlich im Raum. Als hätte ich zu einem Galadinner geladen und dann einen Twix-Riegel serviert. Also brachte ich die Leute dazu, sich das Video zweimal hintereinander anzusehen, was zu einer dramatischen Veränderung der Atmosphäre führte. »Soll es das gewesen sein?« wurde ersetzt durch ein eindeutig wahrnehmbares »Bitte nicht schon wieder«. Im Rückblick ist es gut, dass niemand den Quatsch gesendet hat – das war Jahre vor dem Start von MTV, und es gab praktisch keine passenden Sendeplätze für Musikvideos – und die Single gefloppt ist. Immerhin ein Anlass für John Reid, einen weiteren seiner berüchtigten Tobsuchtsanfälle hinzulegen und Leute für ihre Inkompetenz zu feuern, nur um sie bald darauf wieder einstellen zu müssen. Seitdem hasse ich es, Videos zu machen.

Und dann gab es noch das Discoalbum, eine Idee, die vermutlich teilweise der vielen Zeit geschuldet war, die ich im Studio 54 verbrachte. Ich ging bei jedem New-York-Besuch dorthin. Es war einfach erstaunlich und anders als jeder andere Club, in dem ich jemals gewesen war. Der Betreiber, Steve Rubell, war mit der Gabe gesegnet, eine unglaubliche Atmosphäre erschaffen zu können, voller wunderschöner Kellner in knappen Shorts und außergewöhnlicher Charaktere. Damit meine ich nicht die Berühmtheiten, auch wenn es von denen jede Menge gab. Ich meine vielmehr Persönlichkeiten wie Disco Sally, die aussah, als wäre sie ungefähr siebzig Jahre alt, und stets einen Riesenspaß zu haben schien. Oder Rollereena, ein Typ, der wie Miss Havisham aus *Große Erwartungen* gekleidet war und auf Rollschuhen über die Tanzfläche fuhr. Am eindrucksvollsten war die Tatsache, dass Steve Rubell diese Atmosphäre erschaffen konnte, obwohl er ganz offensichtlich permanent auf Quaaludes und völlig breit war. Im Studio 54 hatte man immer das Gefühl, dass absolut alles passieren könne und bisweilen auch tatsächlich passierte. Rocket hat einmal eine Party dort geschmissen, und irgendwann sah ich Lou Reed und seinen Transgender-Liebhaber Rachel ausgerechnet in ein Gespräch mit Cliff Richard vertieft. Während es einerseits schön war, dass Leute mit so unterschiedlichen Ansichten – um es höflich auszudrücken – offenbar so prächtig miteinander auskamen, fragte ich mich doch gleichzeitig, über was um alles in der Welt sie sich eigentlich unterhielten.

Im Untergeschoss gab es einen Keller, in den Prominente gehen konnten, um Koks von einem Flipper zu ziehen. Dort hinunterzugehen war natürlich eine besondere Erfahrung – eines Nachts wurde ich von einer sichtbar betrunkenen Liza Minnelli abgefangen, die fragte, ob ich sie heiraten wolle. Aber was mich an dem Club am meisten anzog, war die eine Sache, die nie erwähnt wird, wenn es ums Studio 54 geht: die Musik. Na gut, die Musik und die Kellner, aber letztere waren ein totaler Reinfall. Ich hatte versucht, mit ihnen zu flirten, aber sie hatten nie vor sieben Uhr morgens Feierabend. Natürlich blieb ich mit Begeisterung bis sieben Uhr morgens, aber zu diesem Zeitpunkt hatten die Ausschweifungen des Abends im Allgemeinen ihren

Tribut gefordert, und bei mir ging absolut nichts mehr. Es ist gar nicht mal so einfach, verführerisch zu wirken, wenn man schielt und drei Versuche braucht, um durch die Ausgangstür zu kommen.

Der größte Reiz lag also in der Musik. Ich liebte Disco immer noch so sehr wie zu der Zeit, als ich ihn zum ersten Mal in den Schwulenclubs von L.A. gehört hatte. Das war der einzige Grund, aus dem ich mir in Woodside eine Disco hatte bauen lassen: damit ich den DJ spielen konnte, wenn Leute über Nacht blieben, um sie mit meiner eindrucksvollen Maxi-Single-Sammlung zu beeindrucken. Allerdings muss ich wohl oder übel gestehen, dass die DJs im Studio 54 eine bessere Sammlung hatten als ich. Außerdem stand ihnen eine Beschallungsanlage zur Verfügung, gegen die meine Boxen (die ich extra aus den Trident Studios in London hatte kommen lassen) wie ein Transistorradio klangen, dem die Batterie ausgeht. Sie konnten jeden zum Tanzen bringen, sogar Rod Stewart, was eine ziemliche Meisterleistung war – aus irgendeinem Grund verhielt Rod sich so, als widerspräche Tanzen seiner Religion. Er brauchte immer ein bisschen Unterstützung, um auf die Tanzfläche zu gehen, und an diesem Punkt kommen die Flaschen mit Amylnitrit ins Spiel, die ich immer mitbrachte. Poppers waren in den Schwulenclubs der Siebziger eine große Sache. Man inhalierte es und bekam ein kurzes, legales, euphorisches Hochgefühl. Es tut mir leid, es sagen zu müssen, aber die Marke meiner Wahl hieß Cum, und sie hatte offenbar einen besonders transformativen Effekt auf Rod. Ich bot ihm etwas an, und nachdem er stundenlang an seinem Stuhl geklebt hatte, sprang er plötzlich auf und tanzte die restliche Nacht durch. Pausen legte er nur noch ein, wenn er mehr wollte: »Äh, hast du noch was von dem guten Cum, Sharon?«

Einer der großen Discoproduzenten war Pete Bellotte, den ich noch aus den Sechzigern kannte. Bluesology hatten mit seiner Band The Sinners im Top Ten Club in Hamburg gespielt. Es war schön, ihn wiederzusehen, und unser gemeinsames Album hätte vielleicht funktioniert, wenn ich nicht entschieden hätte, kein einziges Stück dafür schreiben zu wollen – ich sang einfach nur alles, womit Pete und seine Songschreiber ankamen. Vermutlich war diese Idee nicht zuletzt der Tatsache geschuldet, dass ich meinem amerikanischen Label Uni noch einige weitere Alben schuldete. Ich war immer noch sauer auf sie, weil sie sich geweigert hatten, »Song for Guy« als Single zu veröffentlichen, also wollte ich mit möglichst geringem Aufwand so schnell wie möglich meinen Vertrag erfüllen. Nicht alles an *Victim of Love* war schrecklich – wäre der Titelsong im Studio 54 gelaufen, ich hätte getanzt –, aber ein Album in böser Absicht zu machen ist nie eine gute Idee. Es überträgt sich automatisch irgendwie auf die Musik. Man merkt einfach, dass es nicht aufrichtig gemeint ist. Darüber hinaus wurde es Ende 1979 veröffentlicht, als sich in den Staaten gerade eine große Discoübersättigung breitmachte, wodurch Rockmusiker, die noch auf der Welle mitschwimmen wollten, schnell in Misskredit gerieten. *Victim of Love* ging auf beiden Seiten des Atlantiks unter wie ein Stein. Einmal mehr erzitterten die Rocket-Büros unter den Schreien von John Reid, der zuerst alle feuerte, um sie anschließend kleinlaut wieder einstellen zu müssen.

Wie bereits bei der Verkündung auf der Bühne des Madison Square Garden vermutet, konnte ich an meinem Plan, mich als Livekünstler zur Ruhe zu setzen, nicht besonders lange festhalten. Oder sagen wir, es fiel mir nicht immer leicht. Ich war außerstande zu sagen, ob es nun die dämlichste oder die klügste

Entscheidung gewesen war, die ich jemals getroffen hatte. Ständig änderte ich meine Meinung darüber, abhängig von der jeweiligen Stimmung, mit den absehbar verrückten Folgen. An einem Tag war ich rundherum glücklich, zu Hause zu sein, und erzählte jedem, der es hören wollte, wie wunderbar es doch war, der ewigen Tretmühle des Tourens entkommen zu sein und wie sehr ich mich an der Zeit erfreute, in der ich mich auf meine Präsidentschaft beim FC Watford konzentrieren konnte. Am nächsten Tag rief ich bei Stiff Records an, einem kleinen Independent-Label, bei dem Ian Dury und Elvis Costello unter Vertrag standen, und bot meine Dienste als Keyboarder auf deren anstehender gemeinsamer Tour an. Sie nahmen sofort an. Mein plötzliches Verlangen, wieder vor ein Publikum zu treten, wurde noch durch die Tatsache verstärkt, dass ich ein Auge auf einen ihrer Künstler geworfen hatte, Wreckless Eric. Leider war er nicht mal ansatzweise wreckless, also rücksichtslos genug, um sich mit mir einzulassen.

Dann stellte ich eine neue Begleitband zusammen, die sich im Wesentlichen aus Mitgliedern von China rekrutierte, der Band, die Davey Johnstone gründete, nachdem ich gesagt hatte, ich wolle nicht mehr touren. Wir probten drei Wochen lang wie die Irren für ein Wohltätigkeitskonzert im Wembley-Stadion, für das ich mich verpflichtet hatte, weil ich mit der dahinterstehenden Organisation Goaldiggers verbandelt war. Während der Proben machte ich vage Andeutungen, mit dieser Band zurück auf Tour gehen zu wollen. Dann entschied ich, die ganze Sache sei ein schrecklicher Irrtum, und verkündete abermals auf der Bühne meinen Bühnenabschied, diesmal ohne vorher jemandem davon zu erzählen. John Reid drehte durch. Allem Anschein nach konnte man die Diskussion, die wir danach hinter der Bühne führten, in vollem Ausmaß nicht nur im ganzen Stadion, sondern auch fast im ganzen Norden von London hören.

Schließlich wurde mir klar, dass ich etwas anders machen und mir eine echte Herausforderung suchen müsste, wenn ich wieder live spielen wollte. Ich entschied, gemeinsam mit Ray Cooper zu touren, den ich noch aus der Zeit kannte, bevor ich berühmt wurde. Er hatte in einer Band namens Blue Mink gespielt, die zur Szene um DJM gehörten – ihr Sänger Roger Cook stand außerdem als Songschreiber bei Dick James' Musikverlag unter Vertrag, und buchstäblich alle Mitglieder von Blue Mink hatten auf meinen frühen Platten ausgeholfen. Ray war über die Jahre immer mal wieder Perkussionist in meiner Band gewesen, aber bei den kommenden Shows sollten nur wir beide auf der Bühne stehen. Außerdem wollten wir eher in Theatern als in Stadien spielen. Wir hatten in der Vergangenheit schon einmal ähnliche Konzerte gegeben, eine Reihe von Wohltätigkeitsauftritten im Rainbow in London, von denen das erste durch die Anwesenheit von Prinzessin Alexandra, einer Cousine der Königin, veredelt wurde. Die ganze Show über saß sie brav an ihrem Platz, um danach backstage zu kommen, wo sie mit einem süßen Grinsen gleich mit der Tür ins Haus fiel: »Woher hast du so viel Energie? Nimmst du dafür eine Menge Kokain?«

Es war einer dieser Momente, in denen die Zeit stillzustehen scheint, während man innerlich zu ergründen versucht, was zur Hölle eigentlich los ist. War sie einfach nur unfassbar naiv und sich der Bedeutung ihrer Worte nicht bewusst? Oder aber, schlimmer noch, wusste sie ganz genau, was sie gesagt hatte? Jesus, wusste sie etwa *Bescheid*? Hatte die Nachricht von meinem gigantischen Hunger auf Koks – im Musikgeschäft längst ein Dauerthema – inzwischen bereits den Buckingham Palace erreicht? Unterhielten sie alle sich darüber beim Abendessen? »Wie ich höre, warst du zum Mittagessen bei Elton John und hast seine Großmutter getroffen, aber Mutter, hast du gehört, dass er ein großer Freund des guten alten Schnees ist?« Schließlich gewann ich meine Fassung so weit zurück, dass ich eine zittrige Verneinung murmeln konnte.

Abgesehen von unerwarteten Fragen über meine Drogengewohnheiten aus den Reihen der Königlichen Familie waren die Rainbow-Konzerte wirklich berauschend. Sie waren Furcht einflößend auf die beste aller vorstellbaren Arten – wenn außer einem selbst und einem Perkussionisten niemand auf der Bühne ist, kann man nicht einfach mal kurz abschalten und der Band das Ruder überlassen. Man muss in jeder Sekunde hochkonzentriert sein und rasiermessergenau spielen. Und als wir auf Tour gingen, hat es tatsächlich funktioniert. Die Konzerte wurden fabelhaft besprochen, und jeden Abend konnte ich diesen perfekten Cocktail aus Besorgnis und Aufregung spüren. Genauso sollte sich ein Performer fühlen, bevor er auf die Bühne geht. Es war befreiend und herausfordernd und erfüllend, weil es anders war als alles, was ich bisher gemacht hatte. Die Songs, die wir spielten, die Art, wie wir sie spielten, sogar die Säle, in denen wir auftraten. Ich wollte unbedingt in Ländern touren, die ich zuvor noch nicht besucht hatte, auch wenn ich dort nicht so bekannt war. Spanien, die Schweiz, Irland, Israel. Und so hob ich schließlich, flach auf dem Rücken liegend mit den Füßen in der Luft, von Heathrow in Richtung Moskau ab.

Ich lag flach auf dem Rücken und hatte die Beine nach oben gestreckt, weil wir mit Aeroflot flogen. Und in dem Moment, als wir abhoben, wurde klar, dass die staatliche russische Fluggesellschaft offenbar keinen Anlass gesehen hatte, die Sitze am Boden des Flugzeugs zu befestigen. Außerdem konnte ich beim besten Willen keine Sauerstoffmasken für Notfälle entdecken. Zum Ausgleich war das Flugzeug mit einem überaus markanten Geruch erfüllt. Antiseptisch und scharf, erinnerte er mich ein bisschen an die Karbolseife, mit der meine Großmutter mich als Kind gewaschen hatte. Ich habe nie genau herausgefunden, was es war, aber es war der Geruch von Russland im Jahre 1979 – in allen Hotels roch es ebenfalls so.

Ich hatte dem Veranstalter Harvey Goldsmith beinahe scherzhaft vorgeschlagen, in Russland aufzutreten. Niemals hätte ich damit gerechnet, dass es wirklich dazu kommen würde. Westliche Rockmusik war im Kommunismus mehr oder weniger verboten (auf Kassetten mitgeschnittene Alben wurden herumgereicht wie Schmuggelware), und Homosexualität war ebenfalls untersagt. Die Chance, dass sie den Auftritten eines offen schwulen Rockstars zustimmen würden, schien also quasi nicht zu existieren. Aber Moskau war als Gastgeber der Olympischen Spiele von 1980 vorgesehen, und ich nehme an, sie waren im Vorfeld auf der Suche nach positiver PR. Sie wollten nicht, dass Russland als ein monolithischer, grauer Ort angesehen wurde, an dem Spaß verboten war. Harvey schickte eine Anfrage an das Auswärtige Amt, und die Russen schickten den offiziellen staatlichen Musikbeauftragten zu einem Konzert von Ray und mir in Oxford. Nachdem sie festgestellt hatten, dass wir nicht die Sex Pistols und keine Bedrohung für die Moral der kommunistischen Jugend waren, gaben sie grünes Licht für die Tour. Ich nahm Mama und Derf sowie eine Handvoll amerikanische und britische Journalisten mit, außerdem ein Filmteam, das von den Autoren Dick Clement und Ian La Frenais geleitet wurde und eine Dokumentation drehen sollte. Es fühlte sich wahnsinnig aufregend an, eine Reise ins Ungewisse. Wenn auch eine, die jeden Moment durch den Erstickungstod beendet werden konnte, falls das Flugzeug an Druck verlieren sollte.

Am Moskauer Flughafen wurden wir von einer Gruppe örtlicher Würdenträger empfangen, außerdem von zwei Mädchen, die als Übersetzerinnen fungieren sollten, sowie einem ehemaligen Soldaten namens Sasha. Mir wurde gesagt, er sei mein Bodyguard. Die gesamte Reisegruppe vermutete daraufhin sofort, er sei ein Spion des KGB. Von mir aus konnte er mich nach Herzenslust ausspionieren – er sah extrem gut aus, wenn er auch enttäuschenderweise fortwährend von seinen Kindern und seiner Frau erzählte. Wir bestiegen den Nachtzug nach Leningrad. Es war heiß – ich war für einen sibirischen Winter gewappnet, um festzustellen, dass Moskau fest im Griff einer drückenden Hitzewelle steckte –, und es war ungemütlich, aber das lag nicht an den Russen. Sondern vielmehr daran, dass ich John Reid durch die dünne Wand bestens dabei zuhören konnte, wie er sehr überzeugend einen Reporter der *Daily Mail* verführte.

Das Hotel in Leningrad sah nicht besonders vielversprechend aus. Das Essen war unbeschreiblich: Rote-Bete-Suppe und Kartoffeln in siebenundfünfzig Variationen. Wenn sie das in den besten Hotels servierten, was aßen dann normale Menschen? Jedes Geschoss wurde von einer finster dreinblickenden alten Frau bewacht, einer russischen Babuschka, die dafür sorgen sollte, jegliche Form von ungebührendem westlichen Verhalten zu unterbinden. Aber wie sich herausstellen sollte, ging es dort ganz schön ab. Am ersten Morgen unseres Aufenthalts tauchte die Roadcrew benebelt und freudestrahlend beim Frühstück auf. Sie hatten festgestellt, dass eine wie auch immer geartete Verbindung zum Rock'n'Roll – es reichte bereits, die Boxen zu schleppen – und eine westliche Herkunft einen für die Zimmermädchen sexuell unwiderstehlich machten. Sie tauchten im

Zimmer auf, ließen ein Bad ein, um die gespitzten Ohren der allgegenwärtigen Babuschkas abzulenken, zogen sich aus und sprangen einen an. An der Hotelbar schien eine niemals endende Party im Gang zu sein, an der vor allem Leute teilnahmen, die aus Finnland mit der festen Absicht angereist waren, sich mit billigem russischem Wodka zu betrinken. Das Zeug war tödlich. Irgendwann kam jemand zu mir geschlichen und drückte mir unglaublicherweise einen Joint in die Hand. Ausgerechnet hier, mitten im repressiven, kommunistischen Russland, hatte die Roadcrew irgendwie eine Grasquelle aufgetan. Sie hatten offenbar alles Glück der Welt. Vielleicht färbte das auch auf mich ab – nicht lange danach kam Sasha an und schlug vor, mich auf mein Zimmer zu begleiten. Ich war dermaßen überrascht, dass ich das Gespräch unaufgefordert auf seine Frau und Kinder lenkte. Nein, sagte er, das sei schon in Ordnung: »In der Armee haben alle Männer Sex miteinander, weil wir niemals unsere Frauen sehen.« Also beendete ich den Abend betrunken und bekifft beim Sex mit einem Soldaten. Ich kann nicht genau sagen, was ich von meinen ersten achtundvierzig Stunden in Russland erwartet hatte, aber das definitiv nicht.

Ich hätte mich auch in Russland verliebt, wenn ich nicht von einem Einheimischen verführt worden wäre. Die Menschen waren unvorstellbar freundlich und großzügig. Komischerweise erinnerten sie mich an Amerikaner: Sie hatten das gleiche Gespür für unmittelbare Wärme und Gastfreundschaft. Man zeigte uns die Eremitage, das Sommerpalais Peters des Großen und den Kreml. Wir sahen impressionistische Kunstsammlungen und Fabergé-Eier, so außergewöhnlich, dass man vergessen konnte, was man zu Mittag gegessen hatte. Überall versuchten die Leute, uns Geschenke zu geben. Schokoladenriegel,

Plüschtiere, Dinge, für die sie gespart haben mussten, um sie kaufen zu können. Sie drückten sie einem in die Hand oder warfen sie durch das offene Fenster des abfahrenden Zuges, in dem man saß. Es rührte meine Mutter zu Tränen: »Diese Leute haben absolut nichts und beschenken dich trotzdem.«

Wir spielten Konzerte in Leningrad und Moskau, und sie waren fantastisch. Obwohl sie nicht ideal begannen. Die besten Plätze waren an hochrangige Mitglieder der Kommunistischen Partei vergeben worden, um sicherzustellen, dass die Reaktionen nicht über höflichen Applaus hinausgingen. Die Leute, die mich wirklich sehen wollten, hatte man in die hinteren Reihen verfrachtet. Aber sie hatten ihre Rechnung ohne Ray Cooper gemacht. Ray ist ein fabelhafter Musiker, der die unscheinbarsten Instrumente auf die auffälligste denkbare Weise spielt. Er ist wie ein Jimi Hendrix des Tamburins, ein geborener Frontmann, gefangen im Körper eines Perkussionisten. Und in Russland spielte er so, als seien all seine flamboyanten Auftritte der vergangenen Jahre nur ein Vorspiel gewesen. Er spornte das Publikum an mitzuklatschen oder rannte an den Bühnenrand und schrie in ihre Richtung, sie sollten aufstehen. Es funktionierte. Die Kids im hinteren Bereich rannten die Gänge entlang nach vorne. Sie warfen Blumen und baten zwischen den Songs um Autogramme. Man hatte mir verboten, »Back in the U.S.S.R.« zu singen, also tat ich es erst recht. Sollte der KGB mich ausspioniert haben, dann eindeutig nicht gründlich genug, um festzustellen, dass man mich auf schnellstem Wege dazu bringt, etwas zu tun, indem man mir sagt, ich solle es nicht tun.

Nach der Moskau-Show umsäumten Tausende von Leuten die Halle und riefen meinen Namen – viel mehr, als beim Konzert gewesen sein konnten. Durch das Fenster meines Umkleideraums warf ich die Blumen, die ich bekommen hatte, zurück zu ihnen. Meine Mutter sah zu.»Du solltest besser mit Tomaten werfen«, sagte sie. Offenbar hatte sie unser letztes Festessen mit Rote-Bete-Suppe und Kartoffeln immer noch gut in Erinnerung. »Sie haben vermutlich noch nie eine gesehen.«

Als PR-Maßnahme für die Sowjetunion war mein Besuch reine Zeitverschwendung. Sechs Monate später marschierten sie in Afghanistan ein, und welcher gute internationale Wille sie auch immer dazu erwogen hatte, mich »Bennie and the Jets« spielen zu lassen, er zählte danach nicht mehr viel. Aber für mich war es der Beginn einer lebenslangen Liebesaffäre mit Russland und den Russen. Ich bin immer wieder dorthin gefahren, auch wenn die Leute gesagt haben, ich solle es nicht tun. Natürlich sind die Umstände für schwule Russen unter Wladimir Putin schlimmer, als sie es 1979 waren, aber was würde ich erreichen, wenn ich das Land boykottiere? Obwohl sie wissen, dass ich schwul bin, wurde ich dort stets akzeptiert und willkommen geheißen, und ich habe mich nie gescheut, meine Meinung zu sagen, wenn ich da war. Ich kann Aussagen machen, über die berichtet wird, mich mit homosexuellen Menschen und mit Leuten vom Gesundheitsministerium treffen, um die Arbeit der Elton John AIDS Foundation vor Ort zu unterstützen. Sasha habe ich niemals wiedergesehen, aber ich erfuhr später, dass er einer der ersten russischen Aidstoten war. Heute hat das Land eine der am schnellsten wachsenden HIV/Aids-raten der Welt. Ohne Verhandlungen wird sich das nicht ändern. Man muss sich an einen Tisch setzen und Gespräche führen. Und diese Debatte muss irgendwo beginnen. Also fahre ich weiterhin dorthin, und jedes Mal, wenn ich das tue, spreche ich auf der Bühne die Themen Homophobie und Schwulen-rechte an. Manchmal verlassen einige Leute den Saal, aber die überwiegende Mehrheit applaudiert. Ich schulde es der russischen Bevölkerung, das zu tun. Ich schulde es mir selbst.

Wenn ich durch die Konzerte mit Ray Cooper irgendwas gelernt hatte, war es, dass ich auf die Bühne gehörte. Mein Privatleben war immer noch das übliche Chaos aus wechselnden Liebschaften und Drogen. Einmal wurde ich mit vermeintlichen Herzproblemen eilig aus Woodside ins Krankenhaus gefahren. Tatsächlich hatte es jedoch absolut nichts mit meinem Herz zu tun, aber sehr viel mit meiner Entscheidung, unmittelbar nach einem weiteren Kokainexzess gegen Billie Jean King Tennis zu spielen. Abgesehen von *Victim of Love* verkauften sich meine Alben okay – für den Nachfolger, *21 at 33*, gab es 1980 in Amerika Gold –, aber die Verkäufe waren eindeutig nicht mehr so gut wie früher. Auch wenn ich wieder mit Bernie arbeitete, zunächst nur versuchsweise, nur für einige Songs auf jedem Album. Einige der Texte, die er mir gab, waren ziemlich pointiert. Man musste kein großes Genie sein, um zu verstehen, was ihn bewogen hatte, als er mir einen Song namens »White Lady White Powder« schickte, das Porträt eines hoffnungslosen Kokainabhängigen. Ich hatte die Chuzpe, es so zu singen, als ginge es um jemand anderes als mich.

Aber auf der Bühne fiel alles andere für einige Stunden von mir ab. Nachdem *21 at 33* veröffentlicht worden war, begab ich mich auf eine Welttournee. Ich hatte die Original-Elton-John-Band reformiert – Dee, Nigel und mich selbst – und sie um einige herausragende Studiogitarristen erweitert, Richie Zito und Tim Renwick sowie James Newton Howard an den Keyboards. Für die Shows mit Ray hatte ich alles ein bisschen runtergefahren und ihm die Theatralik überlassen, aber nun wollte ich wieder richtig Gas geben.

232

Ich kontaktierte meinen alten Kostümdesigner Bob Mackie und einen Designer namens Bruce Halperin und sagte ihnen, sie könnten ihrer Fantasie freien Lauf lassen. Schlaghosen und Plateausohlen waren natürlich verschwunden, die Mode hatte sich verändert. Dafür kam Bruce mit etwas an, das der Uniform eines Armeegenerals ähnelte, bemalt mit roten und gelben Blitzen und Pfeilen und einem Revers, das aussah wie ein E-Piano, sowie einer dazu passenden Schirmmütze.

Die Konzerte waren größer als je zuvor. Im September 1980 spielte ich vor einer halben Million Menschen im Central Park, das größte Publikum, für das ich jemals aufgetreten war. Für die Zugabe hatte Bob mir ein Donald-Duck-Kostüm gemacht. Theoretisch eine fantastische Idee, aber bei der praktischen Ausführung war noch Luft nach oben. Zunächst einmal konnte ich das verdammte Ding nicht vernünftig anziehen. Ich stand hinter der Bühne, mit einem Arm im Beinloch und einem Bein im Ärmel, und schrie vor Lachen, während alle mich antrieben, einen Gang zuzulegen: »Da draußen warten 500.000 Leute und denken, es gibt keine Zugabe! Sie werden glauben, das Konzert ist vorbei und nach Hause gehen!« Als ich schließlich wieder auf die Bühne ging, kam mir der Gedanke, ich hätte vielleicht eine Kostümprobe machen sollen, um zu sehen, wie der Aufzug funktionierte. Hätte ich das getan, hätte ich eventuell herausgefunden, dass es zwei große Probleme gab. Erstens konnte ich in dem Ding nicht laufen. Ich hatte riesige Entenfüße, wie Taucherflossen. Zweitens konnte ich mich damit auch nicht hinsetzen. Es hatte einen stark gefütterten Hintern, was bedeutete, dass ich mich bestenfalls ganz behutsam auf dem Klavierhocker niederlassen konnte. Ich versuchte, »Your Song« zu spielen, aber ich konnte nicht aufhören zu lachen. Immer wenn Dees und meine Blicke sich trafen – er hatte den erschöpft resignierten Gesichtsausdruck eines Mannes, der nach fünf Jahren Pause zurückkommt, um festzustellen, dass alles immer noch genauso absurd ist wie eh und je –, bekam ich einen Lachkrampf. Einmal mehr wurde Bernies zarte Ballade einer blühenden jungen Liebe durch die Wahl meiner Garderobe ruiniert.

Aber abgesehen vom Entenkostüm war es eine fantastische Show. Perfektes New Yorker Herbstwetter, Zuschauer, die auf Bäume kletterten, um besser sehen zu können. Ich spielte »Imagine« und widmete es John Lennon. Ich hatte ihn seit einigen Jahren nicht mehr gesehen. Er war nach der Geburt von Sean komplett abgetaucht – das Letzte, woran er erinnert werden wollte, war vermutlich der versoffene Wahnsinn der Jahre 1974 und 1975. Aber nach dem Konzert gab es eine Party auf der *Peking*, einem Schiff, das zu einem schwimmenden Museum umfunktioniert worden war, und Yoko und er kamen völlig überraschend vorbei. Er war so witzig wie eh und je, voller Begeisterung, weil er ein neues Album machte, aber ich war zu erschöpft, um lange zu bleiben. Wir vereinbarten, dass wir uns bei meinem nächsten New-York-Besuch treffen wollten.

Die Tour zog weiter, quer durch Amerika, dann ging es runter nach Australien. Wir waren gerade in Melbourne gelandet, als die Stimme einer Stewardess über die Lautsprecher ertönte und sagte, dass die Reisegruppe Elton John das Flugzeug nicht verlassen könne. Wir mussten an Bord bleiben. Es ist komisch, aber in dem Moment, als sie das sagte, rutschte mir das Herz in die Hose. Mir war einfach klar, dass irgendjemand gestorben sein musste. Zuerst dachte ich, es sei meine Großmutter. Jedes Mal, wenn ich verreiste und vorher in die Orangerie ging, um mich zu verabschieden, fragte ich mich, ob sie bei meiner Rückkehr noch da sein würde. John Reid ging ins Cockpit, um herauszufinden, was los war, und kam heulend zurück. Er sah vollkommen fassungslos aus. Er erzählte mir, dass John Lennon ermordet worden war.

Ich konnte es nicht glauben. Es war nicht nur die Tatsache seines Todes, sondern auch die Brutalität des Mordes. Andere meiner Freunde waren jung gestorben, zuerst Marc Bolan im Jahr 1977, dann Keith Moon 1978. Aber sie waren nicht so gestorben wie John. Marc war bei einem Autounfall ums Leben gekommen, und Keith starb im Wesentlichen an einem unheilbaren Fall von Keith Moon. Sie waren nicht von einem völlig Fremden direkt vor ihrer Haustür erschossen worden, ohne jeden erkennbaren Grund. Es war unerklärlich, es war unbegreiflich.

Ich wusste nicht, was ich tun sollte. Was konnte man schon machen? Anstelle von Blumen schickte ich Yoko einen Schokoladenkuchen. Sie hatte Schokolade immer geliebt. Es gab keine Beerdigung, zu der man hätte gehen können, und als am Sonntag nach seinem Tod die Gedenkfeier stattfand, die Yoko sich gewünscht hatte, waren wir immer noch in Melbourne. Also mieteten wir die City Cathedral und hielten unseren eigenen Gottesdienst ab, genau zur gleichen Zeit, zu der sich die Leute im Central Park versammelten. Wir sangen Psalm 23, »Der Herr ist mein Hirte«, und alle weinten. Die Band, die Roadcrew, alle. Später schrieben Bernie und ich einen Song für ihn, »Empty Garden«. Es war ein großartiger Text. Nicht rührselig oder sentimental – Bernie hatte John auch gekannt und wusste also, dass er alles in dieser Richtung gehasst hätte –, sondern wütend, verständnislos und traurig. Es ist einer meiner liebsten Songs, aber ich spiele ihn kaum jemals live. Es ist zu hart für mich, ihn zu spielen, zu emotional. Jahrzehnte später nahmen wir »Empty Garden« in das Programm meiner Las-Vegas-Shows auf und zeigten wunderschöne Bilder von John auf den Leinwänden, die wir von Yoko bekommen hatten. Ich bekam immer noch jedes Mal feuchte Augen, wenn ich es sang. Ich habe John wirklich geliebt, und wenn man jemanden so sehr liebt, glaube ich nicht, dass man jemals über seinen Tod hinwegkommt.

Einige Jahre nach Johns Tod rief Yoko an. Sie sagte, sie müsse mich sehen, es sei dringend, ich müsse unbedingt sofort nach New York kommen. Also nahm ich ein Flugzeug. Ich hatte keine Ahnung, worum es ging, aber sie hatte verzweifelt geklungen. Als ich im Dakota ankam, sagte sie mir, sie habe eine Menge Tapes mit unfertigen Songs gefunden, an denen John kurz vor seinem Tod gearbeitet hatte. Sie fragte mich, ob ich sie vervollständigen wolle, damit sie veröffentlicht werden konnten. Das war wahnsinnig schmeichelhaft, aber ich wollte das absolut nicht tun. Ich fand, es sei zu früh, es war nicht der richtige Zeitpunkt. Tatsächlich dachte ich, der richtige Zeitpunkt dafür würde wohl niemals kommen. Allein der Gedanke daran machte mich irre. Sich zu überlegen, wie man Songs abschloss, an denen John Lennon gearbeitet hatte – derart anmaßend könnte ich nicht sein. Und die Vorstellung, meine Stimme auf dieselbe Platte zu packen wie seine, fand ich entsetzlich. Yoko war beharrlich, ich allerdings ebenfalls.

Es war also ein ziemlich unangenehmes Treffen. Ich fühlte mich schrecklich, nachdem ich gegangen war. Yoko dachte, sie erfülle Johns Wünsche und ehre sein Vermächtnis, und ich verweigerte meine Hilfe. Ich wusste, dass ich im Recht war, aber das machte es nicht weniger bedrückend. (Letztlich veröffentlichte sie die Songs so, wie sie waren, auf einem Album mit dem Titel *Milk and Honey*.) Auf der Suche nach Ablenkung ging ich ins Kino und sah *Der Sinn des Lebens* von Monty Python. Am Ende lachte ich mich über Mr. Creosote tot, diesen ekelhaften

Typen, der isst, bis er explodiert. Dann dachte ich darüber nach, wie lustig John das gefunden hätte. Es entsprach genau seinem Sinn für Humor: surreal, sarkastisch und satirisch. Ich konnte beinah sein Lachen hören, dieses ansteckende Gegacker, das mich jedes Mal angesteckt hatte. So wollte ich ihn in Erinnerung behalten. Und so erinnere ich mich bis heute an ihn.

NEUN

Ich wachte davon auf, dass jemand gegen die Tür meiner Hotelsuite hämmerte. Darüber nachzudenken, wer das sein könnte, war unmöglich. Denn ich konnte generell nicht mehr denken. Als ich die Augen öffnete, verspürte ich einen Kater, der alle Grenzen sprengte. Ganz sicher konnte man sich nicht nur durch übermäßigen Genuss derart krank fühlen, da musste etwas sehr viel Ernsthafteres dahinterstecken. Es war nicht nur mein Kopf. Mein ganzer Körper schmerzte. Besonders meine Hände. Seit wann taten einem vom Kater die Hände weh? Und warum konnte sich diese Person, die an die Tür klopfte, nicht einfach verpissen, zumal ich wiederholt entsprechende Anweisungen gegeben hatte?

Stattdessen ging das Gehämmer weiter, begleitet von einer Stimme, die meinen Namen rief. Es war Bob Halley. Ich stand auf. Gott, dieser Kater war *erstaunlich*. Ich fühlte mich noch schlechter als nach Ringo Starrs Silvesterparty 1974, und die hatte um acht Uhr abends begonnen und endete ungefähr um halb vier am nächsten Nachmittag. Es war auch schlimmer als vor ein paar Jahren in Paris, wo ich ein Apartment mit Seine-Blick gemietet hatte. Eigentlich wollte ich ein paar Aufnahmen machen, aber dann hatte ich Kokain von pharmazeutischer Reinheit liefern lassen und mich geweigert, ins Studio zu gehen. John Reid war eines Morgens mit der Absicht aufgetaucht, mich zur Session zu zerren. Als ich ihn begrüßte, hatte ich die Nacht durchgemacht und war so hinüber, dass ich fröhlich halluzinierte, die Einrichtung in der Küche würde mit mir tanzen. Womöglich war es auch derselbe Paris-Abstecher, auf dem ich beschloss, mich zu rasieren, während ich komplett dicht und dermaßen enthusiastisch war, dass ich nicht nur meine Bartstoppel entfernte, sondern auch noch eine meiner Augenbrauen. Diese Ereignisse neigen dazu, in der Erinnerung miteinander zu verschmelzen und eins zu werden.

Ich öffnete die Tür. Bob schaute mich fragend an, als würde er erwarten, dass ich etwas sage. Als ich das nicht tat, meinte er: »Ich denke, du solltest mitkommen und dir das mal ansehen.«

Ich folgte ihm zu seinem Zimmer. Er öffnete die Tür, um einen Anblick der totalen Verwüstung zu offenbaren. Abgesehen vom Bett war kein einziges Möbelstück mehr intakt. Die Einrichtung war völlig auf den Kopf gestellt worden. Unter den Trümmern lag ein Cowboyhut, den Bob gerne trug. Er war komplett platt gedrückt, wie der von Yosemite Sam, nachdem Bugs Bunny ihm einen Amboss auf den Kopf geworfen hat.

»Verdammte Scheiße«, sagte ich. »Was ist passiert?«

Nach einer langen Pause sagte er schließlich: »Elton – du bist passiert.«

Was meinte er damit, ich war passiert? Wovon redete er überhaupt? Ich wusste beim besten Willen nicht, was das hier mit mir zu tun haben sollte. Das Letzte, woran ich mich erinnern konnte, war, dass ich eine absolut wunderbare Zeit gehabt hatte. Warum also sollte ich irgendetwas kaputt schlagen?

»Ich war in der Bar«, sagte ich ungehalten. »Mit Duran Duran.«

Bob sah mich ein weiteres Mal so an, als würde er sich fragen, ob ich es wirklich ernst meinte. Dann seufzte er: »Ja, da warst du. Zu Beginn.«

Alles war so gut gelaufen. Es war Juni 1983, und wir waren in Cannes, wo wir ein Video für »I'm Still Standing« drehten, die geplante erste Single aus meinem kommenden Album *Too Low for Zero*. Seit dem »Ego«-Debakel hatte ich versucht, mich so weit wie möglich aus Videoproduktionen herauszuhalten. Aber nun hatte ich entschieden, noch mal ordentlich auf den Putz zu hauen. Das lag zum Teil daran, dass der Regisseur Russell Mulcahy war, mit dem ich bereits gearbeitet hatte und den ich wirklich mochte. Russell war der Mann, den man in den frühen Achtzigern anrief, wenn man ein besonders teuer und exotisch aussehendes Hochglanzvideo haben wollte. Er war der Typ, der Duran Duran nach Rio geflogen und sie dort auf einer Jacht gefilmt hatte, während sie »Rio« sangen. Außerdem wollte ich, dass »I'm Still Standing« und *Too Low for Zero* kommerziell erfolgreich sein würden. Bernie und ich schrieben wieder dauerhaft miteinander. Während unserer Trennung auf Probe hatten wir einige gute Songs gemacht, aber uns war klar geworden, dass wir ein komplettes Album zusammen schreiben mussten, um unsere Partnerschaft wieder richtig in Gang zu bringen. Ich hatte die Konzerte mit Dee und Nigel genossen, also nahm ich meine alte Band wieder mit ins Studio, mit Davey an der Gitarre und Ray Cooper an der Percussion. Skaila Kanga, meine Freundin von der Royal Academy of Music, kam vorbei und spielte Harfe, wie sie es auch schon auf *Elton John* und *Tumbleweed Connection* getan hatte.

Wir flogen nach Montserrat, um in George Martins Studio aufzunehmen, wo der Produzent Chris Thomas ein sehr gutes Team zusammengestellt hatte: Bill Price, Peggy McCreary, die direkt von einer Produktion mit Prince kam, außerdem eine Deutsche namens Renate Blauel. 1981 hatte ich dort Teile meines Albums *Jump Up!* aufgenommen, aber das hier war anders. Bernie war mitgekommen, und zum ersten Mal seit *Captain Fantastic* im Jahr 1975 war die komplette Elton-John-Band wieder richtig für ein Album vereint. Es war, als würde eine gut geölte Maschine wieder zum Leben erweckt werden. Trotzdem klangen die Ergebnisse nicht wie die Platten, die wir in den Siebzigerjahren gemacht hatten, sondern ziemlich frisch. Neben dem Klavier experimentierte ich auch eine Menge mit Synthesizern. Die Songs strahlten: »I Guess That's Why They Call It the Blues«, »Kiss the Bride«, »Cold as Christmas«. Und »I'm Still Standing« klang wie eine Visitenkarte für das gesamte Album. Im Text ging es um eine von Bernies Exfreundinnen, aber ich fand, er funktionierte auch als Botschaft an meine neue amerikanische Plattenfirma, die sich zunehmend zu einem schrecklichen Ärgernis entwickelte.

Geffen Records war ein relativ neues Label (gegründet 1980), aber gleich von Beginn an wurden die größten Stars unter Vertrag genommen, die es gab: Außer mir waren da noch Donna Summer, Neil Young, Joni Mitchell und John Lennon. Wir alle hatten uns von David Geffens Ruf ködern lassen – in den Siebzigern hatte er die Eagles und Jackson Browne groß gemacht – und von dem Versprechen völliger künstlerischer Freiheit. Aber mein erstes Album für das Label, *The Fox* von 1981, war nicht besonders gut gelaufen. *Jump Up!* war zwar eine kommerzielle

Verbesserung, aber der einzige von ihren großen Künstlern, der bis zu diesem Zeitpunkt einen großen Hit gelandet hatte, war John, und das lag daran, dass er ermordet worden war. Vor seinem Tod hatte sein Album mit Yoko, *Double Fantasy*, schlechte Kritiken bekommen und sich nicht gut verkauft. Ein ziemlich drastischer Weg, einen Hit zu landen. Also brach bei Geffen die Panik aus, was zu irrwitzigen Aktionen führte. Sie feuerten Donna Summers Produzenten Giorgio Moroder, der buchstäblich jede einzelne Hitsingle verantwortete, die sie jemals gemacht hatte. Sie steckten Joni Mitchell mit einem Synthesizer-Genie namens Thomas Dolby ins Studio, was ungefähr so gut zu Jonis Musik passte wie ein Studioaufenthalt mit einem alpinen Jodelchor. Schließlich versuchten sie sogar, Neil Young zu verklagen, weil er unberechenbar war – genauso gut hätten sie ihn dafür verklagen können, dass er Neil Young war. Mir gefiel das alles überhaupt nicht und ich fand, dass »I'm Still Standing« wie ein lauter, fetter Warnschuss klang. Es war ein großes, arrogantes, selbstbewusstes »Fick dich« von einem Song.

Ich brauchte ein dazu passendes großes, arrogantes, selbstbewusstes Video, und Russell lieferte es. Eine Riesenproduktion, zu der Luftaufnahmen aus Hubschraubern und Legionen von Tänzern mit Kostümen und Bodypaintings gehörten. Mein Bentley Cabriolet wurde nach Nizza gebracht, damit ich mit ihm die Croisette entlangfahren konnte. Es gab eine Choreografie, an der ich teilnehmen sollte, so war es jedenfalls geplant. Sichtlich beeindruckt von meinen Moves, die ich auf den Tanzflächen von Crisco Disco und Studio 54 verfeinert hatte, erblasste die Choreografin Arlene Phillips und reduzierte plötzlich meine Beteiligung an diesem Teil des Videos, bis ich schließlich nur noch mit den Fingern schnippte und im Rhythmus der Musik die Strandpromenade runterlief. Vermutlich hatte sie

Angst, mit meiner Darbietung könne ich die Profitänzer in den Schatten stellen. Dass sie später sagte, ich sei der schlechteste Tänzer, mit dem sie jemals gearbeitet hatte, war garantiert nur ein geschickter Taschenspielertrick, um die Profis nicht zu beschämen.

Die Dreharbeiten begannen um vier Uhr nachts und dauerten den ganzen Tag an. Als es dunkel wurde, machten wir eine Pause, und ich ging zurück in mein Hotel, das Negresco, um mich vor dem Nachtdreh ein bisschen frisch zu machen. In der Lobby traf ich Simon Le Bon. Er war mit Duran Duran in der Stadt, und sie waren gerade auf dem Weg an die Bar. Er fragte mich, ob ich mitkommen wollte. Ich kannte ihn nicht besonders gut, aber ich dachte, ein schneller Drink könnte mich wieder munter machen. Ich überlegte gerade, was ich bestellen sollte, als Simon fragte, ob ich schon mal Wodka Martini getrunken hatte. Hatte ich nicht. Vielleicht sollte ich mal einen probieren.

Die Berichte über die anschließenden Geschehnisse sind etwas unklar. Ich kann sie weder bestätigen noch dementieren, weil ich mich wirklich an absolut nichts erinnern kann, außer daran, dass Duran Duran eine überaus nette Gesellschaft boten und der Wodka runterging wie Öl. Je nachdem, wem man Glauben schenkt, hatte ich sechs oder acht weitere Drinks innerhalb der nächsten Stunde, hinzu kamen einige Linien Koks. Dann ging ich zurück zum Videoset und verlangte, die Kameras laufen zu lassen, zog mich komplett aus und rollte mich nackt über den Boden. John Reid war ebenfalls anwesend, und weil er als Komparse in dem Video auftrat, war er gekleidet wie ein Clown. Er machte mir Vorhaltungen, was ich ihm ziemlich übel nahm. Sogar derart übel, dass ich ihm eine reinhaute. Einige Beobachter gaben zu Protokoll, ich hätte ihm allem Anschein nach die Nase gebrochen. Das erklärte immerhin, warum mir die Hände wehtaten, schockierte mich aber einigermaßen. Nie zuvor in meinem Erwachsenenleben hatte ich jemanden geschlagen, und seitdem habe ich das auch nicht wieder getan. Ich hasse körperlich Gewalt so sehr, dass ich mir nicht mal ein Rugby-Spiel anschauen kann. Aber wenn ich schon ein selbst auferlegtes Gesetz brach und jemanden ins Gesicht schlug, dann durfte es ruhig John Reid sein. Er konnte es ja als Vergeltung für den Faustschlag betrachten, den er mir verpasst hatte, als wir noch ein Paar waren.

John stürmte vom Set, schnappte sich die Bentley-Schlüssel und raste in die Nacht hinaus. Das Nächste, was man vom ihm hörte, war sein Anruf bei Rocket am folgenden Tag, mit dem er die Mitarbeiter schreiend aufforderte, ihm den Pannendienst zu schicken. Er war die ganze Nacht hindurch nach Calais gefahren, hatte die Fähre nach Dover genommen und war danach plötzlich liegen geblieben. Als das Pannenfahrzeug kam, waren sie verständlicherweise ein bisschen irritiert, dass in dem Bentley Cabriolet ein blutüberströmter Mann in einem Clownkostüm saß.

Nach John Reids Abgang versuchte jemand anders, mir die Klamotten wieder anzuziehen – wofür einige Versuche benötigt wurden, wie man mir erzählte –, und Bob Halley führte mich zurück ins Hotel. Ich brachte mein Missvergnügen über diesen Akt der Einmischung zum Ausdruck, indem ich sein Zimmer verwüstete. Zum guten Schluss stampfte ich auf seinem Hut herum, torkelte dann in mein eigenes Zimmer und brach dort zusammen.

Bob und ich saßen hysterisch gackernd auf dem Bett. Das Einzige, was wir angesichts der schrecklichen Geschehnisse tun konnten, war, abwechselnd zu heulen und zu lachen und anschließend einige entschuldigende Telefonate zu führen. Dieser

Tag hätte mich dazu bringen sollen, ausführlich über mein Verhalten nachzudenken. Aber ich tat natürlich nichts dergleichen. Der wesentliche Einfluss, den die Geschehnisse von Nizza auf mein Leben hatten, war – Sie werden es nicht glauben – meine Entscheidung, künftig noch mehr Wodka Martini zu trinken. Von diesem Zeitpunkt an begann ein Abend, an dem ich ausging, ungefähr so: vier oder fünf Wodka Martini, dann raus in ein Restaurant – etwa das L'Orangerie, wenn ich in Los Angeles war –, anderthalb Flaschen Wein zum Essen und schließlich mit der ganzen Bande zurück zu mir, um mit dem Koks und den Joints zu beginnen. Der Wodka Martini wurde nicht zuletzt deswegen zum Drink meiner Wahl, weil er einen zusätzlichen Bonus bereithielt – ich bekam davon jedes Mal einen Blackout, sodass ich mich nicht mehr erinnern konnte, wie entsetzlich ich mich in der Nacht zuvor aufgeführt hatte. Bisweilen sahen sich die Leute gezwungen, mich telefonisch daran zu erinnern, dann entschuldigte ich mich. Ich erinnere mich noch an einen wütenden Anruf von Bernie nach einer Nacht im Le Dome, einem Restaurant in L.A., an dem ich Anteile hatte. Ich hatte mich betrunken und eine, wie ich fand, grandiose Rede gehalten, in deren Verlauf ich es hinbekam, John Reids Mutter zu beleidigen. Auf eine gewisse Weise war es sehr beruhigend, dass ich mich an diese Dinge nicht mehr selber erinnern konnte. So konnte ich mir einreden, es sei alles bestimmt nicht so schlimm gewesen, wie die Leute behaupteten. Oder dass es sich nur um einen einzelnen Vorfall gehandelt hatte. Und meistens sagte sowieso niemand irgendetwas, weil ich nun mal war, wer ich war. So ist das mit dem Erfolg. Durch ihn bekommt man eine Lizenz, sich danebenzubenehmen, eine Erlaubnis, die erst widerrufen wird, wenn man plötzlich keinen Erfolg mehr hat hat oder sich entscheidet, erwachsen zu werden und die Dinge selbst in die

Hand zu nehmen. Und zu dieser Zeit bestand absolut keine Gefahr, dass das eine oder andere mir hätte passieren können.

Den Rest des Jahres 1983 verbrachte ich auf Reisen. Ich fuhr mit Rod Stewart in den Urlaub, was sich zu einer regelmäßigen Einrichtung entwickelt hatte. Zuletzt waren wir nach Rio de Janeiro zum Karneval gefahren, was wahnsinnig lustig war. Um sicherzustellen, dass wir den jeweils anderen in der Menge wiederfinden würden, hatten wir uns Matrosenanzüge gekauft. Wir zogen sie an und verließen das Hotel, um dann festzustellen, dass ein riesiges Marineschiff eben erst im Hafen angelegt hatte und die Straßen mit Matrosen überfüllt waren. Es war, als fände dort eine Konferenz der Royal Navy statt. Diesmal fuhren wir auf eine Safari nach Afrika. Wir gingen davon aus, dass die Leute vor Ort uns für gelangweilte, heruntergekommene Rockstars halten würden, weswegen wir Wert darauf legten, trotz der drückenden Hitze stets in perfekter Abendgarderobe zum Essen zu gehen. Einigermaßen verunsichert, musterten die dem Klima entsprechend gekleideten anderen Safarigäste uns mit irritierten Blicken, als hätten sich ein paar Verrückte ihrer Reisegruppe angeschlossen.

Danach schloss ich mich einer Reise des FC Watford nach China an, der als erster britischer Fußballclub zu einem Besuch dort eingeladen worden war. Es fühlte sich seltsam und keineswegs unattraktiv an, in ein Land zu reisen, in dem buchstäblich niemand außer meinen Leuten auch nur die geringste Ahnung hatte, wer ich war. Und China war faszinierend. Es war noch bevor sich das Land dem Westen öffnete. Als ich einige Jahre später erneut mit Watford dorthin reiste, konnte man bereits erste westliche Einflüsse erkennen. Leute radelten mit Mikrowellen auf den Rücken geschnallt durch die Gegend, und in den Bars wurden Madonna-Platten gespielt. Aber bei unserem ersten Besuch fühlte es sich immer noch so an, als käme man in eine andere Welt. Aus Gründen, die nur die Kommunistische Partei kannte, war es bei Fußballspielen nicht erlaubt zu jubeln. Also fanden die Spiele in unheimlicher Stille statt. Wir besuchten die Gedenkhalle für den Vorsitzenden Mao und sahen ihn uns in seinem Kristallsarg an, ein ziemlich bizarres Erlebnis. Ich hatte bereits Lenins Leichnam in Russland gesehen, und er sah gut aus. Aber an Mao stimmte definitiv irgendwas nicht. Oder vielmehr an der Art, wie seine Leiche konserviert worden war. Er hatte den gleichen grellen Pinkton wie diese schaumartigen Süßigkeiten, die Kinder früher gerne aßen. Ich will den verantwortlichen Einbalsamierern nicht zu nahe treten, aber Mao sah verdächtig danach aus, als würde er vergammeln.

Im Oktober flog ich dann nach Südafrika und spielte in Sun City, eine unfassbar dämliche Idee. Der Boykott gegen die umstrittene Anlage hatte noch nicht so richtig Fahrt aufgenommen – das passierte erst, nachdem Queen 1984 dort aufgetreten waren. Aber es gab schon genug Diskussionen darüber, überhaupt in Südafrika zu spielen, dass ich Zweifel bekam. John Reid versicherte mir, es würde keine Probleme geben. Schwarze Künstler waren in Sun City aufgetreten: Ray Charles, Tina Turner, Dionne Warwick, sogar Curtis Mayfield. Wie schlimm konnte es sein, wenn selbst der große Poet der Bürgerrechtsbewegung nichts daran gefunden hatte, dort zu spielen? Streng genommen war es auch nicht Südafrika, sondern Bophuthatswana. Im Publikum gab es keine Rassentrennung.

Natürlich war aber überhaupt nichts in Ordnung. Die Eintrittspreise waren so hoch, dass schwarze Südafrikaner sie sich gar nicht leisten konnten. Wenn ich mir die Mühe gemacht hätte, mich ein bisschen intensiver mit der ganzen Sache zu

Großbritanniens unwahrscheinlichster Popstar nimmt seine Goldenen Schallplatten entgegen:
Stephen James, Bernie, ich und Dick James im DJM-Büro.

Mit meiner fantastischen Großmutter Ivy Sewell (links)
sowie bei einem meiner üblichen Versuche, Rod Stewart die Show zu stehlen (rechts).

(oben) Ihre Königliche Hoheit Tony King, unter deren Rock der treue Diener John Lennon auftaucht.

(rechts) Kofferanhänger von der Reise auf der SS *France*, wo ich tagsüber *Captain Fantastic and the Brown Dirt Cowboy* schrieb und es an den Abenden mit allen beim Bingo aufnahm.

Probe mit John im Record Plant, New York City, am Tag vor unserem Thanksgiving-Konzert im Madison Square Garden.

Auf der Landebahn vor dem frisch nach meinen Vorgaben umlackierten Starship.

»Ich werde darin nicht singen können? Lass das meine Sorge sein.« Der Meister des schüchternen Understatements Mitte der Siebzigerjahre auf der Bühne.

In einem goldenen Golfmobil, mit beleuchteter Brille und Fliege an der Vorderseite
unterwegs zur Enthüllung meines Sterns auf dem Hollywood Walk of Fame.
Man sieht, wie begeistert ich angesichts dieses Ereignisses war.

Mit der wunderbaren Billie Jean King und Bernie; sie war die Inspiration
für den Song »Philadelphia Freedom«, er schrieb den Text.

Mit Bernie in den Siebzigerjahren am Tower Grove Drive in L.A.
Die andauernden Auswirkungen eines katastrophalen Haarfärbe-Experiments
auf den John-Schädel sind deutlich sichtbar.

Mit Stevie Wonder 1977 auf der Bühne des Wembley-Stadions.
Ohne dass irgendjemand davon weiß, stehe ich unmittelbar davor,
ein weiteres Mal meinen Bühnenabschied zu verkünden.

(oben) Im Studio 54 auf der Party von Roberta Flack. Bei mir sind Andy Warhol, Jerry Hall und Ahmet Ertegun. Es ist eindeutig noch früh am Abend, beide Augen blicken in dieselbe Richtung.

(links) Mit Ray Cooper in Leningrad, 1979.

(links) Hier trage ich das Donald-Duck-Kostüm, in dem ich weder laufen noch sitzen konnte, bei einem Konzert im Central Park im September 1980.

(unten) Die andere große Partnerschaft meiner Karriere: der Watford-Trainer Graham Taylor 1983 bei einer Taktikdiskussion mit seinem Präsidenten.

Backstage bei Live Aid mit dem großartigen Freddie Mercury, der mir zuvor die Show gestohlen und gesagt hatte, ich sähe aus wie die Königinmutter.

George Michael wollte die Oberflächlichkeit des Popgeschäfts hinter sich lassen – also tauchte ich beim Abschiedskonzert von Wham! im Juni 1986 natürlich als Ronald McDonald verkleidet auf.

beschäftigen, hätte ich herausgefunden, dass schwarze Südafrikaner Ray Charles' Tourbus mit Steinen beworfen hatten und seine Konzerte in Soweto abgesagt werden mussten. Aber die Mühe machte ich mir nicht und stolperte einfach in die Sache hinein. Es war nicht vergleichbar damit, aus einer oppositionellen Haltung heraus nach Russland zu gehen. Die Leute, die in Südafrika unter der Apartheid litten, wollten wirklich, dass Künstler ihr Land boykottierten. Man konnte absolut nichts Positives erreichen, wenn man dort hinging. Es ergibt also keinen Sinn, sich dafür zu rechtfertigen. Manchmal baut man Scheiße, und dann muss man die Hand heben und den Fehler eingestehen. Alle von mir erwähnten schwarzen Künstler haben ihre Entscheidung später bitter bereut, und so ging es auch mir. Nach meiner Rückkehr unterzeichnete ich einen offenen Brief einer Gruppe von Anti-Apartheid-Aktivisten und versprach, nie wieder dort aufzutreten.

Daheim in England war mein Vater ernsthaft erkrankt. Einer meiner Halbbrüder kam bei einem Konzert in Manchester hinter die Bühne und erzählte mir, er habe Herzprobleme und bräuchte eine vierfache Bypassoperation. Ich war über die Jahre auf Abstand geblieben, aber nun rief ich ihn an und unterbreitete das Angebot, für die Kosten einer Privatbehandlung aufzukommen. Er lehnte ab. Es war sehr traurig, sowohl für seine anderen Kinder als auch für meine Stiefmutter: Er liebte sie und sie ihn, es wäre für alle Beteiligten gut gewesen, seine gesundheitlichen Probleme so schnell wie möglich aus der Welt zu schaffen. Aber er wollte meine Hilfe nicht. Ich schlug vor, wir sollten uns in Liverpool treffen, wenn Watford dort spielte. Es wäre keine allzu weite Reise für ihn gewesen. Er stimmte zu. Fußball war das Einzige, das wir gemeinsam hatten. Ich kann mich nicht erinnern, dass er jemals auf eins meiner Konzerte gekommen oder mit mir über Musik gesprochen hätte. Was ich tat, war eindeutig nicht sein Ding.

Vor dem Spiel führte ich ihn zum Mittagessen ins Adelphi Hotel aus. Es lief gut. Wir tauschten zwanglosen Small Talk aus. Hin und wieder gingen uns die oberflächlichen Themen aus, und es entstand ein unbehagliches Schweigen, an dem man erkennen konnte, dass wir einander nicht besonders gut kannten. Ich war immer noch sauer auf ihn wegen der Art und Weise, wie er mich behandelt hatte, thematisierte es aber nicht. Ich wollte keine große Konfrontation, weil das den Tag ruiniert hätte und ich immer noch Angst vor ihm hatte. Mein Leben hatte sich im Lauf der Zeit vollkommen verändert, aber wir waren immer noch im Jahr 1958 gefangen. Wir sahen uns das Spiel in der Vorstandsloge an. Watford ging 3:1 unter – wir waren noch nicht lange in der ersten Liga gewesen, und die Mannschaft schien es einzuschüchtern, in einem großen Stadion wie Anfield zu spielen –, aber ich hatte trotzdem das Gefühl, dass er es genoss. Auch wenn man das nicht so genau erkennen konnte. Vermutlich hatte ich tief in meinem Inneren gehofft, er sei von der Tatsache beeindruckt, dass ich nun Präsident des Clubs war, zu dem er mich als Kind immer mitgenommen hatte und die Fans »Elton John's Taylor-made army« sangen, wenn wir ein Tor schossen oder einen Angriff einleiteten. Wenn es mir schon nicht gelang, ihn zu einem »Gut gemacht, mein Sohn, ich bin stolz auf dich« für meine Musik zu verleiten, dann vielleicht wenigstens für alles, was wir mit Watford erreicht hatten. Aber das ist nie passiert. Ich habe seitdem viel darüber nachgedacht und bin mir einfach nicht sicher, ob er generell Probleme hatte, Dinge auf diese Weise auszudrücken, oder ob er verlegen war, weil er sich über den Weg, den ich gegen seinen Rat eingeschlagen hatte, im Irrtum gewesen war. Trotzdem trennten wir uns insgesamt im Guten. Ich sah ihn nie wieder. Es hätte für mich keinen Sinn ergeben. Es gab keine Beziehung zu kitten. Unsere Leben waren seit Jahrzehnten komplett voneinander getrennt verlaufen. Es gab keine glücklichen Kindheitserinnerungen, die man hätte aufgreifen und gemeinsam genießen können.

Im Dezember 1983 gingen wir wieder nach Montserrat. *Too Low for Zero* war ein riesiger Hit gewesen, mein erfolgreichstes Album seit beinah einem Jahrzehnt – Platin in Großbritannien und Amerika, Fünffach-Platin in Australien. Also entschieden wir, beim Nachfolger wieder auf die bewährte Formel zu setzen: Bernie schreibt alle Texte, die alte Elton-John-Band ist für die Musik zuständig, Chris Thomas produziert. Die einzige richtige personelle Veränderung im Team war in der Tat die Beförderung Renate Blauels von der Bandmaschinen-Assistenz zur Tontechnikerin. Sie arbeitete gewissenhaft, und alle mochten sie – die anderen Musiker, die Crew, Chris. Sie war ruhig, aber tough und selbstbeherrscht. Aufnahmestudios waren zu dieser Zeit ein reiner Männerclub, und es gab wirklich nicht besonders viele Frauen, die in dem Bereich arbeiteten. Doch sie hatte sich eine Karriere aufgebaut, indem sie einfach nur unvorstellbar gut in dem war, was sie tat. Sie arbeitete später als Tontechnikerin für The Human League und The Jam.

Ich landete am zweiten Weihnachtstag und hatte ziemlich schlechte Laune. Meine Mutter und Derf waren über Weihnachten nach Woodside gekommen, und Mum hatte sofort ihre alte Rolle eingenommen. Sie führte sich auf, als wäre sie die Chefin und behandelte die Angestellten schlecht. Es gab einen riesigen Streit mit einer Reinigungskraft, woraus sich wiederum ein großer Streit mit mir entwickelte, sodass Derf und sie am Heiligabend aus dem Haus gestürmt waren.

Meine Miene hellte sich aber bald nach meiner Ankunft wieder auf. Tony King war einen Tag vor mir angekommen und wollte über Neujahr bleiben. Er lebte inzwischen in New York, wo er für RCA mit Diana Ross und Kenny Rogers arbeitete. Den Alkohol hatte er aufgegeben und sich den Anonymen Alkoholikern angeschlossen. Er sah blendend aus, auch wenn er einige erschreckende Geschichten über die jüngsten Ereignisse in der schwulen Gemeinschaft im Greenwich Village und auf Fire Island infolge einer neuen Krankheit namens Aids zu berichten hatte. Wir alberten im Studio herum, wobei ich Charaktere erfand – eine ältere Aristokratin namens Lady Choc Ice und eine schwermütige, an Nico erinnernde Sängerin mit dem Namen Gloria Doom – und Tony so tat, als würde er diese interviewen. Wir waren beide vollständig einverstanden mit dem Jungen, der Renates alten Job übernommen hatte, Steve Jackson. Er war blond und hinreißend.

Nach einigen Tagen flog Tony zurück nach New York. Dort rief ich ihn wenige Wochen später an und sagte, ich hätte Neuigkeiten zu berichten.

»Ich werde heiraten«, sagte ich.

Tony lachte. »Echt jetzt? Und wen willst du heiraten? Den bezaubernden Bandmaschinen-Assistenten? Wirst du bald Mrs. Jackson sein?«

»Nein«, sagte ich. »Ich werde Renate heiraten.«

Tony kam aus dem Lachen nicht mehr raus.

»Tony«, sagte ich. »Ich meine es ernst. Ich habe Renate einen Antrag gemacht, und sie hat Ja gesagt. Die Hochzeit ist in vier Tagen. Kannst du einen Flug nach Sydney buchen?«

Das Lachen am anderen Ende der Leitung hörte schlagartig auf.

Ich war mit meinem aktuellen Freund im Schlepptau nach Montserrat gekommen, einem Australier namens Gary, den ich einige Jahre zuvor in Melbourne getroffen hatte. Eine weitere junge, blonde, wunderschöne Geisel. Ich hatte mich Hals über Kopf in ihn verliebt und dann auf meine absolut idiotensichere Art und Weise damit begonnen, uns beiden das Leben zur Hölle zu machen. Nachdem ich ihn überredet hatte, Australien zu verlassen und nach Woodside zu ziehen, überhäufte ich ihn mit Geschenken, bevor ich mich zu langweilen begann und Bob Halley anwies, ihn zurück nach Hause zu schicken. Dann hatte ich einen Sinneswandel und bat ihn, zurück nach Woodside zu kommen, war daraufhin erneut gelangweilt und bat Bob, ihm ein Ticket zurück nach Brisbane zu buchen. Wir drehten uns die ganze Zeit im Kreis und kamen absolut nicht weiter. Warum musste es immer wieder so sein? Ich wusste, dass es an mir lag, aber ich war zu blöd, um zu analysieren, was ich falsch machte. So ist das mit Kokain. Es macht einen egoistisch und narzisstisch, alles hat sich den eigenen Wünschen unterzuordnen. Außerdem wird man dadurch völlig unberechenbar, sodass man am Ende gar nicht mehr weiß, was man eigentlich will. Das ist generell ein ziemlich trostloser Mix, aber für jede Form zwischenmenschlicher Beziehungen ist es tödlich. Wenn man es allerdings vorzieht, in einer dauerniedergeschlagenen Welt endlos wahnhaften Schwachsinns zu leben, kann ich Kokain gar nicht dringend genug empfehlen.

Zurück in Montserrat gingen uns die Songs völlig mühelos von der Hand – und die Aufnahmesessions hielten noch mehr Positives bereit. Ich verbachte immer mehr Zeit mit Renate. Ich genoss ihre Gesellschaft sehr. Sie war schlau und nett und sehr, sehr witzig – sie hatte einen sehr britischen Sinn für Humor. Renate war ziemlich schön, was ihr aber gar nicht bewusst zu sein schien, sie trug stets nur Jeans und T-Shirt. Sie wirkte ein bisschen isoliert und einsam, eine Frau in einer Männerwelt, und isoliert und einsam fühlte auch ich mich in meinem Innern. Wir verstanden uns unvorstellbar gut, so gut, dass ich mich lieber mit ihr unterhielt, als Zeit mit Gary zu verbringen. Ich erfand Gründe, sie zu sehen, bat sie etwa nach dem Abendessen zurück ins Studio zu kommen, um die Ergebnisse des Tages anzuhören, damit wir reden konnten. Mehr als einmal erwischte ich mich bei dem Gedanken, dass sie alles hatte, was eine Frau für mich hätte haben müssen, wenn ich heterosexuell gewesen·wäre.

Das war natürlich ein großes Wenn. Streng genommen sogar ein derart immenses Wenn, dass es schon ein gewaltiges Konvolut an verschlungenen irrationalen Gedanken gebraucht hätte, um es nicht als absolut unüberwindbar zu bezeichnen. Glücklicherweise waren verschlungene irrationale Gedanken in diesen Tagen meine große Stärke, also gab ich diesbezüglich sofort alles. Was wäre, wenn das eigentliche Problem meiner Beziehungen ich selbst war? Wenn es einfach nur daran lag, dass es schwule Beziehungen waren? Wenn eine Beziehung mit einer Frau mich auf eine Weise glücklich machen könnte, die mir mit Männern verwehrt blieb? Wenn die Tatsache, dass ich Renates Gegenwart so genoss, nicht einfach nur einem liebevollen Band zwischen zwei einsamen Menschen fern der Heimat geschuldet war, sondern einem plötzlichen und unerwarteten Aufflackern heterosexuellen Verlangens? Wenn ich nur deshalb seit vierzehn Jahren mit Männern schlief, weil ich die richtige Frau noch nicht gefunden hatte? Und was wäre, wenn ich sie nun gefunden hatte?

Je mehr ich darüber nachdachte, desto mehr war ich davon überzeugt. Es war eine knifflige Argumentationskette, die einer genaueren Überprüfung nicht standgehalten hätte. Aber wie knifflig das Ganze auch sein mochte, es war immer noch leichter, als sich den tatsächlichen Problemen zu stellen.

Wir saßen in einem Restaurant namens Chicken Shag und waren beide betrunken, als ich eine Hochzeit erstmals zur Diskussion stellte. Renate tat es verständlicherweise mit einem Lachen ab, sie nahm an, es handele sich um einen Witz. Bis zu diesem Zeitpunkt hatte es keine Anzeichen einer tatsächlichen Romanze zwischen uns gegeben, nicht einmal einen Kuss. Wenn ich halbwegs bei Sinnen gewesen wäre, hätte ich es dabei belassen. Aber inzwischen hatte ich mich selbst bereits vollständig davon überzeugt, dass das hier genau richtig für mich war. Es war das, was ich wollte, es würde all meine Probleme auf einen Schlag lösen. Auf meine ganz spezielle Weise war ich verknallt: in die Idee zu heiraten, in Renates Gesellschaft. Ich vermisste sie, wenn sie nicht da war. Es fühlte sich auffallend an wie Liebe.

Als dann die ganze Entourage von Montserrat nach Sydney weiterzog – die Band und ich, um uns auf eine Australien-Tour vorzubereiten, Renate und Chris Thomas, um das Album abzumischen –, führte ich sie zum Essen in ein indisches Restaurant aus und fragte sie noch einmal. Ich sagte ihr, dass ich sie liebte und den Rest meines Lebens mit ihr verbringen wollte. Und dass wir es sofort tun sollten, in Australien. Es war der 10. Februar 1984 – wir könnten am Valentinstag heiraten. Ich könne es geschehen lassen. Es war verrückt, klang aber romantisch. Renate sagte Ja.

Wir eilten zurück ins Sebel Town House, in dem wir abgestiegen waren, versammelten alle an der Bar und verkündeten die Neuigkeiten: »Hey! Wisst ihr was?« Die Nachricht von einem Meer entgeisterter Gesichter aufgenommen, nicht zuletzt Garys, der mit uns nach Australien gekommen war und sich nun einmal mehr als mein Exfreund wiederfand. Ich bat John Reid und Bernie, meine Trauzeugen zu werden. Die daraus resultierende Party bescherte der Bar eine Rekordeinnahme. Alle brauchten jetzt natürlich einen anständigen Drink, um die jüngsten Geschehnisse verarbeiten zu können.

Die nächsten Tage vergingen wie im Wahn. Es gab einen Empfang zu organisieren, eine Kirche musste gefunden werden, Probleme, derart kurzfristig eine Heiratsgenehmigung zu bekommen, mussten gelöst werden. Ich rief Renates Vater an und hielt um ihre Hand an. Er war ein Geschäftsmann aus München, und obwohl er gerade darüber informiert worden war, dass seine Tochter in vier Tagen einen allgemein als homosexuell bekannten Rockstar heiraten wolle, war er extrem gnädig. Ich rief meine Mutter und Derf an und informierte sie. Sie schienen so verwirrt zu sein wie alle anderen auch, aber ebenso wie alle anderen unternahmen auch sie nichts, um mich davon abzuhalten. Es hatte keinen Sinn. Zu diesem Zeitpunkt meines Lebens bekam ich, was ich wollte. Und wenn irgendjemand versuchte, mich herauszufordern, wurden Leute zusammengeschissen und Dinge geworfen oder zertrümmert. Nichts, worauf man stolz sein sollte, aber so war es. Stattdessen versuchten sich einige meiner Freunde einen Reim auf das zu machen, was ich tat, und kamen zu dem Schluss, ich würde heiraten, weil ich beschlossen hatte, Kinder bekommen zu wollen. Ich ließ sie in dem Glauben. Im Grunde war es immer noch eine bessere Erklärung als die Wahrheit. Aber nichts hätte weiter von meinen tatsächlichen Beweggründen entfernt sein können. Beinahe vierzig Jahre alt und immer noch mühelos in der Lage, mich selbst wie ein Kind zu benehmen, konnte ich nichts weniger gebrauchen, als ein echtes Kind in die Gleichung einzubringen.

Wenn sie mehr Zeit gehabt hätte, über die ganze Sache nachzudenken, hätte Renate ihre Meinung vielleicht geändert. Aber ich glaube nicht, dass sie das getan hätte.

Die Trauung selbst war so unkompliziert, wie eine Hochzeit eben sein kann, bei der einer der Trauzeugen der ehemalige Liebhaber des Bräutigams ist, an den dieser seine Jungfräulichkeit verloren hat. Renate trug ein weißes Spitzenkleid mit einem Klunker aus Gold und Diamanten, den ich ihr als Hochzeitsgeschenk gekauft hatte. Sie hatte Blumen in den Haaren und sah wunderschön aus. Weder Renates noch meine Eltern waren da, aber eine Menge Freunde waren eingeflogen: unter anderem Tony King und Janet Street-Porter. Bernies neue Frau Toni war eine der Brautjungfern. Rod Stewart konnte nicht kommen, aber sein Manager Billy Gaff schickte ein Telegramm: »Du wirst weiter aufrecht stehen«, stand dort in Anspielung auf »I'm Still Standing«. »Aber wir anderen liegen am beschissenen Boden.«

Auf den Stufen der Kirchentreppe wurden wir von Fans und Paparazzi umringt. Durch ein nahe gelegenes Fenster dröhnte »Kiss the Bride« aus *Too Low for Zero* aus der Stereoanlage – abgesehen vom Titel wohl der unpassendste Song für eine Hochzeit außer Tammy Wynettes »D.I.V.O.R.C.E.« Während der Textzeile »Don't say ›I do‹ – say ›bye-bye‹« erklang eine Stimme, die auf überaus australische Weise gratulierte: »Du hast es tatsächlich getan!«, brüllte sie. »Gut gemacht, du alte Schwuchtel!«

Der Empfang fand nach unserer Rückkehr im Hotel statt und verlief genauso unauffällig und dezent, wie man es vermutlich erwarten konnte. Weiße Rosen waren aus Neuseeland eingeflogen worden, wo wir unsere Hochzeitsreise verbringen würden. Es gab Hummer, Wachteln und Hirschkaree, alten Château

Margaux und Puligny-Montrachet, eine fünfstöckige Hochzeitstorte, ein Streichquartett. Der Tradition entsprechend wurden Reden gehalten und Telegramme verlesen. Ebenfalls der Tradition entsprechend haute John Reid später jemandem eine rein, einem Reporter der *Sun*, an deren Hochzeitsberichterstattung er Anstoß genommen hatte.

Dann ging die Party in meiner Hotelsuite weiter, wo es noch mehr Schnaps und Kokain gab. An diesem Punkt sollte ich erwähnen, dass Renate und ich uns bei unserer Scheidung dazu entschlossen haben, die intimen Details unserer Ehe nicht in die Öffentlichkeit zu tragen. Und diesen Entschluss respektiere ich. Es gibt absolut nichts Negatives, das ich über Renate sagen könnte. Das gilt auch für jeden anderen, der je mit ihr zu tun hatte. Die einzige Person, die ihr unterkühlt begegnete, war meine Mutter, und das hatte nichts mit Renate und ihrer Persönlichkeit zu tun. Vermutlich hatte Mum Angst, dass ich endgültig nicht mehr an ihrem Rockzipfel hängen würde, wenn jemand anders die Hauptrolle in meinem Leben spielen würde.

Das Problem war ich. Ich war immer noch in der Lage, mich mit einer Menge Kokain einzuschließen, wann immer mir danach war. Jeder in Woodside hatte sich inzwischen an meinen Drogenkonsum gewöhnt und ging damit um, als sei er vollkommen normal. Ich erinnere mich noch, wie Gladys, eine der Reinigungskräfte, mich eines Tages diskret beiseitenahm und sagte: »Ich habe Ihre spezielle weiße Medizin beim Saubermachen auf dem Boden gefunden, also habe ich sie in die Nachttischschublade gelegt.« Und dort fand ich sie dann auch, immer noch auf dem Spiegel, wo ich die Lines gezogen hatte. Wahrscheinlich hatte ich gedacht, dass eine feste Beziehung dieses Verhalten irgendwie beenden würde. Leider funktionierte das ganz und gar nicht.

ZEHN

M an sollte noch erwähnen, dass Renate nicht einfach nur einen schwulen Drogensüchtigen geheiratet hatte. Das wäre schlimm genug gewesen. Aber sie hatte einen schwulen Drogenabhängigen geheiratet, dessen Leben im Begriff war, auf eine Weise aus dem Ruder zu laufen, die er selbst nicht für möglich gehalten hatte. Ein paar Jahre verliefen noch relativ normal, jedenfalls für meine Verhältnisse. Wir sahen uns an, wie Watford das FA-Cup-Finale verlor. Ich machte ein weiteres Album namens *Ice on Fire*. Gus Dudgeon produzierte es, unsere erste Zusammenarbeit seit Mitte der Siebziger. In Großbritannien war »Nikita« der große Hit, ein Liebeslied für eine Russin, der Bernie entweder aus Versehen oder im Übermut einen Männernamen gegeben hatte. Bei Live Aid richtete ich backstage einen Bereich mit Kunstrasen und Grill ein, damit andere Künstler vorbeikommen konnten. Freddie Mercury tauchte auf, immer noch berauscht von seinem Auftritt mit Queen, bei dem sie allen anderen die Show gestohlen hatten, und machte eine absolut typische Bemerkung über den Hut, mit dem ich aufgetreten war: »Darling! Was zum Teufel war das da auf deinem Kopf? Du hast ausgesehen wie die Queen Mum!« Im Sommer 1986 fuhr ich zum Abschiedskonzert von Wham! im Wembley-Stadion, wo ich George Michaels folgenreiche Entscheidung, die Oberflächlichkeit des Popgeschäfts hinter sich zu lassen und seinen Wandel zum gereiften Sänger zu verkünden, dadurch unterstützte, dass ich als Ronald McDonald verkleidet in einem dreirädrigen Kleinstwagen erschien. Als Kennzeichen seiner neuen Ernsthaftigkeit wollte George »Candle in the Wind« singen, aber auf der Bühne stimmte ich stattdessen eine Kneipenklavierversion von »When I'm Sixty-Four« an.

Doch später im gleichen Jahr begannen die Dinge ernsthaft außer Kontrolle zu geraten. Es begann, als ich feststellte, dass etwas mit meiner Stimme nicht in Ordnung war, während ich mich auf Tour in Amerika befand. Es war ziemlich sonderbar. Ich spielte im Madison Square Garden und konnte ganz normal singen, aber als ich abseits der Bühne dann sprechen wollte, bekam ich nicht mehr als ein Flüstern heraus. Ich entschied, meine Stimme zwischen den Shows zu schonen und daraus einen Witz zu machen. Also besorgte ich mir eine Harpo-Marx-Perücke und einen Regenmantel und ging dazu über, beides backstage zu tragen. Anstatt zu reden, hupte ich.

In Australien wurden meine Stimmprobleme dann immer schlimmer. Parallel zu unserer Ankunft erschien mein neues Album. Es hieß *Leather Jackets* und war eine echte Beinahekatastrophe. Ich hatte immer versucht, im Studio keine Drogen zu nehmen. Doch dieses Mal warf ich die Regel komplett über Bord. Das Koks hatte exakt den Einfluss auf mein künstlerisches Urteilsvermögen, den man annehmen würde. Ich packte allen möglichen Müll auf *Leather Jackets*. »Heartache All Over the World« sollte die große Single sein, ein derartiges Leichtgewicht von einem Song, dass man ihn mit dem kleinen Finger hätte aufheben können. Es gab alte Outtakes, Songs, die nicht gut genug für frühere Alben gewesen waren, die ich aber nun, nach einigen Lines Kokain, plötzlich als verlorene Meisterwerke erkannte, welche unverzüglich das Licht der Welt erblicken mussten. Außerdem einen entsetzlichen Track mit dem Titel »Don't Trust That Woman«, den ich gemeinsam mit Cher geschrieben hatte. Der Text war einfach unglaublich: »You can rear-end her, oooh, it'll send her.« Was ich davon hielt, lässt sich daran ablesen, dass ich mich weigerte, als Urheber genannt zu werden, und den Song stattdessen Cher und meiner alten Studiofigur Lady Choc Ice zuschrieb. Wenn man einen Song so sehr hasst, dass man nicht zugeben möchte, ihn geschrieben zu haben, ist es grundsätzlich eine gute Idee, ihn weder aufzunehmen noch zu veröffentlichen. Aber ich war so fertig, dass mir jeglicher Sinn für Logik komplett abging.

Nicht alles war schlecht: »Hoop of Fire« war ziemlich stilvoll, insbesondere im Vergleich zum ganzen Rest, während eine Ballade mit dem Titel »I Fall Apart« ein weiteres Beispiel für Bernies verblüffende Fähigkeit darstellte, mir Worte in den Mund zu legen, die meine persönliche Situation so perfekt ausdrückten, als hätte ich sie selbst geschrieben. Insgesamt kam man aber nicht um die Tatsache herum, dass *Leather Jackets* alles in allem eine ziemliche Karre Mist war.

Also sollte wenigstens die darauffolgende Tour etwas Besonderes werden, eine derart ambitionierte und spektakuläre Veranstaltung, dass sie die Erinnerung an das Album auslöschen würde.

Ich sagte Bob Mackie, an der Kostümfront könne er so sehr durchdrehen, wie er wolle, und seinen Ideen freien Lauf lassen.

Also trug ich in Australien auf der Bühne schließlich eine riesige pinkfarbene Irokesen-Perücke mit Leopardenmuster an den Seiten. Im Wechsel mit einer von Tina Turners explosiver Achtzigerjahrefrisur inspirierten Perücke. Außerdem ein Outfit, in dem ich so aussah, als sei Mozart einer Glam-Rock-Band beigetreten: weißer, paillettenbesetzter Anzug, kombiniert mit einer gepuderten Perücke im Stil des 18. Jahrhunderts, weißes Make-up, dazu ein aufgemalter Schönheitsfleck. Das Mozart-Outfit war als ironischer Kommentar zur zweiten Hälfte des Programms gedacht, in der mich das Melbourne Symphony Orchestra begleitete. Sollte irgendjemand mich für prätentiös gehalten haben – ein Rockstar, der sich aufführte wie ein großer klassischer Komponist –, dann wäre ich der Erste gewesen, der zugestimmt hätte.

Mit einem Orchester auf Tour zu gehen und Rock'n'Roll zu spielen hatte vorher noch niemand probiert. Es bedeutete, dass ich die Songs meiner frühen Alben zum ersten Mal genau so aufführen konnte, wie sie aufgenommen worden waren, einschließlich Paul Buckmasters wunderschöner Arrangements. Gus Dudgeon reiste an, um sich um den Sound zu kümmern. Wir mikrofonierten jedes Orchesterinstrument einzeln, was ebenfalls noch nie jemand getan hatte, und der Effekt war erstaunlich. Als die Streicher bei »Madman Across the Water« einsetzten, hat es uns komplett weggeblasen. Sie machten einen absoluten Wahnsinnssound. Wenn die Violoncelli und die Kontrabässe voll im Einsatz waren, konnte ich spüren, wie die Bühne unter mir vibrierte. Was durchaus von Vorteil war, weil die Hauptattraktion darum kämpfte, überhaupt irgendeinen Ton von sich zu geben.

Für einen Sänger war es eine absolut bizarre und beunruhigende Situation: Wann immer ich den Mund aufmachte, hatte ich nicht die geringste Ahnung, was passieren würde. Manchmal klang ich gut. Beim nächsten Mal raspelte, krächzte und keuchte ich und traf die Töne nicht. Aus irgendeinem Grund war es beim Sprechen schlimmer als beim Singen. Ich versuchte einen Song anzusagen, und es kam buchstäblich nichts heraus. Es war so, als habe jemand endlich die Stoßgebete mancher Kritiker erhört und einen Weg gefunden, mich dauerhaft abzuschalten.

Irgendwas lief eindeutig gewaltig falsch. Eine Weile lang hielt ich mich an das Rezept für die Halsschmerzmedizin, das Leon Russell mir 1970 hinter der Bühne des Troubadour gegeben hatte, und gurgelte mit Honig, Apfelessig und möglichst heißem Wasser. Es war absolut wirkungslos. Bei einer Show in Sydney kamen die lautesten von mir verursachten Geräusche nicht während der Songs, sondern zwischen ihnen. Ich wurde von Hustenanfällen gequält und zog Schleim in einer grellen Farbenvielfalt hoch, gegen die Mackies Kostüme nüchtern wirkten. Danach nahm ich schließlich Vernunft an und konsultierte einen Hals-Nasen-Ohren-Spezialisten namens Dr. John Tonkin.

Er untersuchte meinen Kehlkopf und diagnostizierte Zysten auf den Stimmbändern. Ob sie bösartig oder harmlos waren, konnte er zu dem Zeitpunkt noch nicht sagen. Sollten sie bösartig sein, wäre es das gewesen – mein Kehlkopf würde entfernt werden müssen und ich könnte niemals wieder sprechen, geschweige denn singen. Genaueres würde er erst nach einer Biopsie wissen. Dann sah er mich missbilligend an und sagte: »Sie rauchen Haschisch, oder?«

Ich erstarrte. Ich hatte nur angefangen, Joints zu rauchen, um die Wirkung des Kokains abzumildern, das ich nahm, dann aber schnell gemerkt, dass ich das Kiffen ebenfalls genoss. Es war eine andere Droge als Koks oder Alkohol, die mich in meiner Wahrnehmung geselliger machten, ungeachtet eines stetig wachsenden Bergs von Belegen, dass mein Verhalten durch sie so asozial war, wie man nur sein konnte.

Wenn ich Gras geraucht hatte, wollte ich nicht ausgehen, feiern und tagelang wach bleiben. Es brachte mich einfach nur zum Lachen und ließ die Musik fantastisch klingen. Besonders gerne hörte ich Kraftwerk, wenn ich breit war: Ihre Musik war so simpel, repetitiv und hypnotisch. Aber weil ich nun einmal der war, der ich war, konnte ich natürlich nicht einfach nur ab und zu mal eine Tüte rauchen und dabei *Trans Europa Express* oder *Die Mensch-Maschine* hören. Ich war sofort so verrückt nach Gras wie nach allen anderen Dingen. Während der Australien-Tour gab es einen Mitarbeiter, dessen Job im Wesentlichen darin bestand, Joints zu drehen. Er war immer an unserer Seite und trug einen Schuhkarton mit allen benötigten Utensilien bei sich.

Als Dr. Tonkin fragte, ob ich kiffte, entschied ich mich, die Details des Tütendreherjobs zu verschweigen. »Ein bisschen«, krächzte ich. Dr. Tonkin rollte mit den Augen und sagte bestimmt: »Sie meinen sicher ›eine Menge‹, oder nicht?« Ich solle damit aufhören. Es sei durchaus möglich, dass das Kiffen die Zysten verursacht habe, und selbst wenn nicht, sei es ganz sicher nicht hilfreich. Ich rauchte nie wieder einen Joint. Damals war ich nicht direkt ein Meister im Umsetzen meiner guten Vorsätze, wenn es um Koks oder Alkohol ging. Ich kann nicht mehr zählen, wie oft ich mir selbst »nie wieder« gesagt hatte, während ich im Klammergriff eines schrecklichen Katers steckte, nur um die guten Vorsätze gleich wieder zu vergessen, nachdem der Kater abgeklungen war. Manchmal hielt ich einige Monate an meiner Entscheidung fest, aber früher oder später ging es jedes Mal wieder von vorne los. Aber wie sich heraus-stellen sollte, ist es durchaus förderlich, einen Schrecken einge-jagt zu bekommen, wenn man etwas aufgeben will – und nichts jagt einem einen derart krassen Schrecken ein wie das Wort Krebs. Dr. Tonkin riet mir außerdem, den Rest der Australien-Tour abzusagen, aber das lehnte ich ab. Es lag noch eine Woche mit Konzerten in Sydney vor uns. Zum einen wären die Kosten einer Absage astronomisch gewesen – es waren über hundert Musiker beteiligt, wir wollten einen Film von den Konzerten drehen und sie für ein Livealbum aufnehmen. Aber was noch wichtiger war: Sollte ich wirklich nie wieder singen können, wollte ich diesen Moment so lange wie möglich aufschieben.

Mit dieser stoischen Die-Show-muss-weitergehen-Haltung wollte ich nun vor Band und Crew treten, um ihnen zu sagen, wie die Dinge lagen. Stattdessen ging ich in die Bar des Sebel Town House – ganz genau, schon wieder –, verkündete heiser, bei mir bestehe der Verdacht auf Kehlkopfkrebs, und brach in Tränen aus. Ich konnte nichts dagegen tun. Ich hatte so eine Angst. Selbst wenn die Operation erfolgreich war, selbst wenn das Ergebnis der Biopsie negativ war, konnte es immer noch sein, dass ich als Sänger erledigt sein würde – Julie Andrews' Stimme war komplett zerstört, nachdem bei ihr operativ eine Stimmbandzyste entfernt wurde.

Wir brachten die Tour zu Ende. Krank und verängstigt, stürmte ich Minuten vor dem geplanten Beginn des letzten Konzerts, das live im Fernsehen übertragen werden sollte, aus dem Sydney Entertainment Centre. Ich hörte im Hintergrund, wie das Orchester die Ouvertüre spielte, während ich aus der Halle eilte. Auf dem Weg kam mir Phil Collins entgegen. Er wollte seinen Platz erst jetzt einnehmen, um nicht von Fans be-lästigt zu werden. Nun wirkte er einigermaßen erschrocken, die

Hauptattraktion in die entgegengesetzte Richtung rennen zu sehen.

»Oh, hallo, Elton … Warte mal, wo willst du hin?«

»Nach Hause!«, rief ich im Vorbeirennen.

Ich hatte eine gewisse Erfahrung damit, aus Hallen zu rennen, während ich eigentlich auf der Bühne stehen sollte. Einige Jahre zuvor hatte ich direkt vor dem Ende der Show und der geplanten Zugabe wutentbrannt ein Weihnachtskonzert im Hammersmith Odeon verlassen. Ich war gerade einmal bis zum Hogarth-Kreisverkehr gekommen, als ich mich wieder beruhigte und entschied umzukehren. Eigentlich liegt dieser Punkt nur zehn Minuten von der Halle entfernt, aber nachdem wir gewendet hatten, stellten wir fest, dass der Rückweg länger dauern würde, weil wir eine Einbahnstraße umfahren mussten. Erstaunlicherweise war das Publikum noch da, als ich zurückkam.

Dieses Mal kam ich nicht einmal bis zum Auto, bevor ich meine Meinung änderte. Es wurde dann die beste Show der ganzen Tour. Der Gedanke, danach nie wieder singen zu können, trug mich durch den Abend. Der Höhepunkt war »Don't Let the Sun Go Down on Me«. Meine Stimme war rau und raspelnd, aber ich glaube nicht, dass ich den Song jemals besser vorgetragen habe. Ohne das Orchester war er immer ein ziemlicher Show-Stopper gewesen, aber an diesem Abend schien jede Zeile eine neue Bedeutung zu gewinnen, eine andere Betonung.

Nach der Tour ging ich in ein Krankenhaus in Australien und unterzog mich der Operation. Es hätte nicht besser laufen können. Es war kein Krebs. Die Zysten wurden entfernt. Nachdem ich mich erholt hatte, stellte ich fest, dass sich meine Stimme dadurch für immer verändert hatte, aber ich mochte ihren neuen Klang. Sie war tiefer, und ich konnte kein Falsett mehr singen, aber irgendetwas an dieser Stimme gefiel mir. Sie fühlte sich kraftvoller an, erwachsener, und hatte eine andere Kraft. Ich konnte mein Glück kaum fassen. Ich dachte, 1987 habe zwar einen schlechten Start erwischt, aber nun würde es nur noch bergauf gehen. Ich hätte nicht weiter danebenliegen können.

Die erste Schlagzeile erschien im Februar 1987 in der *Sun*: ELTON IN VICE-BOYS-SKANDAL VERWICKELT. Aber rückblickend betrachtet, war es ohnehin nur eine Frage der Zeit gewesen, wie lange es dauern würde, bis die *Sun* mich aufs Korn nahm. Ich war schwul, erfolgreich und eigensinnig, was mich in den Augen der Zeitung zum idealen Kandidaten für eine Fehde machte. Der damalige Chefredakteur hieß Kelvin MacKenzie und war ein derart toxischer Mann, dass die Umweltbehörde um ihn herum ein Sperrgebiet hätte einrichten müssen. Unter seiner Leitung war die *Sun* keine Zeitung im eigentlichen Sinne. Vielmehr folgte man dort jeden Tag aufs Neue einer kühnen Versuchsanordnung, um herauszufinden, wie viel Misogynie, Rassismus, Xenophobie und vor allem Homophobie man auf vierundsechzig Boulevardseiten quetschen konnte. Aus heutiger Sicht ist es nicht leicht, Leuten, die die Zeitung damals nicht kannten, zu erklären, wie ekelhaft die *Sun* in den Achtzigern war. Sie behandelte Menschen wie Scheiße, egal ob sie berühmt waren oder nicht. Sie fand eine Gesetzeslücke, die es ihnen erlaubte, Vergewaltigungsopfer öffentlich bekannt zu machen, wenn niemand für die Straftat verurteilt worden war. Sie boten Homosexuellen Geld an, wenn sie Großbritannien verließen: FLIEGT WEG, SCHWULE, WIR BEZAHLEN. Als ein Fernsehschauspieler namens Jeremy Brett mit einer Herzerkrankung im Sterben lag, schickte die *Sun* Reporter ins Krankenhaus, die ihn fragten, ob er Aids habe. Eine Krankheit, so teilte man den Lesern mit, mit der man sich nicht über heterosexuellen Sex anstecken könne.

Ich las die Geschichte über mich mit offenem Mund. Die Ironie des Ganzen lag darin, dass es Dutzende von Männern überall auf der Welt gab, die theoretisch eine Sex-und-Drogen-Enthüllungsgeschichte über mich hätten verkaufen können. Exfreunde, verärgerte One-Night-Stands. Für ihre erste Enthüllungsgeschichte über mich hatte die *Sun* nun allerdings jemanden aufgestöbert, den ich noch nie in meinem Leben getroffen hatte und der ihnen eine Story über eine Orgie an einem Ort verkaufte, an dem ich noch nie gewesen war, nämlich im Haus von Rod Stewarts Manager Billy Gaff.

Fairerweise muss man hinzufügen, dass sie von jemandem, mit dem ich wirklich geschlafen hatte, niemals eine solche Story bekommen hätten. Das lag nicht einmal daran, dass die Geschichte von vorne bis hinten frei erfunden war, wenngleich sie es war. Sie schien vielmehr von einem vollkommen Geistesgestörten erfunden worden zu sein. Für die Orgie hatte ich mich angeblich vorbereitet, indem ich »knappe Ledershorts« angelegt hatte. *Ledershorts?* Ich habe so einigen lächerlichen Plunder getragen, aber ganz sicher habe ich mich niemals auf eine leidenschaftliche Nacht vorbereitet, indem ich mich in knappe Ledershorts zwängte. Wissen Sie, wenn ich jemanden ins Bett bekommen will, dann soll er nicht schreiend davonlaufen, sobald er mich sieht. Darüber hinaus jonglierte ich offenbar mit einem »Sexspielzeug« zwischen meinen Fingern herum und »sah aus wie Kleopatra«. Ach natürlich, Kleopatra, wer auch sonst: die letzte Königin des Ptolemäerreiches, Geliebte von Julius Cäsar und Marc Anton – und natürlich die berühmteste Dildojongleurin und Ledershortsträgerin der Geschichte.

Auf einer gewissen Ebene war es einfach nur lachhaft, auf einer anderen allerdings überhaupt nicht komisch. Die Geschichte implizierte, dass die an der Orgie beteiligten Stricher minderjährig waren. Wenn man eine Lüge oft genug wiederholt, glauben die Leute sie schließlich. Besonders dann, wenn sie in der Zeitung steht. Was, wenn die Leute das hier wirklich glauben würden? Was sollte ich dann nur machen? Meine Mum und Derf würden es lesen, vielleicht sogar meine Großmutter. Mein Gott, Tante Win: Sie arbeitete in einem Zeitschriftenladen. Ich konnte mir vorstellen, wie sie entsetzt die morgendliche Lieferung der *Sun* entgegennahm und sie dann an Leute verkaufte, die wussten, wer ihr Neffe war und sie deswegen auslachten.

Meine erste Reaktion war, mich in Woodside einzuschließen und den Wodka Martinis hinzugeben. Dann rief Mick Jagger an. Er hatte die Geschichte gelesen und wollte mir einen Rat geben. Er sagte, ich solle unter absolut keinen Umständen versuchen, sie zu verklagen. Nachdem er eine gerichtliche Verfügung gegen die *News of the World* erreicht hatte, als diese in den Sechzigern fälschlicherweise berichtete, er habe gegenüber einem Reporter mit seinem Drogenkonsum geprahlt, reagierten sie, indem sie ihn ausspionierten und dann die berühmte Drogenrazzia im Redlands initiierten. Keith Richards und er waren im Gefängnis gelandet, bis ein öffentlicher Aufschrei dafür sorgte, dass die Verurteilung aufgehoben wurde. Komischerweise hatte das Gespräch nicht den von Mick erhofften Effekt. Wie ich ihm erklärte, war es mir eigentlich egal, was die Presse über mich schrieb. Ich regte mich manchmal über eine schlechte Kritik oder eine verletzende Bemerkung auf, aber so läuft das nun mal, wenn man sich in die Öffentlichkeit begibt. Man muss so etwas einfach runterschlucken und darüber hinwegkommen. Aber warum sollte ich ihnen diese Lügen über mich durchgehen lassen?

Ich konnte beweisen, dass ihre Behauptungen nicht stimmten. Zu dem Zeitpunkt, als ich angeblich in Billy Gaffs Haus gewesen sein sollte, gekleidet wie ein Nebendarsteller in einem Village-People-Video und mit einem Dildo wedelnd, befand ich mich in New York, aß mit Tony King zu Mittag und erörterte die Feinabstimmung meiner Tina-Turner-Perücke mit Bob Mackie. Es gab Hotelrechnungen, Restaurantbelege und Flugzeugtickets, um das zu beweisen. Ich hatte das nötige Geld, sie vor Gericht zu bringen. Scheiß auf sie. Ich würde sie verklagen.

Nachdem ich eine einstweilige Verfügung erlassen hatte, veröffentlichte die *Sun* immer mehr Geschichten, gefüllt mit weiteren Lügen. Immer wenn eine neue erschien, erwirkte ich eine weitere einstweilige Verfügung. Einige dieser Lügen waren wirklich unerfreulich – sie behaupteten, ich bezahle Stricher dafür, auf sie urinieren zu dürfen –, andere waren einfach nur bizarr. Angeblich hielt ich Rottweiler mit entferntem Kehlkopf. ELTONS STUMME KILLER. Das einzige Problem an dieser Geschichte war, dass ich überhaupt keine Rottweiler besaß; ich hatte lediglich zwei Deutsche Schäferhunde, die mit ihrem Gebell beinah die Gesandten der Tierschutzorganisation RSPCA taub gemacht hatten, als sie vorbeikamen, um nach ihrem Wohlbefinden zu sehen. Die *Sun* machte weiter, auch wenn bald klar wurde, dass die Öffentlichkeit sich nicht dafür interessierte. Was sie taten, hatte ganz eindeutig keinen Einfluss auf meine Popularität: Die Geschichten wurden auf der ganzen Welt verbreitet, aber das Livealbum, das wir während der Australien-Tour aufgenommen hatten, war ein riesiger Hit, es gab Platin in Amerika, und die als Single ausgekoppelte Version von »Candle in the Wind« ging unerwartet auf beiden Seiten des Atlantiks in die Top 10. Auswirkungen hatte die Berichterstattung nur auf die *Sun* selbst. Jedes Mal, wenn sie eine Geschichte über mich auf der Titelseite brachten, gingen die Verkäufe in den Keller. Ich hatte keine Ahnung, ob die Leute dachten, das sei ohnehin alles gelogen, ob sie darin eine Vendetta gegen mich erkannten oder ob es sie einfach nur zu Tode langweilte.

Die Macher der *Sun* waren sich dieser Schwierigkeiten voll bewusst, also wurden ihre Versuche, mir endlich etwas Dauerhaftes anzuhängen, zunehmend verzweifelt. Man verfolgte mich überallhin. Als ich im Century Plaza in Los Angeles abstieg, war die Penthouse Suite verwanzt. Unsere Anwälte hatten uns diesbezüglich gewarnt – es war die Suite, in der Präsident Reagan immer abstieg –, also ließen wir das Zimmer vom FBI überprüfen. Jemand versuchte mich einzuschüchtern und dafür zu sorgen, dass ich die Anwälte abzog. Sie wollten jedem Stricher fünfhundert Pfund bezahlen, der behauptete, mit mir geschlafen zu haben. Wenig überraschend wurden sie von Kandidaten überflutet, die dann aber so offensichtlich Erfundenes erzählten, dass selbst die *Sun* sich scheute, ihre Geschichten zu drucken.

Das Aufregendste, was sie fanden, waren einige aus meinem Haus gestohlene Polaroids. Sie waren ungefähr zehn Jahre alt. Auf einem von ihnen gab ich jemandem einen Blowjob. Sie druckten die Bilder in der Zeitung, was demütigend war. Ich versuchte, mich mit dem Gedanken zu trösten, dass es sich immerhin um eine weitere Pioniertat in meiner Karriere handelte – der erste Künstler der Geschichte, der mit zwei aufeinanderfolgenden Alben direkt auf die Eins der amerikanischen Charts einstieg, der erste Künstler der Geschichte, der sieben Nummer-eins-Alben in den USA in Folge hatte, und nun eben auch der erste Künstler der Geschichte, der in einer landesweit veröffentlichten Zeitung jemandem einen Blowjob gab. Außerdem wirkte es für *Sun*-Verhältnisse schon einigermaßen verzweifelt. »Schwuler Mann lutscht Penis«, nicht gerade eine Pulitzerpreis-verdächtige Sensation. Darüber hinaus war der Artikel auf eine Weise geschrieben, die weitaus mehr über den Journalisten aussagte als über mich, wie ich fand. Ständig wurden Formulierungen wie »ekelhaft« und »private Perversion« benutzt. Wie langweilig muss das Sexualleben eines Menschen sein, wenn ein Blowjob den Gipfel abgründiger Verdorbenheit darstellt?

Es ging weiter und weiter, monatelang, bis ich siebzehn einstweilige Verfügungen gegen sie erwirkt hatte. Ich würde liebend gerne behaupten, dass ich niemals daran gezweifelt habe, am Ende als Gewinner vom Platz zu gehen, aber so war es nicht. An manchen Tagen ging es mir gut, ich war rechtschaffen wütend und bereit, mich mit ihnen anzulegen. An anderen Tagen aber war ich in Tränen aufgelöst, völlig verzweifelt, sogar beschämt. Ich hatte nichts von den Dingen getan, die sie mir vorwarfen, aber mir war klar, dass ich so etwas teilweise nahezu herausgefordert hatte. Mein Drogenkonsum war ein offenes Geheimnis. Ich hatte ganz sicher niemals mit Minderjährigen geschlafen, aber besonders anspruchsvoll war ich bei der Partnerwahl auch nicht immer gewesen. Einige Jahre zuvor hatte jemand, mit dem ich geschlafen hatte, einen Saphir- und Diamantring, eine Uhr und etwas Geld eingesteckt, bevor er ging. Ich machte mir Sorgen wegen des Gerichtsverfahrens, darüber, dass mein Privatleben dann in aller Öffentlichkeit seziert werden würde und was die *Sun* versuchen würde, um mich zu verleumden.

Diese Überlegungen führten dazu, dass ich tat, was ich immer tat, wenn mir die Dinge über den Kopf wuchsen. Ich schloss mich in ein Zimmer ein, wie ich es als Kind getan hatte, wenn meine Eltern sich stritten, und versuchte, die Geschehnisse zu ignorieren. Der einzige Unterschied war der, dass ich mich inzwischen mit einem gewaltigen Vorrat an Schnaps und Drogen einschloss. Ich aß drei Tage lang gar nichts, um dann hungrig aufzuwachen und mich mit Essen vollzustopfen. Ich bekam Panik zuzunehmen und sprang so lange auf und ab, bis mir übel wurde und ich kotzen musste. Ich hatte eine Bulimie entwickelt, auch wenn ich damals noch nicht wusste, was das ist. Was ich wusste, war, dass manche Speisen leichter direkt wieder auszukotzen waren als andere. Schwer verdauliche Sachen wie Brot waren schwierig, am Ende hing man ewig über der Toilette und würgte und würgte. Mir wurde klar, dass man sich an weiche Sachen halten musste, wodurch ich eine bizarre Diät entwickelte. Während meiner Fressexzesse bestand eine ideale Mahlzeit aus zwei Gläsern Herzmuscheln von Sainsbury's und einem großen Becher Erdnussbutter-Eis von Häagen-Dazs. Ich schaufelte mir alles rein, würgte es wieder hoch und schlich mich davon, um dafür zu sorgen, dass mir übel wurde, während ich davon ausging, niemand würde davon etwas mitbekommen. Was natürlich nicht funktionierte – man riecht nach Kotze, wenn man zurück an den Tisch kommt, und sieht aus, als hätte man geheult, weil das Würgen einem die Tränen in die Augen treibt. Aber natürlich hätte niemand es gewagt, etwas zu sagen, aus Angst vor den Konsequenzen. Absolut alles – von dem, was ich aß, bis zu der Art, wie ich mich aufführte – ist aus heutiger Sicht komplett widerlich. Aber damals wurden all diese Dinge zu meiner zweiten Natur. So war ich einfach.

Aber auch wenn alles immer schlimmer wurde, gelang es mir, mein Leben irgendwie weiterzuführen, indem ich mich mit zwei Gedanken tröstete. Erstens war ich absolut im Recht, was die

Sun betraf – wenn auch nur ein einziges Wort von dem, was sie sagten, gestimmt hätte, hätte ich sie niemals verklagt. Und zweitens kannte ich Leute, die viel, viel schlimmer dran waren als ich, so desolat meine Lage auch war. Leute, die die Kraft gefunden hatten, mit Problemen zu kämpfen, gegen welche meine vollkommen unbedeutend wirkten. Vor einigen Jahren hatte ich in einem Wartezimmer beim Arzt eine *Newsweek*-Geschichte über einen Teenager namens Ryan White gelesen. Ich war gleichzeitig geschockt und inspiriert davon gewesen. Er war ein Bluter aus Illinois, der sich bei einer Transfusion mit HIV infiziert hatte, und Aids war eine Krankheit, die in meinem Kopf eine große Rolle spielte. John Reids persönlicher Assistent Neil Carter war die erste mir bekannte Person, die daran starb. Er bekam seine Diagnose, und drei Wochen später war er tot. Damit schienen die Schleusen geöffnet worden zu sein. Wann auch immer ich mit Tony King drüben in Amerika sprach, wo die Epidemie weiter fortgeschritten war, erzählte er mir von einem alten Freund oder dem Freund eines Freundes, der krank war. John Reids Sekretärin, Julie Leggatt, war die erste Frau in Großbritannien, bei der Aids diagnostiziert wurde. Mein Exfreund Tim Lowe wurde positiv getestet. Ebenso erging es einem weiteren Ex, Vance Buck, einem süßen blonden Jungen aus Virginia, der Iggy Pop liebte und dessen Foto auf dem Cover meines Albums *Jump Up!* abgebildet war, gleich unter dem Text von »Blue Eyes«, dem Song, den Gary Osborne und ich über ihn geschrieben hatten. Es war grauenhaft, aber fragen Sie irgendeinen schwulen Mann, der die Siebziger und Achtziger erlebt hat, und er wird ihnen die gleiche Geschichte erzählen: Jeder hat jemanden verloren, alle erinnern sich an dieses Klima der Angst.

Doch es war nicht nur die Tatsache, dass Ryan White Aids hatte. Sondern das, was aus dieser Diagnose resultierte. In seiner Heimatstadt Kokomo wurde er zum Geächteten. Der Leiter seines Schulbezirks verbot ihm, weiterhin die Schule zu besuchen, damit er seine Mitschüler nicht ansteckte. Seine Mutter Jeanne und er wurden in einen langwierigen Rechtsstreit verwickelt. Nachdem das Bildungsministerium von Indiana zu seinen Gunsten entschieden hatte, erwirkten einige Eltern eine einstweilige Verfügung, die ihn von der Rückkehr an die Schule abhalten sollte. Zu diesem Zweck durften sie in der Aula sogar eine Versteigerung abhalten und Geld sammeln. Als das gescheitert war, gründeten sie eine alternative Schule, damit ihre Kinder nicht mit ihm in Berührung kamen. Er wurde auf offener Straße misshandelt, sein Schulschließfach mit dem Wort SCHWUCHTEL besprüht und seine Habseligkeiten zerstört. Die Reifen am Auto seiner Mutter wurden zerstochen, und jemand schoss eine Kugel durch das vordere Fenster im Haus der Familie. Als die Lokalpresse sich auf seine Seite stellte, erhielten sie Morddrohungen. Sogar die örtliche Methodistenkirche wandte sich von ihm ab. Als während des Ostergottesdienstes der Segen ausgesprochen werden sollte, wollte niemand aus der Gemeinde seine Hand schütteln und »Friede sei mit dir« zu ihm sagen.

Ryan und seine Mutter Jeanne begegneten all diesen Dingen mit einer unglaublichen Mischung aus Würde, Mut und Barmherzigkeit. Sie verhielten sich wie wahre Christen, die sich aufrichtig an die Lehren Jesu hielten und den Leuten vergaben, die ihr ohnehin schon schwieriges Leben zur Hölle machten. Sie verurteilten niemanden, sondern versuchten einfach nur, die Leute aufzuklären. Ryan wurde ein intelligenter, sympathischer und eloquenter Sprecher für die Rechte von Aidskranken, zu einer Zeit, in der Aids noch als Gottes Rache für Schwule und Drogensüchtige dämonisiert wurde. Als ich herausfand, dass er meine Musik mochte und mich gerne treffen würde, nahm ich Kontakt mit seiner Mutter auf, lud die beiden zu einem Konzert in Oakland ein und ging am nächsten Tag mit ihnen nach Disneyland. Ich habe sie aufrichtig verehrt. Jeanne erinnerte mich an die Frauen in meiner Familie, besonders an meine Großmutter: Sie kam aus der Arbeiterklasse, redete Klartext, war freundlich, aber eindeutig mit einem unzerbrechlichen Stahlkern ausgestattet. Und Ryan war ein absolut bemerkenswerter Junge. Er war so krank, dass ich ihn im Rollstuhl durch Disneyland fahren musste, aber er war nicht zornig oder verbittert. Er ist niemals zerbrochen. Er wollte weder Mitleid noch Anteilnahme. Wenn ich mit ihm sprach, hatte ich den Eindruck, dass er genau wusste, wie wenig Zeit ihm blieb, und diese Zeit wollte er nicht mit Selbstmitleid oder Wut auf andere verschwenden – dafür war das Leben buchstäblich zu kurz. Er war einfach nur ein liebenswürdiger Junge, der versuchte, sein Leben so normal wie möglich zu gestalten. Sie waren eine unglaubliche Familie.

Danach blieben wir in Kontakt. Ich rief sie an, schickte Blumen, fragte, ob ich irgendwie helfen könne. Wann immer es meine Zeit erlaubte, traf ich mich mit Ryan. Als sie es in Kokomo nicht mehr aushielten, lieh ich Jeanne genug Geld, um nach Cicero ziehen zu können, eine Kleinstadt außerhalb von Indianapolis. Ich wollte ihr das Geld einfach schenken, aber sie bestand darauf, es zu leihen – sie setzte sogar einen Vertrag auf, den sie mich unterschreiben ließ. Wann immer ich die Hoffnung angesichts meiner eigenen Situation verlor, dachte ich an die beiden. Das war wahrer Mut im Angesicht des Schreckens. Also hör auf mit dem Selbstmitleid. Reiß dich zusammen und mach weiter.

Ungeachtet dessen hielt ich mich weitgehend aus der Öffentlichkeit zurück, bis Michael Parkinson sich einbrachte. In den

Siebzigerjahren war ich zu Gast in seiner Talkshow gewesen – am Ende spielte ich dort auf einem Kneipenklavier, während Michael Caine »Maybe It's Because I'm a Londoner« sang – und wir waren daraufhin Freunde geworden. Er kontaktierte mich, nachdem die *Sun* die ersten Geschichten gedruckt hatte, und sagte, er habe eine neue Talkshow auf ITV namens *One to One* – jede Folge war einem einzigen Gast gewidmet. Ob ich nicht nach Leeds kommen und dort auftreten wolle? Ich sagte, ich sei unsicher, aber er blieb hartnäckig.

»Ich tue es nicht für mich«, sagte er. »Ich tue es für dich. Ich kenne dich und ich weiß, wie die *Sun* ist. Du äußerst dich nicht öffentlich, aber das solltest du. Wenn du gar nichts sagst, werden die Leute denken, du hättest etwas zu verbergen.«

Also machte ich die Show letzten Endes. Wenn man sich die Clips davon auf YouTube anschaut, kann man mir deutlich die Auswirkungen der damaligen Ereignisse ansehen. Ich war unrasiert, nachlässig gekleidet und sah ausgemergelt und blass aus. Das Publikum war eindeutig auf meiner Seite. Michael fragte mich nach der *Sun*, und ich antwortete, ich hätte gerade erst herausgefunden, dass sie versucht hatten, die Helferin meines Arztes zu bestechen, um an meine Krankenakte zu kommen.

»Ich schätze, sie wollen mein Sperma untersuchen«, sagte ich. »Was seltsam ist, denn wenn man die Geschichten glaubt, die sie über mich gebracht haben, müssten sie das Zeug eigentlich eimerweise gesehen haben.«

Nicht lange danach erzählte der Stricher, von dem die ursprünglichen Unterstellungen in der *Sun* kamen, einem anderen Boulevardblatt, dass er sie alle erfunden und mich noch nie getroffen hatte. »Ich mag nicht einmal seine Musik«, fügte er hinzu. An dem Morgen, als der erste Fall vor Gericht kommen sollte, knickte die *Sun* komplett ein. Sie boten mir einen Vergleich über eine Million Pfund an. Es war der höchste Schadensersatz wegen Verleumdung in der britischen Geschichte, auch wenn es für sie ein gutes Geschäft war – wäre die Sache vor Gericht gekommen, hätten sie mir mehrere Millionen zahlen müssen. Anstatt mich an diesem Abend auf meine Aussage im Zeugenstand vorzubereiten, ging ich also zu einem Auftritt von Barry Humphries im Theatre Royal in der Drury Lane und lachte mich über Dame Edna Everage tot. Danach warteten wir am West End auf die Ankunft der ersten Ausgaben der Morgenzeitung an den Kiosken. Die *Sun* war bekannt dafür, erzwungene Richtigstellungen so klein wie möglich auf Seite achtundzwanzig zu verstecken. Wie ich fand, hätte ihre Entschuldigung genauso groß gedruckt werden müssen wie die ursprünglichen Anschuldigungen. Die größte Schlagzeile auf der ersten Seite: SORRY, ELTON.

Später sagte man, es sei ein bahnbrechender Sieg gewesen, der die britische Presselandschaft nachhaltig verändert habe. Aber ich bin mir nicht sicher, ob er die *Sun* besonders stark verändert hat. Zwei Jahre später druckten sie die schlimmsten Lügen ihrer ganzen Geschichte über das Verhalten der Liverpool-Fans während der Hillsborough-Katastrophe. Es war also nicht so, dass präzise Recherche plötzlich zu ihrer größten Tugend geworden war. Was sich änderte, war der Umgang der Presse mit mir, weil ihnen klar wurde, dass ich sie verklagen würde, wenn sie Dinge einfach erfänden. Einige Jahre später habe ich das noch einmal getan, nachdem der *Daily Mirror* behauptet hatte, ich sei auf einer Hollywoodparty dabei beobachtet worden, wie ich den Leuten von meiner wunderbaren neuen Diät erzählt hatte, um dann gekautes Essen auszuspucken, statt es runterzuschlucken: ELTONS TODES-DIÄT. Ich war zu der Zeit nicht mal in Amerika gewesen. Ich bekam 850.000 Pfund und spendete sie für einen guten Zweck. Es ging mir nicht ums Geld. Sondern darum, eine Sache sehr deutlich zu machen: Ihr könnt über mich sagen, was immer ihr wollt. Ihr könnt schreiben, ich sei eine untalentierte alte Schwuchtel, wenn das eure Meinung ist. Ich denke dann vielleicht, dass ihr Arschlöcher seid, weil ihr solche Sachen sagt, aber wenn es gegen das Gesetz wäre, seinen bunten Meinungen über andere Leute Ausdruck zu verleihen, wäre ich schon vor Jahren ins Gefängnis gewandert. Ihr könnt aber keine Lügen über mich verbreiten. Oder wir sehen uns vor Gericht.

Anfang 1988 ließen Renate und ich uns scheiden. Wir waren vier Jahre verheiratet gewesen. Es war der richtige Schritt, fühlte sich aber schrecklich an. Ich hatte jemandem das Herz gebrochen, den ich liebte und der mich bedingungslos liebte, jemandem, dem ich nicht den geringsten Vorwurf machen konnte. Sie hätte mich bis aufs letzte Hemd ausziehen können und ich hätte ihr nicht die Schuld gegeben. Alles, was falsch gelaufen war, war ganz alleine meine Schuld. Aber Renate war zu würdevoll und anständig für so etwas. Trotz des ganzen Leids gab es keinerlei Verbitterung. In den Jahren danach stand jedes Mal die Presse auf ihrer Türschwelle, wenn in meinem Leben irgendetwas vorgefallen war, um mit ihr schmutzige Wäsche zu waschen. Sie hat sich nicht ein einziges Mal darauf eingelassen. Sie hat ihnen einfach nur gesagt, sie sollten sie in Ruhe lassen.

Einmal habe ich sie nach der Scheidung noch gesehen. Sie zog von Woodside in ein wunderschönes Landhaus in einem kleinen Dorf. Nach allem, was passiert war, verspürten wir immer noch aufrichtige Liebe. Als ich Kinder bekam, lud ich sie nach Woodside ein, weil ich wollte, dass sie sie kennenlernte.

Sie sollte ein Teil unseres Lebens werden, und wir ein Teil von ihrem, auf irgendeine Weise. Aber das wollte sie nicht. Und ich versuchte auch nicht, sie zu überreden. Ich muss ihre Gefühle respektieren.

ELF

Der Zustand des Squash-Courts ließ in mir die Erkenntnis reifen, dass meine Sammelleidenschaft eventuell etwas außer Kontrolle geraten war. Der Court gehörte zu den Dingen, die ich besonders an Woodside gemocht hatte, als ich eingezogen war. Ich forderte sämtliche Besucher zu einem Spiel heraus. Aber nun hatte schon eine Weile lang niemand mehr in Woodside Squash gespielt, weil man den Platz nämlich absolut nicht mehr betreten konnte. Er war vollgepackt mit Kisten, und diese waren wiederum mit Sachen gefühlt, die ich gekauft hatte: auf Tour, im Urlaub, bei Auktionen, wo auch immer. Ich hatte keine der Kisten auspacken können, weil buchstäblich nirgendwo im ganzen Haus noch Platz war, um irgendetwas unterzubringen. Jeder Zentimeter Wand war mit Bildern, Postern, Gold- und Platinalben sowie anderen gerahmten Auszeichnungen behängt. Meine Plattensammlung war stapelweise über das gesamte Haus verteilt. Ich hatte eigentlich ein eigenes Zimmer für die Sammlung, in dem es aussah wie in einem Labyrinth – Gang für

Gang waren sämtliche Platten vom Boden bis zur Decke aufgestapelt, die ich seit meiner Jugend gekauft hatte. Ich besaß immer noch die alten Schellackplatten, für die ich bei Siever's in Pinner mein Taschengeld ausgegeben hatte. Ich hatte »Reg Dwight« mit Tinte auf die Labels geschrieben und die Sleeves mit ausgeschnittenen Fotos der Künstler beklebt. Doch ich hatte es geschafft, die Grenzen des Raums auszudehnen, nachdem ich eine zusätzliche Plattensammlung gekauft hatte. Sie stammte von Bernie Andrews, einem Radioproduzenten bei der BBC, der den *Saturday Club* verantwortet und mit John Peel gearbeitet hatte. Er besaß jede Single, die zwischen 1958 und 1975 in Großbritannien veröffentlicht worden war, Abertausende davon. Natürlich war ein Großteil absoluter Schrott. Selbst in den goldenen Jahren des Pop hatte es deutlich mehr schlechte als gute Veröffentlichungen gegeben. Aber es sprach meine Sammlermentalität an, die auf Vollständigkeit bedacht war. Jede einzelne in Großbritannien veröffentlichte Single zu besitzen! Es war, als wäre eine irrwitzige Kindheitsfantasie wahr geworden.

Wenn ich nur Platten gesammelt hätte, wäre die Lage vielleicht noch unter Kontrolle gewesen. Aber so war es nicht. Ich sammelte alles. Kunst, Antiquitäten, Klamotten, Stühle, Schmuck, Geschirr. Wunderschöne Art-déco-Vasen sowie Tischlampen von Gallé und Tiffany standen achtlos auf dem Boden herum, weil auf keinem der Tische genug Platz für sie war – ein ziemlich unglaublicher Sachverhalt in Anbetracht der Menge an Möbeln, die ich in sämtliche Räume gestopft hatte. Ein Rundgang durch das Haus fühlte sich an, als befände man sich auf dem teuersten Hindernisparcours der Welt. Mit einem falschen Tritt oder einer übereilten Wendung – beides kommt nicht selten vor, wenn man einen erheblichen Teil seines Lebens betrunken und auf Drogen verbringt – konnte man Dinge im Wert von Tausenden von Pfund zertrümmern. Das sorgte nicht unbedingt für eine besonders behagliche Wohnatmosphäre. Wenn ich Besucher hatte, verbrachte ich die Hälfte der Zeit damit, jeden ihrer Schritte kritisch zu beäugen und sie brüllend zur Vorsicht anzuhalten. Ab und zu wagte ich einen Blick durch die Tür des Squash-Courts – was gerade noch möglich war, wenn man die Luft anhielt – und fühlte mich auf seltsame Weise verzweifelt. Seit meiner Kindheit hatte es mich glücklich gemacht, Dinge zu besitzen, aber nun wuchs mir alles über den Kopf. Was sollte ich nur mit dem ganzen Kram machen?

Einige Monate, nachdem Renate und ich uns getrennt hatten, entwarf ich einen radikalen Plan. Ich würde es verkaufen. Alles. Jedes Bild, jedes Erinnerungsstück, alle Möbel, sämtliche Kunstobjekte. Die Kleider, den Schmuck, die Gläser, alle Geschenke von Fans. Alles, was sich in dem Haus befand, mit Ausnahme der Platten. Ich nahm Kontakt mit Sotheby's auf, die kürzlich einen großen Verkauf mit Objekten aus dem Nachlass von Andy Warhol abgehalten hatten, und sagte ihnen, ich wolle die Sachen versteigern. Sie schickten Experten nach Woodside, um überall herumzuschnüffeln. Als sie gingen, wirkten sie ein bisschen ermattet. Ich hatte keine Ahnung, ob sie einfach nur von der Menge an Zeug überwältigt waren, das ich verkaufen wollte – einer von ihnen hatte mit gedämpfter Stimme gesagt, ich hätte die größte private Sammlung mit Möbeln von Carlo Bugatti der Welt –, oder ob die reine Abscheulichkeit einiger Stücke sie ins Taumeln gebracht hatte.

Ich bildete mir gerne ein, dass ich ein gutes Auge für Kunst und Möbel entwickelt hätte. Aber ich hatte auch eine bemerkenswerte Schwäche für Kitsch. Es befanden sich Dinge im Haus, neben denen meine alte Bühnenkleidung wie ein ultimatives Statement dezent nüchternen Geschmacks wirkte. Es gab einen Modell-Bonobo in einem edwardianischen Kleid, den ein Fan mir geschickt und mit der Notiz versehen hatte, es handele sich dabei um eine für die Sinnlosigkeit des Krieges stehende Skulptur. Es gab ein Radio in Form einer Puppe, das ein durchsichtiges Negligé trug. Der Lautstärkeregler und der Sendersuchlauf waren auf ihre Titten montiert. Es gab eine kupferne Badarmatur, an der große Hoden aus Acrylglas befestigt waren.

Ich entschied mich, einige Original-Funkmanuskripte der *Goon Show* zu behalten, komplett mit Spike Milligans handschriftlichen Notizen, die ich bei einer Auktion gekauft hatte, und außerdem vier Gemälde. Zwei Magrittes, ein Francis-Bacon-Porträt seines Geliebten George Dyer (als ich es 1973 für dreißigtausend Pfund kaufte, hatten mich die Leute für verrückt erklärt) sowie *The Guardian Readers*, jenes Gemälde von Patrick Procktor, das auf dem Cover von *Blue Moves* abgebildet ist. Alles andere konnte weg.

Bevor hier ein falscher Eindruck entsteht, sollte ich hinzufügen, dass ich absolut nicht die Absicht hatte, ein einfacheres und bedeutungsvolleres Leben zu führen, losgelöst von der Bürde des Konsumverhaltens und unbelastet von materiellem Besitz. Wer das gedacht haben sollte, wurde schnell eines Besseren belehrt, als ich zum ersten Treffen wegen der anstehenden Auktion zu Sotheby's ging. Eigentlich wollte ich dort die Abschaffung meiner weltlichen Güter besprechen, doch am Ende hatte ich stattdessen zwei Bilder der russischen Avantgarde-Künstler Igor und Svetlana Kopystiansky gekauft. Ich wollte einfach nur einen neuen Anfang. Woodside sollte komplett umgestaltet und renoviert werden. Ich wollte nicht mehr im Haus eines durchgeknallten Popstars leben, es sollte sich anfühlen wie ein echtes Zuhause.

Es dauerte alleine drei Tage, bis Sotheby's alles von Woodside in ihr Londoner Lager gebracht hatten. Es gab so viel zu verkaufen, dass sie vier Einzelauktionen abhalten mussten. Eine für Bühnenkleidung und Erinnerungsstücke, eine für Schmuck, eine für Art déco und Jugendstil sowie eine weitere mit dem Namen »verschiedene Sammlungen«, für die alles Mögliche von Warhol-Siebdrucken über Koffer bis hin zu Sporrans zusammengefasst wurde – irgendwann hatte ich mir offenbar zwei dieser Kilttaschen gekauft.

Ich verwendete ein Foto von einem Teil des ganzen Krams als Covermotiv für mein neues Album, das ich *Reg Strikes Back* nannte. Nach den Geschehnissen des Jahres 1987 schien mir das der richtige Titel zu sein. Vor der eigentlichen Auktion hielt Sotheby's eine Ausstellung ab. Sie zeigten dort lediglich ein Viertel dessen, was zum Verkauf stand, aber bereits damit füllten sie das Victoria and Albert Museum. Bizarrerweise besuchte der ehemalige Premierminister Edward Heath die Ausstellung. Vielleicht war er ja auf der Suche nach einer Badarmatur mit angebauten Hoden aus Acrylglas. Die Auktion war jedenfalls ein großer Erfolg. Um den immensen Andrang zu bewältigen, wurden Barrieren aufgestellt. Gemälde wurden für das Doppelte des angestrebten Preises verkauft. Dinge, von denen ich gedacht hatte, sie könnten den Fans ein paar Pfund wert sein, gingen für Tausende über den Tisch. Es ging absolut alles: der Bonobo, der die Sinnlosigkeit des Krieges repräsentierte, die Kilttaschen, das Puppe-im-Negligé-Radio. Sie verkauften sogar die Banner, die an der Außenfassade von Sotheby's hingen und die Auktion ankündigten.

Ich war nicht dort. Ich verließ Woodside an dem Tag, an dem die Möbelwagen kamen. Zwei Jahre lang setzte ich danach keinen Fuß mehr in das Haus. Damals konnte ich es noch nicht wissen, aber als ich zurückkam, sollte sich mein Leben sogar noch mehr verändert haben als das Haus.

Ich entschied, während der Zeit, in der die Woodside ausgeräumt wurde, nach London zu ziehen. Die erste Zeit wohnte ich in einem Hotel – dem Inn On The Park, jenem Ort, an dem sich die berühmte Geschichte abspielte, in der ich das Rocket-Büro anrief und verlangte, dass sie etwas gegen den Wind unternahmen, der mich vom Schlafen abhielt. Jetzt wäre natürlich der richtige Zeitpunkt, um ein für alle Mal festzustellen, dass es sich bei dieser Geschichte in jeglicher Hinsicht um eine urbane Legende handelt und ich nun wirklich nicht verrückt genug war, meine Plattenfirma zu bitten, etwas gegen das Wetter zu unternehmen, und dass ich einfach nur um ein ruhigeres Zimmer bat, weil mich der Wind gestört hatte. Leider kann ich mit dieser Version nicht dienen, weil die Geschichte nun einmal komplett der Wahrheit entspricht. Ich war absolut durchgeknallt und verrückt genug, den internationalen Rocket-Manager Robert Key anzurufen und ihn zu bitten, etwas gegen den Wind draußen vor meinem Hotelzimmer zu unternehmen. Ganz sicher wollte ich kein anderes Zimmer haben. Es war elf Uhr vormittags, ich hatte die ganze Nacht nicht geschlafen, und das Zimmer war voll mit Drogen. Das Letzte, was ich gebrauchen konnte, waren Hotelangestellte, die durch den Raum wuselten, um mir beim Umzug auf eine andere Etage zu helfen. Wütend beschrieb ich Robert die Situation. Zu seinen Gunsten muss man erwähnen, dass er kurzen Prozess mit mir machte. Am anderen Ende der Leitung konnte ich hören, wie er dem Rest der Belegschaft mit einer Hand über dem Hörer zurief: »Jetzt hat sie endgültig den Verstand verloren.« Dann sprach er wieder mit mir: »Elton, bist du verdammt noch mal wahnsinnig? Du legst jetzt auf und gehst zurück ins Bett.«

Ich mietete ein Haus im Westen von London an, war aber die meiste Zeit über weg, auf Tourneen oder in Amerika. Ich hatte mich in einen Typen namens Hugh Williams verliebt, der in Atlanta lebte. Außerdem war ich oft in Indianapolis. Seit dem Umzug nach Cicero war Ryan White zufriedener, aber nichts konnte den Verlauf seiner Krankheit aufhalten. Im Frühling 1990 rief mich seine Mutter Jeanne an, um mir zu erzählen, dass er mit einer schweren Atemwegsinfektion in das Riley-Kinderkrankenhaus eingeliefert worden war. Er wurde künstlich am Leben erhalten. Ich flog sofort hinüber. Während der nächsten Woche versuchte ich mich irgendwie im Krankenhaus nützlich zu machen, während Ryan nur gelegentlich bei Bewusstsein war. Ich wusste nicht, wie ich sonst hätte helfen können. Ich räumte sein Zimmer auf. Ich brachte belegte Brote und Eis mit. Ich stellte Blumen in Vasen und kaufte Stofftiere für die anderen Kinder auf der Station. Ich verhielt mich, als wäre ich Jeannes Sekretär, blockte Telefonate ab und machte für sie den Job, den Bob Halley für mich erledigte. Ryan hatte sich dermaßen für die Rechte von Aidskranken eingesetzt, dass er zu einer Berühmtheit geworden war. Als die Nachricht seines nahenden Todes an die Öffentlichkeit gelangte, wurde Jeanne dermaßen von Leuten bestürmt, die ihr Unterstützung anboten, dass sie es alleine nicht bewältigen konnte. Ich hielt Ryan das Telefon ans Ohr, als Michael Jackson anrief. Ryan konnte nur noch zuhören. Zum Antworten war er zu schwach.

Auf dem Rückweg ins Hotel dachte ich über Jeanne und ihre Tochter Andrea nach. Sie sahen Ryan sterben, langsam und qualvoll. Sie hatten für ein Wunder gebetet, aber dieses Wunder war ausgeblieben. Sie hatten alles Recht der Welt, wütend und nachtragend zu sein. Aber so war es nicht. Sie waren stoisch, sie waren versöhnlich, sie waren geduldig und gütig. Selbst unter diesen entsetzlichen Umständen liebte ich es, mit ihnen zusammen zu sein, aber gleichzeitig schämte ich mich ihretwegen auf eine Weise für mich selbst, wie ich es nie zuvor getan hatte. Ich hatte mein halbes Leben damit verbracht, verärgert und wütend über Dinge zu sein, die völlig unerheblich waren. Ich war die Art von Mensch, die bei anderen Leuten anrief und sie zusammenschiss, weil mir das Wetter draußen vor dem Park Lane Hotel nicht passte. Was auch immer in meiner Kindheit falsch gelaufen war, zu so einem Menschen war ich nicht erzogen worden. Wie zur Hölle hatte ich nur so werden können? Ich hatte es immer irgendwie hinbekommen, mein Verhalten vor mir selbst zu rechtfertigen oder mir daraus einen Spaß zu machen, aber das ging nun nicht mehr. Das wahre Leben hatte meine Prominentenblase zerplatzen lassen.

Weil man wusste, dass ich mich in Indianapolis aufhielt, wurde ich gefragt, ob ich im Hoosier Dome bei der Wohltätigkeitsveranstaltung Farm Aid auftreten könne, die von Neil Young, Willie Nelson und John Mellencamp ins Leben gerufen worden war. Es war ein riesiges Event, Lou Reed, Carl Perkins und Guns N' Roses würden ebenfalls spielen. Ich hatte die Einladung freudig angenommen, aber nun hatte ich eigentlich keine Lust mehr, weil ich Jeanne nicht alleine an Ryans Bettkante zurücklassen wollte; ich wusste, ihm blieb nicht mehr viel Zeit. Also fuhr ich im Eiltempo zum Konzert und rannte buchstäblich in denselben Klamotten auf die Bühne, die ich im Krankenhaus getragen hatte. Ich spielte ohne Begleitband, hetzte durch »Daniel« und »I'm Still Standing«, widmete Ryan »Candle in the Wind« und eilte wieder von der Bühne. Ich war binnen einer Stunde zurück im Krankenhaus, und ich war immer noch da, als Ryan am nächsten Morgen starb, um 7.11 Uhr am 8. April. Er war achtzehn. Es geschah einen Monat vor seinem Highschool-Abschluss.

Jeanne hatte mich gebeten, einer seiner Sargträger zu sein und auch bei der Beerdigung zu spielen. Ich sang »Skyline Pigeon«, mit einem Foto von Ryan auf dem Klavier. Es war ein Song aus meinem ersten Album, *Empty Sky*, eine der ersten richtig guten Sachen, die Bernie und ich geschrieben hatten, und er schien zum Anlass zu passen: »Dreaming of the open, waiting for the day that he can spread his wings and fly away again.« Die Beerdigung war ein großes Ereignis. Sie wurde live auf CNN übertragen. Michael Jackson und die First Lady Barbara Bush nahmen daran teil. Überall waren Pressefotografen, und Hunderte von Leuten standen draußen im Regen. Zur Trauergemeinde gehörten auch Leute, die den Whites das Leben in Kokomo zur Hölle gemacht hatten. Sie kamen, um sich zu entschuldigen und Jeanne um Vergebung zu bitten, und sie gewährte sie ihnen.

Ryan lag in einem offenen Sarg. Nach der Totenmesse reihten sich enge Freunde und Verwandte in einer Schlange vor seinem Sarg auf, um sich zu verabschieden. Er trug seine ausgebleichte Jeansjacke und eine verspiegelte Sonnenbrille – die Garderobe, in der er hatte beerdigt werden wollen. Ich legte meine Hände auf sein Gesicht und sagte ihm, dass ich ihn liebte.

Auf dem Rückweg ins Hotel war meine Stimmung eigenartig. Es war nicht nur Trauer, unterschwellig brodelte noch etwas anderes in mir. Ich war wütend auf mich selbst. Mir ging nicht aus dem Kopf, wie sehr Ryan in so kurzer Zeit Menschen mit Aids geholfen hatte. Als ein aus dem Nichts kommender Jugendlicher hatte er die öffentliche Wahrnehmung verändert. Ronald Reagan, der während seiner Präsidentschaft sein Bestes gegeben hatte, Aids zu ignorieren, hatte einen Text geschrieben, den die *Washington Post* an diesem Morgen druckte, in dem er Ryan lobte und die »Angst und Ignoranz« verurteilte, mit welcher der Krankheit begegnet wurde. Ich war der prominenteste schwule Rockstar der Welt. Ich hatte die Achtziger damit verbracht, Freunde, Kollegen und Ex-Liebhaber auf schreckliche Weise sterben zu sehen. Jahre später ließ ich ihre Namen in Gedenktafeln gravieren und hängte diese an der Wand der Kapelle in Woodside auf. Aber was hatte ich unternommen? So gut wie nichts. Ich machte jedes Jahr einen HIV-Test, und wie durch ein Wunder war das Ergebnis jedes Mal negativ. Ich hatte eine Reihe von Wohltätigkeitskonzerten gespielt und bei der Aufnahme einer Benefiz-Single geholfen, einer Version von Burt Bacharachs »That's What Friends Are For«, mit Dionne Warwick, Stevie Wonder und Gladys Knight. Es war ein gewaltiger Erfolg – in dem Jahr die meistverkaufte Single in den USA, drei Millionen Dollar Spendengeld wurden eingespielt. Ich war auf einigen von Elisabeth Taylors Spendenveranstaltungen gewesen, weil ich Liz seit Jahren kannte. Sie hatte ein vornehmes Image, aber im richtigen Leben war sie ganz anders. Sie war unvorstellbar warmherzig und gastfreundlich, und sie war witzig. Sie hatte einen ziemlich schmutzigen, sehr englischen Sinn für Humor. Aber in ihrer Gegenwart musste man auf seinen Schmuck achten. Sie war besessen. Trug man etwas, das ihr gefiel, brachte sie es irgendwie fertig, es einem abzuschwatzen. Es konnte passieren, dass man mit einer Cartier-Uhr in ihre Garderobe ging und ohne sie wieder herauskam, ohne richtig zu wissen, wie es Liz gelungen war, sie zu bekommen. Vermutlich setzte sie genau diese Eigenschaft auch beim Spendensammeln ein. Sie hatte den Mumm, aufzustehen und etwas zu unternehmen, sie half, die American Foundation for AIDS Research zu gründen, und zwang Hollywood, sich mit dem Thema zu beschäftigen. Auch wenn alle ihr sagten, sich mit Aids einzulassen würde ihrer Karriere schaden.

Ich hätte dasselbe tun sollen. Ich hätte an der Front sein müssen. Ich hätte mich auf eine Weise angreifbar machen sollen, wie Liz Taylor es tat. Ich hätte mit Larry Kramer und ACT UP marschieren sollen. Alles, was ich bislang getan hatte – Benefiz-Singles, Promi-Spendenaktionen – wirkte oberflächlich und effekthascherisch. Ich hätte meinen Namen benutzen sollen, um Aufmerksamkeit zu erlangen und wirklich etwas zu bewirken. Ich fühlte mich schlecht.

Ich schaltete den Fernseher ein und sah mir die Berichterstattung über die Beerdigung an, was es nur noch schlimmer machte. Es war eine sehr schöne Beerdigung, und mein Auftritt war angemessen. Aber jedes Mal, wenn die Kamera auf mich gerichtet wurde, war ich entsetzt. Ich sah auf eine Weise fürchterlich aus, die nichts mit der Tragödie von Ryans Tod zu tun hatte, sondern vielmehr mit der Art, wie ich mein Leben führte. Ich war aufgedunsen und grau. Mein Haar war weiß. Ich wirkte abgekämpft, erschöpft, krank. Ich war dreiundvierzig Jahre alt und sah aus wie ein Siebzigjähriger. Gott, war ich am Arsch. Es musste sich etwas ändern.

Aber nicht sofort. Ich verließ Indianapolis und kehrte zurück in das Leben, das für mich normal war. Bevor Ryan richtig krank geworden war, hatte ich ein neues Album aufgenommen, und nun musste ich es promoten, was ich vernachlässigt hatte, während Ryan im Sterben lag. *Sleeping with the Past* war in einem Studio im ländlichen Dänemark mit dem Namen Puk aufgenommen worden. Vermutlich war die Idee zum Teil dem Wunsch geschuldet, sich der Presse zu entziehen, die wegen meiner Scheidung von Renate allgegenwärtig war, und zum anderen Teil dem Bedürfnis, während der Aufnahmen ein anderes Verhalten an den Tag zu legen als bei der Produktion von *Leather Jackets*. Auf gewisse Weise hat es funktioniert. Selbst mir gelang es nicht, in der Tiefe der dänischen Ödnis irgendeine Drogenquelle aufzutun. Es war mitten im Winter, eiskalt, völlig trostlos. Selbst auf dem Mond hätte man leichter einen Kokaindealer gefunden. Stattdessen fuhren wir jeden Abend in die nächste Stadt, Randers, zogen durch die Pubs und wunderten uns über das Trinkverhalten der Dänen. Liebenswürdige Menschen und jederzeit gerne bereit, meinem Wettkampfgeist entgegenzukommen, indem sie uns zu einer Partie Darts herausforderten, aber sobald Schnaps ins Spiel kam, wurde ihr altes Wikingererbe offensichtlich. Ich hätte nicht versuchen dürfen, mich mit ihnen zu messen, aber auch hier gewann mein ehrgeiziger Charakter die Oberhand. Der Schnaps, den die Einheimischen tranken, war tödlich – sie nannten ihn Nordsee-Öl. Ich gewöhnte mich daran, mit am Gaumen klebender Zunge auf fremden Fußböden aufzuwachen, der festen Überzeugung, dass es sich ganz bestimmt um eine tödliche Alkoholvergiftung handelte. Anderen Mitgliedern unserer Gruppe erging es sogar noch schlechter als mir: Als der Produzent Chris Thomas Geburtstag hatte, mietete ich eine Blaskapelle, um gleich früh am Morgen an seine Tür zu klopfen und »Happy Birthday to You« anzustimmen. Man kann sich vorstellen, wie ausgezeichnet das für einen Mann mit einem wild tobenden Kater klang.

Der Schnaps, die Kneipen, der Kater: Es ist wichtig zu betonen, dass ich hier von der Arbeitswoche spreche. An den Wochenenden legte ich noch einen kleinen Gang zu. Ich flog nach Paris und feierte dort. In der Rue de Caumartin gab es einen Schwulenclub mit dem Namen Boy, den ich liebte. Tatsächlich fand ich, dass ich langsam ein bisschen zu alt zum Ausgehen wurde, aber wegen der Musik im Boy kam ich immer wieder dorthin zurück. Laurent Garnier und David Guetta legten dort auf – damals eroberten House und Techno gerade die Pariser Clubs, und es fühlte sich so frisch, aufregend und mutig an wie Disco damals in den Siebzigern. Immer wenn ich »Good Life« von Inner City höre, denke ich daran, wie der Dancefloor im Boy komplett durchgedreht ist.

Ungeachtet meiner Paris-Besuche und der Mengen an Nordsee-Öl, die wir während der Produktion tranken, wurde *Sleeping with the Past* ziemlich gut. Die Idee war, sich für das Album von altem Soul inspirieren zu lassen, die Art von Musik, die ich in den Sechzigern in den Nachtclubs gespielt hatte, daher der Titel. Das hat in Songs wie »Amazes Me« und »I Never Knew Her Name« ziemlich gut hingehauen. Tatsächlich gab es nur ein Stück, bei dem ich mir nicht so sicher war, und das war eine Ballade mit dem Titel »Sacrifice«. Ich demonstrierte ein weiteres Mal meine unfehlbaren kommerziellen Instinkte, die mich damals zu der Ansage bewogen hatten, Gus Dudgeon zu erwürgen, falls »Don't Let the Sun Go Down on Me« jemals veröffentlicht würde, indem ich verkündete, ich wolle den Song nicht auf dem Album haben. Ich wurde dazu überredet, aber dann wollte die Plattenfirma ihn als Single veröffentlichen, was mir einfach nur dämlich erschien – es war eine fünf Minuten lange Ballade, niemand würde sie spielen. Zunächst veröffentlichten sie das Stück als B-Seite eines Songs namens »Healing Hands«, der mir weitaus kommerzieller zu sein schien. Die Single bewegte nicht viel, bis der DJ Steve Wright beinahe ein Jahr später im Juni 1990 ignorierte, was auf dem Label stand, und die B-Seite in seiner Radio-One-Sendung spielte. Danach hob das Ding plötzlich ab: Innerhalb von drei Wochen hatte ich meine erste Solo-Nummer-eins in Großbritannien.

Ich erinnerte mich, wie ich mich nach Ryans Beerdigung bezüglich meiner Reaktion auf die Aidskrise gefühlt hatte, und entschied, die Einnahmen aus dem Verkauf der Single an vier Einrichtungen der britischen Aids-Hilfe zu spenden. Ich kündigte an, das Gleiche auch bei jeder meiner künftigen Singles zu tun. Ich spendete Geld an Stonewall, eine neue Wohltätigkeitsorganisation, die sich für LGBT-Rechte einsetzte, angesichts des kürzlich eingeführten Paragrafen 28, der Kommunalverwaltungen und Schulen verbot, Homosexualität »zu fördern«. Als ich bei den International Rock Awards auftrat, einer Preisverleihung im Fernsehen, prangerte ich den Moderator an, einen homophoben Comedian namens Sam Kinison, der sich auf Witze über Aids spezialisiert hatte. Eine Woche nach Ryans Beerdigung hatte er sich in Howard Sterns Radiosendung darüber lustig gemacht. Ich sagte, ich sei nur unter Protest dort, Kinison sei ein Schwein und dass die Preisverleihung ihn niemals hätte beschäftigen sollen. Seine Reaktion war unfassbar. Er jammerte rum, ich schulde ihm eine Entschuldigung, und meinte, was ich gesagt hatte, sei völlig daneben. Ein Mann, der durch die Gegend rannte und über sterbende »Schwuchteln« lachte, dessen komplette Masche daraus bestand, Anstoß zu erregen und das Unsagbare zu sagen, war nun offenbar selbst fürchterlich beleidigt, weil er mit einem Schimpfwort belegt worden war. Er konnte austeilen, aber nicht einstecken. Er sollte sich seine beschissene Entschuldigung sonst wohin stecken.

Und ich spielte einige Benefizkonzerte für Ryans Wohltätigkeitsorganisation zur Eröffnung von Donald Trumps neuem Casino in Atlantic City. Jeanne White war mein Gast, aber die Konzerte wurden nicht besonders gut. Ich nahm Drogen und trank Alkohol, um mich aufzuputschen, und machte Fehler auf der Bühne. Es war keine besonders große Sache – gelegentlich vergaß ich eine Textstelle oder verpatzte einen Klaviereinsatz. Vermutlich hat es das Publikum nicht einmal gemerkt, und niemand aus der Band hat es danach erwähnt. Es war nie mein Ding gewesen, Konzerte im Nachhinein zu analysieren, also in großer Runde zu sitzen und darüber zu reden, was alles falsch gelaufen war. Sag den Leuten, wenn sie großartig waren, aber sitz nicht herum und zieh dich pingelig stundenlang an kleinen Fehlern hoch, vergiss es einfach. Aber tief in meinem Inneren war mir bewusst, dass ich eine meiner ungeschriebenen Regeln gebrochen hatte. Natürlich war ich in meiner erbärmlichen Gier nach einer Line schon oft direkt nach dem letzten Song so schnell wie möglich von der Bühne gerannt, aber mein Standpunkt war immer der gewesen, niemals vor einem Auftritt Drogen zu nehmen. Es fühlte sich an, als würde ich das Publikum im Stich lassen.

In Atlanta hatte Hugh Neuigkeiten für mich. Er hatte genug von Alkohol und Drogen. Er wusste, dass er ohne Hilfe nicht damit aufhören konnte. Also hatte er sich für eine stationäre Therapie in Sierra Tucson angemeldet, derselben Entzugsklinik, in der Ringo Starr vor einigen Jahren wegen seines Alkoholismus behandelt worden war. Er würde noch am selben Tag abreisen.

Man könnte denken, nach allem, was in Indianapolis passiert war – die Scham, die ich in Gegenwart von Ryans Mutter und Schwester empfunden hatte, das Entsetzen, als ich mich selbst bei der Beerdigung sah –, würde ich diese Nachricht begrüßen. Ich hätte ihn fragen sollen, ob ich mitkommen dürfe. Stattdessen rastete ich aus. Ich war fuchsteufelswild. Hugh war mein aktueller Komplize, und wenn er eingestand, ein Problem zu haben, bedeutete dies, dass ich ebenfalls eins hatte. Stillschweigend beschuldigte er mich, ein Drogensüchtiger zu sein.

Er war nicht der Erste, der andeutete, ich könnte Hilfe gebrauchen. Nachdem er aufgehört hatte, für mich zu arbeiten, schrieb mein Hausdiener Mike Hewitson mir einen besonnenen, sehr vernünftigen Brief (»Du musst wirklich mit diesem Quatsch aufhören – hör auf, dir dieses verfluchte Zeug durch die Nase zu jagen«), und ich reagierte darauf, indem ich anderthalb Jahre lang nicht mehr mit ihm sprach.

Tony King hatte versucht, mit mir zu reden. Einmal hatte er mich gemeinsam mit Freddie Mercury besucht, und Freddie hatte danach zu ihm gesagt, ich hätte ausgesehen, als sei ich in Schwierigkeiten. Er hatte Tony gebeten, etwas zu unternehmen: »Du musst dich um deinen Freund kümmern.« Nachdem dieses Urteil von Freddie kam, in Bezug auf Alkohol und Drogen selbst nicht gerade ein Heiliger, hätte es einiges Gewicht für mich haben sollen. Stattdessen tat ich Tonys Ansage als die scheinheilige Predigt eines ehemaligen Alkoholikers ab.

Einige Jahre zuvor hatte außerdem George Harrison versucht, mit mir zu reden, auf einer verrückten Party, die ich in einem von mir angemieteten Haus in L.A. gegeben hatte. Im Garten wurden überall Lampen aufgehängt, Bob Halley gab den Grillmeister, und ich hatte alle eingeladen, von denen ich wusste, dass sie in der Stadt waren. Es war bereits später am Abend, ich schwebte und stand völlig neben mir, als ein verwahrlost aussehender Typ, den ich nicht erkannte, auf die Party kam. Wer zur Hölle war das? Es musste ein Angestellter sein, ein Gärtner. Ich verlangte lautstark zu wissen, was der Gärtner sich dabei dachte, sich einen Drink zu genehmigen. Es gab einen Moment entsetzten Schweigens, das von dem Klang von Bob Halleys Stimme durchbrochen wurde: »Elton, das ist nicht der beschissene Gärtner. Das ist *Bob Dylan*.«

Zugekokst bis zum Rand und auf der Suche nach Wiedergutmachung, rannte ich rüber zu ihm, packte ihn und begann, ihn Richtung Haus zu führen.

»Bob! Bob! In diesen schrecklichen Klamotten kannst du hier unmöglich rumlaufen, Darling. Komm' mit nach oben, und ich statte dich unverzüglich mit ein paar von meinen Sachen aus. Komm schon, mein Lieber!«

Bob starrte mich entsetzt an. Seinem Gesichtsausdruck nach zu urteilen, gab es absolut nichts, was er weniger gern tun würde, als sich anziehen zu lassen wie Elton John. Es waren die späten Achtziger, und eins meiner aktuellen Outfits bestand aus einer Kombination eines pinkfarbenen Anzugs mit einem Strohhut, auf dem ein Miniaturmodell des Eiffelturms befestigt war. Man konnte ihm also kaum einen Vorwurf machen. Aber da ich durch das Kokain vor Selbstbewusstsein platzte, ließ ich keinen Widerspruch zu. Während ich weiter versuchte, ihn aus dem Garten zu treiben, hörte ich den unverkennbaren Klang von Georges beißender Stimme mit Liverpool-Akzent nach mir rufen.

»Elton«, sagte er. »Ich bin der festen Überzeugung, du solltest es mit dem guten alten Marschierpulver etwas langsamer angehen lassen.« Bob bekam es schließlich irgendwie hin, mich davon abzubringen, ihn mit meinen Klamotten auszustatten. Aber das änderte nichts an der Tatsache, dass ein Beatle mich öffentlich aufgefordert hatte, etwas an meinen Kokaingewohnheiten zu ändern. Ich lachte nur darüber.

Jetzt allerdings war mir nicht mehr nach lachen zumute. Die geballte Kraft des Dwight-Familientemperaments wurde freigesetzt. Vielleicht erwischte es mich diesmal härter als bei früheren Gelegenheiten, weil ich nach Indianapolis instinktiv wusste, dass Hugh recht hatte. Der folgende Streit war entsetzlich. Ich schrie und brüllte. Ich warf Hugh alles an den Kopf, was mir an verletzenden und beleidigenden Dingen einfiel, die Art von abscheulichen Vorwürfen, die einen noch lange verfolgen. Jahre später fällt einem dann plötzlich völlig aus dem Nichts wieder ein, was man da gesagt hat, und es lässt einen immer noch zusammenzucken. Doch es brachte alles nichts. Hugh hatte seine Entscheidung getroffen. Noch am selben Nachmittag ging er nach Arizona.

Angesichts der Umstände, unter denen wir auseinandergegangen waren, war es eigentlich unglaublich, aber Hugh bat mich später tatsächlich, ihn in der Einrichtung zu besuchen. Großer Fehler. Ich kam an und war innerhalb von zwanzig Minuten wieder weg, immer noch genug Zeit, um ihm eine riesige Szene zu machen. Ich explodierte schon wieder – dieser Ort sei ein totales Drecksloch, die Therapeuten eine Bande Widerlinge, er werde einer Gehirnwäsche unterzogen und müsse unbedingt sofort abhauen. Als er dazu nicht bereit war, stürmte ich hinaus und nahm ein Flugzeug zurück nach London.

Nach meiner Ankunft fuhr ich direkt in mein gemietetes Haus und schloss mich ein. Ich versteckte mich zwei Wochen alleine im Schlafzimmer, nahm Kokain und trank Whisky. Wenn ich zwischendurch überhaupt etwas aß, spuckte ich es danach gleich wieder aus. Ich blieb tagelang wach, guckte Pornos, nahm Drogen. Ich ging nicht ans Telefon. Ich ging nicht an die Tür. Wenn es klopfte, saß ich stundenlang in völliger Stille da, starr vor Paranoia und Furcht, zu ängstlich, um mich zu bewegen, weil sie ja immer noch da draußen sein und mich ausspionieren konnten.

Manchmal hörte ich Musik. »Don't Give Up« von Peter Gabriel und Kate Bush spielte ich wieder und immer wieder, der Text brachte mich zum Weinen: »No fight left or so it seems,

I am a man whose dreams have all deserted.« Dann verbrachte ich lange Tage mit dem Anlegen von sinnlosen Listen der Platten, die ich besaß, der Songs, die ich geschrieben hatte, der Leute, mit denen ich gerne arbeiten würde, sowie der Fußballmannschaften, die ich gesehen hatte. Alles, um die Zeit auszufüllen, einen Grund zu haben, mehr Drogen zu nehmen und nicht ins Bett gehen zu müssen. Eigentlich hatte ich eine Vorstandssitzung beim FC Watford, aber ich rief an und sagte, es gehe mir nicht gut. Ich wusch mich nicht und zog mich nicht an. Ich saß herum und holte mir einen runter, in einem vollgekotzten Bademantel. Es war verkommen. Entsetzlich.

Eigentlich wollte ich Hugh niemals wiedersehen. Dann wieder wollte ich unbedingt mit ihm sprechen, konnte ihn aber nicht erreichen. Er war in eine offene Einrichtung verlegt worden, und nach der Szene, die ich in der Entzugsklinik hingelegt hatte, wollte mir niemand sagen, wo er war. Schließlich hatte ich mich selbst so zugrunde gerichtet, dass mir klar wurde, dass damit Schluss sein musste. Ich war am Ende meiner Kräfte. Wenn ich noch einige Tage so weitergemacht hätte, wäre ich mit Sicherheit gestorben. Ich hätte entweder eine Überdosis oder einen Herzinfarkt erlitten. War es wirklich das, was ich wollte? Ich wusste, dass es das nicht war. Trotz meines selbstzerstörerischen Verhaltens wollte ich mich nicht tatsächlich selbst zerstören. Ich hatte keine Ahnung, wie ich leben sollte, aber sterben wollte ich auch nicht. Es gelang mir, Hughs Exfreund Barron Segar aufzuspüren, von dem ich erfuhr, dass er sich in einem Rehabilitationszentrum in Prescott befand, einer Stadt vier Stunden nördlich von Tucson. Ich rief Hugh an. Er klang nervös. Er sagte, wir könnten uns treffen, es gäbe aber Bedingungen. Ich müsse zuerst mit seinem Suchtberater sprechen. Er wolle mich ebenfalls sehen, weil es Dinge gebe, die er mir unbedingt sagen wolle, aber er würde es erst tun, wenn ich bei einem Berater vorstellig geworden war. Er sprach es nicht aus, aber ich vermutete, er plante irgendeine Form von Intervention. Ich zögerte einen Moment, aber ich war über den Punkt hinaus, an dem ich mir erfolgreich einreden konnte, ich sei intelligent, erfolgreich und reich genug, um alles alleine in den Griff zu bekommen. Ich fühlte mich zu elend und schämte mich meiner selbst zu sehr, um das auch nur zu versuchen. Also stimmte ich zu. Ich würde tun, was auch immer nötig wäre.

Robert Key begleitete mich, und Connie Pappas empfing uns am Flughafen von L.A. Ich rief Hughs Suchtberater an. Er sagte mir, das Treffen sei ein Teil von Hughs Therapie. Wir würden beide eine Liste mit Dingen erstellen, die wir am anderen nicht mochten, und sie dann vorlesen. Es graute mir davor, aber ich machte es.

Am nächsten Tag saß ich Hugh in einem kleinen Hotelzimmer in Prescott gegenüber. Wir hielten unsere Listen in den Händen und saßen so nahe beieinander, dass unsere Knie sich beinahe berührten. Ich begann. Ich sagte, dass mich Hughs Unordnung störe. Er ließ seine Klamotten überall liegen. Er steckte CDs nicht zurück in die Hülle, nachdem er sie abgespielt hatte. Wenn er abends einen Raum verließ, vergaß er, das Licht auszumachen. Dämliche belanglose Kleinigkeiten, der Kram, der einem in einer Partnerschaft eben so auf die Nerven geht.

Dann war Hugh an der Reihe. Mir fiel auf, dass er zitterte. Er war ängstlicher als ich. »Du bist ein Drogensüchtiger«, sagte er. »Du bist Alkoholiker. Du bist esssüchtig und hast Bulimie. Du bist sexsüchtig. Du bist co-abhängig.«

Das war alles. Es gab eine lange Pause. Hugh zitterte immer noch. Er konnte mich nicht ansehen. Er dachte, ich würde wieder explodieren und wegrennen.

»Ja«, sagte ich. »Ja, das bin ich.«

Hugh und sein Suchtberater sahen mich beide an. »Nun, willst du Hilfe?«, fragte der Berater. »Willst du wieder gesund werden?«

Ich fing an zu heulen. »Ja«, sagte ich. »Ich brauche Hilfe. Ich will gesund werden.«

ZWÖLF

Lutheran Hospital
Park Ridge
Illinois
10. August 1990

Du und ich, wir leben jetzt seit sechzehn Jahren zusammen, und wir haben es ordentlich krachen lassen. Doch nun ist es an der Zeit, Dir zu sagen, was ich wirklich für Dich empfinde. Ich habe Dich so sehr geliebt. Anfangs waren wir unzertrennlich – wir trafen uns ständig, bei mir zu Hause oder bei anderen Leuten. Am Ende hingen wir so sehr aneinander, dass ich nicht mehr ohne Dich sein wollte. Wir waren ein Traumpaar, zumindest war das mein Eindruck, ganz egal was andere davon hielten.

Als ich Dir damals begegnete, schienst Du in mir all das zum Vorschein zu bringen, was vorher unterdrückt wurde. Zum ersten Mal in meinem Leben konnte ich über alles reden, was mir auf der Seele lag. Du hattest etwas an Dir, das alle meine Mauern einriss. Mit Dir fühlte ich mich frei. Ich habe niemals Eifersucht empfunden, wenn ich Dich mit anderen geteilt habe. Im Gegenteil, es gefiel mir, andere Menschen auf Deine Reize aufmerksam zu machen. Jetzt wird mir klar, wie Dumm ich gewesen bin, denn ich habe Dir nie etwas bedeutet. Unsere Liebe war völlig einseitig. Dich interessiert einzig und allein, wie viele Menschen Du in Deine Fänge locken kannst.

Mein Körper und mein Geist haben unter dieser Leidenschaft für Dich schrecklich gelitten – Du hast mir Narben an Leib und Seele beschert, die mich auf ewig an Dich erinnern werden. Sicher kennst Du diese romantische Floskel: »Ich würde für Dich sterben.« Nun, genau das hätte ich beinah auch getan. Und nach wie vor ist es verdammt schwer, einer Lady wie Dir den Laufpass zu geben. Wir haben uns schon so oft getrennt, doch ich bin immer zu Dir zurückgekehrt. Obwohl ich wusste, dass es ein Fehler war. Wenn mich sonst niemand trösten konnte, warst Du Tag und Nacht nur einen Anruf entfernt. Du wusstest mich stets von Neuem in Erstaunen zu versetzen – ich habe Dich mit dem Auto und sogar mit dem Flugzeug abholen lassen, bloß um ein paar Stunden oder Tage mit Dir verbringen zu können. Und wenn Du dann endlich bei mir warst, habe ich Dich jedes Mal wieder selig in die Arme geschlossen.

In Gesellschaft feierten wir fantastische Partys. Wir führten großartige, tief schürfende Gespräche darüber, wie wir die Welt verbessern würden. Natürlich haben wir nichts davon umgesetzt, aber Junge, Junge, konnten wir reden! Wir hatten Sex mit Menschen, die wir kaum kannten und die uns nichts bedeuteten. Mir war völlig gleich, wer sie waren – Hauptsache, sie gingen mit mir ins Bett. Aber am nächsten Morgen waren sie verschwunden, und ich war wieder allein. Du warst

auch nicht mehr da. Manchmal habe ich mich nach Dir ver-
zehrt, aber Du bliebst verschwunden. Wenn Du bei mir warst,
wuchs ich über mich hinaus, doch kaum warst Du weg, war
ich wieder ein trauriges kleines Kind.

Meine Familie hatte nie etwas für Dich übrig. Ich war Dir
hörig, und dafür brachten sie Dir ehrlich gesagt nichts als Hass
und Abscheu entgegen. Du hast es geschafft, mich von ihnen
und vielen meiner Freunde zu entfremden. Ich wollte, dass sie
meine Gefühle für Dich verstehen, aber sie hörten mir nie zu,
was mich verletzt und verärgert hat. Ich habe mich dafür ge-
schämt, dass Du mir wichtiger warst als mein eigenes Fleisch
und Blut. Ich hatte nur Dich und mich im Kopf. Also habe ich
Dich für mich behalten. Am Ende wollte ich Dich nicht mal
mehr teilen. Ich wollte mit Dir allein sein. Ich wurde noch unglücklicher, denn Du hast mein ganzes Leben bestimmt – Du
hattest mich völlig in der Hand.

Und ich schätze, damit kommen wir zum Grund dafür, dass
ich beschlossen habe, Dir diesen Brief zu schreiben. Ich
brauchte sechzehn Jahre, um einzusehen, dass unser Verhältnis aussichtslos ist. Immer wenn ich versucht habe, eine Beziehung mit jemand anders zu führen, war es irgendwann so
weit, dass ich Dich zu uns ins Bett geholt habe. Deshalb steht
für mich außer Zweifel, dass ich von Dir abhängig war. Aber
ich fand weder Mitgefühl noch Liebe – und die Liebe, die ich
für andere empfand, war immer nur oberflächlich.

Ich war müde und meiner selbst überdrüssig geworden.
Doch neulich habe ich wieder mal jemanden kennengelernt –
jemanden, den ich geliebt habe, dem ich vertraut habe und der
unerschütterlich darauf beharrt hat, dass wir diese Liaison als
Paar und nicht zu dritt führen würden. Er hat mir vor Augen
geführt, wie egozentrisch ich geworden war, und er hat mich

über mein Leben und meine Wertvorstellungen nachdenken lassen. Darüber, wie festgefahren mein Leben war. Jetzt habe ich die einmalige Gelegenheit, meine Denk- und Lebensweise zu ändern. Ich bin bereit, mich in Demut und Bescheidenheit zu üben. Deshalb muss ich mich ein für alle Mal von Dir verabschieden.

Du warst meine Hure. Du hast mich von jeglicher Spiritualität ferngehalten und verhindert, dass ich zu mir selbst finde. Ich will mir kein Grab mit Dir teilen. Wenn ich eines Tages abtreten muss, dann möchte ich eines natürlichen Todes sterben – mit mir selbst im Reinen. Den Rest meines Lebens will ich als aufrechter Mensch leben und lieber die Konsequenzen meines Handelns tragen, als mich hinter meiner Berühmtheit zu verstecken. Nach sechzehn Jahren mit Dir fühle ich mich ohnehin, als wäre ich so gut wie tot.

Noch einmal, White Lady: leb wohl. Sollte ich Dir erneut über den Weg laufen – seien wir ehrlich, Du bist verdammt umtriebig –, dann werde ich Dich ignorieren und sofort wieder gehen. Wir haben uns in all diesen Jahren viel zu häufig gesehen, und ich habe endgültig genug von Dir. Du hast gewonnen – ich gebe auf.

Danke, ich verzichte.
Elton

In jenem Augenblick, in dem mir die Worte »Ich brauche Hilfe« über die Lippen kamen, fühlte ich eine Veränderung. Als wäre in mir ein Schalter umgelegt worden oder ein Kontrolllämpchen erloschen. Irgendwie wusste ich, dass ich das schaffen und es mir dann besser gehen würde. Aber bis dahin war es kein leichter Weg. Zunächst einmal ließ sich in ganz Amerika keine Klinik finden, die mich aufnehmen wollte. Fast alle Einrichtungen waren darauf spezialisiert, nur eine einzige Suchterkrankung zu behandeln, und ich hatte gleich mit dreien davon zu kämpfen. Ich war süchtig nach Kokain, Alkohol und Essen. Ich wollte nicht, dass sie nacheinander therapiert wurden, denn dann hätte ich gut vier Monate lang von einer Klinik zur anderen wechseln müssen. Ich wollte alle auf einmal behandeln lassen.

Schließlich hatte die Suche Erfolg. Als ich sah, wohin ich gehen sollte, hätte ich mich beinahe geweigert. Die Klinik, in der Hugh den Entzug gemacht hatte und die ich, wie Sie sich vielleicht erinnern, lauthals als Drecksloch bezeichnet habe, war überaus luxuriös. Sie lag auf dem Lande außerhalb von Tucson und bot einen wunderschönen Ausblick auf die Santa Catalina Mountains. Sie hatte einen riesigen Swimmingpool, neben dem Yogakurse stattfanden. Meine Klinik war ein ganz normales Krankenhaus, das Lutheran Hospital in Park Ridge, einem Vorort von Chicago. Ein großer, grauer Klotz mit verspiegelten Fensterscheiben. Es sah nicht so aus, als würden dort Yogakurse am Pool angeboten. Die einzige Aussicht, die man von dort hatte, war die auf den Parkplatz eines Einkaufszentrums. Aber Robert Key begleitete mich dorthin, und einen Rückzieher zu machen war mir zu peinlich. Wohin hätte ich auch gehen sollen? Er setzte mich an der Rezeption ab, nahm mich zum Abschied in den Arm und reiste zurück nach England. Am 29. Juli checkte ich unter dem Namen George King ein. Man informierte mich, dass ich mir ein Doppelzimmer mit jemandem teilen würde, worüber ich nicht gerade erfreut war, bis ich meinen Zimmergenossen erblickte. Sein Name war Greg, er war schwul und sehr attraktiv. Es gab also doch schöne Aussichten.

Sechs Tage danach checkte ich wieder aus. Nicht nur, weil es so hart war. Und es war hart: Ich konnte nicht schlafen, die ganze Nacht lag ich wach und wartete auf den morgendlichen Weckruf um 6.30 Uhr. Ich hatte Panikattacken. Ich litt unter Stimmungsschwankungen, nicht von hoch zu tief, sondern von tief zu noch tiefer. Ein Nebel aus Depressionen und Ängsten, der mal dicker und mal dünner wurde, aber niemals aufklarte. Ich fühlte mich ständig krank. Ich fühlte mich schwach. Ich war einsam. Wir durften nicht telefonieren oder mit jemandem außerhalb der Klinik sprechen. Eine einzige Ausnahme wurde mir zugestanden, nachdem in den Nachrichten berichtet wurde, dass der Gitarrist Stevie Ray Vaughan bei einem Hubschrauberabsturz ums Leben gekommen war. Er war damals mit Eric Clapton auf Tour, und sein Helikopter gehörte zu einem Konvoi, mit dem die Künstler und ihre Crews zum nächsten Auftrittsort unterwegs waren. Ray Cooper spielte in Eric Claptons Band. Die Informationen über den Vorfall, die öffentlich wurden, waren ziemlich verwirrend. Einmal hieß es fälschlicherweise, dass Eric ebenfalls tödlich verunglückt sei. Ich hatte keine Ahnung, ob Ray sich vielleicht in dem abgestürzten Hubschrauber befand. Nach langem und tränenreichen Flehen ließ man mich schließlich die Wahrheit herausfinden. Ray ging es gut.

Doch das Schlimmste für mich war die Scham. Ich schämte mich nicht für meine Süchte, sondern weil von uns erwartet wurde, dass wir gewisse Dinge selbst erledigten, etwa das

Zimmer aufräumen oder die Betten machen. Und mit diesen Dingen hatte ich keinerlei Erfahrung. Ich hatte es so weit kommen lassen, dass ich mir zwar selber den Arsch abwischte und mich rasierte, aber Leute bezahlte, damit sie alles andere für mich erledigten. Ich wusste nicht einmal, wie man eine Waschmaschine bediente. Ich sah mich gezwungen, eine andere Patientin, eine Frau namens Peggy, darum zu bitten, mir zu zeigen, wie das ging. Als ihr klar wurde, dass ich keinen Witz machte, war sie sehr nett und hilfsbereit. Doch das änderte nichts an der Tatsache, dass ich ein dreiundvierzigjähriger Mann war, der nicht einmal seine Klamotten waschen konnte.

Ich bekam zehn Dollar Taschengeld in der Woche, und wenn ich damit Schreibwaren oder Kaugummi kaufen wollte, musste ich einsehen, dass ich keine Ahnung hatte, was diese Dinge so kosteten. Mein letzter Einkauf außerhalb eines Auktionshauses oder einer teuren Designerboutique lag Jahre zurück. Es war beschämend. Wenn du dumm genug bist, dich darauf einzulassen, verführen dich Ruhm und Reichtum dazu, um dich herum eine Blase zu schaffen. Dieses Phänomen begegnet mir momentan ständig, ganz besonders bei Rappern; überall schlagen sie mit einer riesigen, völlig unnötigen Entourage auf, noch größer als das Gefolge von Elvis, das ich damals schon abschreckend fand. Obwohl häufig gut gemeint – sie verteilen Jobs an die alten Freunde aus ihrem Viertel, eine Gegend, in der niemand gerne lebt –, ist es nicht ungefährlich. Man glaubt zwar, sich das Leben zu erleichtern, indem man sich mit Freunden umgibt. Aber in Wahrheit schottet man sich auf diese Weise bloß vom Rest der Welt ab. Und nach meiner Erfahrung gilt: Je mehr du vom wahren Leben isoliert bist, desto weiter entfernst du dich von der Person, die du eigentlich bist, desto schwerer machst du dir das Leben, und desto unglücklicher wirst du. Am Ende hast du eine Art mittelalterlichen Hofstaat, mit dir selbst als Monarch. Alle um dich herum versuchen, sich eine möglichst lukrative Position zu sichern, haben Angst, ihren Platz in der Hackordnung einzubüßen, und bekämpfen sich gegenseitig, weil sie dir so nah wie möglich sein wollen, um ihren Einfluss auf dich auszubauen. Das Ergebnis ist ein absolut groteskes und geisttötendes Umfeld. Und man hat es selbst erschaffen.

Mein eigentliches Problem beruhte allerdings auf dem Zwölf-Punkte-Programm der Anonymen Alkoholiker, denn sobald mein Suchtberater anfing über Gott zu sprechen, flippte ich aus. Ich wollte nichts von Religion hören. Religion war für mich ein Dogma, reine Bigotterie, verkörpert durch die sogenannte »moralische Mehrheit« und Leute wie Jerry Falwell, der Aids als Gottes Strafe für die Homosexuellen bezeichnete. Jahre später, als ich George Michael überzeugen wollte, in eine Suchtklinik zu gehen, und er pauschal ablehnte, führte der den gleichen Grund an: »Komm mir nicht mit Gott. Ich möchte keiner Sekte beitreten.« Ich versuchte, ihm zu erklären, dass ich genauso reagiert hatte wie er. Aber das machte alles nur noch schlimmer. Er hielt mich für blasiert und herablassend. Dabei war es mir tatsächlich haargenau wie ihm ergangen. An jenem Nachmittag in Chicago stürmte ich aus der Sitzung, kehrte zurück auf mein Zimmer, packte meine Sachen und ging.

Ich kam bis draußen auf den Bürgersteig. Dort setzte ich mich mit meinem Koffer auf eine Bank und brach in Tränen aus. Es hätte mich nur ein paar Anrufe gekostet, dort wegzukommen, aber wo sollte ich hin? Zurück nach London? Und was würde ich da tun? Den lieben langen Tag in einem vollgekotzten Morgenmantel herumhängen, koksen und Pornos glotzen? Das war keine besonders verlockende Aussicht. Kleinlaut schleppte ich meinen Koffer zurück in die Klinik. Ein paar Tage später wäre ich beinahe erneut abgehauen. Mein Suchtberater warf mir vor, ich würde es mit dem Entzug nicht wirklich ernst meinen: »Du arbeitest nicht hart genug, du tust so, als wäre das alles ein Spaziergang.« Daraufhin verlor ich die Beherrschung. Ich sagte ihm, dass ich längst weg wäre, wenn ich es mit dem Entzug nicht ernst meinen würde. Ich unterstellte ihm, dass er nur auf mir herumhacken würde, weil ich berühmt war. Er ließ meine Argumente nicht gelten, schien gar nicht wirklich zuzuhören. Also habe ich ihn als Arschloch beschimpft. Damit habe ich offenbar seine Aufmerksamkeit gewonnen. Ich musste mich vor einem Disziplinarausschuss verantworten und wurde für mein Verhalten und meine Ausdrucksweise verwarnt.

Bei dieser Gelegenheit wurde allerdings auch beschlossen, mir eine neue Suchtberaterin zur Seite zu stellen. Und da Debbie offenbar nicht so darauf versessen war, an mir als Prominentem ein Exempel zu statuieren, begann ich tatsächlich Fortschritte zu machen. Ich fand Gefallen an der Routine. Es machte mir Freude, Dinge selbst zu erledigen. Ich arrangierte mich mit der Vorstellung, dass – wenn auch nicht unbedingt Gott – zumindest so etwas wie eine höhere Macht existierte. Es erschien mir einfach schlüssig. Um das zu erkennen, genügte ein Blick auf mein eigenes Leben, auf all die Schlüsselmomente, die ich bis dahin dem Instinkt oder dem Schicksal zugeschrieben hatte. Angefangen bei Ray Williams, der mich mit Bernie bekannt machte, über den Umstand, dass ich im Wartezimmer beim Arzt ausgerechnet die Zeitschrift mit dem Artikel über Ryan White aufgeschlagen hatte, bis hin zu meiner Entscheidung, die komplette Einrichtung von Woodside zu verkaufen. Letzteres erschien mir immer weniger als unbesonnener Impuls, sondern vielmehr als eine Art Vorahnung, dass große Veränderungen in meinem Leben bevorstanden. Ich fing an, mich auf die

AA-Treffen zu freuen. Nach einiger Zeit durfte ich endlich Besuch empfangen: Billie Jean King und ihre Partnerin Ilana Kloss kamen, um mich zu sehen, ebenso wie Bernie und meine Freunde Johnny und Eddi Barbis. Ich musste viel schreiben, unter anderem einen Abschiedsbrief an das Kokain (den Bernie bei seinem Besuch las und in Tränen ausbrach) sowie eine Liste der Konsequenzen meines Drogen- und Alkoholmissbrauchs. Anfangs fiel es mir schwer, aber als ich einmal damit angefangen hatte, konnte ich kaum noch aufhören. Bei meiner Ankunft in der Klinik hatte mich ein Arzt gefragt, wie es mir ging, und ich sagte es ihm offen und ehrlich: Ich wusste es nicht. Ich war mir schon seit Jahren nicht mehr sicher, ob ich überhaupt noch etwas fühlte oder bloß das vage Echo des stetigen Wechsels aus Hochs und Tiefs verspürte, den der Drogen- und Alkoholkonsum mit sich brachte. Doch jetzt sprudelte es nur so aus mir heraus. Die Liste der Konsequenzen wurde länger und länger, bis sie schließlich drei Seiten lang war. Selbsthass. Schwere Depressionen. Unter Drogeneinfluss auf die Bühne zu gehen.

Es war kathartisch, aber die Gruppensitzungen rückten meine Probleme ins richtige Licht. Da gab es Menschen, die schreckliche Dinge erlebt hatten. Einmal sollten wir über unser schlimmstes, schmutzigstes Geheimnis reden. Ich berichtete von meinen vergangenen Beziehungen und von meiner treffsicheren Fähigkeit, aus rein egoistischen Motiven über das Leben eines anderen Menschen zu verfügen. Anschließend war eine junge Frau an der Reihe, die aus dem tiefsten Süden der USA kam und an einer Essstörung litt. Sie brauchte fünfundvierzig Minuten, um ihre Geschichte zu erzählen. Zunächst, weil sie so heftig weinen musste, dass sie die Worte kaum herausbekam. Und am Ende, weil sie kaum noch gegen das Schluchzen der anderen Teilnehmer ankam. Sie war als Heranwachsende von ihrem Vater sexuell missbraucht worden. Bereits als Teenager wurde sie schwanger. Sie hatte solche Angst, jemand könnte etwas bemerken, dass sie mehr und mehr aß, um ihre Schwangerschaft zu kaschieren. Schließlich brachte sie das Baby ganz alleine zur Welt, einsam und völlig verängstigt.

Diese Treffen waren nichts für zartbesaitete Gemüter, aber ich begann sie sehr zu schätzen. Nachdem ich mir und anderen jahrelang etwas vorgemacht hatte, zwangen sie mich, aufrichtig zu sein. Wenn diese junge Frau den Mut aufbrachte, dort über den Missbrauch durch ihren eigenen Vater zu sprechen, dann musste man einfach auch selbst aufstehen und die Wahrheit erzählen – alles andere wäre ihr und ihrer Courage gegenüber respektlos gewesen. Ist man ein Süchtiger, dann geht es ständig ums Lügen, Spuren zu verwischen, sich selbst einzureden, dass man kein Problem hat. Und darum, anderen Menschen weiszumachen, dass man dieses oder jenes nicht tun kann, weil man krank ist, obwohl man in Wahrheit bloß unter einem gewaltigen Kater leidet. Es war alles andere als einfach, aufrichtig zu sein. Aber es war befreiend. Es erlaubte mir, all den Ballast loszuwerden, der mit den Lügen einherging – die Scham und die Schuldgefühle.

Die Besorgnis all jener, die mir bis zu diesem Zeitpunkt hatten helfen wollen, habe ich üblicherweise damit abgetan, dass sie einfach keine Ahnung hätten. Schließlich waren sie nicht Elton John, wie hätten sie also auch nur ansatzweise verstehen können, wie es ist, ich zu sein? Aber es wurde ziemlich schnell deutlich, dass die anderen Süchtigen bei den Treffen das sehr wohl verstanden. Sie verstanden es nur allzu gut. Bei einem der Treffen sollten alle aufschreiben, was sie an mir mochten und was sie nicht an mir mochten. Meine guten und meine schlechten Seiten wurden in eine Tabelle an der Tafel eingetragen. Ich diskutierte mit der Gruppe darüber, drehte und wendete das Gesagte so lange, bis ich die Kritik allmählich akzeptierte. Ich war der Ansicht, dass ich mich ganz gut machte. Doch nach einiger Zeit wies mich jemand darauf hin, dass ich nur über die negativen Bemerkungen redete und die positiven nicht einmal erwähnte. Die anderen meinten, das sei ein Zeichen für ein geringes Selbstwertgefühl. Ich erkannte, dass sie recht hatten. Vielleicht stand ich deshalb so gerne auf der Bühne. Wenn man Probleme damit hat, persönliche Komplimente anzunehmen, dann dreht sich auf einmal alles im Leben darum, eine weniger persönliche Alternative zu finden – Hitparadenplätze oder applaudierende Massen namenloser Fans. Kein Wunder, dass ich immer sagte, auf der Bühne würden sich alle meine Probleme in Luft auflösen. Kein Wunder, dass mein Leben jenseits der Bühne zu einem solchen Chaos geworden war. Ich ging zurück auf mein Zimmer und schrieb ICH BIN WERTVOLL und ICH BIN EIN GUTER MENSCH in die blaue Mappe, in der ich alle meine Notizen aufbewahrte. Immerhin ein Anfang.

Nach sechs Wochen war ich schließlich so weit, dass ich die Klinik verlassen konnte. Ich flog nach London, wo ich alle im Rocket-Büro darüber informierte, dass ich mir eine Auszeit nehmen würde. Keine Auftritte, keine neuen Songs, keine Aufnahmesessions für mindestens ein Jahr, vielleicht auch für achtzehn Monate. Das hatte es noch nie gegeben – ich hatte mir seit 1965 nie länger als ein paar Wochen freigenommen –, aber es wurde von allen akzeptiert. Einzige Ausnahme war eine bereits vereinbarte private Benefizshow mit Ray Cooper im Grosvenor House Hotel, die wir tatsächlich durchzogen, so beängstigend ich die Vorstellung auch fand. Im Büro konnte ich einen Blick auf das Artwork für ein neues Box-Set werfen, dessen Veröffentlichung ich bereits vor dem Klinikaufenthalt geplant hatte und das einen Überblick über meine gesamte Karriere bieten sollte. Der Titel *To Be Continued …* gefiel mir – er klang positiv und hoffnungsvoll, geradezu vorausschauend angesichts des Umstands, dass ich ihn vor dem Entzug ausgewählt hatte. Trotzdem bat ich darum, ein paar Änderungen vorzunehmen. Statt einer Collage aus verschiedenen Fotos der Siebziger- und Achtzigerjahre wollte ich lieber ein aktuelles Bild auf dem Cover. Der Titel würde dann eher als Kommentar zu meinem jetzigen Leben und nicht zur Vergangenheit verstanden. Danach hatte es sich für das gesamte folgende Jahr mit der Arbeit erledigt – wenn man meinen Überraschungsauftritt bei einem von Rod Stewarts Konzerten in der Wembley Arena nicht als Arbeit betrachtet, wo ich mich in Fummel und Perücke auf seinen Schoß setzte, während er versuchte, »You're in My Heart« zu singen. Und Rod in die Suppe zu spucken hat sich für mich noch nie wie Arbeit angefühlt, eher wie ein ausgesprochen amüsantes Hobby.

Ich verbrachte einige Zeit mit Hugh in Atlanta, aber unsere Beziehung begann zu kriseln. Unsere Therapeuten hatten uns davor gewarnt zusammenzubleiben. Immer wieder sagten sie, dass es nicht gut gehen würde und dass sich die Dynamik der Beziehung unwiederbringlich ändern würde, da wir nun beide clean waren. Wir haben das als Blödsinn abgetan. Vieles von dem, was ich in der Klinik niedergeschrieben hatte, drehte sich darum, wie sehr ich Hugh liebte und ihn vermisste. Also mieteten wir eine Wohnung, zogen zusammen und stellten zu unserer immensen Überraschung bald darauf fest, dass sich die Dynamik unserer Beziehung offenbar unwiederbringlich geändert hatte, da wir nun beide clean waren. Es funktionierte einfach nicht. Die Trennung war nicht übermäßig dramatisch, wir haben nicht geheult und einander angeschrien, dennoch war es traurig. Wir hatten so viel zusammen durchgemacht. Nun war es an der Zeit, loszulassen.

Den Großteil der kommenden achtzehn Monate verbrachte ich in London, wo ich langsam ins Alltagsleben zurückfand. Ich kaufte das Haus, in dem ich zur Miete wohnte und wo ich mich bei meinem letzten Exzess verkrochen hatte. Ich lebte alleine. Ich beschäftigte keine Hausangestellten. Mir gefiel es, die Dinge selbst zu erledigen. Ich kaufte mir einen Mini und besorgte mir einen Hund aus dem Tierheim in Battersea, einen kleinen Mischling, den ich Thomas nannte. Jeden Morgen stand ich um 6.30 Uhr auf und ging mit ihm Gassi. Ich liebte diese Spaziergänge. Es ist ein gängiges Entzugsklischee, dass drogenfreie Suchtkranke plötzlich Details in ihrer Umgebung wahrnehmen, die ihnen nie aufgefallen sind, als sie noch Drogen konsumiert haben – oh, was für wunderschöne Blumen, diese herrliche Natur und ähnlicher Quatsch. Aber es ist nur deshalb so ein beliebtes Klischee, weil es der Wahrheit entspricht. Ich bin überzeugt, dieses Phänomen ist einer der Gründe dafür, dass ich nach dem erfolgreichen Entzug begonnen habe, Fotografien zu sammeln. Obwohl ich praktisch meine ganze Karriere über mit fantastischen Fotografen zu tun hatte – Terry O'Neill, Annie Leibovitz, Richard Avedon, Norman Parkinson –, habe ich Fotografie immer nur als Publicity betrachtet, nie als Kunstform. Bis ich dann mit dem Trinken und den Drogen aufgehört habe. Ich war in Südfrankreich im Urlaub und besuchte dort meinen Freund Alain Perrin, der nicht weit von Cahors lebte. Er sah sich gerade diverse Schwarz-Weiß-Fotografien an, weil er einige davon kaufen wollte. Ich schaute ihm dabei müßig über die Schulter und war plötzlich wie gebannt. Es handelte sich um Bilder von Irving Penn, Horst P. Horst und Herb Ritts. Ich kannte Herb Ritts, er hatte das Coverfoto von *Sleeping with the Past* gemacht, aber plötzlich hatte ich das Gefühl, seine Arbeiten in einem völlig neuen Licht zu sehen. Alles an den Fotos, die Alain sich ansah, begeisterte mich. Die Lichtsetzung, die sich daraus ergebenden Formen – das alles erschien mir außergewöhnlich. Letztendlich kaufte ich zwölf dieser Bilder. Es war der Beginn einer Obsession, die bis heute anhält. Wenn es um bildende Kunst geht, ist Fotografie die Liebe meines Lebens.

Dass ich die Dinge in meiner Umgebung mit anderen Augen sah, fiel mir zuerst bei meinen Spaziergängen durch London auf. Aus einem heißen Sommer war ein milder Herbst geworden. Es war wundervoll, bei Sonnenschein frühmorgens unterwegs zu sein, mit Thomas durch den Holland Park oder zur St. James's Church zu laufen, und zu beobachten, wie sich die Blätter allmählich verfärbten. Früher war ich so früh am Morgen nur auf den Beinen gewesen, wenn ich die Nacht durchgemacht hatte.

Nach dem Gassigehen stieg ich für gewöhnlich in meinen Mini und fuhr zu einem Psychiater. Bis dahin war ich noch nie bei einem gewesen, und die Besuche sollten sich als enormer Lernprozess herausstellen. Einige der Psychiater, die ich im Lauf meines Lebens konsultiert habe, waren großartige Ärzte und haben mir sehr dabei geholfen, mich selbst besser zu verstehen. Andere hingegen entpuppten sich als regelrechter Albtraum. Sie interessierten sich vor allem für meine Berühmtheit und die Vorteile, die sie aus der Nähe zu mir für sich ziehen konnten. Einer davon verlor sogar seine Approbation, weil er seine Patienten sexuell belästigte – die weiblichen, sollte ich wohl hinzufügen, falls jemand auf den Gedanken kommt, ich könnte zu den Opfern dieses Mannes gehören.

Ich verbrachte viel Zeit bei Treffen. Ich hatte Chicago mit der strikten Anweisung meines Sponsors verlassen, sofort ein AA-Treffen zu besuchen, wenn ich in London den Zoll passiert hatte. Nach den langen Wochen in Amerika war ich jedoch völlig ausgehungert nach Fußball, also besuchte ich stattdessen ein Spiel des FC Watford. Am selben Abend rief mich mein Sponsor an. Ich erzählte ihm, was ich getan hatte, und er schrie mich an. Als jemand, der die meiste Zeit seines Lebens als Fahrer für die Stadtreinigung von Chicago gearbeitet hatte und es gewohnt war, über den Lärm eines Müllwagens hinweg mit seinen Kollegen zu kommunizieren, konnte er sehr laut schreien. An diesem Abend klang er, als wollte er auch ohne Telefon auf der anderen Seite des Atlantiks zu hören sein. Da ich es eher gewohnt war, Leute anzuschreien, als angeschrien zu werden, war ich völlig aus der Fassung. Aber ich schämte mich auch. Mein Sponsor war ein guter Mensch – später wurde ich sogar Taufpate seines Sohnes –, aber er war stinksauer, und zwar aus aufrichtiger Sorge um mich.

Also hielt ich mich an seinen Rat. Künftig nahm ich eisern an so vielen Treffen wie möglich teil: Anonyme Alkoholiker, Anonyme Kokainsüchtige und Anonyme Esssüchtige. Ich fuhr zu Meetings nach Pimlico, an der Shaftesbury Avenue, nach Marylebone und an der Portobello Road. Manchmal besuchte ich drei oder vier Treffen an einem einzigen Tag und bis zu hundert im Monat. Manche meiner Freunde äußerten bereits den Verdacht, dass ich inzwischen süchtig nach Gruppentherapiesitzungen für Suchtkranke war. Vielleicht lagen sie damit gar nicht so falsch. Trotzdem war es eine erhebliche Verbesserung im Vergleich zu den Dingen, nach denen ich vorher süchtig gewesen war. Vielleicht gab es ja ein Meeting der anonymen Gruppentherapiesüchtigen, wo mir im Kampf gegen meine neue Sucht geholfen werden konnte.

Gleich beim ersten Treffen, das ich besuchte, tauchte ein Fotograf auf und knipste mich beim Verlassen des Gebäudes.

Einer aus der Gruppe musste mich erkannt und ihm einen Tipp gegeben haben. Ein klarer Regelverstoß. Am nächsten Tag verkündete die Titelseite der *Sun*: ELTON BEI DEN ANONYMEN ALKOHOLIKERN. Da sie diesmal davon absahen, zu verbreiten, ich wäre im knappen Lederhöschen oder mit einem rotierenden Dildo erschienen, ließ ich die Sache auf sich beruhen. Es störte mich nicht, wenn die Leute davon erfuhren. Ich sah die Sache positiv und ging weiter zu den Treffen, weil sie mir guttaten. Ich mochte die Menschen, die ich dort kennenlernte. Ich half beim Teekochen und schloss Freundschaften, die teilweise bis heute halten. Freundschaften mit ganz normalen Menschen, die mich zuerst als einen der Ihren und erst danach als Elton John sahen. Auf eine merkwürdige Weise erinnerten mich diese Treffen an meine Besuche beim FC Watford: Ich bekam dort keine Sonderbehandlung, und es gab den gleichen Teamgeist, wie er überall dort herrscht, wo Menschen auf ein gemeinsames Ziel hinarbeiten. Bei diesen Treffen hörte man die außergewöhnlichsten Dinge. Bei den Anonymen Anorektikern und Bulimikern gab es tatsächlich Frauen, die eine einzelne Erbse in vier Teile schnitten, um dann ein Viertel zum Mittag- und ein Viertel zum Abendessen zu verzehren. Normalerweise hätte ich sie für »verrückt« erklärt. Aber wenn ich daran zurückdachte, wie ich selbst mich noch vor wenigen Monaten verhalten hatte – ungewaschen und stockbesoffen zog ich mir ab zehn Uhr morgens schon alle fünf Minuten eine Line Koks durch die Nase –, wurde mir klar, dass sie von mir vermutlich exakt dasselbe gedacht hätten.

Allerdings war nicht alles eitel Sonnenschein, was in den Monaten nach meinem Entzug passierte. Ende 1991 starb mein Vater. Er hatte sich von der Bypassoperation acht Jahre zuvor nie mehr richtig erholt. Ich war nicht bei seiner Beerdigung. Ich denke, das wäre scheinheilig von mir gewesen, außerdem wäre die Presse dann in Scharen dort aufgetaucht und hätte die ganze Veranstaltung zu einem Zirkus gemacht. Mein Vater hatte mit meinem Ruhm nichts am Hut, warum sollte ich ihn nach seinem Tod ins Rampenlicht zerren? Unabhängig davon hatte ich um die Beziehung zu meinem Vater schon mehr als genug getrauert und letztlich wohl irgendwie meinen Frieden damit gemacht. Ich wünschte, es wäre anders gelaufen, aber es war nun einmal so, wie es war. Wenn man einen Blick auf die Karten in seiner Hand wirft, muss man eben hin und wieder einsehen, dass es das Beste ist, wenn man das Blatt hinschmeißt.

Und dann war da noch Freddie Mercury. Freddie hatte mir nichts von seiner Krankheit erzählt. Ich fand zufällig durch gemeinsame Freunde heraus, wie krank er war. Als er im Sterben lag, habe ich ihn oft besucht, auch wenn ich nie länger als eine Stunde bleiben konnte. Es war einfach zu aufwühlend. Ich glaube, er wollte eigentlich nicht, dass ich ihn in diesem Zustand sah. Es war fürchterlich, dass jemand von solcher Strahlkraft, jemand, der so *unerlässlich* war und der mit den Jahren nur noch besser und stärker geworden wäre, auf solch grauenhafte, willkürliche Weise sterben musste. Nur ein Jahr später hätten die Ärzte mithilfe von antiretroviralen Medikamenten sein Leben retten können. Aber zu diesem Zeitpunkt gab es noch nichts, was sie für ihn tun konnten. Er war zu gebrechlich, um das Bett zu verlassen, verlor das Augenlicht, sein Körper war übersät mit Kaposi-Sarkomen, und doch war er noch immer durch und durch Freddie. »Darling, hast du schon die neue Platte von Mrs. Bowie gehört? Was glaubt die denn, was sie da tut?«, echauffierte er sich. Er lag da, inmitten von Katalogen für japanische Kunst und Antiquitäten, unterbrach das Gespräch gelegentlich für Telefonate mit Auktionshäusern, um dort auf schöne Dinge zu bieten, deren Anblick ihm Freude bereitete: »Sieh mal, Darling, das habe ich gerade gekauft, ist es nicht wundervoll?« Ich konnte nicht sagen, ob er nicht wusste, wie nah er dem Tod war, oder ob er es ganz genau wusste, aber den festen Entschluss gefasst hatte, sich von seinem Schicksal nicht abhalten zu lassen, ganz er selbst zu sein. So oder so fand ich es unglaublich.

Schließlich traf er die Entscheidung, nur noch Schmerzmittel und keine anderen Medikamente mehr zu nehmen, und starb Ende November 1991. Am ersten Weihnachtstag stand unvermittelt Tony vor meiner Haustür und überreichte mir etwas, das mit einem Kissenbezug verhüllt war. Als ich ihn öffnete, fand ich darin ein Aquarell eines Künstlers namens Henry Scott Tuke, eines Impressionisten, der männliche Akte malte und dessen Werke ich sammelte. In dem beigefügten Brief stand: »Liebste Sharon – ich dachte, das könnte Dir gefallen. In Liebe, Melina.« Noch als er im Sterben lag, war ihm in einem seiner Auktionskataloge das Bild aufgefallen, also hatte er es für mich gekauft. Freddie besorgte Weihnachtsgeschenke für ein Weihnachtsfest, von dem er gewusst haben muss, dass er es nicht mehr erleben würde. Er dachte noch an andere Menschen, als er eigentlich schon viel zu krank war, um noch an jemand anderes als sich selbst zu denken. Wie ich bereits sagte: Freddie war großartig.

Manche Menschen müssen wirklich hart kämpfen, wenn sie nach einer Sucht versuchen, abstinent zu bleiben. Bei mir war das Gegenteil der Fall. Ich war hochmotiviert. Ich wollte nie wieder süchtig werden. Ich war einfach glücklich, morgens aufzuwachen, ohne mich beschissen zu fühlen. Bizarrerweise träumte ich ständig von Kokain. Das tue ich immer noch, beinahe jede Woche, dabei ist es achtundzwanzig Jahre her, dass ich zum letzten Mal welches genommen habe. Es ist immer der gleiche Traum. Ich schniefe Koks und höre, wie jemand ins Zimmer kommt – für gewöhnlich meine Mutter. Dann versuche ich zu verbergen, was ich gerade tue, dabei geht dann alles daneben, und das Zeug ist überall, auf dem Boden, auf mir. Trotzdem haben diese Träume nie mein Verlangen nach Kokain geschürt. Ganz im Gegenteil. Wenn ich aufwache, kann ich förmlich dieses taube Gefühl spüren, das Koks beim Schniefen in der Kehle verursacht und das ich daran immer am wenigsten mochte. Dann denke ich jedes Mal: Gott sei Dank ist das vorbei. Manchmal wünsche ich mir, ich könnte ein Glas Wein zum Essen trinken, oder ein Bier mit Freunden, aber ich weiß, dass es nicht möglich ist. Es stört mich nicht, wenn Menschen in meiner Gegenwart trinken, schließlich ist es mein Problem, nicht ihres. Aber ich sehne mich niemals nach Koks, und ich ertrage es auch nicht, wenn Leute in meiner Gegenwart koksen. Sobald ich den Raum betrete, weiß ich Bescheid. Ich spüre sofort, wenn Leute drauf sind. An der Art, wie sie reden – immer einen Tick lauter, als sie sein müssten, und ohne wirklich zuzuhören – und wie sie sich verhalten. Ich gehe dann einfach. Ich will kein Kokain mehr nehmen, und ich will auch nicht mit Leuten zusammen sein, die welches nehmen, denn offen gesagt sorgt diese Droge bei den Menschen dafür, dass sie sich wie Arschlöcher verhalten. Ich wünschte, ich hätte das bereits vor fünfundvierzig Jahren erkannt.

Jedes Mal, wenn ich in ein anderes Land reise, um dort live zu spielen, recherchierte ich vorher, wo das nächste AA- oder NA-Treffen war, und ging dann gleich nach der Landung dorthin. Ich war bei Treffen in Argentinien, Frankreich und Spanien. Ich war bei Treffen in Los Angeles und New York. Und ich war bei Treffen in Atlanta. Obwohl Hugh und ich uns getrennt hatten, liebte ich die Stadt noch immer. Durch ihn hatte ich dort großartige Freunde gefunden, alles Menschen, die mit der Musikindustrie nichts zu tun hatten und deren Gesellschaft ich sehr genoss. Atlanta war eine fantastische Musikstadt, mit einer großen Soul- und Hip-Hop-Szene, und es ging dort ungewöhnlich entspannt zu. Ich konnte ins Kino gehen oder ins Einkaufszentrum an der Peachtree Road, ohne dass mich jemand behelligte.

Ich verbrachte dort so viel Zeit, dass ich schließlich entschied, mir eine Wohnung zu kaufen, zwei Etagen im 36. Stock. Die Aussicht war wunderschön, und ich kam nicht umhin, zu bemerken, dass dasselbe auch für den Immobilienmakler galt, der mir die Wohnung verkaufte. Sein Name war John Scott. Ich lud ihn zu einem Date ein, und wir wurden ein Paar.

Irgendwann hörte ich dann auf, diese Treffen zu besuchen. Ich war drei Jahre lang praktisch jeden Tag bei einem Meeting gewesen und hatte es dabei auf die völlig absurde Anzahl von etwa tausendvierhundert gebracht, aber irgendwann kam ich zu dem Schluss, dass sie mir genug geholfen hatten. Ich hatte einen Punkt erreicht, an dem ich nicht mehr täglich über Alkohol oder Bulimie sprechen wollte. Vermutlich weil ich als prominenter Süchtiger die Kehrtwende in meinem Leben sehr öffentlich vollführte, wendeten sich meine Kollegen an mich, wenn sie ein ähnliches Problem hatten. Mit der Zeit wurde es zu einer Art Running Gag; Elton, der jedes Mal in Aktion tritt, wenn wieder ein Popstar Alkohol- oder Drogenprobleme hat. Aber das stört mich nicht im Geringsten. Wenn es jemandem schlecht geht und er Hilfe braucht, dann rufe ich ihn an oder hinterlasse meine Nummer bei seinem Management, um ihn oder sie wissen zu lassen: »Ich hab das alles selbst durchgemacht, ich weiß, wie es ist.« Und wenn sie mich dann kontaktieren wollen, können sie das tun. Manche machten kein

Geheimnis daraus. Ich habe zum Beispiel Rufus Wainwright zum Entzug überredet; er hatte so viel Crystal Meth genommen, dass er eine Zeit lang so gut wie blind war. Außerdem bin ich der AA-Sponsor von Eminem. Immer wenn ich bei ihm anrufe, um zu hören, wie es ihm geht, begrüßt er mich mit denselben Worten: »Hallo, du Fotze.« Das ist Eminem, wie er leibt und lebt. Von manchen anderen weiß dagegen niemand etwas, und ich werde jetzt sicher nicht aus dem Nähkästchen plaudern. Sie wollen ihre Probleme nicht öffentlich machen, und das ist völlig in Ordnung. So oder so ist es eine unglaublich lohnende Erfahrung. Menschen dabei zu helfen, wenn sie ihre Sucht überwinden, ist etwas Wunderbares.

Doch manchen Menschen kann man einfach nicht helfen. Das ist ein schreckliches Gefühl. In dem Wissen, was passieren wird und dass ihre Geschichte nur auf eine einzige Art enden kann, ist man dazu verdammt, tatenlos zuzusehen. So war es bei Whitney Houston. Ihre Tante, Dionne Warwick, hatte mich gebeten, sie anzurufen. Aber entweder hat sie die Nachrichten, die ich ihr hinterlassen habe, nicht gehört, oder sie wollte sie nicht hören. Und George Michael wollte *definitiv* nichts hören. Ich habe ihn immer wieder genervt, weil ich mir Sorgen um ihn machte und gemeinsame Freunde mich wiederholt fragten, ob ich etwas tun könne. Daraufhin schrieb er einen offenen Brief an die Zeitschrift *Heat*, in dem er mir einigermaßen ausschweifend mitteilte, ich könne ihm gestohlen bleiben und solle mich gefälligst um meinen eigenen Kram scheren. Ich wünschte, dass wir uns nicht verkracht hätten. Aber noch mehr als das wünschte ich, dass er noch immer am Leben wäre. Ich habe George sehr gern gehabt. Er war irrsinnig talentiert und musste viel durchmachen, aber er war ein überaus liebenswerter und großzügiger Mensch. Ich vermisse ihn sehr.

George war einer der ersten Künstler, mit denen ich nach meinem Entzug auf der Bühne stand. So sehr ich damals meine Auszeit genoss, wusste ich doch, dass sie nicht ewig andauern konnte, und das war auch gar nicht mein Ziel. Ich wollte zurück an die Arbeit, auch wenn das eine einschüchternde Vorstellung war. Ich hatte mich gerade mit dem Gedanken angefreundet, wieder öffentlich aufzutreten, und um ein wenig die Lage zu sondieren, sagte ich George einen Gastauftritt bei einem seiner Konzerte zu. Er spielte eine Reihe von Shows in der Wembley Arena. Dieses Mal erschien ich nicht in einem Ronald-McDonald-Kostüm oder einem dreirädrigen Kleinwagen. Ich beschränkte mich auf eine Baseballkappe und wie schon bei Live Aid 1985, sechs Jahre zuvor, sangen wir zusammen »Don't Let the Sun Go Down on Me«. Es war toll. Das Publikum rastete aus, als ich angekündigt wurde. Das Duett wurden als Single veröffentlicht und war auf beiden Seiten des Atlantiks die Nummer eins in den Charts. Daraufhin buchte ich ein Studio in Paris und schlug zögernd vor, ein neues Album aufzunehmen. Es war die Geburtsstunde von *The One*.

Am ersten Tag im Studio dauerte es nur zwanzig Minuten, bis ich panisch die Flucht ergriff. Heute weiß ich nicht mal mehr, was eigentlich das Problem war. Vermutlich dachte ich, ich könnte ohne Alkohol oder Drogen kein Album aufnehmen – was allerdings überhaupt keinen Sinn ergab. Denn um zu erkennen, dass das Gegenteil der Fall war, musste man bloß *Leather Jackets* hören: Die Platte war ein ziemlich überzeugender Beweis dafür, dass ich nichts Vernünftiges zustande bekam, *wenn* ich Drogen nahm. Am nächsten Tag kehrte ich ins Studio zurück, und allmählich gewöhnte ich mich wieder an die Situation. Das einzige echte Problem war ein Track mit dem Titel »The Last Song«. In Bernies Text versöhnte sich ein an Aids sterbender Mann mit seinem Vater, der den Kontakt zu ihm abgebrochen hatte, nachdem er herausfand, dass sein Sohn homosexuell war. Der Text war wunderschön, aber ich konnte ihn einfach nicht singen. Freddies Tod lag noch nicht lange zurück. Und ich wusste, dass irgendwo in Virginia Vance Buck ebenfalls im Sterben lag. Jedes Mal, wenn ich versuchte, den Text zu singen, brach ich in Tränen aus. Schlussendlich gelang es mir dann doch noch. »The Last Song« untermalte später das Finale des Films ... *und das Leben geht weiter*, eine Dokumentation über die Entdeckung des HIV-Virus und den Kampf gegen Aids. Während des Songs sieht der Zuschauer eine Montage von Bildern prominenter Aidsopfer. Die Hälfte von ihnen kannte ich persönlich, darunter Ryan, Freddie und Steve Rubell, der Besitzer des Studio 54.

Damals hatte ich bereits die Elton John AIDS Foundation gegründet. Ich habe mich immer schon karitativ engagiert, aber je mehr ich tat, desto klarer wurde mir, dass ich noch mehr tun musste. Die erschütterndste Erfahrung war die Arbeit für eine Wohltätigkeitsorganisation namens Open Hand, die in ganz Atlanta Aidspatienten mit warmen Mahlzeiten versorgte. Ich lieferte das Essen gemeinsam mit meinem neuen Partner John aus, und manchmal wurde uns die Tür nur einen Spaltbreit geöffnet, wenn wir klopften. Die Kranken waren voller Sarkome und wollten nicht gesehen werden, weil Aids damals noch mit einem gewaltigen Stigma behaftet war. Manchmal haben sie auch gar nicht aufgemacht. Dann stellten wir unsere Lieferung vor die Tür, und wenn wir gingen, hörten wir, wie sie klammheimlich geöffnet, das Essen reingeholt und die Tür wieder geschlossen wurde. Die Menschen starben einen grauenhaften Tod. Aber noch schlimmer war, dass sie offenbar zutiefst beschämt, einsam und von der Außenwelt abgeschnitten starben.

Es war entsetzlich. Wie die fürchterlichen Dinge, die im Mittelalter geschehen waren, Kranke, die aus Furcht und Ignoranz von der Gesellschaft ausgestoßen wurden. Nur dass es in den Neunzigerjahren des zwanzigsten Jahrhunderts und in den USA passierte.

Ich bekam die Bilder nicht mehr aus dem Kopf. Schließlich bat ich John, mich bei der Gründung einer eigenen Wohltätigkeitsorganisation zu unterstützen. Sie sollte Menschen dabei helfen, sich gegen HIV zu schützen. Und sie würde sich um die Grundlagen kümmern, die HIV-infizierte Menschen für ein besseres, würdevolleres Leben benötigten: einfache Dinge wie Essen, Unterkunft, Mobilität, Zugang zu Ärzten und Therapeuten. Zwei Jahre lang leitete John alles von seinem Küchentisch in Atlanta aus. Virginia Banks von meinem Team in Los Angeles wurde Geschäftsführerin. Insgesamt gab es vier Mitarbeiter, mich eingeschlossen. Wir hatten keinerlei Erfahrung und wussten nichts über die nötige Infrastruktur. Aber ich wusste, dass wir die Betriebskosten niedrig halten mussten. Ich hatte zu oft erlebt, wie gemeinnützige Organisationen, insbesondere solche von Prominenten, Geld zum Fenster hinaus warfen. So wurden in vielen Fällen Leute zu Benefizveranstaltungen eingeflogen und herumkutschiert. Selbst heute, fast dreißig Jahre später, sind unsere Betriebskosten noch außergewöhnlich gering. Wir stellen einige ziemliche glamouröse Veranstaltungen auf die Beine, aber sie werden komplett von Sponsoren finanziert. Unsere Stiftung gibt kein Geld dafür aus.

Ich habe mich Hals über Kopf in die Arbeit für die Aids-Stiftung gestürzt. In der Klinik hatte meine Suchtberaterin mich gefragt, was ich nach dem Entzug mit meiner Zeit und Energie anstellen würde. Zeit und Energie, die vorher vom Drogenkonsum oder der Erholung davon verschlungen wurden. In der

Klinik nannten sie es »das Loch im Donut« und wollten von mir wissen, wie ich es zu stopfen gedachte. Also berichtete ich ihnen begeistert von meinen großen Plänen: Ich würde Italienisch *und* Kochen lernen. Natürlich passierte nichts davon. Ich schätze, es war die Aids-Stiftung, die dieses Loch im Donut füllte und mir jenseits der Musik neue Orientierung gab. Ich war fest entschlossen, sie zu einem Erfolg zu machen. So fest entschlossen, dass ich meine Plattensammlung versteigerte, um Kapital zu beschaffen: sechsundvierzigtausend Singles, zwanzigtausend Alben und sogar die 78er, auf deren Cover ich mit Kuli stolz »Reg Dwight« geschrieben hatte. Die komplette Sammlung ging für 270.000 Dollar an einen anonymen Bieter. Ich sprach mit jedem, von dem ich mir auf die eine oder andere Weise Unterstützung erhoffte. Mit Geschäftsmännern, die uns zeigen konnten, wie man so effizient wie möglich arbeitete; mit den Leuten bei meiner Plattenfirma; mit Robert Key von Rocket Records und Howard Rose, dem Agenten, der meine Bühnenkarriere gelenkt hatte, seit ich zum ersten Mal einen Fuß auf amerikanischen Boden setzte.

Ich bat auch meine Freunde um Rat und Ideen. Billie Jean King und Ilana Kloss hatten die Idee zu Smash Hits, einem jährlichen Benefiz-Tennisturnier, das wir 1993 ins Leben riefen. Wegen des Todes von Arthur Ashe wollten viele Sportstars unbedingt mitmachen. Ich habe selbst oft mitgespielt. Auch wenn ich auf dem Tennisplatz nie wieder für so viel Aufsehen gesorgt habe wie damals, als ich bei dem Versuch, mich in der Royal Albert Hall in einen Klappstuhl neben dem Court zu zwängen, auf meinem Hintern gelandet bin. Ein weiterer Durchbruch für die Stiftung war die Academy Awards Viewing Party. Patrick Lippert, ein politischer Aktivist, auf dessen Initiative unter anderem Rock the Vote zurückgeht, hat sie uns quasi abgetreten.

Er veranstaltete regelmäßig eine Party zur Oscar-Verleihung, bei der er Geld für seine Anliegen sammelte. Aber nachdem bei ihm HIV diagnostiziert wurde, fasste er den Entschluss, die Feier in eine Benifizparty für die Aids-Stiftung zu verwandeln, und fragte uns, ob wir sie ausrichten wollten. Die erste Party fand 1993 im Maple Drive statt, dem Restaurant von Dudley Moore. Es waren hundertvierzig Gäste da (mehr passten nicht ins Restaurant), die insgesamt 350.000 Dollar spendeten, was für uns damals enorm viel Geld war. Im Jahr darauf veranstalten wir die Party erneut, und es kamen noch mehr Stars. Ich saß an einem Tisch mit Tom Hanks, Bruce Springsteen, seiner Frau Patti, Emma Thompson und Prince. Aber Patrick konnte nicht dabei sein. Nur drei Monate nach der ersten Party war er mit fünfunddreißig Jahren an Aids gestorben. Wie schon bei Freddie Mercury kamen die antiretroviralen Medikamente, die sein Leben hätten retten können, auch für ihn zu spät.

Seitdem hat die Elton John AIDS Foundation mehr als 450 Millionen Dollar gesammelt, und wir haben eine Reihe fantastischer Events veranstaltet. Aretha Franklin hatte ihren letzten Liveauftritt bei der Gala zu unserem fünfundzwanzigjährigen Bestehen in der Cathedral of St. John the Divine in New York. Eigentlich hätte sie schon im Jahr davor spielen sollen, hatte aber aus gesundheitlichen Gründen abgesagt. Inzwischen wussten wir, dass sie unheilbar an Krebs erkrankt war. Sie hatte bereits ihren Rückzug vom Showgeschäft verkündet, doch für uns machte sie eine Ausnahme. Ihr Anblick versetzte mir einen regelrechten Schock: Ich hatte nicht damit gerechnet, dass sie derart krank, dünn und gebrechlich aussehen würde. Hinter der Bühne fragte ich sie, ob sie wirklich auftreten wolle. Vermutlich wollte ich durch die Blume fragen, ob sie noch genug Kraft hatte, um singen zu können. Sie nickte bloß lächelnd und

sagte dann: »Ich werde dich nicht noch einmal im Stich lassen.«
Sie muss gewusst haben, dass es ihr letzter Auftritt sein würde,
und ich nehme an, dass es ihr gefiel, für einen guten Zweck zu
singen. Genau wie der Umstand, dass die Gala in einer Kirche
stattfand und damit dort, wo ihre lange Karriere begonnen hatte. Sie sang »I Say a Little Prayer« und »Bridge Over Troubled
Water«. Das Publikum war hingerissen. Mochte sie auch noch
so krank sein, ihrer Stimme merkte man das nicht an. Sie klang
immer noch erstaunlich. Als die beste Sängerin der Welt zum
letzten Mal auftrat, stand ich vor der Bühne, wo ich Rotz und
Wasser heulte.

Die Aids-Stiftung hat mir Erfahrungen beschert, die ich sonst
nie gemacht hätte, und sie hat mich an Orte geführt, die ich
sonst nie besucht hätte. Ich musste mehrmals vor dem Kongress
sprechen, um bei der Regierung der Vereinigten Saaten für eine
Erhöhung der Mittel im Kampf gegen die Krankheit zu werben,
was erstaunlicherweise nicht annähernd so nervenaufreibend
war, wie ich erwartet hatte. Verglichen mit dem Versuch, das
Planungskomitee der Stadt Watford davon zu überzeugen, uns
ein neues Fußballstadion bauen zu lassen, war es ein Spaziergang. Ich rechnete mit eher feindseligen Reaktionen von besonders konservativen und religiösen Mitgliedern der Republika-
ner, aber auch hier galt: Verglichen mit manchen Mitgliedern
des Planungskomitees der Stadt Watford waren diese Leute
Paradebeispiele für Vernunft, Toleranz und Aufgeschlossen-
heit.

Völlig unerwartet führte die Arbeit mit der Aids-Stiftung in-
direkt auch zu der einschneidendsten und wichtigsten Veränderung in meinem Leben. Aber dazu kommen wir später.

DREIZEHN

Ich möchte nicht mysteriös, oder noch schlimmer, abgehoben klingen, aber manchmal war es wirklich schwer, sich des Eindrucks zu erwehren, dass das Leben mich für meinen erfolgreichen Entzug belohnen wollte. *The One* verkaufte sich weltweit besser als jedes meiner Alben seit 1975. Die Renovierungsarbeiten in Woodside waren nach zwei Jahren abgeschlossen, und ich konnte wieder dort einziehen. Ich war begeistert. Endlich sah das Anwesen aus wie das Zuhause eines ganz normalen Menschen und nicht wie der Landsitz eines zugekoksten Rockstars. Zehn Jahre nachdem wir unseren letzten gemeinsam Song geschrieben hatten, rief mich Tim Rice aus heiterem Himmel an und fragte mich, ob ich interessiert wäre, wieder mit ihm zu arbeiten. Offenbar planten Disney ihren ersten Animationsfilm, der nicht auf einem bereits existierenden Werk, sondern einem Originaldrehbuch basierte, und Tim wollte mich an Bord haben. Ich war neugierig. Ich hatte schon einmal einen Soundtrack geschrieben, 1971 für *Friends – Eine Liebesgeschichte*, einen Film, der einige ziemlich haarsträubende Besprechungen bekam. Ich erinnere mich, dass Roger Ebert ihn als »Übelkeit erregende Jauche« bezeichnete, aber verglichen mit manchem anderen Kritiker, schien er sich richtig gut amüsiert zu haben. Seit dieser Erfahrung hatte ich einen großen Bogen um Soundtracks geschlagen, doch diesmal verhielt sich die Sache anders. Die Songs mussten eine Geschichte erzählen. Wir wollten keinen typischen Disney-Score im Brodway-Stil, sondern Popsongs schreiben, die auch Kindern gefielen.

Zwar schrieb Tim genau wie Bernie die Lyrics zuerst, dennoch war das Schreiben eines Musicals eine seltsame Sache. Es war ein bisschen wie beim Schreiben des *Captain Fantastic*-Albums, denn es gab eine Handlung: Man musste sich an eine bestimmte Anordnung halten und wusste schon vorher, welche Songs aufeinander folgen würden. Aber ich müsste lügen, wenn ich sagen würde, dass ich niemals Zweifel an dem Projekt oder vielmehr meiner Rolle dabei hatte. Ich bin weiß Gott nicht frei von Fehlern, ganz im Gegenteil, aber niemand kann mir ernsthaft vorwerfen, ein Künstler zu sein, der sich selbst zu ernst nimmt. Trotzdem gab es Tage, an denen ich am Klavier saß und mir den Kopf darüber zerbrach, ob meine Karriere gerade die richtige Richtung nahm. Ich hatte »Someone Saved My Life Tonight« geschrieben. Ich hatte »Sorry Seems to Be the Hardest Word« geschrieben. Ich hatte »I Guess That's Why They Call It the Blues« geschrieben. Und es ließ sich schwerlich ignorieren, dass ich gerade einen Song über ein furzendes Warzenschwein schrieb. Zugegeben, meiner Meinung nach war es ein ziemlich guter Song über ein furzendes Warzenschwein. Selbst auf die Gefahr hin, überheblich zu wirken, bin ich mir ziemlich sicher, dass er in der Liste sämtlicher Songs über furzende Warzenschweine einen Spitzenplatz belegt. Dennoch, in diesem

Moment konnten die Zeiten, als The Band hinter der Bühne auftauchten und unbedingt mein neues Album hören wollten, oder Bob Dylan uns im Treppenhaus ansprach und Bernie zu »My Father's Gun« gratulierte, kaum weiter entfernt sein. Aber die schiere Lächerlichkeit der Situation hatte zweifellos ihren Reiz, dem ich dann auch tatsächlich erlag.

Wie sich herausstellte, war das die richtige Entscheidung. Als ich den fertigen Film zum ersten Mal sah, fand ich ihn außergewöhnlich. Ich bin keiner dieser Künstler, der Leute zu sich nach Hause einlädt, um ihnen das neue Album vorzuspielen, aber von *Der König der Löwen* war ich so begeistert, dass ich eine Reihe privater Vorführungen arrangierte, um den Film Freunden zu zeigen. Ich war unglaublich stolz auf das gesamte Projekt. Ich wusste, dass dieser Film etwas ganz Besonderes war. Trotzdem hätte ich niemals voraussehen können, dass es einer der umsatzstärksten Blockbuster aller Zeiten werden würde. Er führte ein völlig neues Publikum an meine Musik heran. »Can You Feel The Love Tonight?« wurde mit einem Oscar für den besten Originalsong ausgezeichnet. Drei der fünf Nominierungen in dieser Kategorie waren Lieder aus *Der König der Löwen*, einer davon »Hakuna Matata«, das Lied über das furzende Warzenschwein. Der Soundtrack verkaufte sich achtzehn Millionen Mal, mehr als jedes Album, das ich je veröffentlicht habe, mit Ausnahme meiner ersten *Greatest Hits*-Sammlung. Mein persönliches Sahnehäubchen war, das er *Voodoo Lounge*, das neue Album der Rolling Stones, den ganzen Sommer über vom ersten Platz der US-Charts fernhielt. Ich bemühte mich, nicht allzu entzückt zu reagieren, als ich hörte, dass Keith Richards sich wütend beschwert hätte, er wäre »von einem beschissenen Zeichentrickfilm geschlagen worden«.

Dann wurde bekannt gegeben, dass der Film als Vorlage für ein Musical dienen würde, für das Tim und ich weitere Songs schreiben sollten. Einmal mehr stellte ich meine unheimliche Fähigkeit unter Beweis, stets exakt das Gegenteil von dem vorherzusagen, was passieren wird. Ich erzählte allen, dass dieses Vorhaben, einen Film in ein Bühnenstück zu verwandeln, ein Ding der Unmöglichkeit und deshalb zum Scheitern verurteilt wäre – ich habe es wirklich nicht kommen sehen.

Doch die Regisseurin, Julie Taymor, leistete hervorragende Arbeit. Das Stück erntete begeisterte Kritiken, wurde für elf Tonys nominiert, von denen es sechs gewann, und war die erfolgreichste Theaterproduktion der Broadway-Geschichte. Das Bühnenbild und die Kostüme sahen umwerfend aus. Der Einfallsreichtum, mit dem das alles von der Leinwand auf die Bühne gebracht wurde, war atemberaubend, und dennoch fühlte ich mich im Publikum seltsam unbehaglich. Es hatte nichts mit der Show selbst zu tun. Ich war es einfach nur gewohnt, Alben zu machen, bei denen ich das letzte Wort hatte, oder die gesamte Verantwortung für meine Liveshows zu tragen. Diese Show hatte ich mitgeschaffen, doch jetzt, da sie zur Aufführung kam, entwickelte sie ein Eigenleben, das sich gänzlich meiner Kontrolle entzog. Die Arrangements unterschieden sich davon, wie ich die Songs aufgenommen hatte, und das galt auch für den Gesang: In Musicals muss jedes Wort klar artikuliert sein. Es ist eine Gesangsform, die sich grundlegend von der eines Rock- oder Popsängers unterscheidet. Das war eine völlig neue Erfahrung für mich, gleichzeitig fantastisch und ein wenig nervenaufreibend. Überrascht stellte ich fest, dass ich mich weit außerhalb meiner persönlichen Komfortzone und damit – so wurde allmählich klar – an einem Ort befand, der einem Künstler nach fast vierzig Jahren auf der Bühne sehr gut zu Gesicht stand.

Disney war mehr als glücklich über den Erfolg von *Der König der Löwen* – so glücklich, dass sie mir einen Deal anboten. Es ging um eine irrwitzige Menge Geld. Ich sollte an weiteren Filmen sowie an Fernsehshows und Büchern für sie arbeiten. Sogar ein Freizeitpark war im Gespräch, eine Vorstellung, die meine Fantasie ein wenig überstieg. Allerdings gab es ein kleines Problem. Ich hatte eingewilligt, noch einen Film mit Jeffrey Katzenberg zu machen, der zum Zeitpunkt der Produktion von *Der König der Löwen* Studiochef bei Disney gewesen war, aber ein paar Monate nach dem Start des Films das Unternehmen verlassen hatte, um gemeinsam mit Steven Spielberg und David Geffen Dreamworks zu gründen. Katzenberg hatte das Unternehmen nicht einfach nur verlassen: Sein Abgang sollte einen der größten Hollywoodkriege zwischen Studiobossen auslösen. Einen Konflikt, so gewaltig, dass sogar Bücher darüber geschrieben wurden. Der Disney-Deal war exklusiv, und ganz besonders exklusiv war er, was die Person Jeffrey Katzenberg anging, der seinen ehemaligen Arbeitgeber gerade wegen Vertragsbruch auf 250 Millionen Dollar verklagte, die er schlussendlich auch erhielt. Ich hatte mit Jeffrey zwar nichts schriftlich vereinbart, aber ich hatte ihm mein Wort gegeben – immerhin war er bei *Der König der Löwen* einer derjenigen gewesen, die mich an Bord geholt hatten.

Also schlug ich den Disney-Deal mit großem Bedauern aus. Immerhin blieb der Welt dadurch ein Elton-John-Freizeitpark erspart.

Obwohl es in meinem Leben an neuen Ideen und Möglichkeiten insgesamt nicht mangelte, konnte ein bestimmter Teil bisher nicht von meinem erfolgreichen Entzug profitieren: mein Liebesleben. Meine Beziehung zu John Scott war vor einiger Zeit zerbrochen, und seitdem hatte sich gar nichts getan. Ich versuchte, möglichst nicht darüber nachzudenken, seit wann ich keinen Sex mehr hatte, damit das Personal in Woodside von meinem Klagegeheul nicht in Angst und Schrecken versetzt wurde.

Mir wurde bewusst, dass ich überhaupt keine ungebundenen schwulen Männer mehr kannte. Nachdem ich clean geworden war, hatte ich aufgehört, jene Etablissements zu besuchen, in denen ich welche hätte kennenlernen können. Ich hatte zwar keine Angst, dass ich beim Besuch eines Clubs oder einer Bar in Versuchung geraten könnte, mir einen Wodka Martini zu genehmigen, aber es gab keinen überzeugenden Grund, diese Theorie zu überprüfen. Außerdem beschlich mich bereits vor dem Entzug das Gefühl, dass ich für solche Eskapaden allmählich zu alt wurde. Die Musik im Boy war sicherlich noch genauso gut wie eh und je, aber irgendwann im Leben kommt einfach jeder an den Punkt, an dem er sich in so einer Umgebung fühlt wie die Herzoginnenmutter, die auf dem Debütantinnenball die jüngsten Neuzugänge durch ihren Kneifer mustert.

Eines Samstagnachmittags hatte ich die Nase voll. Ich lungerte zu Hause herum und erging mich in Selbstmitleid. Mit einem Auge verfolgte ich das Fußballspiel, doch der FC Watford wollte meine Laune offenbar noch verschlimmern, indem er sich von West Brom 1:4 plattmachen ließ. In Erwartung eines weiteren *aufregenden* Abends vor dem Fernseher, hatte ich schließlich eine Idee. Ich rief einen Freund in London an und schilderte ihm meine missliche Lage. Ich bat ihn, ein paar Leute zu fragen, ob sie Lust hätten, heute Abend gemeinsam mit ihm zu mir zum Essen zu kommen. Es war ziemlich kurzfristig, aber ich würde einen Wagen nach London schicken, um sie abholen zu lassen. Kaum hatte ich die Worte ausgesprochen, wurde mir klar, wie verzweifelt sie klangen. Aber ich musste einfach dringend ein paar schwule Männer kennenlernen, die nicht bei den Anonymen Alkoholikern waren. Ich war nicht einmal auf Sex aus, ich war bloß einsam.

Sie kamen gegen sieben: Mein Freund hatte vier Bekannte zusammengetrommelt. Sie konnten nicht lange bleiben, weil sie noch auf eine Halloweenparty in London mussten, aber das war mir egal. Sie machten alle einen netten Eindruck, waren witzig und in Plauderlaune. Wir aßen Spaghetti bolognese und lachten viel. Ich hatte beinahe vergessen, wie es war, eine Unterhaltung zu führen, die sich nicht um meine Karriere oder meinen Entzug drehte. Nur ein Kanadier in einer karierten Armani-Weste wirkte nicht übermäßig glücklich, dabei zu sein. Er hieß David, war offenbar recht schüchtern und redete nicht viel, was ich sehr bedauerte, denn er sah ziemlich gut aus. Später sollte ich herausfinden, dass der Tratsch und Klatsch in der Londoner Schwulenszene Männer zu der Schlussfolgerung verleitete, sich lieber nicht mit mir einzulassen, wenn man nicht gerade wild darauf war, sich mit Geschenken überschütten zu lassen und sein eigenes Leben hintanzustellen, um auf irgendeine Tournee mitgeschleppt zu werden, bis man dann kurzerhand vor die Tür gesetzt wird – für gewöhnlich von meinem persönlichen Assistenten. In der Regel, nachdem ich jemand Neues kennengelernt, während eines schlimmen Kokskaters die Beherrschung verloren oder dem Betroffenen eröffnet hatte, dass ich mit einer Frau verheiratet war. Ich hätte wohl empört sein sollen, aber in Anbetracht meiner Vergangenheit war an den Gerüchten der Londoner Schwulenszene durchaus etwas dran.

Irgendwann zog ich David die Information aus der Nase, dass er sich für Film und Fotografie interessierte, wodurch wir endlich ins Gespräch kamen. Ich bot an, ihm das Haus und meine Fotosammlung zu zeigen. Er war offensichtlich sehr intelligent. Er erzählte mir, dass er aus Toronto kam, aber vor ein paar Jahren nach London gezogen war. Er wohnte in Clapham und arbeitete in Canary Wharf bei der Werbeagentur Ogilvy & Mather. Mit einunddreißig war er das jüngste Direktoriumsmitglied der Agentur. Ich hatte sofort das Gefühl, dass da etwas zwischen uns war, so eine besondere Schwingung. Aber ich habe versucht, mir das aus dem Kopf zu schlagen. Der neue, bessere, cleane Elton John würde sich nicht Hals über Kopf in jemanden verlieben, den er erst vor ein paar Minuten kennengelernt hatte.

Als sie schließlich aufbrechen mussten, fragte ich ihn trotzdem recht beiläufig nach seiner Telefonnummer und brachte meine Hoffnung auf weitere anregende Gespräche über unser gemeinsames Interesse an Fotografie zum Ausdruck. Er schrieb seinen vollen Namen – David Furnish – hinter die Nummer, überreichte sie mir, und weg waren sie.

Am nächsten Morgen tigerte ich im Haus herum und versuchte mir darüber klar zu werden, wie früh man jemanden anrufen kann, der am Abend zuvor auf einer Halloweenparty war. Und das möglichst ohne den Eindruck zu erwecken, dass dieser Jemand früher oder später eine einstweilige Verfügung brauchen wird, um mich loszuwerden. Ich kam zu dem Schluss, dass 11.30 Uhr eine vertretbare Zeit war. David ging sofort ans Telefon. Er klang müde, aber nicht übermäßig überrascht, von mir zu hören. Es stellte sich heraus, dass meine beiläufige Bitte um seine Telefonnummer nicht ganz so beiläufig rübergekommen war, wie ich mir das erhofft hatte. Zumindest nach der Reaktion seiner Freunde zu urteilen, die ihn während der gesamten Rückfahrt nach London gnadenlos gehänselt und lauthals den Refrain von »Daniel« gesungen hatten, hätte ich genauso gut auf die Knie fallen, mich an seine Knöchel klammern und tränenreich darauf bestehen können, ihn erst dann wieder loszulassen, wenn er mir seine Telefonnummer gegeben hatte. Ich fragte David, ob er Lust hätte, mich wiederzusehen, und er sagte Ja. Dann erkundigte ich mich, was er für den Abend geplant hatte, da ich zufällig in London zu tun hätte. Ich benahm mich, als wäre das eine überaus bemerkenswerte Fügung, dabei wäre ich ehrlich gesagt auch nach Botswana geflogen, wenn David an diesem Abend dort gewesen wäre: »In der Kalahari? Na, das ist aber ein glücklicher Zufall! Da bin ich morgen auch. Ich habe da ein Meeting!« Ich schlug vor, dass er mich in meinem Haus in Holland Park besuchte und ich was vom Chinesen kommen ließ.

Nach dem Telefonat informierte ich meinen Fahrer, dass sich meine Pläne für den Tag geändert hätten und wir sofort nach London aufbrechen würden. Ich rief im bekanntesten chinesischen Restaurant an, das mir einfiel – Mr. Chows in Knightsbridge – und fragte, ob sie auch Essen bringen würden. Dann fiel mir ein, dass ich ja gar nicht wusste, was ihm schmeckte, also bestellte ich eine gigantische Auswahl aller Gerichte auf der Speisekarte.

David wirkte einigermaßen perplex, als der Lieferservice das Essen brachte, oder vielmehr nicht mehr damit aufhörte, Essen hereinzubringen. Nachdem schließlich alle Schachteln und Kartons einen Platz gefunden hatten, sah der Raum aus wie der Squash Court in Woodside vor der Auktion. Davon abgesehen lief unser erstes Date allerdings unglaublich gut. Nein, ich hatte es mir nicht nur eingebildet: Da war wirklich etwas zwischen uns. Die gegenseitige Anziehung war nicht nur körperlich, unsere Persönlichkeiten lagen auf einer Wellenlänge. Wenn wir einmal ins Reden kamen, hörten wir nicht wieder auf.

Doch David hatte ein paar Vorbehalte. Zum einen war er nicht besonders scharf darauf, künftig nur noch Elton Johns neueste Eroberung zu sein, mit all der Aufmerksamkeit, die das mit sich brachte. Er hatte ein eigenes Leben, eine Karriere, und die Vorstellung, seine Unabhängigkeit zu verlieren, weil er mit mir liiert war, gefiel ihm gar nicht. Zum anderen hatte er sich noch nicht vollständig geoutet. Seine Freunde in London wussten zwar, dass er schwul war, aber weder seine Familie noch seine Arbeitskollegen waren eingeweiht. Er wollte nicht, dass sie es durch ein Paparazzifoto in einer Boulevardzeitung herausfanden.

Deshalb führten wir in den ersten Monaten eine sehr zurückhaltende und diskrete Beziehung: Wenn man es sehr altmodisch formulieren würde, könnte man sagen, dass wir einander den Hof machten. Meistens sahen wir uns in meinem Haus in Holland Park. Werktags stand David morgens auf, um zur Arbeit nach Canary Wharf zu fahren, und ich ging ins Studio oder machte Promotion für ein Album mit Duetten, das ich gerade veröffentlicht hatte. Ich drehte ein Video zu der Version von »Don't Go Breaking My Heart«, die ich mit RuPaul aufgenommen hatte: Endlich sah ich bei einem Videodreh mal glücklich aus. Und ich *war* glücklich. Dann wurde mir klar, woran das lag. Zum ersten Mal in meinem Leben führte ich eine ganz normale Beziehung. Eine Beziehung, die sich gleichberechtigt anfühlte und die nichts mit meiner Karriere oder der Tatsache zu tun hatte, dass ich Elton John war.

Jeden Samstag gedachten wir des Umstands, dass wir uns an einem Samstag kennengelernt hatten, indem wir uns Karten schickten und – sollten Sie kürzlich gegessen haben, möchten Sie den nächsten Satz vielleicht überspringen, damit Ihnen nicht übel wird – »It's Our Anniversary« von Tony! Toni! Toné!

hörten. Wir genossen viele lauschige Abendessen und heimliche Wochenenden außerhalb der Stadt. Wenn ich ihn bei der Arbeit anrief, benutzte ich den Namen George King, dasselbe Pseudonym, das ich auch beim Einchecken in die Entzugsklinik benutzt hatte. Ich fand das alles ungeheuer romantisch. Eine heimliche Liebe! Die einzige heimliche Liebe, die ich bis dahin gekannt hatte, war die Art von Liebe, die man nur deshalb geheim hielt, weil der andere eindeutig nicht an einem interessiert war.

Doch so sehr ich auch in die Idee einer heimlichen Romanze vernarrt war, so hoffnungslos unfähig war ich darin, eine zu führen. Da ich fünfundzwanzig Jahre lang meinen Lebensunterhalt damit verdient hatte, so extravagant und überkandidelt wie möglich zu sein, wurde ziemlich schnell ersichtlich, dass sich meine Auffassung von »Zurückhaltung« einigermaßen von der aller anderen Menschen unterschied. Wenn man bemüht ist, möglichst wenig Aufmerksamkeit auf eine Beziehung zu lenken, ist es vielleicht nicht die beste Idee, seinem Partner regelmäßig zwei Dutzend langstielige gelbe Rosen an seinen Arbeitsplatz zu schicken, insbesondere wenn er in einem Großraumbüro arbeitet. Im Nachhinein betrachtet, war die Cartier-Uhr vermutlich auch ein Fehler. Sie war so teuer, dass David sie ständig tragen musste. Er konnte sie nicht zu Hause lassen, weil er für den Fall, dass seine Wohnung ausgeraubt würde, nicht versichert war. Als seine Kollegen sich erkundigten, woher er die Uhr hatte und ob es da eventuell einen Zusammenhang zu der Tatsache gab, dass sein Schreibtisch plötzlich aussah wie ein Blumenladen, erfand er eine geliebte Großmutter in Kanada, die kürzlich verstorben war und ihm etwas Geld hinterlassen hatte. Daraufhin verbrachte er einen peinlichen Nachmittag damit, das traurige Lächeln sowie die wohlmeinenden

Umarmungen und Trauerbekundungen seiner Kollegen abzuwehren. Als wir uns für ein Wochenende in Paris verabredet hatten und ich ihn auf dem Flughafen Charles de Gaulle am Gate abholte, war ich vorher eingehend instruiert worden, dort nicht die Aufmerksamkeit von Fotografen oder Fans zu erregen. Noch während ich in der Ankunftshalle wartete, fiel mir auf, dass um mich herum ungewöhnlich viel mit Fingern gezeigt und genickt wurde – und zwar in meine Richtung. Als David schließlich eintraf, befand ich mich in einem Zustand beträchtlicher Erregung.

»Steig schnell ins Auto«, zischte ich. »Ich glaube, ich bin erkannt worden.«

David grinste. »Ach, wirklich? Wie konnte das nur passieren?«, fragte er und musterte meine Klamotten. Um mich am Flughafen möglichst unbemerkt zu bewegen, hatte ich mich für ein Outfit entschieden, das aus Leggings mit Harlekin-Karo-Print, einem überdimensionierten T-Shirt mit leuchtenden Rokokomustern und einer Goldkette mit einem riesigen, juwelenbesetzten Kruzifix bestand. Noch mehr Aufmerksamkeit hätte ich vermutlich nur auf mich ziehen können, wenn ich ein Klavier dabeigehabt und darauf »Crocodile Rock« angestimmt hätte.

Die Leggings und das T-Shirt in Übergröße waren von Gianni Versace, meinem absoluten Lieblingsdesigner. Ich trug ständig seine Sachen. Ende der Achtziger hatte ich seinen kleinen Laden in Mailand entdeckt und war sofort hin und weg gewesen. Ich war überzeugt, ein Genie entdeckt zu haben. Den größten Herrenmodeschöpfer seit Yves Saint Laurent. Er verwendete nur die besten Materialien, seine Entwürfe waren weder steif noch todernst, und seine Männermode machte Spaß. Meine ohnehin schon hohe Meinung von ihm schoss in den Himmel, als mir der Mann, der dafür verantwortlich war, schließlich persönlich vorgestellt wurde. Gianni zu treffen war fast schon unheimlich, als würde man herausfinden, dass man einen lange verschollenen Zwillingsbruder in Norditalien hat. Wir waren praktisch identisch: derselbe Humor, dieselbe Liebe zum Klatsch, dieselbe Sammelleidenschaft, derselbe unruhige Geist. Er konnte nicht abschalten, er musste immerzu denken, ständig entwickelte er neue Arten und Wege der Gestaltung – und er gestaltete so ziemlich alles. Er entwarf Kinderkleidung, Glasartikel, Tafelgeschirr, Schallplattencover. Ich konnte ihn überzeugen, das Coverdesign für *The One* zu machen, und das Ergebnis war großartig. Er hatte einen exquisiten Geschmack. Er kannte immer irgendwo eine Seitengasse, in der sich eine kleine italienische Kirche versteckte, in deren Schiff sich ein wunderschönes Mosaik finden ließ, oder eine winzige Werkstatt, die edelstes Porzellan herstellte. Und er war der einzige Mensch, den ich je getroffen habe, der es beim Einkaufen mit mir aufnehmen konnte. Er zog los, um eine Uhr zu kaufen, und kam mit zwanzig davon zurück.

Eigentlich war er sogar schlimmer als ich. Gianni war so extravagant, dass ich dagegen wie die fleischgewordene Entsagung und Selbstaufopferung erschien. Er hielt Miuccia Prada für eine Kommunistin, weil sie eine Handtasche aus Nylon entworfen hatte und nicht aus Krokodilleder, Schlangenhaut oder einem anderen grotesk opulenten Material. Regelmäßig versuchte er, mich zu überreden, Luxusgegenstände zu kaufen, die so sündhaft teuer waren, dass der Preis einem die Schamesröte ins Gesicht trieb.

»Ich habe eine unglaubliche Tischdecke gefunden, die musst du einfach kaufen, für das Weihnachtsessen. Sie wurde von Nonnen gemacht, die haben dreißig Jahre daran gearbeitet, sieh sie dir an, sie ist wundervoll. Sie kostet eine Million Dollar.«

Das ging selbst mir zu weit. Ich sagte ihm, dass ich eine Million Dollar für etwas exzessiv hielt, wenn man als Gegenleistung etwas bekam, das komplett ruiniert wäre, sobald jemand ein bisschen Soße darauf kleckern würde. Gianni starrte mich entsetzt an, als würde er sich ernsthaft fragen, ob ich wohl auch ein Kommunist sei.

»Aber, Elton«, stotterte er. »Sie ist wunderschön ... diese Handwerkskunst.«

Ich habe die Tischdecke nicht gekauft, doch das hatte keinen Einfluss auf unsere Freundschaft. Gianni wurde zu meinem engsten Freund. Ich habe es geliebt, ans Telefon zu gehen und seine Stimme zu hören, auch wenn er mich gewöhnlich mit »'allo, du Schlampe« begrüßte. Ich stellte ihn David vor, und zwischen den beiden hat es sofort gefunkt. Natürlich hat es das, man musste Gianni einfach mögen, wenn man nicht gerade Nylonhandtaschen entwarf. Er hatte ein riesengroßes Herz und war einfach irrsinnig lustig. »Wenn ich sterbe«, hat er einmal unter dramatischem Schluchzen erklärt, »möchte ich noch schwuler wiedergeboren werden. Ich möchte super-schwul sein!« David und ich haben uns nur verblüfft angesehen und gefragt, wie das denn bitte möglich sein sollte. Es gab Leder-Bars auf Fire Island, die nicht halb so schwul waren wie Gianni Versace.

In einer normalen Beziehung zu leben führte mir vor Augen, wie unnormal mein eigenes Leben häufig war. Ich veranstaltete ein kleines Mittagessen, damit David meine Mutter und Derf kennenlernen konnte. Zu diesem Zeitpunkt war unsere Beziehung schon kein Geheimnis mehr. Ein Kollege von David hatte uns vor einem Planet Hollywood am Piccadilly aus dem Wagen steigen sehen. David war zu seinem Chef gerufen worden, hatte ihm alles erzählt, und daraufhin beschlossen, über Weihnachten nach Toronto zu fliegen, um seiner Familie reinen Wein einzuschenken. Ich war unglaublich nervös. David hatte erzählt, dass sein Vater sehr konservativ war, und ich wusste, wie schrecklich ein Coming-out sein kann, wenn die Familie einen nicht unterstützt. Ich hatte mal eine Affäre mit einem Kerl namens Rob, dessen Eltern sehr religiös und schwulenfeindlich waren. Rob war ein süßer Typ, aber man merkte ihm an, dass der Konflikt mit seinen Eltern ihm ständig zu schaffen machte. Wir blieben Freunde, und nachdem wir Schluss gemacht hatten, kam er an meinem Geburtstag vorbei und brachte mir Blumen mit. Am nächsten Tag lief er auf die Autobahn und warf sich vor einen Lastwagen.

Wie sich herausstellte, hätte Davids Familie die Neuigkeit allerdings kaum besser aufnehmen können. Ich glaube, sie haben sich gefreut, dass er keine Geheimnisse mehr vor ihnen hatte. Trotzdem habe ich so lang ich konnte damit gewartet, ihn meiner Mutter vorzustellen. Nachdem ich mich von John Reid getrennt hatte, entwickelte sie die Angewohnheit, gegenüber meinen Partnern ... nicht direkt abweisend, aber ausgesprochen kalt zu sein und uns so das Leben unnötig schwer zu machen. Ganz so, als wäre ihr die Anwesenheit eines jeden Menschen zuwider, der meine Aufmerksamkeit von ihr ablenkte.

Für das größte Problem bei besagtem Mittagessen sorgte allerdings nicht meine Mutter, sondern einer der anderen Gäste, ein Psychiater, der mich in letzter Minute informierte, dass sein Klient Michael Jackson gerade in England weilte und er ihn gerne mitbringen würde. In meinen Ohren klang das nicht unbedingt nach der besten Idee aller Zeiten, aber ich konnte ihm den Wunsch schlecht abschlagen. Immerhin kannte ich Michael, seit er dreizehn oder vierzehn war. Nach einem meiner Auftritte in Philadelphia war Elizabeth Taylor mit dem Jungen im Schlepptau im Starship aufgetaucht. Damals war er ein wirklich bezauberndes Kind. Im Laufe der Jahre begann er dann irgendwann sich von der Welt zurückzuziehen und die Realität auszublenden, ganz so, wie es vor ihm schon Elvis getan hatte. Gott weiß, was in seinem Kopf vorging und mit welchen Medikamenten er vollgepumpt wurde, aber jedes Mal, wenn ich ihn in späteren Jahren traf, bestätigte sich mein Eindruck, dass der arme Kerl nicht mehr alle Tassen im Schrank hatte. Und das ist nicht bloß so dahingesagt. Michael war eindeutig geistig nicht gesund und eine wirklich verstörende Gesellschaft. Das war schrecklich traurig, aber ihm war nicht mehr zu helfen: Er hatte sich verabschiedet, hatte sich in seine eigene Welt zurückgezogen und umgab sich mit Menschen, die ihm nur das sagten, was er hören wollte.

Und jetzt würde er ausgerechnet zu dem Mittagessen kommen, bei dem mein Lebenspartner zum ersten Mal meine Mutter treffen sollte. Fantastisch. Ich hielt es für das Beste, David anzurufen und die Information dabei so beiläufig wie möglich fallen zu lassen. Wenn ich mich einfach verhalten würde, als ob das Ganze gar kein Problem wäre, würde er es ja vielleicht ganz locker nehmen. Oder vielleicht auch nicht. Ich hatte den entsprechenden Satz noch nicht zu Ende gesprochen, da unterbrach mich David auch schon mit einem aufgebrachten »Du willst mich doch wohl VERARSCHEN!« Ich versuchte, ihn zu beruhigen, indem ich das Blaue vom Himmel herunterlog und ihm versicherte, dass die Berichte über Michaels Exzentrik stark übertrieben seien. Das war möglicherweise nicht besonders überzeugend, da er einige der besagten Berichte aus meinem Mund vernommen hatte. Aber ich bestand darauf, dass es ganz sicher nicht so schräg werden würde, wie er es vielleicht erwartete.

Und was das anging, hatte ich völlig recht. Das Essen war tatsächlich nicht so schräg, wie ich es vielleicht erwartet hatte.

Es war weitaus schräger, als ich es erwartet hätte. Es war ein sonniger Tag, und wegen Michaels Hautkrankheit Vitiligo mussten wir im Haus hinter zugezogenen Vorhängen sitzen. Der arme Kerl machte einen schrecklichen Eindruck, er wirkte wirklich krank und angegriffen. Er trug Make-up, das aussah, als hätte es ein Wahnsinniger aufgetragen. Es war überall verschmiert. Seine Nase verschwand unter einem Heftpflaster, das alles, was noch von ihr übrig war, an seinem Gesicht festklebte. Er saß bloß da, sagte kaum etwas und strahlte Unbehagen aus, so wie manche Menschen Selbstvertrauen ausstrahlen. Irgendwie hatte ich den Eindruck, dass er seit sehr langer Zeit nicht mehr in Gesellschaft anderer gegessen hatte. Ganz sicher aß er nichts von dem, was bei uns auf den Tisch kam. Er hatte seinen eigenen Koch mitgebracht, allerdings aß er auch nichts von dem, was dieser zubereitet hatte. Nach einiger Zeit stand er wortlos auf und verschwand. Später fanden wir ihn bei meiner Haushälterin, die in einem Häuschen auf dem Gelände von Woodside lebte. Fassungslos sah ich zu, wie Michael Jackson schweigend Videospiele mit ihrem elfjährigen Sohn spielte. Offenbar kam er aus irgendeinem Grund mit der Gesellschaft Erwachsener nicht zurecht. Während des Essens konnte ich in der Dunkelheit sehen, wie sich David am anderen Ende des Tisches bemühte, mit meiner Mutter zu plaudern, die ihren Teil zu der angespannten Atmosphäre beitrug, indem sie ihm lang und breit erklärte, dass Psychiatrie reine Geld- und Zeitverschwendung wäre. Und zwar so laut, dass Michael Jacksons Psychiater jedes Wort verstehen konnte. Immer wenn sie eine Atempause machte, blickte David sich suchend um, als würde er verzweifelt nach jemandem Ausschau halten, der ihm erklären konnte, in was für einen Affenzirkus er da hineingeraten war.

Doch es brauchte keinen unerwarteten Besuch von Michael Jackson, um die Welt, die David gerade betreten hatte, vollends bizarr erscheinen zu lassen. Dafür konnte ich schon selbst sorgen, ganz ohne Unterstützung des selbst ernannten King of Pop. Zwar hatte der Entzug meine schlimmsten Exzesse gezügelt, allerdings längst nicht alle. Das Familientemperament der Dwights schien gegen jede Art von Behandlung oder medizinischem Eingriff resistent zu sein. Ich war weiterhin imstande, entsetzliche Wut- und Trotzanfälle zu bekommen, wann immer mir danach war. Ich glaube, das erste Mal, dass David persönlich Zeuge eines solchen Ereignisses wurde, war jener Abend im Januar 1994, an dem ich in New York in die Rock and Roll Hall of Fame aufgenommen werden sollte. Erst wollte ich gar nicht hingehen, weil ich nicht ganz verstand, was die Rock and Roll Hall of Fame eigentlich sollte. Den Ursprungsgedanken fand ich großartig, nämlich die wahren Pioniere des Rock'n' Roll zu ehren, jene Künstler, die in den Fünfzigerjahren für uns, die wir nach ihnen kamen, den Weg bereitet hatten, insbesondere diejenigen unter ihnen, die finanziell abgezockt wurden. Aber schnell wurde daraus etwas völlig anderes: Ein riesiges Spektakel für die Fernsehkameras, mit Tickets, die Zehntausende Dollar kosteten. Jahr für Jahr ging es nur noch darum, möglichst große Namen ins Boot zu holen, um mit den Ticketverkäufen den großen Reibach zu machen.

Das Schlaueste wäre sicher gewesen, die Einladung höflich abzulehnen, aber ich fühlte mich verpflichtet. Meine Einführungsrede sollte Axl Rose halten, den ich wirklich mochte. Damals, als die Presse ihn in der Luft zerrissen hat, hatte ich einfach das Gefühl, ihm zur Seite stehen zu müssen. Ich weiß, wie einsam man sich fühlen kann, wenn die Zeitungen sich auf einen einschießen, und ich wollte ihm meine Unterstützung anbieten. Wir verstanden uns großartig, und beim Konzert zu Ehren von Freddie Mercury haben wir dann sogar zusammen »Bohemian Rhapsody« gesungen. Weil Guns N' Roses einen Song namens »One in a Million« veröffentlicht haben, der einen homophoben Text hat, bin ich dafür scharf kritisiert worden. Wenn ich je der Überzeugung gewesen wäre, dass dieser Text seine persönliche Ansichten wiedergibt, hätte ich Axl nicht mit der Kneifzange angefasst. Aber so war es nicht. Mir schien es eindeutig, dass der Song aus dem Blickwinkel eines Protagonisten verfasst war, bei dem es sich nicht um Axl Rose handelte. Es war genau wie bei Eminem: Als ich bei den Grammys mit ihm aufgetreten bin, hat mir die Gay and Lesbian Alliance Against Defamation richtig die Hölle heiß gemacht. Dabei lag es doch auf der Hand, dass auch Eminems Texte die Sicht eines anderen widerspiegelten – und zwar bewusst die eines extrem abstoßenden Charakters. Ich hielt die beiden genauso wenig für homophob, wie ich glaubte, dass Sting tatsächlich eine Prostituierte namens Roxanne besucht oder Johnny Cash in Reno einen Mann erschossen hatte, nur um ihn sterben zu sehen.

Also bin ich doch zur Rock and Roll Hall of Fame gefahren. Kaum dort angekommen, kam ich zu dem Schluss, eine falsche Entscheidung getroffen zu haben, machte auf dem Absatz kehrt, marschierte wieder hinaus und wetterte darüber, dass der Laden ein beschissenes Mausoleum sei. Ich schleppte David zurück zum Hotel, wo ich sofort Schuldgefühle bekam, weil mir die Sicherung durchgebrannt war. Also fuhren wir wieder zurück. The Grateful Dead standen gerade mit einem aus Pappe ausgeschnittenen Jerry Garcia auf der Bühne. Weil er die Rock and Roll Hall of Fame für ausgemachten Schwachsinn hielt, hatte Jerry Garcia sich geweigert, an der Veranstaltung teilzunehmen. Innerlich musste ich Jerry zustimmen, machte abermals kehrt und ging. Der arme David folgte mir pflichtbewusst. Erst als ich meinen Anzug aus- und den Hotelbademantel angezogen hatte, bekam ich erneut ein schlechtes Gewissen.

Also kleidete ich mich wieder an, und wir kehrten ein zweites Mal zur Zeremonie zurück. Kaum dort, machte ich mir Vorwürfe, weil ich meinen Schuldgefühlen nachgegeben hatte, und stürmte wieder hinaus, um ein drittes Mal den Weg zum Hotel anzutreten. Nicht ohne dabei einen ellenlangen und sehr lauten Vortrag darüber zu halten, was für eine Zeitverschwendung dieser Abend doch wäre. Davids zustimmendes Nicken und seine gemurmelten Mitleidsbekundungen wirkten inzwischen zunehmend angespannter, aber ich redete mir ein, dass er die Augen verdrehte, lag nicht an mir, sondern dem offenkundigen Versagen der Rock and Roll Hall of Fame. Das erleichterte mir die Entscheidung, rund zehn Minuten später und nachdem ich alle Aspekte sorgsam gegeneinander abgewogen hatte, zur Feier zurückzugehen. Die anderen Gäste wirkten ziemlich überrascht, uns zu sehen, aber das konnte man ihnen wohl kaum zum Vorwurf machen: Wir waren inzwischen öfter zwischen Saalausgang und unserem Tisch hin und her gependelt als unser Tischkellner.

Ich würde gerne berichten, dass die Angelegenheit damit ausgestanden war. Aber ich fürchte, es gab noch einen weiteren Gesinnungswechsel inklusive wutentbrannter Rückkehr zum Hotel, bevor ich schließlich die Bühne betrat und meine Auszeichnung entgegennahm. Axl Rose hielt eine wunderbare Rede, und ich bat Bernie auf die Bühne, um ihm den Award zu übergeben. Dann gingen wir. Ohne ein Wort zu wechseln, fuhren wir zurück ins Hotel, wo David schließlich das Schweigen brach.

»Also«, sagte er sehr ruhig, »das war ja ein hochdramatischer Abend.« Er schwieg einen kurzen Moment, dann fragte er mich: »Sieht dein Leben *immer* so aus, Elton?«

Ich schätze, dass es Abende wie dieser waren, die David zu *Tantrums and Tiaras* inspirierten, auch wenn der Film ursprünglich meine Idee war. Eine Produktionsfirma wollte eine Dokumentation über mich drehen, aber ich hielt es für interessanter, wenn den Film jemand machen würde, der mir nahestand, der Einblicke bekam, die ich sonst niemandem gewähren würde. Ich wollte keinen Haufen geschönten Bockmist, sondern dass die Leute sehen, wie es wirklich ist, ich zu sein. Die lustigen, aber auch die lächerlichen Aspekte. Und ich hatte den Eindruck, dass David der Welt gerne zeigen wollte, womit er es aufgenommen hatte. Der Film war der Versuch, sich einen Reim auf das irre Leben zu machen, von dem er nun ein Teil war. Also richtete er sich in der Straßenbahn, die ich in Australien gekauft hatte, ein kleines Büro ein – ich wusste, dass sie eines Tages noch nützlich sein würde – und begann zu filmen.

Ich hatte keine Angst davor, den Leuten meine monströse, unzumutbare Seite zu zeigen. Ich bin mir absolut bewusst, wie absurd mein Leben ist, und auch absolut bewusst, was für ein Arschloch ich abgebe, wenn ich wegen Nichtigkeiten ausraste. In Sekundenbruchteilen gehe ich von null auf hundert, und genauso schnell beruhige ich mich wieder. Dieses Temperament habe ich eindeutig von meiner Mutter und meinem Vater geerbt, aber ich glaube ehrlich, dass jeder kreative Künstler, egal ob er nun Maler, Theaterintendant, Schauspieler oder Musiker ist, die Veranlagung besitzt, sich komplett unzumutbar zu verhalten. Das ist so etwas wie die dunkle Seite der Kreativität. Praktisch alle Künstler, mit denen ich je befreundet war, verfügten über diese Charaktereigenschaft. John Lennon, Marc Bolan,

Dusty Springfield. Sie waren wundervolle Menschen, und ich habe sie über alles geliebt, aber jeder weiß, dass sie alle regelmäßig ihre schwierigen fünf Minuten hatten. Dusty hatte sie sogar so häufig, dass sie mir einmal erzählte, sie habe die Wutanfälle perfektioniert: Wenn man anfange mit Gegenständen zu werfen, müsse man darauf achten, keine Wurfgeschosse zu verwenden, die teuer oder schwer zu ersetzen seien. Ich gehe mit diesem Manko einfach nur ehrlicher um, als viele andere Menschen das ganz besonders heutzutage tun. Die Plattenfirmen erteilen den Popstars inzwischen Medientraining, sie bringen ihnen bei, ihre charakterlichen Schwächen zu kaschieren und bei Interviews bloß nicht aus dem Rahmen zu fallen.

Man muss kein Experte sein, was meine Karriere betrifft, um zu wissen, dass ich aus einer anderen Ära komme. Aus einer Zeit, bevor jemand meinte, Popstars müsste beigebracht werden, was sie gegenüber der Presse sagen sollten und was nicht. Und ich bin froh darüber, auch wenn ich hin und wieder Dinge gesagt habe, die für heftige Kontroversen und jahrelang für deftige Schlagzeilen wie DAS MISTSTÜCK IST ZURÜCK gesorgt haben. Zu behaupten, Keith Richards sähe aus wie ein Affe mit Arthritis, war vielleicht ein wenig grausam von mir, aber der Fairness halber muss man erwähnen, dass Keith über mich auch nicht nett geredet hat: Wer austeilen kann, muss auch einstecken können. Richtige Probleme hat mir das nur einmal eingebrockt, nämlich als ich gegenüber einer amerikanischen Sonntagszeitung namens *Parade* erklärte, dass Jesus auch ein sehr intelligenter, sehr mitfühlender homosexueller Mann gewesen sein könnte. Damit meinte ich nur, dass niemand etwas Genaueres über Jesus' Privatleben weiß und man aus seinen Lehren über Vergebung und Barmherzigkeit alles Mögliche schlussfolgern könnte. Aber die religiösen Spinner haben das natürlich nicht so verstanden. Sie hatten aus Jesus' Lehren scheinbar vor allem den Schluss gezogen, dass man in der Gegend herumlaufen und Leute dazu anstacheln sollte, jeden umzubringen, der etwas sagt, was ihnen nicht gefällt. Meine Bemerkung führte dazu, dass eine Woche lang Beamten der Polizei von Atlanta in meinem Gästezimmer logierten. Vor dem Haus protestierten Menschen, und auf einem ihrer Schilder stand ELTON JOHN MUSS STERBEN. Nicht unbedingt das, was man vor seiner Haustür sehen möchte, wenn man nach einem netten Abend nach Hause kommt. Der Typ mit dem Schild postete bei YouTube ein Video, in dem er drohte, mich umzubringen. Er wurde schließlich verhaftet, und die Proteste ebbten ab.

Dennoch denke ich, dass eine Welt, in der Künstlern beigebracht wird, lieber nichts zu sagen, was irgendjemand aufregen könnte, und sie als perfekte Menschen präsentiert werden, eine sehr langweilige Welt ist. Außerdem ist es eine Lüge. Künstler sind nun einmal nicht perfekt. *Niemand* ist perfekt. Deshalb hasse ich diese beschönigten Dokumentationen über Rockstars, in denen jeder nur erzählt, was der Porträtierte doch für ein wundervoller Mensch ist. Die meisten Rockstars können hin und wieder schreckliche Menschen sein. Sie können fantastisch und charmant, aber eben auch unausstehlich und dämlich sein. Das wollte ich in *Tantrums and Tiaras* zeigen.

Nicht jeder hielt das für eine gute Idee. George Michael sah einen Teil des Rohschnitts und war entsetzt: Nicht wegen der Dinge, die er da zu sehen bekam, denn dafür kannte er mich zu gut, sondern weil ich die Aufnahmen tatsächlich veröffentlichen wollte. Er hielt das für einen fürchterlichen Fehler. John Reid sagte mir gegenüber zwar, dass er mit der Idee einverstanden wäre, versuchte dann aber still und heimlich das Projekt zu sabotieren. Nachdem meine Mutter eingewilligt hatte, sich für den Film interviewen zu lassen, wollte er sie hinter meinem Rücken davon abbringen, indem er ihr einredete, dass es in dem Film nur um Sex und Drogen ginge.

Ich war deshalb sehr aufgebracht, aber die Meinung anderer interessierte ihn einfach nicht. Normalerweise mag ich es nicht, mich selbst im Film oder im Fernsehen zu sehen, aber von *Tantrums and Tiaras* war ich begeistert, denn es ist ein authentischer Film. David und die Produzentin Polly Steele folgten mir während meiner Welttournee 1995 auf Schritt und Tritt mit diesen kleinen Hi8-Camcordern, und die meiste Zeit bemerkte ich nicht einmal, dass ich gefilmt wurde. Das Ergebnis ist höchst amüsant: Wie ich diese völlig irrwitzigen Drohungen ausstoße, herumbrülle, dass ich nie wieder nach Frankreich komme, nur weil ein Fan mir zugewinkt hat, während ich Tennis spielte, oder dass ich nie wieder ein Video drehen werde, weil jemand aus Versehen meine Sachen im Auto vergessen hat. Mir diese Szenen anzuschauen war kathartisch. Und ich glaube, dass mir der Schock, mich so zu sehen, geholfen hat, mein Verhalten zu ändern – na gut, dieser Schock und Unmengen von Therapiestunden. Ich bin immer noch sehr launisch, meine Gene kann ich nun einmal nicht ändern. Aber ich bin mir sehr viel bewusster, was für eine Energieverschwendung das alles ist und wie albern ich mir vorkommen werde, wenn ich mich wieder beruhigt habe. Also bemühe ich mich, es in Grenzen zu halten. Zugegeben, mit wechselndem Erfolg, aber immerhin versuche ich es.

Das Einzige, was ich an *Tantrums and Tiaras* bereue, ist seine Vorreiterrolle. Der Film hat ein ganzes Genre von Reality-TV-Dokus hervorgebracht, die den Zuschauer am Leben eines Prominenten teilhaben lassen, oder sogar am Leben eines Menschen, der seine Prominenz ganz allein dem Reality-TV zu verdanken hat. Leider ist es nicht unbedingt die erbaulichste Vorstellung, für *Being Bobby Brown* oder *The Anna Nicole Show* verantwortlich zu sein. Sollte diese Verantwortung tatsächlich bei mir liegen, dann wäre es im Grund nur logisch, anzunehmen, dass auch *Keeping Up with the Kardashians* in letzter Konsequenz mein Fehler ist. Ein Fehler, für den ich mich vor der gesamten Menschheit zu Boden werfen und um Verzeihung flehen müsste.

1997 wurde *Tantrums and Tiaras* schließlich veröffentlicht. David kam gerade aus Pasadena von einer Pressekonferenz anlässlich des Filmstarts in den USA zurück, als wir vom Mord an Gianni Versace erfuhren. Ich hatte kürzlich ein Haus in Nizza gekauft, und Gianni hätte eigentlich in der darauffolgenden Woche nach Frankreich fliegen wollen, um dort mit David und mir Urlaub zu machen – die Flugtickets waren bereits gebucht –, als er vor seiner Villa in Miami von einem Serienmörder erschossen wurde. Der Killer hatte bereits Menschen in Minnesota, Chicago und New Jersey umgebracht. Angeblich war er von Gianni besessen, seit er ihm Jahre zuvor kurz in einem Club begegnet war, obwohl ich glaube, dass niemand genau weiß, ob dieses Zusammentreffen je wirklich stattgefunden hat.

Als John Reid anrief und mir sagte, was passiert war, bin ich völlig zusammengebrochen. Ich schaltete den Fernseher im Schlafzimmer an, verfolgte die Berichterstattung und heulte dabei wie ein Schlosshund. Gianni hatte wohl das Haus verlassen, um wie jeden Morgen alle internationalen Zeitungen und Magazine zu kaufen, die er kriegen konnte. Sie lagen immer stapelweise in seinem Haus herum, vollgeklebt mit Post-its: Sie markierten Ideen, die seine Aufmerksamkeit erregt hatten, Materialien, mit denen er gerne gearbeitet hätte, Dinge, die er inspirierend fand. Und jetzt war er tot. Es war wie bei der Ermordung John Lennons, es gab keine Erklärung, einfach nichts machte es leichter, diesen Tod zu begreifen. Es war unmöglich, ihn vernünftig zu erklären, nicht einmal ansatzweise. Ein weiterer willkürlicher Mord.

Giannis Familie bat mich, bei seiner Trauerfeier im Mailänder Dom aufzutreten. Ich sollte mit Sting zusammen ein Duett singen: Psalm 23, denselben Psalm, den ich nach Johns Tod in der Kathedrale von Sydney gesungen hatte. Der Gottesdienst war das reinste Chaos. Überall wimmelte es von Paparazzi, Filmteams und Fotografen, sogar in der Kirche. Es war klaustrophobisch, aber auf eine merkwürdige Weise war es das, was Gianni sich gewünscht hätte. Er liebte Aufmerksamkeit, sogar so sehr, dass es das Einzige an ihm war, was mich auf die Barrikaden brachte. Man fuhr mit ihm nach Sardinien in den Urlaub, und überall, wo man hinkam, hatten Giannis PR-Leute vorher die Presse informiert. Ich habe ihm gesagt, dass ich das schrecklich fand, doch er wollte es einfach nicht verstehen: »Aber, Elton, sie lieben dich doch, sie wollen ein Foto von dir machen, das ist doch wundervoll, no? Sie lieben dich.« Sting und ich wurden in der Kathedrale von zwei Kardinälen, Monsignori oder was immer sie waren, vor der versammelten Trauergemeinde mit Fragen zu unserem Auftritt gelöchert. Ich glaube, sie hätten uns das Singen am liebsten untersagt, weil wir keine Katholiken waren. Es war schrecklich. Als ob man vor Schulbeginn zum Direktor zitiert würde, allerdings während einer Trauerfeier in einer Kirche voller TV-Kameras und gleißender Blitzlichter.

Schließlich erlaubten sie uns doch noch zu singen, was das reinste Wunder war. Während des Gottesdienstes konnte ich gar nicht mehr aufhören zu weinen. Ich glaube, ich habe noch nie einen Menschen gesehen, der vor Trauer so durcheinander war, wie Giannis kleine Nichte Allegra. Sie war elf, als er starb, und er war in sie vernarrt gewesen. In seinem Testament hat er ihr seinen Anteil des Unternehmens vermacht. Sie fühlte sich irgendwie für seinen Tod verantwortlich, weil sie morgens normalerweise mit ihm zusammen die Zeitschriften kaufen ging, aber am Morgen seines Todes mit ihrer Mutter in Rom gewesen war. Sie glaubte, man hätte ihren Onkel nicht umgebracht, wenn sie bei ihm gewesen wäre. Nach seiner Ermordung entwickelte sie eine schreckliche Essstörung. Ständig verschwand sie, und wenn man sie dann wieder fand, saß sie in irgendwelchen Kleiderschränken, wo sie sich an seine alten Sachen klammerte, die noch immer nach ihm rochen. Es war furchtbar. Einfach furchtbar.

Eigentlich brach nach Giannis Tod die ganze Versace-Familie auseinander. Donatella hatte immer schon ein Kokainproblem gehabt. Jeder wusste davon, außer Gianni. Was die Drogen anging, war er unglaublich naiv. Er trank noch nicht mal. Ab und an gönnte er sich ein Glas Rotwein mit Sprite und Eiswürfeln, was vermutlich ekelhaft genug schmeckte, um ihn davon abzuhalten, sich eingehender mit Alkohol zu beschäftigen. Während er Versace-Events immer früh verließ, um sich hinzulegen, ging die Party danach erst richtig los, und Donatella gab dabei die Stoßrichtung vor. Ihm fiel zwar auf, dass mit ihr irgendwas nicht stimmte, aber er konnte nicht sagen, was es war. Ich erinnere mich daran, wie ich einmal mit ihm im Garten von Woodside spazieren ging und ihm zuhörte, wie er lamentierte: »Ich verstehe meine Schwester nicht – an einem Tag ist sie gut drauf, am nächsten schlecht, ich verstehe ihre Launen einfach nicht.« Ich sagte ihm, dass sie kokainsüchtig sei, dass ich, bevor ich clean war, viele Male mit ihr gekokst hatte. Er konnte es nicht glauben – er hatte nicht die leiseste Ahnung davon, wie ihr Leben aussah, wenn er nicht in ihrer Nähe war.

Nach Giannis Ermordung geriet Donatellas Kokainkonsum völlig außer Kontrolle. Sie ging mir aus dem Weg, weil sie wusste, dass ich das nicht guthieß, sodass ich sie kaum zu Gesicht bekam. Aber eines Abends tauchte sei bei einer Show in Reggio Calabria hinter der Bühne auf und stand völlig neben sich, sie war total high. Bei meinem Auftritt saß sie in Tränen aufgelöst am Bühnenrand. Sie hörte während der kompletten Show nicht mehr auf zu weinen. Entweder sie fand den Auftritt unglaublich schrecklich, oder es war ein Hilfeschrei.

Also beschlossen wir einzugreifen und planten eine Intervention. David und Donatellas Presseagent Jason Weisenfeld arrangierten das Ganze bei der Feier zu Allegras achtzehntem Geburtstag in Giannis alter Wohnung an der Via Gesù. Außer mir, David und Jason waren noch unsere Freundin Ingrid Sischy und ihre Partnerin Sandy dabei. Wir warteten alle zusammen in einem kleinen Zimmer. Als Donatella und Allegra hereinkamen, trugen beide diese unglaublich extravaganten, prächtigen Abendkleider von Atelier Versace. Sie setzten sich auf einen Divan, bevor dann alle der Reihe nach das Wort ergriffen. Anschließend herrschte erst einmal angespanntes Schweigen. Man kann nie genau wissen, wie so eine Intervention verläuft. Wenn die Person, der sie gilt, nicht bereit ist, zuzugeben, dass sie ein Problem hat, kann schnell eine Katastrophe daraus werden. Aber plötzlich machte Donatella den Mund auf. »Mein Leben ist wie die Kerze im Wind aus deinem Song!«, schluchzte sie theatralisch. »Ich will sterben!«

Wir überredeten sie, in einer Rehaklinik namens The Meadows in Scottsdale in Arizona anzurufen. Wir konnten zwar nur ihren Part des Gesprächs mithören, der hatte es allerdings in sich. »Ja, ja ... Kokain ... auch Tabletten ... oh, eine Handvoll von diesen und eine Handvoll von denen und wenn das alles nicht hilft, nehme ich alle Pillen durcheinander … ja … okay, ich komme jetzt gleich, aber nur unter einer Bedingung: KEIN FETTIGES ESSEN!«

Nachdem man ihr vermutlich versichert hatte, dass es kein fettiges Essen geben würde, reiste sie ab, noch immer im Abendkleid. Am nächsten Tag erhielten wir einen Telefonanruf von Jason Weisenfeld, in dem er uns mitteilte, dass sie in der Klinik eingecheckt hatte. Offenbar war es den Patienten dieser Einrichtung nicht erlaubt, Make-up zu tragen, was Donatella gar nicht gut aufgenommen hatte. Außerdem gab es wohl einigen Wirbel, nachdem sie bemerkte, dass sie ihr Deodorant vergessen hatte. Doch davon abgesehen ging es ihr gut: Sie würde das Programm absolvieren und den Entzug zu Ende bringen. Wir gratulierten Jason zu diesem Erfolg.

»Ja, super«, erwiderte er mürrisch. »Jetzt muss ich nur noch ganz Scottsdale abklappern, um ein beschissenes Chanel-Deo zu finden.«

Nach der Beerdigung luden wir Giannis Partner Antonio ein, mit uns nach Nizza zu kommen. Er war am Boden zerstört, und mit dem Rest der Versace-Familie hatte er sich nie besonders gut verstanden. Es war ein absonderlicherer, tieftrauriger Sommer, den wir in diesem Haus verbrachten. Wir hatten es gerade erst gekauft und in einem Stil eingerichtet, der maßgeblich vom Geschmack Giannis beeinflusst war, auf dessen Besuch wir uns so gefreut hatten. Eines Abends erklärte David bestimmt, dass es an der Zeit wäre, über einen professionellen Sicherheitsdienst nachzudenken. Für mich war das nie ein Thema gewesen, nicht einmal nachdem John ermordet worden war. Na gut, in den Siebzigern habe ich mal einen Kerl namens Jim Morris als Bodyguard beschäftigt, allerdings eher aus einer überkandidelten

Schwärmerei heraus. Jim war nicht nur Bodybuilder und hatte den Mr.-America-Wettbewerb gewonnen, er war außerdem bekennender Homosexueller. Für einen knallharten Typen, noch dazu einen Schwarzen, war das damals alles andere als selbstverständlich. Jim war hauptsächlich damit beschäftigt, mich auf seinen Schultern herumzutragen. Jetzt brauchten wir wohl wirklich Schutz. Die Zeiten hatten sich geändert.

Und unser Sommer sollte sogar noch absonderlicher werden. Eines Sonntagmorgens gegen Ende August wurden wir vom Lärm des Faxgerätes geweckt. David ging nachschauen und kam mit einem handgeschriebenen Fax von einem Freund aus London zurück: »Was für grauenhafte Neuigkeiten. Tut mir so leid, das zu hören.« Keiner von uns wusste, was damit gemeint war. Es konnte dabei wohl kaum um Gianni gehen, denn der war inzwischen seit sechs Wochen tot. Mit wachsender Panik schaltete ich den Fernseher ein. Und so fanden wir heraus, dass Prinzessin Diana gestorben war.

VIERZEHN

Ich begegnete Diana zum ersten Mal 1981, kurz vor ihrer Heirat mit Prinz Charles. Es war auf der Party zu Prinz Andrews einundzwanzigstem Geburtstag auf Windsor Castle. Ray Cooper und ich sollten für das Unterhaltungsprogramm sorgen. Der Abend war rundum surreal. Das Schloss wurde von außen mit einer psychedelischen Lichtshow angestrahlt, und vor unserem Auftritt fand im Ballsaal eine Disco statt. Weil auch die Queen eingeladen war und niemand das königliche Zartgefühl verletzen wollte, wurde die Lautstärke der Disco so weit gedämmt, wie es möglich war, ohne die Musik ganz auszuschalten. Mann konnte die eigenen Füße über den Fußboden scharren hören. Prinzessin Anne forderte mich auf, mit ihr zu Elvis Presleys »Hound Dog« zu tanzen. Wenn ich tanzen sage, meine ich eigentlich unbeholfen von einem Fuß auf den anderen zu treten und dabei möglichst wenig Lärm zu machen, um die Musik nicht zu übertönen. Als der DJ eine neue Platte auflegte, musste man die Ohren schon sehr weit aufsperren, um zu

hören, wie »Hound Dog« in »Rock Around the Clock« überging. In diesem Augenblick erschien die Queen – wie immer
mit ihrer Handtasche. Sie kam zu uns rüber und fragte höflich,
ob sie sich anschließen dürfe. Jetzt versuchte ich also so lautlos
wie möglich mit Prinzessin Anne und der Königin zu tanzen,
die weiterhin fest ihre Handtasche umklammerte, während die
vermutlich leiseste Disco der Welt Bill Haley spielte. Seltsamerweise musste ich in diesem Moment daran denken, wie The
Band damals in meine Garderobe platzten oder Brian Wilson
nicht mehr aufhören wollte, den Refrain von »My Song« zu singen, als ich zum ersten Mal in Amerika war. Das war elf Jahre
her, mein Leben hatte sich seitdem bis zur Unkenntlichkeit verändert, und doch versuchte ich immer noch verzweifelt, mich
so normal wie möglich zu verhalten, während um mich herum
die ganze Welt komplett verrücktspielte.

So war das immer, wenn ich mit der Königlichen Familie auf-
einandertraf. Ich erlebte sie stets als unglaublich reizende und
sehr witzige Menschen. Ich weiß, dass die Queen in der Öffentlichkeit nicht gerade ein Bild ausgelassener Frivolität abgibt,
aber ich glaube, das hängt mit der Natur ihres Jobs zusammen.
Das fiel mir bereits auf, als ich zum Commander of the British
Empire ernannt und später zum Ritter geschlagen wurde. Sie
musste volle zweieinhalb Stunden lang diese Orden verteilen
und mit zweihundert Leuten, einem nach dem anderen, Small
Talk halten. Die meisten hätten an ihrer Stelle wohl versucht,
eine Reihe geistreicher Bemerkungen parat zu haben. Die Queen
fragt einen nur, ob man gerade viel zu tun habe, worauf man mit
»ja, Ma'am« antwortet, was sie mit einem freundlichen »wie
schön« quittiert und dann weitergeht. Privat kann sie allerdings
wirklich witzig sein. Auf einer anderen Party konnte ich beobachten, wie sie den Viscount Linley darum bat, nach seiner

Schwester zu sehen, die sich auf ihr Zimmer zurückgezogen hatte, nachdem ihr übel geworden war. Als der Viscount mehrfach versucht hatte, sie abzuspeisen, schlug die Königin ihn sanft auf die Wange und warnte ihn nachdrücklich: »Leg dich« – KLATSCH – »nicht mit« – KLATSCH – »mir an« – KLATSCH – »ich bin« – KLATSCH – »DIE KÖNIGIN!« Das zeigte offenbar Wirkung. Als sie sich von ihm abwendete, sah sie, wie ich sie anstarrte, zwinkerte mir zu und ging davon.

Doch ganz egal wie lustig oder normal die Königliche Familie auch wirken mochte, völlig gleich, ob sie sich über die Lackierung meines Aston Martin echauffierten, mich fragten, ob ich Kokain genommen habe, bevor ich auf die Bühne ging, oder mir zuzwinkerten, nachdem sie ihren Neffen ins Gesicht geschlagen hatten – in ihrer Gegenwart kam unvermeidlich der Moment, in dem ich mich seltsam fehl am Platze fühlte und dachte: »Das ist völlig absurd. Ich bin bloß ein Musiker aus einer Sozialwohnung an der Pinner Road, was mache ich hier?« Mit Diana war das anders. Ungeachtet ihres Status und ihres familiären Hintergrunds, war sie mit einer unglaublichen Leichtigkeit und Unvoreingenommenheit gesegnet, kam sofort mit jedem ins Gespräch und besaß die Fähigkeit, einfach wie ein ganz gewöhnlicher Mensch zu wirken, sodass sich Menschen aller sozialen Schichten in ihrer Gesellschaft wohlfühlten. Ihre Kinder haben diese Fähigkeiten geerbt, insbesondere Prinz Harry: Genau wie seine Mutter hat er keinerlei Interesse an Grandezza oder Förmlichkeiten. Dieses berühmte Foto, auf dem sie die Hand eines Aidspatienten im Londoner Middlesex Hospital hält – so war Diana. Ich glaube nicht, dass sie damit unbedingt etwas beweisen wollte, auch wenn sie das zweifellos getan hat. In jenem Augenblick hat sie die öffentliche Haltung gegenüber Aids für immer verändert. Es war einfach nur eine

Begegnung mit einem leidenden Menschen, der unter schrecklichen Qualen starb. Warum hätte sie ihm denn nicht die Hand reichen sollen? Es war ein ganz natürlicher, zutiefst menschlicher Impuls: der Versuch, jemandem Trost zu spenden.

An jenem Abend im Jahr 1981 betrat sie den Ballsaal, und wir spürten sofort eine Verbindung. Irgendwann taten wir so, als würden wir Charleston tanzen, während wir uns johlend über die Flüsterdisco amüsierten. Sie war die großartigste Gesellschaft, die man sich wünschen konnte, ein fantastischer Dinnergast. Sie nahm kein Blatt vor den Mund und war eine echte Klatschtante: Egal was man sie fragte, sie gab freimütig Antwort. Das einzige Eigenartige an ihr war die Art, wie sie über Prinz Charles sprach. Sie hat nie seinen Namen genannt, er war immer »mein Mann«, niemals Charles. Ein Kosename war völlig undenkbar. Das wirkte sehr distanziert, kalt und förmlich. Sehr seltsam, denn eins war Diana ganz sicher nicht: förmlich. Sie hat nie wirklich fassen können, wie steif und überkorrekt manche Mitglieder der Königlichen Familie sein konnten.

Ich war von Diana überwältigt, aber das war gar nichts, verglichen mit dem Eindruck, den sie auf heterosexuelle Männer machen konnte. Sie schienen in ihrer Gegenwart völlig den Verstand zu verlieren. Sie waren einfach wie verhext. Als ich an *Der König der Löwen* arbeitete, kam Jeffrey Katzenberg, damals Chef von Disney, nach England, und wir gaben in Woodside eine Dinnerparty für ihn und seine Frau Marilyn. Ich fragte sie, ob es in England irgendjemanden gäbe, den sie unbedingt mal treffen wollten, und beide antworteten, ohne nachzudenken, »Prinzessin Diana«. Also luden wir Diana ein, außerdem George Michael, Richard Curtis und seine Frau Emma Freud, Richard Gere und Sylvester Stallone, die damals gerade alle im Land waren. Dabei kam es zu einer mehr als eigentümlichen Szene. Richard

Gere und Diana waren offenbar vom ersten Moment an sehr voneinander angetan. Sie war bereits von Prinz Charles getrennt, Richard hatte gerade mit Cindy Crawford Schluss gemacht, und die beiden saßen vor dem Kamin, tief ins Gespräch vertieft. Während der Rest von uns miteinander plauderte, kam ich nicht umhin zu spüren, dass eine leichte Anspannung in der Luft lag. Nach den Blicken zu urteilen, die Sylvester Stallone ihnen zuwarf, kam der Anblick von Dianas und Richards neu erblühender Freundschaft bei ihm nicht besonders gut an. Ich kann mir vorstellen, dass er mit der festen Absicht zur Party gekommen war, Diana aufzureißen, nur um dann mit anzusehen, wie seine Pläne für diesen Abend überraschend durchkreuzt wurden.

Schließlich wurde das Essen aufgetragen. Wir gingen rüber ins Speisezimmer und setzten uns an den Tisch. Oder zumindest die meisten von uns. Von Richard Gere war nirgendwo etwas zu sehen, ebenso wenig von Sylvester Stallone. Wir warteten. Immer noch nichts. Schließlich bat ich David, nach ihnen zu sehen. Als er mit den beiden zurückkam, war er ungewöhnlich bleich im Gesicht.

»Elton«, murmelte er. »Wir haben ... ein *Problem*.«

Nachdem David losgezogen war, um sie zu finden, hatte er Sylvester Stallone und Richard Gere im Flur entdeckt, wo sie sich voreinander aufgebaut hatten und offenbar kurz davor standen, ihre Differenzen über Diana mit den Fäusten auszutragen. David war es gelungen, die Situation zu beruhigen, indem er so tat, als würde er nicht bemerken, was vor sich ging. »Hey, Leute! Es gibt was zu essen!« Doch Sylvester war eindeutig sauer. Nach dem Essen zogen sich Diana und Richard Gere wieder vor den Kamin zurück, und Sylvester verließ irgendwann wutentbrannt das Haus.

»Ich wäre nie hergekommen«, keifte er, als David und ich ihn zur Tür brachten, »wenn ich gewusst hätte, dass dieser beschissene Märchenprinz hier sein würde.« Um uns dann wissen zu lassen: »Hätte ich sie haben wollen, dann hätte ich sie mir genommen!«

Wir schafften es mit Mühe und Not, zu warten, bis sein Wagen außer Sichtweite war, bevor wir losprusteten. Zurück im Wohnzimmer starrten sich Diana und Richard Gere immer noch verzückt in die Augen. Sie wirkte völlig unerschüttert. Vielleicht hatte sie nicht mitbekommen, was passiert war. Oder vielleicht passierte so etwas ständig, und sie war daran gewöhnt. Nach ihrem Tod fingen die Menschen an, vom Diana-Effekt zu sprechen. Damit meinten sie die Art und Weise, wie es ihr gelang, die öffentliche Meinung zur Königlichen Familie, Aids, Bulimie oder psychischen Krankheiten zu ändern. Doch wenn ich diesen Begriff hörte, musste ich jedes Mal an jenen Abend denken. Es gab eindeutig noch eine andere Art von Diana-Effekt. Einen, der Hollywood-Superstars so weit treiben konnte, dass sie sich bei einer Dinnerparty beinahe um ihre Zuneigung geprügelt hätten, wie ein paar idiotische, verknallte Teenager.

Diana war jahrelang eine sehr enge Freundin, bis wir uns dann völlig unerwartet verkrachten. Der Anlass war ein Buch namens *Rock and Royalty*, das Gianni Versace zusammengestellt hatte. Eine Sammlung von Porträts bekannter Fotografen wie Richard Avedon, Cecil Beaton, Herb Ritts, Irving Penn und Robert Mapplethorpe. Die Erlöse sollten an die Aids-Stiftung gehen, und Diana hatte zugestimmt, das Vorwort zu schreiben. Doch dann bekam sie kalte Füße. Ich glaube, dem Buckingham Palast missfiel die Idee, dass ein Mitglied der Königlichen Familie irgendetwas mit einem Buch zu tun hatte, das Fotos von nackten Männern zeigte, die nur in Handtücher gewickelt waren. Also zog Diana ihr Vorwort im letzten Moment zurück. Sie sagte, dass ihr der Inhalt des Buchs nicht bekannt gewesen wäre, was einfach nicht stimmte. Gianni hatte ihr das ganze Ding gezeigt, und sie war begeistert gewesen. Ich schrieb ihr einen Brief, in dem ich sie zur Rede stellte und daran erinnerte, dass sie das Buch sehr wohl gesehen hatte. Die Antwort, die ich daraufhin erhielt, war förmlich und sehr abweisend: »Lieber Mr. John …« Und damit war das Thema offenbar beendet. Ich war wütend auf sie, aber ich machte mir auch Sorgen. Sie schien den Kontakt zu allen möglichen nahen Freunden zu verlieren, die ihr gegenüber kein Blatt vor den Mund nahmen und ehrlich zu ihr waren. Stattdessen umgab sie sich mit Leuten, die ihr sagten, was sie hören wollte, oder die ihr zuhörten und nickten, wenn sie ihnen eine ihrer eher paranoiden Theorien unterbreitete, die sie seit ihrer Scheidung über die Königliche Familie entwickelt hatte. Ich wusste aus persönlicher Erfahrung, dass so eine Situation nicht gut für einen ist.

Ich sprach dann länger nicht mehr mit ihr, bis zum Tag von Giannis Ermordung. Nachdem John Reid mich über den Tod meines Freundes informiert hatte, war sie die Erste, die mich anrief. Ich weiß nicht einmal, wie sie an die Nummer gekommen war – wir hatten das Haus in Nizza noch nicht lange. Sie befand sich nur ein Stückchen weiter die Küste runter, in Saint-Tropez, auf der Jacht von Dodi Al-Fayed. Diana fragte mich, wie es mir ging und ob ich mit Donatella gesprochen hätte. Dann sagte sie: »Es tut mir leid. Das war ein alberner Krach. Lass uns wieder Freunde sein.«

Sie kam mit uns zur Beerdigung und sah mit ihrer Perlenkette und der Urlaubsbräune umwerfend aus. Sie war dieselbe warmherzige, mitfühlende und nahbare Person wie eh und je.

Als sie hereinkam, drehten die Paparazzi in der Kirche durch. Man hatte das Gefühl, der größte Star der Welt wäre eingetroffen, und genau das war sie wohl auch. Die Fotografen ließen während des gesamten Gottesdienstes nicht von ihr ab, auch wenn ich vielleicht darauf hinweisen sollte, dass der berühmte Schnappschuss von ihr, auf dem sie mich vermeintlich tröstet, indem sie sich zu mir herüberbeugt und auf mich einredet und ich sie mit rot geweinten, von der Trauer ganz glasigen Augen anstarre, eigentlich nur zeigt, wie sie nach einem Minzdragee greift, das David ihr angeboten hat. Die warmen Worte des Trostes, die ihr in diesem Augenblick über die Lippen kamen, lauteten tatsächlich: »Gott, ein Polo wäre toll.«

Ich schrieb ihr hinterher einen Brief, um mich bei ihr zu bedanken. Sie schrieb zurück, bot sich als Schirmherrin für die AIDS Foundation an und fragte, ob ich Lust hätte, mich für ihre Kampagne gegen Landminen zu engagieren. Beim nächsten Mal, wenn wir beide wieder in London wären, wollten wir uns zum Lunch treffen und darüber sprechen. Doch es gab kein nächstes Mal.

Ein paar Tage nach ihrem Tod bekam ich einen Anruf von Richard Branson. Er berichtete mir, dass viele der Menschen, die sich in das Kondolenzbuch am St. James's Palace eintrugen, Textzeilen aus »Candle in the Wind« zitierten. Offenbar lief der Song in England auch oft im Radio. Im Bemühen, die Stimmung in der Öffentlichkeit aufzugreifen, spielten die Sender wohl traurigere Musik als gewöhnlich. Dann fragte er, ob ich mich in der Lage sähe, den Text etwas zu verändern und ihn auf der Beerdigung zu spielen. Damit hatte ich überhaupt nicht gerechnet. Ich glaube, Richard war von der Familie Spencer angesprochen worden, die sich offenbar eine Trauerfeier wünschte, mit

(oben) Bernie und ich 1988 mit Ryan White. Damals wusste ich es noch nicht, aber die Begegnung mit Ryan sollte mir das Leben retten.

Clean und trocken, aber immer noch bereit, Rod Stewart bei jeder sich bietenden Gelegenheit in die Suppe zu spucken. Hier bin ich kurz davor, unangekündigt bei ihm auf der Bühne aufzutauchen und mich auf seinen Schoß zu setzen.

1992, fotografiert von Herb Ritts. Ich kannte Liz Taylor seit Jahren.
Sie war wahnsinnig komisch und hatte bereits lange vor mir den Mut,
Hollywood zu einer Auseinandersetzung mit Aids zu zwingen.

Backstage im Earls Court mit Prinzessin Diana im Mai 1993 (links) sowie mit Tim Rice
bei der Arbeit an *Der König der Löwen* (rechts). Ich fand den Film herausragend.

Mit David Furnish, schrecklich verliebt und komplett in Versace gekleidet (links),
sowie mit David, Gianni Versace und Giannis Partner Antonio D'Amico
in Versaces Haus am Comer See (rechts).

Die Spendengala zugunsten meiner Aids-Stiftung im Rahmen der Oscar-Verleihung
wurde zum ersten Mal 1993 ausgerichtet und findet seitdem jährlich statt. Das Foto entstand
auf der zehnten Gala. Denzel Washington und Halle Berry waren an diesem Abend
mit dem Oscar für die besten Hauptdarsteller ausgezeichnet worden.

Paris, 1996. David und ich im Ritz, fotografiert von Mario Testino.

Mum und Derf mit David und mir am Tag meines Ritterschlags, 1998.

Ingrid Sischy, die für mich vom ersten Tag an die Schwester war,
die ich nie hatte, demonstriert die transformative Kraft einer meiner Perücken.

(links) 21. Dezember 2005: der Tag, an dem David und ich eingetragene Lebenspartner wurden. Ich war so glücklich wie noch nie zuvor. (rechts) Ich hatte ernsthafte Sorgen, außerhalb des Rathauses von Windsor von Protestierenden empfangen zu werden, doch stattdessen brachten die Leute Kuchen und Geschenke mit.

Mit Tante Win bei der Feier nach dem Eintrag unserer Lebenspartnerschaft.
Nicht im Bild: Mum, an jenem Tag eine entsetzliche Nervensäge.

(links) Unser Sohn Zachary macht 2011 in Los Angeles seine ersten Schritte.

(unten) Beim Frühstück mit Zachary in Nizza. Die Vaterschaft war das Ereignis in meinem Leben, mit dem ich am wenigsten gerechnet hätte – und das beste.

(oben) Ich gebe meine Shopping-Expertise an die Jungs weiter.

(rechts) Lady Gaga, wie üblich schlicht gekleidet, erfüllt ihre Pflicht als Patentante.

Nimm die Kinder mit zur Arbeit: mit Zachary und Elijah auf der Bühne des Caesars Palace in Vegas.

Backstage mit Aretha Franklin vor ihrem letzten Liveauftritt im Rahmen der Gala zum 25. Jubiläum der Elton John AIDS Foundation im November 2017 in New York.

Backstage mit Bernie auf der Abschiedstour, 2018. Nach fünfzig gemeinsamen Jahren immer noch voller Gegensätze. Und immer noch beste Freunde.

der sich die Menschen wirklich identifizieren konnten. Sie wollte keine strenge, unnahbare Festivität mit königlichem Prunk und Protokoll, denn das hätte Dianas Wesen überhaupt nicht entsprochen.

Also rief ich Bernie an, der eine unglaublich schwere Aufgabe zu bewältigen hatte. Die Beerdigung sollte weltweit im Fernsehen übertragen werden. Jedes Wort, das Bernie schrieb, würden also Milliarden von Menschen hören. Außerdem musste der Text von der Königlichen Familie und der Church of England abgenommen werden. Aber Bernie war fantastisch: Er erledigte den Job, als würde er jeden Tag noch vor dem Frühstück einen Song schreiben, den er anschließend der englischen Königin und dem Erzbischof von Canterbury zur Abnahme vorlegen musste. Er faxte mir den Text am nächsten Morgen, ich faxte ihn weiter an Richard Branson, und er wurde durchgewunken.

Als ich am Tag vor der Beerdigung für die Probe zur Westminster Abbey fuhr, hatte ich trotzdem keine Ahnung, was mich erwartete. Die Erinnerung an Giannis Gottesdienst, der Umstand, dass die Kirchenoberen es damals eindeutig nicht für angebracht hielten, mich dort singen zu lassen, verunsicherte mich. Dabei ging es in Mailand nur darum, ein Kirchenlied bei einer privaten Trauerfeier vorzutragen. Diesmal sollte ich einen Rocksong auf einem Staatsbegräbnis singen. Was wäre, wenn mich die Leute hier auch nicht hören wollten?

Aber der Unterschied hätte kaum größer sein können. Der Erzbischof von Canterbury war unglaublich nett und unterstützte uns nach Kräften. Es herrschte ein echtes Gemeinschaftsgefühl, und alle zogen an einem Strang. Ich bestand darauf, dass am Klavier Teleprompter aufgestellt wurden, um Bernies neuen Text vor Augen zu haben. Bis dahin war ich eigentlich strikt gegen ihre Benutzung gewesen. Zum einen, weil sie mir mit dem spontanen Geist des Rock'n'Roll nicht vereinbar schienen. Ich bin mir jedenfalls ziemlich sicher, dass Little Richard die Worte nicht von einem Textband abgelesen hat, als er »Long Tall Sally« aufnahm. Zum anderen, weil ich mir selbst sagte: »Komm schon, mach deinen Job gefälligst richtig. Du brauchst auf der Bühne schließlich nur drei Dinge zu tun: gerade singen, die richtigen Noten spielen und dir den Text merken. Wenn du nur zwei davon hinkriegst, dann kannst du dir auch gleich einen anderen Job suchen.« Deshalb habe ich auch so ein Problem damit, wenn Künstler auf der Bühne zum Vollplayback auftreten. Aber diesmal hatte ich beschlossen, die Regeln ein wenig zu lockern. Es war eine einmalige Sache. Auf gewisse Weise war es der größte Auftritt meines Lebens, vier Minuten lang würde ich im Zentrum der weltweiten Aufmerksamkeit stehen, doch zugleich ging es dabei nicht um Elton John, es ging überhaupt nicht um mich. Das war schon seltsam.

Wie seltsam es wirklich war, wurde mir klar, als wir am nächsten Tag in der Westminster Abbey eintrafen. David und ich waren gemeinsam mit George Michael gekommen — das war lange bevor wir uns wegen seiner Drogenprobleme entzweit hatten. Er hatte angerufen und gefragt, ob wir zusammen zur Beerdigung fahren wollten. Auf der Fahrt saßen wir schweigend im Auto: George war zu aufgeregt, um zu sprechen, wir haben nicht ein Wort gewechselt. Die Kirche war voll mit Bekannten: Donatella Versace war da, David Frost, Tom Cruise und Nicole Kidman, Tom Hanks und Rita Wilson. Das alles wirkte ein wenig surreal, mehr wie ein Traum als etwas, das tatsächlich geschah. Uns wurde ein Platz in der Nähe des Ortes zugewiesen, wo die Königliche Familie hereinkam. William und Harry sahen zutiefst erschüttert aus. Sie waren damals fünfzehn und zwölf Jahre alt, und ich fand es absolut unmenschlich, wie mit ihnen umgesprungen wurde. Sie wurden gezwungen, hinter dem Sarg ihrer Mutter durch die Straßen von London zu laufen, keinerlei Emotionen zu zeigen und immer stur geradeaus zu blicken. Das war eine schreckliche Art, zwei Kids zu behandeln, die gerade ihre Mutter verloren hatten.

Ich nahm davon allerdings kaum etwas wahr. Ich litt zwar nicht wirklich unter Nervosität. Dennoch würde ich lügen, wenn ich behaupten würde, dass ich nicht an die zwei Milliarden Fernsehzuschauer denken musste. Aber immerhin sollte ich in dem Teil der Kirche spielen, wo auch die Vertreter aller Wohltätigkeitsorganisationen saßen, die Diana unterstützt hatte. Es waren also auch Freunde von der Elton John AIDS Foundation darunter: Robert Key, Anne Aslett und James Locke. Aber es war weniger Lampenfieber als vielmehr eine ganz spezielle Angst, die mich quälte: Was wäre, wenn ich innerlich auf Autopilot schalten und aus Versehen *die falsche Version singen würde*? Ich hatte »Candle in the Wind« Hunderte Male gespielt. Es war wirklich nicht völlig auszuschließen, dass ich auf der Bühne vor Aufregung den Teleprompter vergessen und gedankenlos den ursprünglichen Text singen würde. Wie schlimm konnte das schon sein? Nun, es wäre entsetzlich gewesen. Die Leute mögen vielleicht einzelne Zeilen aus dem Song in das Kondolenzbuch im St. James's Palace geschrieben haben, aber große Teile des Textes waren für diesen Anlass ganz offensichtlich völlig unangebracht. Es dürfte schwer werden, die Tatsache schönzureden, dass man auf einem Staatsbegräbnis und vor weltweit zwei Milliarden Zuschauern über die Entdeckung von Marilyns nackter Leiche und über den Umstand gesungen hatte, bei diesem Anblick mehr als nur sexuelle Erregung verspürt zu haben.

Dann geschah etwas Merkwürdiges. Ich merkte, wie meine Gedanken von der Beerdigung abschweiften und ich an einen

Vorfall auf meiner ersten Amerika-Tour denken musste, der bereits Jahre zurücklag. Ich sollte in der *Andy Williams Show* neben Mama Cass Elliot von The Mamas and the Papas und Ray Charles auftreten. Als ich dort ankam, informierten mich die Produzenten allerdings, dass wir nicht nur in derselben Show, sondern auch *gemeinsam* auftreten würden. Offenbar gingen sie davon aus, mir damit eine freudige Überraschung zu bereiten und dass ich begeistert sein würde. Damit lagen sie gründlich daneben. Mama Cass, schön und gut. Andy Williams, auch kein Problem. Aber *Ray Charles*? Wollt ihr mich auf den Arm nehmen? Ray Charles! Brother Ray! Das Genie! Wie viele Stunden hatte ich mir als Heranwachsender ausgemalt, der große Ray Charles zu sein? Ich habe mich mit meiner Plattensammlung in meinem Zimmer eingeschlossen und zu seinem Livealbum *Ray Charles at Newport* Luftklavier gespielt. Und nun hatte es irgend so ein Idiot für eine gute Idee gehalten, ihn bei einer landesweit ausgestrahlten Fernsehsendung mit mir zusammen singen zu lassen. Als ob irgend so ein dahergelaufener Singer-Songwriter aus England das ideale Pendant zu dem Mann wäre, der quasi im Alleingang die Soulmusik erfunden hatte. Wenn das nicht die schlechteste Idee war, die ich je gehört hatte, dann klang es zumindest so sehr danach, dass es keinen Unterschied machte. Und es gab absolut nichts, was ich dagegen tun konnte. Ich stand noch am Anfang meiner Karriere, und dies sollte mein erster Auftritt im US-Fernsehen sein. Ich befand mich nicht in der Position, amerikanische Fernsehbosse zu verärgern, indem ich mich als schwieriger Künstler präsentierte. Also willigte ich ein. Ich ging auf die Bühne und sang »Heaven Help Us All« mit Ray Charles – er spielte ein weißes, ich ein schwarzes Piano. Es lief alles wie am Schnürchen. »Hey, Süßer, wie geht's so?«, sagte Ray Charles zur Begrüßung und war überhaupt so liebenswert und zuvorkommend, wie es nur Künstler sind, die niemandem mehr etwas beweisen müssen.

Dadurch habe ich etwas Wichtiges gelernt. Manchmal muss man sich einer Herausforderung einfach stellen, selbst wenn diese Herausforderung kilometerweit außerhalb deiner Komfortzone liegt. Das ist, als würde man ganz tief in sich hineingehen, alles, was man gerade empfindet, vergessen und sich sagen: O nein, du gehst sehr wohl da raus. Los, auf die Bühne. Da gehörst du hin. Das ist dein Lebensinhalt. Jetzt bring es endlich hinter dich.

Also habe ich es hinter mich gebracht. An den Auftritt selbst erinnere ich mich kaum, aber ich erinnere mich an den anschließenden Applaus. Er hörte sich an wie eine Welle, die draußen vor der Kirche aufbrandete und erst dann das Innere der Westminster Abbey erfasste. Was wohl bedeutete, dass Dianas Familie exakt das gelungen war, was sie sich erhofft hatte, indem sie mich dort singen ließ: nämlich die Leute da draußen zu erreichen. Nach der Beerdigung fuhr ich sofort nach Shepherd's Bush in die Townhouse Studios, wo mich George Martin bereits erwartete: Die neue Version von »Candle in the Wind« würde als Single veröffentlicht werden und die Erlöse sollten einem neuen Wohltätigkeitsfonds zukommen, der zum Gedenken an Diana ins Leben gerufen worden war. Ich sang den Song zweimal, live am Klavier, anschließend fuhr ich nach Hause und überließ es George Martin, das Streichquartett hinzuzufügen. Als ich zurück nach Woodside kam, stand David in der Küche und verfolgte die Berichterstattung im Fernsehen. Der Trauerzug war inzwischen auf der M1 angekommen: Von den Brücken über der Autobahn warfen die Menschen Blumen auf den Leichenwagen mit Dianas Sarg. Erst in diesem Augenblick brach ich schließlich zusammen. Ich hatte den ganzen Tag lang keine Emotionen zeigen können. Ich hatte einen Job zu erledigen, und meine Gefühle über Dianas Tod hätten mir dabei im Weg stehen können. Bei dieser Trauerfeier ging es nicht um mich, sondern ganz allein um sie. Deshalb hatte ich es mir bis jetzt einfach nicht erlauben können, mich gehen zu lassen.

Die Reaktionen auf die Single waren irrwitzig. Die Menschen standen vor den Plattenläden Schlange, stürmten hinein, packten sich die Arme voller Platten und kauften sie. Es gab Unmengen absurder Statistiken dazu. Zu irgendeinem Zeitpunkt sollen angeblich pro Sekunde sechs Stück verkauft worden sein. Es war die schnellstverkaufte Single, die je veröffentlicht worden war. Es war die bestverkaufte Single aller Zeiten in *Finnland*. Ich erhielt Preise für die Verkäufe in Indonesien und dem Mittleren Osten. Und es hörte einfach nicht mehr auf. Die Single war vierzehn Wochen lang die Nummer eins in den USA. Sie war drei Jahre lang in den kanadischen Top 20. Ein Teil von mir konnte das einfach nicht begreifen: Warum sollte jemand das hören wollen? Unter welchen Umständen legte man diesen Song auf? Ich tat es überhaupt nicht. Ich habe ihn dreimal gesungen, einmal auf der Beerdigung und zweimal im Studio, danach habe ich ihn mir noch einmal angehört, um den Mix abzunehmen, und das war's: nie wieder. Ich schätze, die Menschen haben die Single einfach nur gekauft, damit das Geld einem guten Zweck zufällt, was großartig war, auch wenn ein großer Batzen der 38 Millionen Pfund, die dabei zusammenkamen, letztendlich vergeudet waren. Der Wohltätigkeitsfonds wurde in eine gerichtliche Auseinandersetzung mit Leuten hineingezogen, die Dianas Bild missbrauchten, um Souvenirs herzustellen – Teller, Puppen und T-Shirts –, und das Geld wurde allmählich von den Anwaltskosten aufgefressen. Die Stiftung verlor eine Klage gegen die amerikanische Firma Franklin Mint, der sie letztendlich im Rahmen einer außergerichtlichen Einigung Millionen zahlen musste. Egal ob nun zu Recht oder zu Unrecht, ich finde, es ließ sie in einem schlechten Licht erscheinen. Als wäre es ihnen wichtiger, das Geld für den Kampf um Markenrechte zu nutzen, statt davon Landminen zu räumen, benachteiligten Frauen zu helfen oder es für einen der zahlreichen anderen Zwecke einzusetzen, für die sich die Stiftung engagierte.

Am Ende kam ich an einen Punkt, an dem ich mich angesichts der überraschenden Langlebigkeit dieser Benefizsingle eher unwohl fühlte. Ihr andauernder Erfolg führte dazu, dass die Bilder von der Beerdigung Woche für Woche bei *Top of the Pops* zu sehen waren – es vermittelte den Eindruck, die Menschen würden sich an Dianas Tod regelrecht weiden. Als wäre die Trauer um sie außer Kontrolle geraten und sie würden sich weigern, wieder zur Tagesordnung überzugehen. Mir kam das ungesund vor, morbide und unnatürlich. Ich konnte mir beim besten Willen nicht vorstellen, dass Diana so etwas gewollt hätte. Ich hatte den Eindruck, dass die Presse längst damit aufgehört hatte, die Stimmung in der Öffentlichkeit zu reflektieren, und inzwischen dazu übergegangen war, sie zu schüren, weil das mehr Zeitungen verkaufte.

Es nahm groteske Züge an, und ich wollte nichts mehr tun, um es weiter in die Länge zu ziehen. Als Oprah Winfrey mich in ihre Talkshow einlud, um dort über die Beerdigung zu sprechen, lehnte ich also ab. Ich entschied mich gegen die Veröffentlichung der neuen Version von »Candle in the Wind« auf einer Benefiz-CD, die Dianas Lebensleistung würdigen sollte. Sie tauchte auf keinem meiner Greatest-Hits-Alben auf und wurde niemals wiederveröffentlicht. Ein paar Jahre lang habe ich nicht einmal mehr die Originalversion von »Candle in the Wind«

gesungen. Ich dachte einfach, die Leute bräuchten eine Pause von dem Song. Als ich dann im Herbst wieder auf Tournee ging, ließ ich ebenfalls die Finger davon und gedachte Giannis und Dianas, indem ich einen Song namens »Sand and Water« sang. Er war auf einem Album der Singer-Songwriterin Beth Nielsen Chapman zu finden, das am Tag von Giannis Ermordung erschienen war. In Nizza hatte ich den Song immer wieder aufgelegt: »I will see you in the light of a thousand suns, I will hear you in the sound of the waves, I will know you when I come, as we all will come, through the doors beyond the grave.« Journalisten gegenüber habe ich stets versucht, das Thema zu vermeiden: Dem Nerd in mir gefiel zwar die Tatsache, dass ich die meistverkaufte Single in der Geschichte der Charts aufgenommen hatte, aber aufgrund der Begleitumstände war das nichts, das ich an die große Glocke hängen wollte. Zu Dianas zwanzigstem Todestag gab ich ein Interview über ihr Engagement gegen Aids, und zwar nur, weil Prinz Harry mich ausdrücklich darum gebeten hatte.

Vielleicht beruhte mein gestörtes Verhältnis zu der Single auch auf meinen persönlichen Erfahrungen. Dieser Sommer war so bizarr und entsetzlich. Mit Giannis Tod war die Welt aus den Fugen geraten und verrückt geworden: seine Ermordung, der Trauergottesdienst, die Aussöhnung mit Diana, die Wochen in unserem Haus in Frankreich, in denen wir uns um Giannis Partner Antonio gekümmert hatten, dann Dianas Tod, ihre Beerdigung, der Wirbel um »Candle in the Wind«. Nicht dass ich irgendetwas davon vergessen wollte, ich wollte nur, dass das Leben wieder einen Anstrich von Normalität bekam. Also fing ich wieder an zu arbeiten. Ich ging auf Tour. Bei einem Benefizevent für die AIDS Foundation, den ich »Out of the Closet« nannte, verkaufte ich einen Teil meiner Garderobe. Ich nahm einen Song für die Animationsserie *South Park* auf – ein großer Spaß und so ziemlich das Gegenteil davon, auf einem Staatsbegräbnis »Candle in the Wind« zu singen. Ich führte erste Gespräche über eine gemeinsame Tournee mit Tina Turner – eine nette Idee, die allerdings rasch zum Desaster wurde. Noch im Planungsstadium rief sie mich zu Hause an, offenbar mit der klaren Absicht, mir zu sagen, wie schrecklich ich doch sei und was ich für eine Zusammenarbeit alles ändern müsse. Sie mochte weder meine Frisur noch die Farbe meines Klaviers – das aus irgendeinem Grund weiß sein sollte – oder meine Kleidung.

»Du trägst zu viel Versace, und das macht dich dick. Du musst Armani tragen«, verkündete sie.

Ich konnte förmlich hören, wie sich der arme alte Gianni bei der bloßen Vorstellung im Grab umdrehte. Die Häuser Versace und Armani waren einander in innigstem Hass verbunden. Laut Armani machte Versace absolut vulgäre Mode, während Gianni Armani unglaublich beige und langweilig fand. Nach dem Telefonat brach ich in Tränen aus. »Sie klang wie meine *Mutter*«, heulte ich mich bei David aus. Ich dachte immer, ich hätte mir mit der Zeit eine ziemlich dicke Haut zugelegt, aber zu hören, wie eine der größten Sängerinnen der Welt einem bis ins Detail erklärt, was sie an einem hasst, ist eine außerordentlich deprimierende Erfahrung – noch dazu, wenn man eigentlich plant, mit ihr zusammenzuarbeiten.

Unsere Kooperation hatte also nicht unter den besten Bedingungen begonnen, aber es wurde sogar noch schlimmer – so unglaublich das auch klingen mag. Ich willigte ein, mit ihr bei einer großen Veranstaltung namens VH1 Divas Live aufzutreten: Wir wollten »Proud Mary« und »The Bitch is Back« spielen. Meine Band fuhr ein paar Tage vor mir zu den Proben, um ein Gefühl für die Arbeit mit einer anderen Sängerin zu bekommen.

Als ich ankam, begrüßte mich jedoch nicht der freudige Anblick von Musikern, die mithilfe ihrer gemeinsamem Sprache, der Musik, neue Bande knüpften. Stattdessen erfuhr ich, dass kein einziges Mitglied meiner Band mich auf die Tour mit Tina Turner begleiten würde, da Tina ein »verdammter Albtraum« wäre. Erschrocken fragte ich, was denn das Problem sei.

»Das wirst du schon sehen«, seufzte Davey Johnstone unheilvoll.

Er hatte recht. Tina sprach keinen meiner Musiker mit Namen an. Wenn sie ihre Aufmerksamkeit wollte, zeigte sie bloß mit dem Finger auf sie und brüllte: »Hey, du!« Wir spielten »Proud Mary«. Es klang großartig. Doch Tina war unzufrieden und brach den Song nach wenigen Takten ab.

»Das bist du«, rief sie und zeigte auf meinen Bassisten Bob Birch. »Du spielst das falsch.«

Er versicherte ihr, dass er alles richtig spielte, und wir starteten von vorne. Wieder unterbrach uns Tina. Diesmal war der Schuldige angeblich mein Schlagzeuger Curt. Das ging eine ganze Weile so weiter, alle dreißig Sekunden mussten wir von vorne beginnen, und jedes Mitglied der Band wurde einmal beschuldigt, bis Tina endlich die wahre Ursache des Problems ausmachte. Dieses Mal zeigte ihr Finger in meine Richtung.

»Du bist es! Du spielst es nicht richtig!«

Ich dachte, ich hätte mich verhört.

»Du spielst es falsch«, blaffte sie mich an. »Du weißt nicht, wie man den Song spielt.«

Die anschließende Debatte darüber, ob ich »Proud Mary« spielen konnte oder nicht, wurde ziemlich schnell ziemlich hitzig, bevor ich sie kurzerhand beendete, indem ich Tina Turner erklärte, sie könne sich ihren beschissenen Song in den Arsch schieben, und hinausstürmte. Ich saß in der Garderobe, wo ich abwechselnd vor Wut kochte und mich fragte, was sie eigentlich für ein Problem hatte. Keine Frage, ich hatte selbst schon eine Menge Ausraster gehabt, aber alles hat seine Grenzen. Es ist ein ungeschriebenes Gesetz, dass Musiker andere Musiker nicht wie Dreck behandeln. Vielleicht geschah das bei ihr aus Unsicherheit. Zu Beginn ihrer Karriere hatte sie fürchterliche Dinge durchstehen müssen, war jahrelang misshandelt, ausgenommen, geschlagen und herumgeschubst worden. Vielleicht hatte das Auswirkungen darauf, wie sie nun andere Menschen behandelte. Ich ging zu ihrer Garderobe und entschuldigte mich bei ihr.

Sie erklärte mir, sie hätte ein Problem damit gehabt, dass ich zu viel improvisierte. Damit meinte sie die kleinen Fills und Läufe, die ich gelegentlich am Piano ergänzte. Das ist mein Stil, so habe ich immer schon gespielt. Seit den Anfangstagen der Elton John Band haben wir die Songs auf der Bühne nach Lust und Laune variiert und verändert. Das ist genau das, was ich am Livespielen so mag: Die Musik ist im Fluss, nicht in Stein gemeißelt, es gibt immer Handlungsspielraum, die Musiker lassen sich voneinander inspirieren, und so bleibt es interessant. Es gibt auf der Bühne nichts Besseres, als zu hören, wie dich jemand in deiner Band überrascht, indem er etwas spielt, das du nicht erwartet hast und das in diesem Moment einfach fantastisch klingt. Eure Blicke treffen sich, du nickst und lachst – *und genau darum geht es doch*. Aber Tina sah das anders. Bei ihr musste jedes Mal alles exakt gleich sein, alles wurde bis ins kleinste Detail geprobt. Damit war für mich klar, dass eine gemeinsame Tour nicht gut gehen würde, auch wenn wir später Frieden geschlossen haben. Sie kam zum Dinner nach Nizza und hinterließ einen dicken Tina-Turner-Lippenstift-Kuss in unserem Gästebuch.

Stattdessen arrangierte ich eine Reihe von Liveshows mit Billy Joel. Wir waren schon seit Anfang der Neunzigerjahre regelmäßig zusammen auf Tour gewesen. Wenn wir gemeinsam auf der Bühne standen, spielte der eine die Songs des anderen. Ich fand die Idee großartig. Wir waren beide Pianisten, und wir hatten einen ähnlichen Zugang zur Musik, auch wenn Billy ein sehr amerikanischer, typischer Ostküsten-Songwriter ist, wie Lou Reed oder Paul Simon. Sie sind alle unterschiedlich, aber man hört, dass sie aus New York kommen, selbst wenn man gar nichts über sie weiß. Wir haben jahrelang zusammen gespielt, obwohl es leider später einen schlechten Ausgang nahm, weil Billy damals eine Menge Probleme hatte, und das schlimmste davon war der Alkohol. Backstage spülte er die Medikamente gegen seine Brustkorbinfektion mit Schnaps runter und schlief dann auf der Bühne ein, während er »Piano Man« sang. Dann stand er auf, verbeugte sich und verschwand sofort bis fünf Uhr früh in die Hotelbar. Irgendwann legte ich ihm nahe, sich die gleiche Art von Hilfe zu suchen, die ich bekommen hatte. Damit habe ich mich bei ihm nicht gerade beliebt gemacht. Er sagte, ich wolle ihm etwas vorschreiben, aber das wollte ich ehrlich nicht. Ich konnte nur einfach nicht weiter mit ansehen, wie ein so netter Kerl sich das antat. Aber bis dahin sollte noch einige Zeit vergehen. Zu Beginn waren die Touren mit Billy toll: Sie waren eine großartige Abwechslung, wir hatten Spaß auf der Bühne, und das Publikum fand sie klasse, sie waren richtig erfolgreich.

Ich hatte also reichlich zu tun. Genug, um das Gefühl zu bekommen, dass der Wahnsinn des Sommers hinter mir lag. Doch der Rest der Welt hatte scheinbar kein Verlangen danach, mit dem Irrsinn aufzuhören. Als wir das nächste Mal in Mailand waren, fiel mir auf, dass mir die Menschen auf der Straße aus dem Weg gingen. Wenn sie mich sahen, bekreuzigten sich die Frauen, und die Männer griffen sich in den Schritt. Wegen meiner Verbindung zu Gianni und Diana hielten sie mich für verflucht, als hätte ich den bösen Blick oder so etwas. Der Empfang hätte kaum schlimmer ausfallen können, wenn ich mit der Sichel in der Hand und in ein Leichentuch gehüllt dort aufgetaucht wäre.

Als wäre ein Haufen Italiener, die sich aufführten, als ob ich der Engel des Todes wäre, nicht schlimm genug, geschah etwas wirklich Verrücktes. Im März 1998 tourte ich gerade mit Billy in Australien, da rief mich David an. Er war zu Hause in Woodside. Offenbar hatten die Mädchen, die jede Woche die Blumenarrangements im Haus auffrischten, ihn mit der Auskunft überrascht, dass sie nicht mehr für uns arbeiten könnten, weil sie seit eineinhalb Jahren nicht mehr bezahlt worden wären. Ich rief bei John Reid im Büro an, um herauszufinden, was los war, und dort informierte man mich, dass die Floristinnen deshalb nicht bezahlt worden seien, weil kein Geld da war, um sie zu bezahlen. Offensichtlich war ich pleite.

Das ergab keinen Sinn für mich. Offiziell vertraten John Reid und sein Büro die Position, dass ich alles ausgegeben hatte, was ich besaß – und sogar noch mehr. Damit kein falscher Eindruck entsteht: Ich weiß genau, wie ich ticke, und sicher würde mich niemand als die Verkörperung der Anspruchslosigkeit und des sparsamen Wirtschaftens bezeichnen. Na schön, vielleicht mit Ausnahme von Gianni. Ich besaß vier Häuser, Personal, Autos, ich kaufte Kunst, Porzellan und Designermode. Ich gab eine Menge Geld aus, und gelegentlich erhielt ich von der Buchhaltung strenge Briefe, die mich aufforderten kürzerzutreten, was ich natürlich ignorierte. Trotzdem verstand ich nicht, wie es möglich sein sollte, dass ich mehr ausgab, als ich verdiente. Ich habe immerzu gearbeitet. Ich spielte ständig live, lange Tourneen. Hundert oder hundertfünfzig Shows an den größten Veranstaltungsorten, und die Konzerte waren immer ausverkauft. Meine letzten Alben waren rund um die Welt mit Platin ausgezeichnet worden, und ständig erschienen neue Compilations, die sich dermaßen gut verkauften, dass ich mich fragte, wer eigentlich noch keine davon besaß. Es schien mir schlicht unvorstellbar, dass irgendjemand, der auf »Your Song« oder »Bennie and the Jets« stand, die Songs noch nicht sein Eigen nannte. Der Soundtrack zu *Der König der Löwen* war 16 Millionen Mal über die Ladentheke gegangen, der Film hatte beinah eine Milliarde Dollar eingespielt, und das Musical schlug alle Kassenrekorde am Broadway.

Ich hatte so eine vage Ahnung, dass irgendetwas faul war, aber ich hatte keine Idee, was es sein konnte. Ich war ehrlich nicht besonders an Geld interessiert. Ich hatte extremes Glück gehabt und eine Menge verdient, aber viel Geld zu verdienen war nie meine Motivation gewesen. Natürlich wäre es eine Lüge, zu behaupten, ich würde die Früchte meines Erfolgs nicht genießen, aber die Mechanismen des Geldverdienens haben mich wirklich nie interessiert: Wenn es anders wäre, hätte ich sicher nicht den Blues, sondern Wirtschaft studiert. Ich wollte bloß spielen und Platten aufnehmen. Ich bin durchaus erfolgsorientiert, ich würde immer wissen wollen, wie viele Platten oder Tickets ich verkauft habe. Ich hatte meine Charts-Platzierungen mit Adleraugen im Blick, aber ich habe mich noch nie erkundigt, wie viel Geld ich verdient habe, hatte nie das Bedürfnis, Verträge oder Tantiemenschecks zu überprüfen. Ich war nie ein Steuerflüchtling: Ich bin Brite und möchte in erster Linie in Großbritannien leben. Ich verurteile niemanden, dem es anders geht, aber ich verstehe nicht, was das bringen soll. Man spart vielleicht Geld, aber ich stelle es mir nicht besonders tröstlich vor, auf sein Leben zurückzublicken und zu erkennen, dass man die Hälfte davon damit verbracht hat, selbstmitleidig in der Schweiz herumzuhocken, zusammen mit lauter anderen Steuerflüchtlingen, die eigentlich auch nicht dort sein wollen. In kreativer Hinsicht möchte ich da sein, wo die Musik spielt. Und das ist nicht Monaco. Ich bin mir sicher, das Fürstentum hat viele Vorteile, aber wann hat man zuletzt von einer heißen neuen Band aus Monte Carlo gehört?

Außerdem war es niemals nötig, dass ich mich eingehend mit meinen Finanzen beschäftige. So weit es mich betraf, war das exakt der Job, den John Reid für mich erledigte. Das war die Grundlage eines neuen Management-Deals, den wir in den Achtzigerjahren in Saint-Tropez abgeschlossen hatten. Ich zahlte ihm zwanzig Prozent meiner Bruttoeinnahmen – nach den Maßstäben der meisten Künstler ein enormer Anteil – unter der Bedingung, dass er sich um wirklich alles kümmerte. Ich glaube, die Formulierung für dieses Arrangement lautete »Rolls-Royce-Service«. Er sollte sicherstellen, dass ich mich glücklich der Kreativität und den Freuden des Lebens widmen konnte, unbelastet von nichtigen Ärgernissen wie der Überprüfung von Steuerrückzahlungen, Kontoständen und dem Kleingedruckten in Verträgen. In meinen Augen war das absolut sinnvoll, weil ich John vorbehaltlos vertraute. Wir saßen schon so lange in einem Boot, dass es sich anfühlte, als wäre es niemals anders gewesen. Die Basis unserer Beziehung ging weit über das Geschäftliche hinaus: Egal wie nahe andere Künstler angeblich ihrem Manager standen, ich wage zu bezweifeln, dass sie ihre Jungfräulichkeit an ihn verloren hatten. Ich vertraute John, obwohl es hin und wieder Momente gab, in denen ich mich fragte, ob sein Rolls-Royce-Service vielleicht mal zum TÜV musste. Einmal war es einer Boulevardzeitung gelungen, an eine Menge finanzieller Informationen über mich zu kommen. Darunter war auch einer der Briefe, in denen die Buchhaltung mich aufforderte, meine Ausgaben etwas zurückzufahren. Ich war überzeugt, dass man sie der Presse zugespielt hatte, aber wie sich herausstellte, hatte ein Kerl namens Benjamin Pell sie gefunden, als er die Mülltonne vor John Reids Büro durchwühlte. Dass sie vertrauliche Informationen einfach mit dem Müll an die Straße stellten, ohne die Papiere vorher zu schreddern, sprach nicht unbedingt für die Sicherheitsmaßnahmen der Firma. Zumindest was den Umgang mit persönlichen Daten anging, war offenbar einiges verbesserungswürdig.

Dann war da noch Johns Idee, meine Rechte an den Originalaufnahmen zu verkaufen. Laut Plan würde ich einen Pauschalbetrag bekommen, und wer immer die Rechte kaufte, bekäme jedes Mal Tantiemen, wenn eine meiner Platten gekauft oder ein Song von mir im Radio gespielt wurde. Es war ein gewaltiger Deal, denn er beinhaltete nicht nur alles, was ich bis dahin aufgenommen hatte, sondern auch sämtliche Songs, die ich in Zukunft noch aufnehmen würde. John schleppte Anwälte und Typen aus der Musikindustrie an, die mir erzählten, was für eine großartige Idee das sei, und schließlich willigte ich ein. Aber der Pauschalbetrag stellte sich als geringer heraus, als ich erwartet hatte, beziehungsweise entsprach er nicht dem Wert, auf den ich die Rechte an meiner Musik geschätzt hatte. Scheinbar hatten alle Beteiligten statt der Netto- nur die Bruttozahlen im Blick gehabt. Die Summe, die übrig blieb, nachdem John seine Provision bekommen hatte und sämtliche Rechtsanwälte und Steuern bezahlt worden waren, schien mir nicht ausreichend, um den Verkauf sämtlicher Songs, die ich je aufgenommen hatte und die ich je aufnehmen würde, zu rechtfertigen. Aber ich hielt mich nicht lange damit auf, mir darüber den Kopf zu zerbrechen. Ich wollte deshalb keine Konfrontation mit John, und es war immer noch genug, um das Haus in Nizza zu kaufen, es mit Kunst und Möbeln auszustaffieren und dafür zu sorgen, dass jeder, der mir nahestand, von dem warmen Regen profitierte. John bekam seine Provision, und ich zahlte vielen Menschen, die für mich arbeiteten, die Hypotheken auf ihre Häuser ab: meinem persönlichen Assistenten Bob Halley, Robert Key, meinem Fahrer Derek und Bob Stacey, der seit Jahrzehnten mein Roadie war und sich um meine Bühnengarderobe kümmerte. Außerdem hatte ich auch keine Lust auf einen Streit mit John über die ganze Angelegenheit.

Doch jetzt war eindeutig etwas im Argen. David und ich entschieden uns notgedrungen, professionellen Rat von einem Anwalt namens Frank Presland einzuholen, der früher schon für mich gearbeitet hatte. Er stimmte uns zu, dass hier etwas schieflief, und riet mir, John Reid Enterprises einer unabhängigen Prüfung zu unterziehen. Ich informierte John darüber, und um ehrlich zu sein, hielt er es für eine gute Idee. Er versprach, uns zu unterstützen, wo immer er konnte.

Ich war in Australien, als die Buchprüfer ihre Arbeit aufnahmen, und begann allmählich, Davids tägliche Berichte von seinen Treffen mit Frank Presland und dessen Leuten zu fürchten. Eines Abends rief er an und war hörbar durcheinander: Benjamin Pell, derselbe Kerl, der vor John Reids Büro im Müll rumgeschnüffelt hatte, hatte David kontaktiert und ihn informiert, dass wir beobachtet und unsere Telefone abgehört würden. Er solle vorsichtig sein, was er sagte. Solche Aktivitäten waren bei der britischen Presse damals weitverbreitet. Wie viel schlimmer konnte es noch kommen?

Am Ende stießen die Buchprüfer auf eine Reihe von Unregelmäßigkeiten bei verschiedenen finanziellen Transaktionen. Ich ging nicht mehr ans Telefon, wenn John anrief, und überließ es Frank Presland, John die Lage darzulegen. Lange Rede, kurzer Sinn: John stimmte einer außergerichtlichen Einigung zu, und mit Rücksicht auf seine damalige finanzielle Situation willigte er ein, mir fünf Millionen Dollar zu zahlen.

Ich kann unmöglich sagen, was wirklich in mir vorging, weil meine Gefühlslage sich jede Minute änderte. Ich war untröstlich. Ich fühlte mich betrogen. Unabhängig davon, wie das alles juristisch zu bewerten war, hatte ich stets geglaubt, dass John meine Interessen an erste Stelle setzen und mich warnen würde, falls ich mir über irgendwas Sorgen machen müsste. Ich war wütend. Auf mich selbst und auf John. Ich fühlte mich wie ein dämlicher Idiot, weil ich alles getan hatte, um nicht mit meinen eigenen geschäftlichen Angelegenheiten behelligt zu werden. Ich schämte mich. Vor allem aber fühlte ich mich wie ein Feigling. Es war verrückt: Ich hatte immer noch Angst, John zur Rede zu stellen und die nötigen Konsequenzen zu ziehen. Wir hatten so lange an einem Strang gezogen, dass ich mir meine Welt ohne John darin einfach nicht vorstellen konnte. Seit dem Moment, als er in der Lobby des Miyako Hotels aufgetaucht war, waren unsere Leben aufs Engste miteinander verknüpft. Wir waren Liebhaber gewesen, Freunde, Partner, ein Team, das alles überlebt hatte: Ruhm, Drogen, Tiefschläge, all die Dummheiten und Extreme, die meine Karriere begleitet hatten.

Alles was passieren konnte, war auch tatsächlich passiert, und wir waren zusammen durch dick und dünn gegangen: Sharon und Beryl. Immer wenn sich jemand beklagte, dass John aggressiv oder jähzornig sei, musste ich daran denken, was Don Henley einmal über Irving Azoff, den Manager der Eagles, gesagt hatte: »Kann sein, dass er der Teufel ist, aber er ist *unser* Teufel.« Und nun war alles vorbei.

John löste seinen Managementvertrag auf und trat von sämtlichen Ansprüchen auf meine künftigen Einnahmen zurück. Im Jahr darauf stellte John Reid Enterprises die Geschäftstätigkeit ein, und er zog sich aus dem Managementbusiness zurück.

Ich ging wieder auf Tour. Schließlich hatte ich Schulden zu begleichen.

FÜNFZEHN

Zu den vielen Dingen, die ich an Bernie liebe, gehört auch die Tatsache, dass er keine Scheu hat, einem unverblümt ins Gesicht zu sagen, das letzte gemeinsame Album sei eine Katastrophe. Und zwar eine von solch unvorstellbarem Ausmaß, dass sie eine sofortige Krisensitzung erfordere, um sicherzustellen, dass so etwas nie wieder passiert. Ein Album wohlgemerkt, das sich millionenfach verkauft hat, rund um die Welt in den Top 10 war und eine ganze Reihe Hitsingles enthielt. Bernie und ich hatten einen kommerziellen Lauf. Unsere beiden Alben *Made in England* von 1995 und *The Big Picture* von 1997 waren enorm erfolgreich. Von Australien bis in die Schweiz waren sie überall mit Platin ausgezeichnet worden. Aber *The Big Picture* war ein Problem, zumindest so weit es Bernie betraf. Er hasste wirklich alles daran: die Songs, die Texte, die Produktion, den Umstand, dass die Aufnahmen in England stattfanden und er aus den USA anreisen musste. Seiner Auffassung nach war das Endergebnis ein seichter, unpersönlicher und langweiliger

Haufen Mist, wie er sich drei Jahre später auf der Terrasse unseres Hauses in Nizza beschwerte. Eigentlich sei es, fuhr er fort und kam dabei allmählich in Fahrt, das schlimmste Album, das wir je aufgenommen hatten.

Ich war selbst kein großer Fan von *The Big Picture*, dennoch hielt ich seine Kritik für etwas überzogen. Ich fand es bei Weitem nicht so schlecht wie *Leather Jackets*, was zugegebenermaßen nicht viel bedeutete. *Leather Jackets* war, wie sich vielleicht der eine oder andere erinnert, weniger ein Album als vielmehr der Versuch, Musik zu machen, während man sich so viel Kokain reinpfeift, dass man im Grunde nicht mehr klar bei Verstand ist. Doch selbst das ließ Bernie nicht gelten. Er bestand darauf, dass *The Big Picture* sogar noch schlechter als *Leather Jackets* war.

Ich sah das zwar anders, aber bei Bernie saß die Verärgerung richtig tief: Er war sogar so unzufrieden, dass er den langen Flug aus den USA in Kauf nahm, um mich im Süden Frankreichs zu besuchen und über die Konsequenzen für unsere weitere Arbeit zu sprechen. An seiner Kritik war durchaus etwas dran. Ich hatte in jüngster Zeit häufig das Album *Heartbreaker* von Ryan Adams gehört. Adams war ein klassischer Countryrock-Singer-Songwriter, den ich mir bestens auf der Bühne des Troubadour in den Siebzigerjahren vorstellen konnte. Seine Musik hatte allerdings eine Kante und eine Frische, die *The Big Picture* seltsam schal und überholt klingen ließ. Vielleicht waren meine Soloalben auf meiner Prioritätenliste zuletzt ein wenig ins Hintertreffen geraten. Seit dem Erfolg von *Der König der Löwen* hatte ich mich mit wachsender Begeisterung für Film- und Bühnenmusik interessiert. Ich schrieb den Soundtrack für eine Komödie namens *Die Muse* und ein Instrumentalstück für *Women Talking Dirty*, eine dramatische Komödie, die David produziert hatte. Ich komponierte keine Songs, sondern richtige Scores, für die ich mir den Film ansah und dann dreißig oder sechzig Sekunden Musik zur jeweiligen Szene ausdachte. Anfangs befürchtete ich, das könnte schnell langweilig werden, aber schon bald war ich von dieser Arbeit völlig begeistert. Wenn man sie richtig angeht, ist sie unglaublich inspirierend, denn man kann buchstäblich sehen, welchen Effekt Musik entfalten kann. Schon die kleinste Tonfolge kann die emotionale Wirkung und damit die persönliche Wahrnehmung einer Szene vollständig verändern.

Gemeinsam mit Tim Rice hatte ich die Songs für den Dreamworks-Animationsfilm *Der Weg nach El Dorado* geschrieben (den Film, den ich Jeffrey Katzenberg noch schuldig war) und außerdem die Musik für *Aida*, ein weiteres Musical, das allerdings ein sehr viel härterer Brocken als *Der König der Löwen* war. Es gab Probleme mit dem Bühnenbild, die Regisseure und Szenenbildner wurden ausgewechselt, und ich verließ eine der Generalproben am Broadway mitten im ersten Akt, nachdem ich bemerkt hatte, dass einige Songarrangements nicht wie gewünscht geändert wurden. Wenn schon niemand auf meine freundliche Bitte hörte, dann würde man mir vielleicht zuhören, wenn ich wutentbrannt aus dem Theater stürmte. Die harte Arbeit – und tatsächlich auch mein wütender Abgang – machten sich allerdings bezahlt. Das Stück lief vier Jahre lang am Broadway, und neben einem Grammy gewannen wir auch einen Tony Award für die beste Musik. Und ich brütete bereits die nächste Musicalidee aus. Beim Filmfestival in Cannes hatten wir uns *Billy Elliot* angesehen, und ich befürchte, dass ich mich dabei ziemlich zum Affen gemacht habe. Ich hatte keine Ahnung, worum es in dem Film ging. Ich hatte vermutet, dass es sich um eine harmlose britische Komödie mit Julie Walters handelte und war entsprechend unvorbereitet darauf, wie tief mich der Film berühren würde. Vor allem Szenen wie die, in der Billys Vater ihn in der Sporthalle tanzen sieht und begreift, dass sein Sohn eine echte Begabung hat, auch wenn er sie nicht versteht, und das Finale, als sein Vater in die Vorstellung geht und völlig stolz und bewegt ist. All das kam mir nur allzu vertraut vor. Als hätte sich jemand die Geschichte von mir und meinem Vater vorgenommen und ihr ein Happy End verpasst. Das war einfach zu viel für mich. Ich war so aufgewühlt, dass David mir aus dem Kino helfen musste. Vermutlich würde ich sonst heute noch schluchzend und in Tränen aufgelöst dort sitzen.

Ich riss mich so weit zusammen, dass ich an dem anschließenden Empfang teilnehmen konnte. Wir unterhielten uns mit Stephen Daldry, dem Regisseur des Films, und mit seinem Autor Lee Hall, als David sagte, dass er sich den Film gut als Musical vorstellen könne. Ich musste ihm recht geben. Lee sah das genauso und wollte von mir wissen, wer dann die Songtexte schreiben würde. Ich antwortete ihm, dass er das wohl machen müsse, immerhin wäre es seine Geschichte und er käme aus Easington, wo der Film spielt. Lee gab zu bedenken, dass er in seinem ganzen Leben noch keinen Songtext geschrieben hatte. Aber ich war der Meinung, er sollte es einfach mal probieren. Die Texte, die ich daraufhin von ihm bekam, waren unglaublich. Lee war ein Naturtalent. Ich musste nie auch nur ein einziges Wort ändern, das er geschrieben hatte, und, was noch viel besser war, seine Texte unterschieden sich komplett von sämtlichen Texten, mit denen ich bis dahin gearbeitet hatte. Sie waren politisch und zeigten eine klare Kante: »You think you're smart, you Cockney shite, you want to be suspicious – while you were on the picket line, I went and fucked your missus.« Es gab

Songs, in denen Margaret Thatcher der Tod gewünscht wurde. Es gab einen Song namens »Only Poofs Do Ballet« (Nur Schwuchteln tanzen Ballett), der es letzten Endes leider nicht in das fertige Musical geschafft hat. *Billy Elliot* war eine weitere völlig neue Herausforderung. Im Vergleich damit erschien mir die Vorstellung, das siebenundzwanzigste Elton-John-Album aufzunehmen, vielleicht etwas zu routiniert.

Doch möglicherweise gab es ja einen Weg, diese Routine zu durchbrechen. In Nizza hatte Bernie davon geschwärmt, wie wir unsere Alben in den Siebzigern aufgenommen hatten: analog, auf Band, ohne viele Overdubs und mein Piano immer ganz vorne, im Zentrum des Sounds. Es war komisch, aber ich hatte genau die gleichen Gedanken. Vielleicht lag es daran, dass ich gerade *Almost Famous* gesehen hatte. Cameron Crowes Film war eine Art Liebeserklärung an die Rockmusik der frühen Siebziger, personifiziert durch eine fiktive Band namens Stillwater. In einer Szene ist »Tiny Dancer« zu hören, die Band singt den Song im Tourbus mit. Im Grunde war es diese Szene, die »Tiny Dancer« von einem Tag auf den anderen in einen meiner größten Hits verwandelte. Inzwischen wissen die meisten gar nicht mehr, dass der Song eigentlich ein Flop war, als er 1971 als Single veröffentlicht wurde. Er hatte es nicht in die amerikanischen Top 40 geschafft, und die britische Plattenfirma hatte ihn gar nicht erst ausgekoppelt. Als er schließlich auf dem Soundtrack von *Almost Famous* erschien, kannten ihn viele Leute vermutlich gar nicht oder wussten zumindest nicht, von wem er war. Ich glaube, dass mir der Film unterbewusst ein paar Ideen in den Kopf setzte und mir in Erinnerung rief, welche Art von Künstler ich eigentlich damals gewesen war, wie meine Musik entstand und wie sie wahrgenommen wurde, bevor ich zum Superstar aufstieg.

Ich wollte die Zeit nicht zurückdrehen. Der Retrotrend interessierte mich nicht. So wie ich das sehe, kann Nostalgie für einen Künstler zu einer echten Falle werden. Wenn man immerzu in Erinnerungen an die gute alte Zeit schwelgt, dann sieht man die Vergangenheit nur noch durch eine rosarote Brille. Ich schätze, in meinem Fall wäre das sogar noch verzeihbar, weil ich damals wirklich rosarote Brillen getragen habe, sogar mit blinkenden Lichtern und Straußenfedern daran. Aber ein Popstar, der tatsächlich glaubt, dass früher alles besser war als heute, der kann auch gleich damit aufhören, Musik zu schreiben und sich auf sein Altenteil zurückziehen.

Mir gefiel allerdings die Idee, den Geist, die Direktheit, eben das einzufangen, was ich auch in der Musik von Ryan Adams hörte. Die Dinge herunterzukochen und sich wieder aufs Musikmachen zu konzentrieren, statt sich ständig darüber Sorgen zu machen, ob der nächste Song ein Hit werden würde. Sich rückwärts zu bewegen, um vorwärts zu kommen.

Letztendlich war das genau die Prämisse, an die wir uns beim nächsten Album hielten. *Songs from the West Coast* wurde im Oktober 2001 veröffentlicht und bekam die besten Kritiken, die ich seit Jahren erhalten hatte. Bernies Texte waren kraftvoll, simpel und direkt: »I Want Love«, »Look Ma«, »No Hands«. Und mit »American Triangle« hatte er einen sehr erschütternden, wütenden Song über den homophoben Mord an Matthew Shepard im Jahr 1998 in Wyoming geschrieben. Wir gingen in ein Studio in Los Angeles, wo wir seit Jahren nicht mehr aufgenommen hatten, und arbeiteten mit einem neuen Produzenten. Pat Leonard war vor allem für seine Arbeit mit Madonna bekannt, hatte aber eine absolute Vorliebe für Siebziger-Rock. So bizarr das auch klingen mag, aber der Typ, der »Like a Prayer« und »La Isla Bonita« geschrieben hatte, war total besessen von Jethro Tull. Er wäre vermutlich glücklicher gewesen, wenn Madonna auf einem Bein gestanden und dabei Flöte gespielt hätte.

Das Album, das am Ende dabei herauskam, klang sehr kalifornisch. An der sonnigen amerikanischen Westküste entstehen einfach andere Songs als in London, wenn es jeden Tag in Strömen regnet. Ganz so, als würde dir die Wärme in die Knochen kriechen, dich entspannen und in der Musik, die du machst, würde irgendwie die Sonne scheinen. Ich war von dem Ergebnis begeistert, und viele Alben, die ich seitdem gemacht habe, sind mit demselben Ansatz entstanden. Indem ich überlege, wie ich früher an eine Idee herangegangen bin, mir diese Idee vornehme, sie aber dann anders umsetze. Bei *Peachtree Road*, dem nächsten Album, war es dasselbe: Ich vertiefte mich von Neuem in die Country- und Soul-Einflüsse von *Tumbleweed Connection* und Songs wie »Take Me to the Pilot«. *The Captain and the Kid* war dann eine Fortsetzung von *Captain Fantastic and the Brown Dirt Cowboy*, und Bernies Texte erzählten davon, was wir erlebt hatten, nachdem wir 1970 in die USA gekommen waren. Angefangen bei dem albernen Doppeldeckerbus, mit dem wir am Flughafen abgeholt wurden, bis hin zu den Geschehnissen, die damals dazu geführt hatten, dass unsere Partnerschaft vorübergehend auf Eis gelegt wurde. Auf *The Diving Board* spielte ich nur mit einem Bassisten und einem Schlagzeuger, genau wie in der ursprünglichen Besetzung der Elton John Band, ging aber mit den improvisierten Instrumentalpassagen zwischen den Songs völlig neue Wege. Bei *Wonderful Crazy Night* hatte ich wohl die poppigeren Aspekte von *Don't Shoot Me I'm Only the Piano Player* und *Goodbye Yellow Brick Road* im Kopf. Als ich das Album 2015 aufnahm, waren die täglichen Nachrichten so deprimierend, dass ich unbedingt etwas

Leichtes und Spaßiges mit vielen bunten Klangfarben und einer zwölfsaitigen Gitarre machen wollte.

Alle diese Alben waren keine Flops, aber sie waren auch keine großen Erfolge. Bei einem Album, das man selbst für brillant hält, ist so was erst einmal frustrierend, aber da muss man durch. Es waren keine kommerziellen Alben, sie enthielten keine großen Hitsingles. *The Diving Board* war sogar ausgesprochen düster und deprimierend. Aber es waren ausnahmslos Alben, die ich machen *wollte*. Alben, von denen ich überzeugt war, dass man sie auch in zwanzig Jahren noch spielen könnte und stolz darauf sein würde. Natürlich hätte ich mich gefreut, wenn sie die Nummer eins erreicht hätten, aber für mich gab es Wichtigeres. Es gab Zeiten, in denen ich abertausend Platten verkauft habe, und das war großartig, aber ich wusste von Anfang an, dass es nicht ewig so weitergehen würde. Wer nicht in der Lage ist, das zu erkennen, dem kann es übel ergehen. Ich glaube ehrlich, dass genau darin eine der Ursachen für das Schicksal von Michael Jackson zu finden ist. Michael war überzeugt, dass er ein Album machen könnte, das noch größer wäre als *Thriller*, und er wurde mit jedem neuen Scheitern weiter angezählt.

Kurz bevor wir mit der Arbeit an *The Captain and the Kid* begannen, wurde ich gefragt, ob ich regelmäßige Shows im Caesars Palace in Las Vegas spielen wolle. Das Hotel hatte gerade ein riesiges neues Theater namens Colosseum eröffnet. Céline Dion trat bereits dort auf, und auch ich sollte eine eigene Show bekommen. Mein erster Reflex war, das Angebot auszuschlagen. Abgesehen von Elvis, den ich 1976 getroffen hatte und dem die sieben Jahre am Strip augenscheinlich gar nicht gutgetan hatten, war Las Vegas in meiner Vorstellung immer noch fest mit den Shows des Rat Pack oder der Osmonds verbunden. Das war altmodisches Musikkabarett und damit eine Kunstform, der ich bereits 1967 dankbar den Rücken gekehrt hatte. Vegas stand für Männer im Smoking, deren Ansagen mit Sätzen wie »Wissen Sie, eines der wundervollen Dinge am Showbusiness ...« begannen. Aber dann fing ich an, darüber nachzudenken, ob es nicht möglich wäre, einen völlig neuen Ansatz für eine Vegas-Show zu finden. Der Fotograf und Regisseur David LaChapelle hatte für mich ein fantastisches Video zu »This Train Don't Stop There Anymore« gedreht, eine der Singles von *Songs from the West Coast*. Als Siebzigerjahre-Elton verkleidet, spaziert Justin Timberlake darin zum Playback durch einen Backstage-Bereich, in Begleitung einer offenbar an John Reid angelehnten Figur, die sich mit einem Journalisten anlegt und einem Cop die Mütze vom Kopf schlägt. Ich fand das Video großartig und rief ihn an, um ihn zu fragen, ob er interessiert daran wäre, eine ganze Show für mich zu gestalten. Ich versprach ihm völlig freie Hand und garantierte ihm, dass er seiner Fantasie freien Lauf lassen könnte, ganz egal wie haarsträubend seine Ideen auch sein würden.

Wer über Davids Arbeiten auch nur das Geringste weiß, dem dürfte klar sein, dass man ihm so ein Versprechen nicht leichthin gibt. Er ist brillant, aber an diesem Punkt seiner Karriere hätte er nicht einmal ein Urlaubsfoto von jemandem knipsen können, ohne ihn vorher als Jesus zu verkleiden und auf einen riesigen, ausgestopften Flamingo zu setzen, umgeben von Neonreklametafeln und Muskelprotzen in Schlangenhaut-Suspensorien. Er ist derjenige, der Naomi Campbell als barbusige Ringerin fotografiert hat, die einen am Boden liegenden, maskierten Gegner mit den Pfennigabsätzen ihrer Stiefel malträtiert, während ein kleinwüchsiger Giftzwerg auf den Kopf des

Mannes eindrischt. Eins von Davids Modefotos zeigt ein makellos gekleidetes Model neben dem Leichnam einer Frau, deren Schädel von einer aus dem Fenster gefallenen Klimaanlage zu Brei zerschmettert wurde. Er hat es sogar irgendwie geschafft, Courtney Love zu überreden, für ihn als Maria Magdalena zu posieren, in ihrem Schoß die Leiche eines Mannes, der eine frappierende Ähnlichkeit zu Kurt Cobain aufweist. Für meine Show in Vegas entwarf er ein Bühnenbild voller Leuchtreklamen, aufblasbarer Bananen, Hotdogs und Lippenstifte: Man brauchte keine besonders schmutzige Fantasie, um zu bemerken, das jede einzelne dieser Requisiten stark an einen erigierten Penis erinnerte. Außerdem drehte er für die Show eine Reihe von Videos, zu jedem Song eins, allesamt sehr arty, wild und unmissverständlich schwul. Und er inszenierte eine Rekonstruktion meines Selbstmordversuchs in der Furlong Road während der Sechzigerjahre: Es war im wahrsten Sinne des Wortes eine Dramatisierung, denn es ließ diesen eigentlich extrem erbärmlichen Selbstmordversuch hochdramatisch erscheinen. Außerdem gab es blaue Teddybären, die Schlittschuh liefen und einen homoerotischen Engel mit Honig fütterten. Es gab Filme, in denen Menschen Kokain vom nackten Arsch eines Jungen schnieften. In einer Szene sah man das transsexuelle Supermodel Amanda Lepore nackt auf einem elektrischen Stuhl sitzen, und ihre Vagina spie Funken. Die Show bekam den Titel *The Red Piano* – ein ziemlich harmloser Name, wenn man bedenkt, was die Zuschauer so alles zu sehen bekamen.

Meiner Meinung nach bestätigte all dies einmal mehr, dass David LaChapelle ein Genie war. Dass wir alles richtig gemacht hatten, wusste ich spätestens, als ich sah, wie einige Zuschauer angewidert den Saal verließen und meine Mutter mir sagte, wie fürchterlich sie die Show fand. Sie kam zur Premiere, wo sie ihre Aversion gegenüber den Geschehnissen auf der Bühne dadurch zum Ausdruck brachte, dass sie nach fünfzehn Minuten eine Sonnenbrille aufsetzte und hinterher mit einem Gesicht wie drei Tage Regenwetter backstage auftauchte, um dort jedem zu erzählen, dass die Show abscheulich wäre und das sichere Ende meiner Karriere bedeuten würde. Auch Sam Taylor-Wood war dort. David und ich kannten sie aus der Kunstszene. Als großer Fan ihrer Fotografie hatte ich ihre Version von Leonardo da Vincis *Das letzte Abendmahl* gekauft und sie als Regisseurin für das Video zu »I Want Love« engagiert, einer weiteren Single von *Songs from the West Coast*. Sie war fassungslos über das Benehmen meiner Mutter, die sagte: »Ich habe den starken Drang verspürt, meinen Schuh auszuziehen und ihr damit einen Schlag auf den Kopf zu verpassen.« Fairerweise muss man sagen, dass sie meine Mutter nicht besonders gut kannte. Das stete Rinnsal der Nörgelei, das Mitte der Siebzigerjahre begonnen hatte und sich seitdem ungebremst fortsetzte, war inzwischen zu einem reißenden Strom geworden, vor dem nichts und niemand mehr Bestand hatte: Die Frau fand *alles* scheiße. Ich hatte mir längst angewöhnt, entweder auf Durchzug zu schalten oder ihre Bemerkungen mit einem Lachen abzutun, doch andere Menschen reagierten oft regelrecht geschockt darauf.

Manche Leute fanden *The Red Piano* fürchterlich, weil die Show ihre Erwartungen nicht erfüllte. Dabei war genau das unser Ziel. Exakt diese Erwartungen waren im Grunde der Beweis dafür, dass sie sich darüber hinaus für keinen Aspekt meiner Karriere interessierten. Das ganze Spektakel basierte auf meinen völlig überkandidelten Liveauftritten. Die regelmäßige Show in Vegas funktionierte vor allem, weil sie meinem Naturell entsprach, und der Art und Weise, wie ich mich früher selbst auf der Bühne präsentiert hatte. Es ging dabei um mehr als nur grelle Bilder, die einen möglichst großen Schockeffekt erzielen sollten. Auch diese Show wagte den Schritt zurück nach vorn. Sie war eine aktualisierte Version meiner Siebziger-Performances, in denen ich mich zum Beispiel von bekannten Pornostars ankündigen ließ oder Divine im Dragqueen-Outfit auf die Bühne holte. Lässt man gelegentliche wütende Briefe an das Management und die grässlichen Verwünschungen meiner Mum einmal außen vor, waren meine Shows in Vegas enorm erfolgreich, und ich glaube, dass sie in mancher Hinsicht bahnbrechend gewesen sein könnten. Vielleicht haben sie das Image von Las Vegas ein wenig geändert, indem sie es etwas exzentrischer gemacht und so mit dazu beigetragen haben, dass die Stadt zu einem Ort wurde, an dem Lady Gaga, Britney Spears oder Bruno Mars auftreten konnten, ohne dass jemand mit der Wimper zuckte.

In Großbritannien änderte sich derweil die Gesetzeslage für schwule Partnerschaften. Ab Ende 2005 durften gleichgeschlechtliche Paare legal eine eingetragene Lebenspartnerschaft eingehen. Abgesehen vom Namen und einigen kleineren technischen Unterschieden handelte es sich dabei im Grunde um eine Ehe. David und ich sprachen darüber und entschieden uns dann, ganz vorne mit dabei zu sein. Wir waren nun seit mehr als zehn Jahren zusammen, und dies war für homosexuelle Paare ein unglaublich wichtiger Gesetzesakt. Aufgrund von Aids hatte ich so oft erlebt, wie Menschen ihre Partner verloren und daraufhin feststellen mussten, dass es für schwule Paare keinerlei Rechtssicherheit gab. Sei es aus Gier oder bloß, weil sie mit der Homosexualität des Sohnes oder Bruders einfach nicht zurechtkam, überging die Familie des Verstorbenen den zurückgelassenen Partner, der auf diese Weise nicht selten alles verlor. Obwohl wir das Thema sehr ausgiebig und vernünftig diskutierten, gelang es mir trotzdem, David zu überraschen. Ich machte ihm den Antrag während einer Dinnerparty. Ganz klassisch ging ich vor ihm auf die Knie. Obwohl ich wusste, dass er Ja sagen würde, war es ein wunderschöner Moment. Wir ließen dann die Ringe, die wir füreinander in Paris gekauft hatten – an einem Wochenende, als ich dachte, ich könne inkognito bleiben, indem ich die komplette Frühjahr/Sommer-Kollektion von Versace auf einmal anzog –, neu segnen.

Das neue Gesetz trat Anfang Dezember in Kraft. Es gab eine gesetzliche Wartezeit von fünfzehn Tagen. Der erste Tag, an dem wir vor dem Gesetz zu eingetragenen Lebenspartnern werden konnten, war der 21. Dezember. Vorher gab es noch viel zu tun. Die Zeremonie sollte in einem rein privaten, eher intimen Rahmen im Rathaus von Windsor stattfinden, wo auch Prinz Charles und Camilla Parker-Bowles geheiratet hatten. Neben David und mir würden nur Mum und Derf, Davids Eltern, unser Hund Arthur, Ingrid und Sandy sowie unsere Freunde Jay Jopling und Sam Taylor-Wood dabei sein.

Ursprünglich wollten wir am Abend einen großen Empfang in den Pinewood Filmstudios geben, aber das Budget, das der Hochzeitsplaner uns vorlegte, war bereits eine so beeindruckende Leistung, dass selbst ich es als irrwitzig empfand. Ich weiß noch, dass ich mir den Kostenvoranschlag angesehen habe, und dachte, für das Geld könnte ich mir in der Abteilung für Alte Meister bei Sotheby's die Taschen vollstopfen. Da Weihnachten vor der Tür stand und alles ausgebucht war, konnten wir keinen anderen Ort für unseren Empfang finden. Deshalb entschieden wir uns, die Party in Woodside zu feiern. Wir errichteten drei miteinander verbundene Festzelte. Das erste war ein

Empfangssalon, das zweite ein Speisesaal, und das dritte beherbergte die riesige Tanzfläche. Natürlich sollte es Liveunterhaltung geben: James Blunt und Joss Stone würden auftreten. Wir erwarteten sechshundert Gäste, und David bestand darauf, sich persönlich um die Sitzordnung zu kümmern. Er nahm diese Aufgabe peinlich genau. Über nichts ärgerte David sich mehr als über Partys, bei denen die Besucher völlig willkürlich nebeneinander platziert wurden und man am Ende neben einem völlig Fremden saß. Außerdem mussten wir eine gewisse Vorsicht walten lassen, denn die Gästeliste war so bunt und breit gefächert, wie es überhaupt ging. Wir hatten Menschen aus allen Bereichen unseres Lebens eingeladen. Ich war ziemlich stolz auf die Tatsache, dass wir eine Party gaben, zu der Mitglieder der Königlichen Familie genauso eingeladen waren wie eine Reihe von Pornostars des schwulen Pornostudios BelAmi. Aber es war vermutlich besser, dafür Sorge zu tragen, dass sie nicht direkt nebeneinander saßen. David arrangierte also alles sehr umsichtig nach Stämmen, wie er es ausdrückte. Es gab einen Tisch für die Sportstars, einen für die Menschen aus der Modewelt und sogar einen für ehemalige Beatles und ihre Partner. Und dann verpasste ich seinen gewissenhaften Bemühungen meine ganz persönliche Note, indem ich sie gründlich ruinierte.

Unter Psychologen gibt es die populäre Theorie, dass suchtgefährdete Persönlichkeiten im Prinzip von praktisch allem abhängig werden können. Eine Theorie, die ich Anfang der Neunziger unter Einsatz eines Aktenvernichters massiv untermauert habe, den wir für das Büro in Woodside gekauft hatten. Ich bin mir nicht ganz sicher, wie diese Obsession eigentlich begonnen hatte. Teilweise wurzelte sie wohl in einem nicht ganz unbegründeten Sicherheitsbedürfnis; schließlich hatten wir unsere Kontoauszüge auf den Titelseiten sämtlicher Zeitungen wiedergefunden, nachdem irgendein Idiot in John Reids Büro sie einfach in den Hausmüll geworfen hatte, ohne sie vorher zu schreddern. Doch der Hauptgrund war vermutlich schlicht die Erkenntnis, dass die Benutzung eines Aktenvernichters etwas ungemein Befriedigendes hat. Ich bin total darauf abgefahren, wie das Papier langsam in der Maschine verschwand, auf das Geräusch, das sie dabei machte, und auf die dünnen Streifen, die sie am anderen Ende wieder ausspuckte. Ich hätte in einem Raum voll unbezahlbarer Kunstwerke sitzen können und hätte keines davon so unwiderstehlich gefunden wie den Anblick eines alten Tour-Riders, der langsam zu Papierspaghetti verarbeitet wird.

Auch wenn ich nicht mehr weiß, wann diese Sucht begann, kann ich zumindest genau sagen, wann sie endete. Nämlich etwa zwei Minuten nach Betreten des Raumes, in dem David an seinen Sitzplänen arbeitete. Überall lag Papier herum, also beschloss ich, ihm ein wenig zu helfen, indem ich etwas aufräumte und zugleich meine nagende Leidenschaft befriedigte, alte Dokumente in Konfetti zu verwandeln. Ich erinnere mich nicht, wie viele Seiten von Davids akkurat arrangierter Sitzordnung ich durch den Aktenvernichter jagen konnte, bevor er ins Zimmer zurückkam und zu schreien anfing. Ich hatte ihn in meinem ganzen Leben noch nie so laut schreien hören. David war nie der Typ für temperamentvolle Ausbrüche oder explosive Gefühlswallungen gewesen, aber nun erweckte er ganz den Anschein, als hätte er sich in den letzten zwölf Jahren, die er an der Seite eines echten Großmeisters dieser Kunst verbrachte, klammheimlich so einiges abgeschaut und nur auf den richtigen Moment gewartet, das Gelernte in die Praxis umzusetzen. Energisch und beängstigend realistisch beschwor er chaotische Szenen herauf, in denen die BelAmi-Stars seiner Mum oder

meine Tante Win schildern, welche schauspielerischen Glanz-
leistungen sie in *Jungs mögen's groß 2* vollbracht haben. Dabei
schrie er so laut, dass man ihn im ganzen Haus hören konnte.
Oben im Schlafzimmer war er jedenfalls klar und deutlich zu
vernehmen. Das weiß ich ganz genau, weil ich mich nämlich
dort versteckt und sicherheitshalber die Tür hinter mir abgeschlossen hatte. Zwar rechnete ich nicht wirklich damit, dass er
mir den Aktenvernichter an den Kopf warf, dennoch legte der
aus dem Erdgeschoss zu mir heraufdringende Lärm die Vermutung nahe, dass diese Möglichkeit zumindest nicht gänzlich
auszuschließen war.

Doch ansonsten lief im Vorfeld der Feierlichkeiten alles be-
merkenswert glatt. Unser Freund Patrick Cox ließ in einem Gay
Club namens Too 2 Much in Soho eine unglaubliche Junggesel-
lenparty für uns beide steigen. Sie war der helle Wahnsinn, eine
waschechte Cabaret-Performance. Paul O'Grady führte durchs
Programm und sang ein Duett mit Janet Street-Porter. Sir Ian
McKellen kam als Witwe Twankey verkleidet. Bryan Adams
sang und Sam Taylor-Wood gab eine Version von »Love to Love
You Baby« zum Besten. Es gab Auftritte des berühmten New
Yorker Drag-Duos Kiki and Herb und von Eric McCormack,
der den Will in *Will und Grace* spielte. Dazwischen wurden
Videobotschaften von Elizabeth Taylor und Bill Clinton gezeigt.
Jake Shears von den Scissor Sisters war so überdreht, dass er
sich irgendwann die Kleider vom Leib riss und vorführte, wie
er vor dem Durchbruch der Band sein Geld verdient hatte: als
Pole-Dancer in den Stripclubs von New York. Es war eine spek-
takuläre Nacht.

Am Morgen der Zeremonie weckte uns ein wunderschöner
Wintertag, sonnig und klar. Im Haus herrschte die magische Atmosphäre eines Weihnachtsmorgens, trotz des ganzen Trubels.

Wir hatten Gäste, die bei uns übernachteten: Davids Familie war aus Kanada gekommen, und mein alter Schulfreund Keith Francis hatte mit seiner Frau den weiten Weg aus Australien auf sich genommen. Draußen wurde derweil letzte Hand an die Festzelte und die Lichterketten in den Bäumen gelegt. Am Vorabend hatten wir in den Fernsehnachrichten verfolgt, wie in Nordirland, wo die Registrierungsfristen kürzer waren, die ersten eingetragenen Lebenspartnerschaften geschlossen wurden. Manche Paare waren von Demonstranten behelligt worden, evangelikale Christen hatten sie beschimpft, ihnen »sodomitische Propaganda« vorgeworfen und sie mit Mehlbomben oder Eiern beworfen. Ich fing an, mir echte Sorgen zu machen. Wenn so etwas ganz normalen Menschen passierte, welchen Empfang würden diese Leute dann erst einem so berühmten Schwulenpaar wie uns bereiten? Doch David versicherte mir, dass alles in bester Ordnung wäre, die Polizei sei sich der Bedrohung bewusst und habe für die Demonstranten einen Bereich ausgewiesen, wo sie unseren Tag nicht ruinieren könnten. Bald zeigten die Nachrichten erste Bilder aus Windsor, und die sahen ganz anders aus als befürchtet: Menschenmengen warteten am Straßenrand, und es herrschte Partystimmung. Auf Spruchbändern wurde uns gratuliert, die Menschen hatten Kuchen und Geschenke für uns dabei. Vor dem Rathaus parkten Ü-Wagen der großen TV-Sender, und Reporter postierten sich vor den Kameras.

Ich schaltete den Fernseher aus und bat David, ebenfalls keine Nachrichten mehr zu schauen. Ich wollte, dass wir diesen Moment genossen, gemeinsam und ohne Ablenkungen. Sicher, ich war schon einmal verheiratet gewesen, aber das hier war etwas völlig anderes. Endlich konnte ich ganz ich selbst sein, durfte meiner Liebe zu einem anderen Mann auf eine Art und

Weise Ausdruck verleihen, die ich mir niemals hätte vorstellen können, als mir bewusst wurde, das ich schwul war, oder als ich mich im *Rolling Stone* erstmals öffentlich dazu bekannte. Zum einen, weil 1976 von schwulen Ehen oder eingetragenen Lebenspartnerschaften einfach noch nicht die Rede war, und zum anderen, weil es mir damals wahrscheinlicher schien, dass ich zum Mars fliege, als dass ich einmal in einer festen Beziehung ende. Und doch würden wir heute die Ringe tauschen. Es war ein unglaubliches Gefühl, nicht nur in persönlicher, sondern auch in historischer Hinsicht. Wir würden dazu beitragen, die Welt zu einem besseren Ort zu machen. Ich konnte mich nicht erinnern, je zuvor so glücklich gewesen zu sein.

Und das war der Augenblick, in dem meine Mutter auf der Bildfläche auftauchte. In ihrer Rolle als übergeschnappte Soziopathin.

Der erste Hinweis darauf, dass etwas nicht stimmte, war ihre Weigerung, aus dem Auto zu steigen. Sie und Derf waren wie geplant nach Woodside gekommen, wollten dann aber partout nicht ins Haus kommen. Obwohl wir sie mehrfach anflehten, blieben sie einfach mit versteinertem Gesicht sitzen, während Davids Familie zu ihnen hinausmarschierte, um sie durch das Autofenster zu begrüßen. Was zum Teufel war nur los mit ihr? Ich bekam keine Gelegenheit, sie zu fragen. Die Sicherheitsvorkehrungen für die Zeremonie sahen vor, dass alle gemeinsam in einem Autokonvoi zum Rathaus fuhren. Aber Mum verkündete, dass sie sich weder dem Konvoi anschließen noch an dem Mittagessen im kleinen Kreis teilnehmen würde, das wir nach der Zeremonie in Woodside geplant hatten, und fuhr unvermittelt davon.

Na großartig. Ausgerechnet am wichtigsten Tag meines Lebens stand uns offenbar eine von Mums grantigen Anwandlungen bevor, eine dieser üblen Launen, vor denen ich schon als Kind Angst hatte. Ich selbst hatte diese Veranlagung zum Eingeschnapptsein teilweise geerbt. Mit dem entscheidenden Unterschied, dass ich in der Regel schnell wieder zur Vernunft kam. Spätestens wenn mir klar wurde, *dass ich mich nicht nur wie ein Idiot, sondern wie meine Mutter verhielt.* Sobald ich merkte, was ich gerade getan hatte, rannte ich von einem zum anderen, um mich bei allen zu entschuldigen, weil ich sie mit meinem Benehmen vor den Kopf gestoßen hatte. Mum jedoch kam niemals zur Vernunft, schien niemals Reue zu empfinden, niemals zu der Einsicht zu kommen, dass sie unrecht hatte oder sich falsch verhielt. Das Beste, was man sich von ihr erhoffen konnte, war eine schreckliche Auseinandersetzung, in der sie wie immer das letzte Wort haben würde, um dann für gewöhnlich einfach so zu tun, als wäre nichts gewesen. Daraufhin folgte in der Regel ein brüchiger Burgfrieden, der höchstens bis zu ihrem nächsten Ausbruch anhielt. Mit den Jahren hatte sie diese Fähigkeit zu einer Art Superkraft weiterentwickelt. Sie war der Cecil B. DeMille der Übellaunigkeit, der Tolstoi des Schmollens. Ich übertreibe wirklich nur ein klitzekleines bisschen. Wir sprechen hier von einer Frau, die zehn Jahre lang nicht mit ihrer eigenen Schwester gesprochen hat, nachdem sie sich darüber gestritten hatten, ob ihr Tante Win Milch in den Tee gegeben hatte oder nicht. Die so hingebungsvoll beleidigt sein konnte, dass sie in ihren besten Zeiten sogar so weit ging, sämtliche Zelte abzubrechen und das Land zu verlassen. Genau das war in den Achtzigern passiert: Sie verkrachte sich zeitgleich mit mir und einem von Derfs Söhnen aus erster Ehe, worauf sie kurzerhand nach Menorca emigrierte. Mum würde eher in ein fremdes Land ziehen, als einen Rückzieher zu machen oder sich zu entschuldigen.

Ich blickte ihrem Wagen nach, der die Zufahrt hinunterfuhr, und ertappte mich dabei, dass ich mir wünschte, sie wäre immer noch auf Menorca. Oder auf dem Mond. Irgendwo, nur nicht auf dem Weg zum Rathaus, wo sie, wie ich befürchtete, alles tun würde, um uns die Zeremonie zu vermasseln. Ich wollte sie von Anfang an nicht dabeihaben. Ich hatte Angst, dass sie genau so etwas tun würde, genau wie damals bei meiner Hochzeit mit Renate. Deshalb hatte ich ursprünglich darauf beharrt, möglichst schnell zu heiraten, in Australien und ohne Mum. Doch ein paar Wochen vor der Heirat hatte ich mich anders entschieden, weil ich zu der Einsicht gekommen war, dass selbst Mum nicht verrückt genug wäre, so eine Nummer abzuziehen. Wie sich herausstellte, lag ich damit falsch.

Aber dieses Mal schaffte selbst sie es nicht, uns den Tag zu verderben. Er war einfach zu zauberhaft, mit den jubelnden Menschenmassen vor dem Rathaus, und später in Woodside, wo die Wagen der Partygäste vorfuhren und ich mich fühlte, als würde das ganze Leben an mir vorbeiziehen – allerdings unter den schönsten Umständen, die man sich vorstellen konnte. Einer nach dem anderen stieg so ziemlich jeder, den wir kannten und schätzten, aus den Autos aus, um mit uns zu feiern: Graham Taylor mit Muff und Zena Winwood, Ringo Starr und George Martin, Tony King und Billie Jean King. Um fair zu sein, muss ich Mum allerdings zugestehen, dass sie wirklich ihr Bestes gegeben hat. Als David und ich unser Gelübde ablegten, quatschte sie lautstark drauflos, nörgelte über die Location und dass sie sich nicht vorstellen könne, an einem solchen Ort zu heiraten. Als die Trauzeugen die Urkunde unterschreiben sollten, setzte sie ihren Namen unter das Dokument, fauchte »so, erledigt«, knallte den Stift auf den Tisch und marschierte hinaus. Es war grotesk. Meine Stimmung pendelte zwischen himmelhoch jauchzend und blanker Panik vor dem, was sie als Nächstes anstellen würde. Das Schlimmste war meine Machtlosigkeit. Der Versuch, mit ihr zu reden, das wusste ich aus bitterer Erfahrung, würde bloß die Lunte zu einer gewaltigen Kettenreaktion entzünden, die dann alles ruinieren könnte. Noch dazu vor der versammelten Weltpresse und sechshundert geladenen Gästen. Ich war keineswegs scharf darauf, dass die Zeitungsartikel über die wohl prominenteste gleichgeschlechtliche Lebenspartnerschaft des Landes vor allem davon berichteten, wie sich Elton John und seine Mutter vor der gesamten Nation zum Gespött machten, indem sie einander auf der Rathaustreppe von Windsor anbrüllten.

Auf der Party am Abend kommentierte Mum sämtliche Reden mit lautem Stöhnen, rollenden Augen oder einem missbilligenden Zischen. Sie beschwerte sich über die Sitzordnung: Ihrer Meinung nach saß sie nicht nah genug bei David und mir. »Du hättest mich auch gleich nach Sibirien schicken können«, zeterte sie, obwohl mir nicht klar war, wie sie uns hätte noch näher sein können, ohne uns auf dem Schoß zu sitzen. Im weiteren Verlauf des Abends ging ich ihr aus dem Weg, was mir leichtfiel, weil so viele Freunde da waren, mit denen wir uns unterhalten und die uns beglückwünschen wollten. Doch aus den Augenwinkeln beobachtete ich einen nicht abreißenden Strom von Menschen, die das Gespräch mit Mum suchten, um dann hastig und mit langen Gesichtern den Rückzug anzutreten. Sie hatte für die Leute nichts als Gemeinheiten übrig, ganz egal wie harmlos sie sich um ein wenig Small Talk bemühten. Jay Jopling beging den fatalen Fehler, die Unterhaltung mit den Worten »Ist das nicht ein wundervoller Tag?« zu eröffnen, was Mum offenbar als rücksichtslose Provokation auffasste. »Ach so? Na, das ist aber verdammt schön für Sie«, lautete Mums giftige Erwiderung. Tony King ging zu ihr, um Hallo zu sagen, immerhin kannte er Mum und Derf seit Jahren, und erhielt für seine Mühen die Information, dass er alt aussähe. Während ich Mum dabei beobachtete, wie sie ihr Gift verspritzte, gesellte sich irgendwann Sharon Osbourne zu mir.

»Ich weiß, sie ist deine Mutter«, murmelte sie, »aber ich möchte sie umbringen.«

Was der Auslöser für dieses Theater war, sollte ich erst sehr viel später rausfinden. Mum erzählte der Presse, sie sei darüber verärgert gewesen, dass sie auf keinem der Fotos dabei sein durfte, weil sie keinen Hut getragen hatte, was aber völliger Unsinn war. Davids Mum hatte sich für die Zeremonie einen Hut gewünscht, und David hatte sich angeboten, mit ihr und meiner Mum einkaufen zu gehen. Allerdings hatte meine Mum abgelehnt, weil sie keinen Hut wollte. In Anbetracht der Tatsache, dass man sie *auf allen Fotos sehen konnte*, war diese Ausrede offensichtlich völlig an den Haaren herbeigezogen. Wie sich herausstellte, wussten Davids Eltern, was das Problem war, hatten uns aber vor der Zeremonie nichts davon gesagt, weil sie uns nicht beunruhigen wollten. Die beiden verstanden sich mit Mum und Derf so gut, dass sie sogar mal zusammen im Urlaub gewesen waren. Sobald sie in England angekommen waren, hatten sie bei Mum angerufen. Bei diesem Telefonat pochte meine Mutter wohl darauf, dass sie alle an einem Strang ziehen müssten, um die bevorstehende Zeremonie zu verhindern. Sie würde es nicht unterstützen, dass zwei Männer, wie sie es formulierte, »einander heiraten«. Sie hielt es für falsch, dass schwule Paare genauso behandelt werden sollten wie heterosexuelle. Jeder, mit dem sie gesprochen habe, sei von der bloßen Vorstellung entsetzt gewesen. Außerdem würde es meiner Karriere schaden. Davids Mutter erwiderte, das sei völlig verrückt, und ihre Kinder täten etwas ganz Wunderbares, das sie alle nach Kräften unterstützen sollten. Daraufhin hatte meine Mutter einfach aufgelegt.

Jahre später sagte sie während eines heftigen Streits wortwörtlich genau dasselbe zu mir. Es ergab überhaupt keinen Sinn. Mum war immer schon eine unglaubliche harte Nuss, aber niemals homophob. Sie hatte mich unterstützt, als ich ihr eröffnet hatte, dass ich schwul bin, und auch als sie nach meinem Coming-out im *Rolling Stone* von der Presse bedrängt wurde, hatte sie unerschütterlich zu mir gestanden. Sie hatte allen erzählt, wie tapfer ich sei und dass es ihr egal wäre, ob ich schwul oder hetero bin. Warum sollte sie Jahrzehnte später urplötzlich ein Problem mit meiner sexuellen Orientierung haben? Vielleicht war es ihr ja tatsächlich gelungen, ihre Homophobie all die Jahre über zu unterdrücken. Nein, ich glaube, dass wahre Problem bestand wie immer darin, dass sie nicht damit zurechtkam, wenn mir jemand näher stand als sie. Sie hatte so gut wie allen meinen Partnern die kalte Schulter gezeigt, auch Renate, doch diesmal ging sie dabei deutlich weiter. Mum war immer klar gewesen, dass aus meinen Liebesbeziehungen keine langfristigen Partnerschaften werden würden. Wegen des vielen Kokains, das ich genommen hatte, war ich viel zu sprunghaft. Und obwohl ich Renate geheiratet hatte, muss Mum tief im Inneren damit gerechnet haben, dass diese Ehe nicht halten würde, schließlich wusste sie von meiner Homosexualität. Doch jetzt war ich clean und lebte schon seit Jahren mit einem Mann zusammen, den ich über alles liebte. Ich hatte einen Lebenspartner gefunden, und die eingetragene Lebensgemeinschaft würde das alles noch untermauern. Mit dem Gedanken, dass die Nabelschnur nun endgültig durchtrennt war, kam sie einfach nicht klar. Er war für sie so beängstigend, dass ihr alles andere nichts bedeutete, inklusive der Tatsache, dass ich endlich glücklich war.

Nun, ihr Pech. Ich war endlich glücklich und ich würde niemandem erlauben, sich diesem Glück in den Weg zu stellen, da konnte sie rumzicken, so sehr und so lange sie wollte. Sollte sie das irgendwann erkennen, würde sie ja vielleicht zur Vernunft kommen.

Es gab so vieles, was mich glücklich machte. Nicht nur in meinem Privatleben. Durch die Shows in Vegas, *Billy Elliot* und die neuen Alben hatte ich gerade dermaßen Spaß am Musikmachen, dass mein Enthusiasmus ansteckend wirkte. David begann sich dafür zu interessieren, was mich zu Beginn meiner Karriere inspiriert hatte. Künstler und Platten, für die er ein wenig zu jung war, um sie aus eigener Erfahrung zu erleben. Für den iPod erstellte er Playlisten mit Musik, die ich ihm empfohlen hatte. Die spielte er dann zum Beispiel im Hotelzimmer, als wir mit unseren Freundinnen Ingrid und Sandy in Südafrika Urlaub machten. Wer ein Beispiel dafür braucht, wie ein denkbar schlechter Start zu einer lebenslangen, tiefen Freundschaft führen kann, der braucht sich nur Ingrid und mich anzusehen. Ich lief ihr zum ersten Mal über den Weg, als sie ein Porträt von mir für das Magazin *Interview* schrieb, dessen Chefredakteurin sie damals war. Obwohl, eigentlich ging ich ihr eher aus dem Weg, als sie an diesem Porträt arbeitete. Ich war nicht in der richtigen Stimmung und sagte unser Interview kurzerhand ab. Daraufhin rief sie mich zurück, um mich zu informieren, dass sie trotzdem kommen würde. Ich sagte ihr, sie brauche sich nicht zu bemühen. Sie beharrte darauf, dass sie trotzdem kommen würde. Ich sagte, sie solle bleiben, wo der Pfeffer wächst. Sie legte auf, um sich dann innerhalb eines Zeitraums, bei dem es sich nur um Minuten handeln konnte, auf der Türschwelle meines Hotelzimmers zu materialisieren. Wiederum wenige Minuten später war ich Hals über Kopf in sie verliebt. Ingrid hatte Biss. Ingrid hatte Überzeugungen. Und Ingrids Überzeugungen waren es wert, angehört zu werden, denn Ingrid war offenkundig verdammt clever. Mit siebenundzwanzig Jahren war sie Chefredakteurin der Zeitschrift *Artforum* geworden, und in der Welt der Kunst und der Mode kannte sie sich besser aus als jeder andere. Sie ließ sich von niemandem ans Bein pissen, auch nicht von mir, wie ich gerade gelernt hatte. Sie war unglaublich witzig. Am Ende dieses Nachmittags hatte sie nicht nur ihr Interview, sondern auch mein Versprechen, eine Kolumne für ihr Magazin zu schreiben, und ich fühlte mich genau wie bei meiner ersten Begegnung mit Gianni Versace. Wenn ich bei Gianni den Eindruck hatte, einen lange verschollenen Bruder gefunden zu haben, dann war Ingrid meine verlorene Schwester. Ständig telefonierten wir miteinander. Ich liebte es, mit ihr zu reden, zum einen, weil sie eine famose Klatschbase war, zum anderen, weil man im Gespräch mit ihr stets etwas dazulernte. Aber hauptsächlich, weil sie einem immer die Wahrheit sagte, auch wenn diese Wahrheit nicht das war, was man hören wollte.

Ingrid war in Südafrika geboren, hatte das Land aber schon als Kind verlassen. Ihrer Mutter drohte damals die Verhaftung wegen ihres Engagements in der Anti-Apartheid-Bewegung, weshalb die Familie erst nach Edinburgh und später nach New York zog. Aber Ingrid liebte Südafrika. Das war auch der Grund, warum sie und Sandy uns schließlich bei diesem Urlaub begleiteten. Eines Abends machten wir uns gerade fürs Essen fertig, und im Hintergrund lief eine von Davids iPod-Playlisten mit Musik der frühen Siebziger. Während er unter der Dusche war, ertönte »Back to the Island« von Leon Russell und erwischte mich kalt. Der Song ist wunderschön, aber auch unglaublich traurig, er erzählt von Verlust, Bedauern und dem Vergehen der Zeit. Ich setzte mich aufs Bett und begann zu weinen. Der Abend, als Leon im Troubadour zu mir in die Garderobe kam, die Tourneen, die ich für ihn, Eric Clapton und Poco eröffnet hatte – das alles schien auf einmal eine Ewigkeit her zu sein. Als ich noch am Tower Grove Drive wohnte, habe ich diesen Song dauernd gehört. Ich hatte alles noch immer vor Augen: die dunkle Holzvertäfelung, die Samttapete an der Wand des Schlafzimmers, die Art, wie das Sonnenlicht morgens auf den Swimmingpool fiel. Ein Haufen Leute, die durch die Haustür taumelten, wenn das Rainbow, das Whiskey oder Le Restaurant uns schließlich rausgeworfen hatten, die dichten, nach berauschendem kalifornischen Gras riechenden Rauchschwaden und die Gläser voller Bourbon, die blauen Augen des Kerls, den ich nach oben in den Freizeitraum gelockt hatte und der behauptete, hetero zu sein, obwohl sein Lächeln verriet, dass er sich gern vom Gegenteil überzeugen lassen würde. Dusty Springfield, die nach einer nächtlichen Tour durch die Schwulenclubs der Stadt in den Morgenstunden zurückkehrte und aus dem Auto auf die Einfahrt fiel. Der Nachmittag, an dem Tony King und ich Meskalin probierten und vor Angst fast durchdrehten, nachdem einer unserer Freunde die Küche auf den Kopf gestellt hatte und völlig zugedröhnt auf die Idee kam, eine neue Form der Bloody Mary zu kreieren, dekoriert mit einem Stück roher Leber über dem Rand des Glases. Der bloße Anblick reichte aus, um uns auf einen Horrortrip zu schicken.

Doch meine Erinnerungen an das L.A. der Siebziger waren voller Geister und Gespenster. All die alten Hollywoodlegenden, die kennenzulernen ich keine Mühen gescheut hatte,

414

waren im hohen Alter gestorben. Genau wie Ray Charles. Ich war der Letzte gewesen, der einen Song mit ihm aufgenommen hatte, für ein Album mit Duetten, vierunddreißig Jahre nachdem er mich zum ersten Mal eingeladen hatte, mit ihm im amerikanischen Fernsehen zu singen. Wir sangen »Sorry Seems to Be the Hardest Word« im Sitzen, denn zum Stehen war er zu schwach. Ich bat den Toningenieur um eine Kopie des Bandes, nicht wegen der Musik, sondern um eine Aufnahme der Gespräche zu haben, die wir zwischen den Takes geführt hatten. Ich schätze, dass ich einen Beweis dafür brauchte, dass das alles wirklich passiert war. Dass der Teenager, der davon geträumt hatte, Ray Charles zu sein, tatsächlich irgendwann mit ihm als Freund redete. Aber da waren noch ganz andere Geister. Menschen, denen es nicht vergönnt war, im hohen Alter zu sterben. Menschen, die in jungen Jahren von Aids dahingerafft wurden. Menschen, die sich mit Alkohol oder Drogen umgebracht hatten. Menschen, die ermordet wurden. Menschen, die tödliche Unfälle hatten. Menschen, die an Dingen gestorben waren, an denen man mit fünfzig oder sechzig leider stirbt, wenn man Pech hat. Mein alter Bassist Dee Murray. Doug Weston vom Troubadour. Bill Graham. Gus Dudgeon. John Lennon, George Harrison und Harry Nilsson. Keith Moon und Dusty Springfield. Zahllose Jungs, in die ich verliebt gewesen war, oder zumindest glaubte, verliebt gewesen zu sein, damals, auf der Tanzfläche des After Dark.

Als er aus dem Bad zurückkam und mich in Tränen aufgelöst vorfand, machte David ein langes Gesicht.

»O Gott«, seufzte er. »Was ist los?«

Aufgrund zahlreicher leidvoller Erfahrungen mit meinen Launen war sein erster Gedanke, mir könnte irgendeine Kleinigkeit gegen den Strich gehen und ich würde jeden Augenblick verlangen, dass wir auf der Stelle wieder abreisen. Ich sagte ihm, dass er sich keine Sorgen machen müsse und dass ich mich nur in Gedanken an die Vergangenheit verloren hätte. Auf dem iPod sang Leon noch immer: »Well all the fun has died, it's raining in my heart, I know down in my soul I'm really going to miss you.« Gott, konnte der Mann singen. Was war wohl aus ihm geworden? Ich hatte seinen Namen seit Jahren nicht mehr gehört. Ich ging zum Telefon, rief meinen Freund Johnny Barbis in L.A. an und fragte ihn, ob er Leon für mich aufspüren könne. Bei unserem nächsten Telefonat gab er mir eine Nummer in Nashville. Ich rief sie an, und am anderen Ende der Leitung meldete sich eine Stimme. Auch wenn sie tiefer und rauer war, als ich sie in Erinnerung hatte, gehörte sie zweifellos Leon – der gedehnte Oklahoma-Akzent war unverkennbar. Ich fragte ihn, wie es ihm ginge. Er antwortete, dass er im Bett läge und sich *Zeit der Sehnsucht* im Fernsehen ansähe. »Mir geht es gut. Ich komme so über die Runden«, sagte er. Das war *eine* Möglichkeit, es zu formulieren. Leon hatte einige schlechte geschäftliche Entscheidungen getroffen, er hatte eine Menge Exfrauen, und die Zeiten hatten sich geändert. Er trat jetzt überall auf, wo man ihn ließ. Einer der besten Musiker und Songwriter der Welt spielte in Sportbars und Kneipen, auf Bierfesten und Bikertreffen, in Städten, von denen ich noch nie gehört hatte, irgendwo in der Pampa von Missouri oder Connecticut. Ich erzählte ihm, dass ich gerade irgendwo in Afrika wäre, seine Musik hören und an die Vergangenheit denken würde. Ich dankte ihm für alles, was er für mich getan hatte und sagte ihm, wie wichtig seine Musik für mich sei. Er klang ehrlich gerührt.

»Das ist wirklich nett von dir«, antwortete er. »Ich danke dir vielmals.«

Nachdem ich aufgelegt hatte, starrte ich das Telefon an. Irgendwas stimmte nicht. Ich konnte es nicht erklären, aber ich hatte so ein Gefühl, dass ich ihn aus einem anderen Grund angerufen hatte. Ich griff nach dem Hörer und wählte erneut Leons Nummer. Er lachte, als er antwortete.

»Mein Gott, fünfundvierzig Jahre höre ich gar nichts von dir, und dann gleich zweimal in zehn Minuten?«

Ich fragte ihn, ob er Lust habe, ein Album aufzunehmen. Mit mir zusammen. Eine Weile blieb es völlig still.

»Ist das dein Ernst?«, fragte er schließlich. »Meinst du denn, ich kriege das hin?« Er seufzte. »Ich bin wirklich alt.«

Ich erwiderte, dass ich auch ziemlich alt sei, und wenn ich das könne, dann könne er das auch, wenn er nur wolle.

Wieder lachte er. »Und ob ich will – o ja.«

Das war keine Gefälligkeit von mir, sondern letztlich tat ich mir selbst einen Gefallen: Jeden, der mir in den Siebzigern erzählt hätte, dass ich eines Tages eine Platte mit Leon Russell aufnehmen würde, hätte ich lauthals ausgelacht. Aber die Sessions waren nicht immer einfach. Leon hatte am Telefon von gesundheitlichen Problemen gesprochen, doch bis zu meinem Eintreffen in L.A. im Studio war mir nicht klar gewesen, wie krank er wirklich war. Mit seinem langen weißen Bart, der dunklen Sonnenbrille und dem Stock sah er aus wie der siechende Patriarch in einem Stück von Tennessee Williams. Das Laufen fiel ihm schwer. Er kam zwei Stunden am Tag ins Studio, wo er beim Singen in einem gigantischen Ruhesessel mit zurückklappbarer Rückenlehne saß. Mehr war nicht drin, aber was er in diesen hundertzwanzig Minuten machte, war unglaublich. Es gab Momente, in denen ich befürchtete, seine Beiträge zu diesem Album würden erst posthum veröffentlicht werden. Eines Tages fing seine Nase an zu laufen: Es war austretende Hirnflüssigkeit. Er wurde sofort ins Krankenhaus gefahren und dort wegen Herzversagens und einer Lungenentzündung behandelt.

Aber wir stellten das Album fertig. Wir nannten es *The Union*, und es erreichte Platz fünf in den US-Charts. Im Herbst 2010 gingen wir zusammen auf Tournee und spielten in Hallen mit fünfzehntausend Plätzen. Solche Orte, sagte Leon, habe er seit Jahrzehnten nicht mehr von innen gesehen. An manchen Abenden musste er im Rollstuhl auf die Bühne kommen, aber das hat man ihm nie angehört. Er gab jedes Mal alles.

Dank des Albums bekam Leon endlich das, was ihm zustand. Er unterschrieb einen neuen Plattenvertrag und wurde in die Rock and Roll Hall of Fame aufgenommen. Ich freute mich so sehr für ihn, dass ich für einen Moment meinen Schwur vergaß, nie wieder einen Fuß in die Hall of Fame zu setzen, und ihm sogar anbot, seine Einführungsrede zu halten. Leon verdiente Geld, kaufte sich einen neuen Bus und tourte rund um die Welt. Er spielte in größeren und schöneren Hallen, als er es seit Jahren getan hatte. Er war auf Tournee, bis er 2016 starb. Jeder, der ihn nicht live gesehen hat, tut mir ehrlich leid, denn er hat was verpasst. Leon Russell war der Größte.

SECHZEHN

Das erste Mal passierte es 2009 in Südafrika, in einer An-
laufstelle für Kinder, die mit den Folgen einer HIV-Infek-
tion leben mussten. Waisen oder Kinder, die gezwungen waren,
in ihrer Familie den Haushalt zu führen, konnten dorthin gehen
und bekamen eine warme Mahlzeit, Rat oder auch bloß einfach
Hilfe bei den Hausaufgaben. Die Einrichtung befand sich mitten in Soweto, und wir waren dort zu Besuch, weil die Elton
John AIDS Foundation das Zentrum finanziell unterstützte. Die
Leiterin und die Kinder hatten eine Präsentation für uns vorbereitet. Ein kleiner Junge, der eins dieser leuchtend bunt gemus-
terten Hemden trug, die durch Nelson Mandela weltberühmt
wurden, schenkte mir einen kleinen Löffel, als Symbol für die
südafrikanische Zuckerindustrie. Anschließend wollte er nicht
mehr zu den anderen Kindern zurück. Ich weiß nicht warum,
schließlich hatte er keine Ahnung, wer ich war, aber offenbar
hatte er irgendwie einen Narren an mir gefressen. Er hieß Noosa
und wich für den Rest unseres Besuchs nicht mehr von meiner

Seite. Ich hielt seine Hand, zog Grimassen und brachte ihn zum Lachen. Er war hinreißend. Ich fragte mich, wie wohl sein Alltag aussah. In Südafrika hörte man wahre Horrorgeschichten darüber, was Aids diesen Menschen, deren Leben ohnehin kein Vergnügen war, Schreckliches antat. Wo ging der Kleine wohl hin, wenn er diesen Ort verließ? In was für ein Zuhause kehrte er zurück?

Als ich Noosa so ansah, wurde mir klar, dass ich ihn nicht bloß niedlich fand und Mitleid mit ihm hatte. Es war weit mehr als das, und noch konnte ich es nicht genau definieren. Ich ging zu David hinüber.

»Dieser kleine Junge ist zauberhaft«, sagte ich. »Er ist ein Waisenkind. Vielleicht braucht er unsere Unterstützung. Was meinst du?«

David war total perplex. Er hatte mit mir schon öfter über die Möglichkeit gesprochen, eine Familie zu gründen. Es war längst nicht mehr ungewöhnlich, dass ein schwules Paar ein Kind adoptierte. Doch jedes Mal, wenn er das Thema anschnitt, präsentierte ich ihm eine Liste von Einwänden, die so lang war, dass er schließlich klein beigab.

Ich vergöttere Kinder. Ich habe zig Patenkinder, manche davon sind berühmt wie Sean Lennon oder Brooklyn und Romeo Beckham, andere überhaupt nicht, wie der Sohn meines AA-Sponsors. Und ich liebe sie alle sehr. Aber eigene Kinder zu haben war eine völlig andere Geschichte. Ich war zu alt. Zu festgefahren in meinen Gewohnheiten. Zu selten daheim. Ich war ständig auf Tournee. War zu vernarrt in Porzellan, Fotografien und moderne Kunst – alles keine Dinge, denen es guttut, wenn sie umgeworfen, mit Wachsmalstiften bemalt oder mit Marmite beschmiert werden, wie Kinder es bekannterweise sehr gerne tun. Zu beschäftigt, um die Zeit zu finden, die man als Elternteil eindeutig braucht. Und das war kein Lamentieren, ich war bloß ehrlich. Doch in Wahrheit war meine eigene Kindheit die Wurzel all meiner Bedenken. Kinder zu erziehen war eine gewaltige Herausforderung, und ich wusste aus persönlicher Erfahrung, wie fürchterlich es war, wenn man bei dieser Aufgabe versagte. Natürlich möchte man daran glauben, dass man die Fehler der eigenen Eltern nicht wiederholen würde, aber was, wenn es doch passiert? Ich könnte nicht mit der Vorstellung leben, meine eigenen Kinder so unglücklich zu machen, wie ich es gewesen bin.

Nach all meinen Protesten spielte ich nun also mit dem Gedanken, ein Waisenkind aus Soweto zu adoptieren. Kein Wunder, dass David verwirrt war – ich war es auch. Was zum Geier passierte gerade? Ich hatte keine Ahnung, aber es lag eindeutig außerhalb meiner Kontrolle. Als hätten mit Überschreiten der Sechzig schlagartig meine väterlichen Instinkte eingesetzt, so wie mit einundzwanzig plötzlich meine Libido erwacht war. Jahre später als bei jedem anderen.

Was immer es war, es blieb ohne Bedeutung. Wir stellten ein paar Erkundigungen an und fanden schnell heraus, dass der kleine Junge relativ gut aufgehoben war. Er lebte mit seiner Großmutter, seiner Schwester und einem weiteren Familienmitglied zusammen. Sie waren eine eng verbundene Gemeinschaft, in der man sich gut um die Kinder kümmerte. So eng, dass Noosas Schwester in Tränen ausbrach, als ihr Bruder sich an mich klammerte. Das Mädchen dachte, wir würden ihn ihr wegnehmen. Das gab den Ausschlag. Wir würden dem Kleinen nicht helfen, wenn wir ihn entwurzelten und ihm seine kulturelle Identität raubten, indem wir ihn mit nach England nahmen. Ihm war besser gedient, wenn wir in seine Zukunft in seinem eigenen Land investierten. Ich habe Noosa noch ein paarmal gesehen, wenn ich für Auftritte oder die AIDS Foundation in Südafrika war. Er war immer noch zauberhaft und eindeutig sehr glücklich.

Es war eine ungewöhnliche Begegnung. Trotzdem dachte ich anschließend nicht mehr viel darüber nach, denn ich wusste, dass wir das Richtige getan hatten. An meiner grundsätzlichen Haltung zu Kindern hatte sich nichts geändert. So weit ich mich erinnere, hat keiner von uns beiden das Thema noch einmal angesprochen. Zumindest nicht, bis wir später im selben Jahr in die Ukraine reisten.

Das Waisenhaus befand sich in Donezk, einer großen Industriestadt im Osten des Landes. Es war ein spezielles Heim, in dem Kinder bis zu elf Jahren intensiv betreut wurden, um frühzeitig zu erkennen, ob sie eine HIV-Erkrankung entwickelten. Nicht jedes Kind mit einer HIV-infizierten Mutter wird positiv getestet. Wenn doch, bekamen sie antiretrovirale Medikamente, die nötige Pflege und Unterstützung. Wir wurden herumgeführt und verteilten Lebensmittel, Windeln und Schulbücher an die Erzieher und Kinder. Keine verschwenderischen Geschenke, sondern Dinge, die dort dringend benötigt wurden. Auf einem Klavier, das ich dem Heim gestiftet hatte, spielte ich für sie »Circle of Life«. Gleich danach kam ein winziges Kerlchen auf mich zugerannt. Ich nahm ihn auf den Arm und schmuste mit ihm. Er hieß Lev und war vierzehn Monate alt, sah aber jünger aus, weil er so schmächtig war. Seine Geschichte war entsetzlich. Sein Vater war wegen Mordes verurteilt worden, weil er ein Mädchen im Teenageralter erwürgt hatte. Seine Mutter war HIV-positiv und eine chronische Alkoholikerin. Die Frau war an Tuberkulose erkrankt und nicht in der Lage, sich um ihre Kinder zu kümmern. Ob der Kleine ebenfalls HIV hatte, war noch nicht klar, aber er hatte einen älteren Bruder namens

Artem, den man positiv auf die Krankheit getestet hatte. Lev hatte blondes Haar und ein Grinsen, das scheinbar im völligen Widerspruch zu seinen Lebensumständen stand. Jedes Mal, wenn er mich anlächelte, schmolz ich dahin.

Ich habe den Jungen für den ganzen Rest unseres Besuchs nicht mehr abgesetzt. Was auch immer in Soweto passiert war, es wiederholte sich gerade, und diesmal war das Gefühl sogar noch intensiver. Ich spürte sofort, wie es klick machte. Zwischen uns gab es eine ganz starke Verbindung. Ich war emotional ohnehin sehr aufgewühlt, da nur wenige Tage vorher völlig überraschend Guy Babylon gestorben war, der seit elf Jahren in meiner Band Keyboard spielte. Er war erst zweiundfünfzig gewesen, scheinbar kerngesund, und hatte beim Schwimmen einen Herzinfarkt bekommen. Eine schmerzhafte Erinnerung daran, wie schnell alles vorbei sein kann und dass man nie weiß, was einen hinter der nächsten Ecke erwartet. Vielleicht hat mir sein Tod die Augen für das geöffnet, was im Leben wirklich wichtig ist. Warum sollte ich das, was ich tief in mir wirklich empfand – zumal über etwas so Wesentliches wie den Wunsch, Vater zu werden – weiterhin leugnen?

Der Rest der Gruppe ging weiter, während ich zurückblieb und mit Lev spielte. Ich hatte das Gefühl, ihn nicht allein lassen zu können. Schließlich kam David zurück, um nach mir zu sehen. Kaum hatte er das Zimmer betreten, fing ich an zu schwärmen.

»Ist dieser kleine Kerl nicht erstaunlich? Er heißt Lev. Er ist Waise. Ich hab ihn nicht gefunden, er hat mich gefunden. Ich glaube, das ist ein Zeichen, eine Botschaft des Universums, und wir sollten ihn adoptieren.«

David wirkte sogar noch verblüffter als in Soweto. Er hatte eindeutig nicht damit gerechnet, auf seine simple Frage »Was machst du da?« einen Vortrag über mysteriöse Zeichen und Botschaften des Universums zu hören. Aber er sah, wie ernst es mir damit war. Er bat mich darum, mich zu beruhigen, und ermahnte mich, vorerst Stillschweigen zu bewahren. Wir mussten erst mehr über Levs Situation herausfinden, über seine Familie und ob er das Waisenhaus verlassen konnte, bevor man wusste, ob er nun HIV-positiv war oder nicht.

Ich trug Lev für den Rest des Tages mit mir herum und hielt ihn immer noch, als wir für eine Pressekonferenz nach draußen in ein improvisiertes Pressezelt geführt wurden. Ich setzte ihn auf Davids Schoß, während ich die Fragen der Reporter beantwortete. Die letzte Frage nahm tatsächlich Bezug auf meine Aussage, ich würde niemals Kinder haben wollen: Ob ich vielleicht anderer Meinung wäre, nachdem ich im Waisenhaus diese Kinder gesehen hätte, die ein Zuhause bräuchten? Es war die perfekte Gelegenheit, zu beweisen, dass ich Davids Mahnung, meine Gedanken an Levs Zukunft vorerst für mich zu behalten, voll und ganz verinnerlicht hatte. Stattdessen platzte ich damit heraus, dass ich meine Meinung tatsächlich geändert hätte. Dass der kleine Junge, der dort mit David in der ersten Reihe saß, unsere Herzen erobert hatte und dass ich ihn und seinen Bruder gerne adoptieren würde.

Vielleicht erinnern Sie sich daran, dass ich vor ein paar Kapiteln erläutert habe, warum ich dankbar dafür bin, in einer Ära berühmt geworden zu sein, in der die Plattenfirmen und Manager ihre Künstler noch nicht zu Interview- oder Medientraining nötigten und sie zwangen, peinlich genau auf jedes Wort zu achten. Dass ich stolz darauf bin, kein Blatt vor den Mund zu nehmen und zu sagen, was mir durch den Kopf geht. Vielleicht sollte ich diese Aussage jetzt relativieren, indem ich zugebe, dass es im Laufe meiner Karriere durchaus ein oder zwei Momente gegeben hat, in denen mir ein Medien- Interviewtraining plötzlich als ziemlich gute Idee erschien. Momente, in denen ich mir ausnahmsweise einmal wünschte, ich hätte auf eine Frage ausweichend geantwortet oder statt der Wahrheit einfach etwas unfassbar Langweiliges und Uninteressantes gesagt. Dies war zweifellos einer dieser Momente. Kaum waren mir die Worte über die Lippen gekommen, wurde mir klar, dass ich besser meinen Mund gehalten hätte. Unter anderem, weil ich sah, wie David den Kopf senkte, die Augen schloss und etwas murmelte, das ziemlich nach »ach du Scheiße« aussah.

»Es wird nur ein paar Minuten dauern«, klagte er auf der Fahrt zurück zum Flughafen, »bis deine Bemerkung die Runde gemacht hat.«

Er sollte recht behalten. Als wir in England landeten, war sein BlackBerry schon voll mit Textnachrichten und Sprachbotschaften von Freunden, die uns zu der wundervollen Neuigkeit beglückwünschten. Was bedeutete, dass die Medien bereits darüber berichteten. Manche Blätter hätten kaum negativer reagieren können, wenn ich mich als pathologischer Kinderhasser geoutet und angekündet hätte, das Waisenhaus in Donezk noch in der gleichen Nacht persönlich abzufackeln. Die *Daily Mail* und die *Sun* schickten sofort Reporter in die Ukraine. Einer davon bekam einen Staatsminister zu packen, der ihn informierte, dass eine Adoption schon deshalb unmöglich sei, weil wir ein schwules Paar waren, und außerdem sei ich zu alt. Ein anderer sprach mit Levs Mutter, kaufte ihr Wodka und schleppte sie für ein Foto zu dem Waisenhaus, was den potenziellen Adoptionsprozess automatisch um ein Jahr verzögerte. Denn damit ein Kind zum Staatsmündel werden konnte, musste es mindestens zwölf Monate ohne Kontakt zur Familie im Waisenhaus gewesen sein. Entweder der Journalist wusste das nicht, oder es war ihm egal. Vermutlich hatte er einfach nicht darüber nachgedacht. Das Schrecklichste war der Eindruck, dass es bei der ganzen Sache fast zwangsläufig irgendwann nicht mehr um die Kinder, sondern nur noch um David und mich ging. Wahrscheinlich wäre nichts von alledem passiert, wenn ich bei der Pressekonferenz meinen Mund gehalten hätte. Vielleicht hätte es aber auch keinen Unterschied gemacht. Nur werden wir das nie erfahren.

Wir bemühten uns weiter und setzten uns mit den logistischen Herausforderungen einer Adoption auseinander, doch schon bald mussten wir einsehen, dass es nicht funktionieren würde. Wir hätten den Europäischen Gerichtshof anrufen können, aber auch das schien nicht besonders aussichtsreich zu sein – die Ukraine war nicht einmal Teil der Europäischen Union. Wir kontaktierten einen Psychologen, um uns über den emotionalen Prozess der Integration von Heimkindern in eine Familie zu informieren. Was uns wirklich stutzig machte, war seine Überzeugung, dass jedes Kind, das länger als achtzehn Monate in so einem Waisenhaus war, irreversible psychologische Schäden davontrug. Diese Kinder machten keine normale Entwicklung durch, sie wurden nicht auf den Arm genommen, gehalten und erfuhren nicht genug Liebe. Das beeinträchtigte sie so sehr, dass sie sich davon nie wieder erholten. Deshalb gaben wir schließlich auf, doch noch einen Weg zu finden, um Lev und Artem zu adoptieren, und in Zusammenarbeit mit einer ukrainischen Wohlfahrtsorganisation konzentrierten wir uns darauf, die beiden vor Ablauf der achtzehn Monate aus dem Heim zu holen. Ihre Mutter starb, und ihr Vater war wieder im Gefängnis, aber sie hatten eine relativ junge Großmutter, und schließlich erreichten wir, dass die beiden zu ihr ziehen und dort bleiben durften.

Durch die Wohltätigkeitsorganisation konnten wir sie in aller Stille finanziell unterstützen. Wir instruierten die Organisation, unsere Anonymität zu wahren, und zwar so, dass nicht einmal Lev und Artem von unserer Hilfe erfuhren. Denn sollten die Medien mitbekommen, dass ich der Wohltäter der Jungen war, würden sie die beiden womöglich niemals in Ruhe lassen. Statt die beiden in Elton-John-typischer Maßlosigkeit mit Wohltaten zu überschütten, hielten wir uns bewusst zurück, denn sonst hätte sie das nur weiter isoliert. Aber wir stellten sicher, dass sie alles bekamen, was sie zum täglichen Leben benötigten: vernünftige Möbel, Lebensmittel, Bücher für die Schule und rechtlichen Beistand. Nach der russischen Invasion in der Ukraine sorgten wir gemeinsam mit derselben Organisation, die auch das Waisenhaus finanzierte, dafür, dass sie nach Kiew evakuiert wurden. Wir werden die beiden immer im Auge behalten.

Letztes Jahr, als ich erneut für die AIDS Foundation in der Ukraine war, habe ich Lev und Artem dann wiedergesehen. Als sie in den Raum kamen, trugen sie zwei identische Kapuzenpullis. Wir lagen uns sofort in den Armen, quatschten, lachten und weinten. So viel Zeit war vergangen. Lev war groß geworden, ein lustiger, vorwitziger, charmanter Zehnjähriger. Aber eines hatte sich überhaupt nicht geändert: Ich fühlte mich ihm immer noch genauso sehr verbunden wie am Tag unserer ersten Begegnung. Ich wünschte immer noch, wir hätten ihn adoptieren können. Aber ich wusste, dass seine Großmutter gut für ihn gesorgt hatte.

Unsere Bemühungen, Adoptiveltern zu werden, waren allesamt gescheitert. Das war zwar entmutigend, dennoch wollte der

Wunsch, Vater zu werden, einfach nicht mehr weichen. Ganz so, als hätte jemand einen Schalter umgelegt. Mein Kinderwunsch stand dem von David nun in nichts mehr nach. Bis zu seiner Erfüllung war es trotzdem noch ein steiniger Weg. Adoptionen waren für homosexuelle Paare immer noch unglaublich schwierig, und die einzige andere Option, eine Leihmutterschaft, war ebenfalls ziemlich nervenaufreibend. Bezahlte Leihmutterschaften sind in Großbritannien gesetzeswidrig. Ein Problem, das sich nur lösen lässt, indem man das Kind in einem Land zur Welt bringt, wo sie legal sind, und das Baby dann zu sich nach England holt. Wir sprachen mit unserem Arzt in Kalifornien, der uns eine Firma namens California Fertility Partners empfahl. Der ganze Prozess ist unglaublich verworren. Es gibt Eizellenspender-Agenturen und Leihmütter-Agenturen. Und es sind verzwickte juristische Vorgänge involviert, besonders wenn man im Ausland lebt. Je tiefer wir in die Materie eintauchten, desto komplizierter schien sie zu werden. Nach einer Weile schwirrte mir der Kopf vor lauter Hormontherapien, Blastozysten, Embryotransfers und Eizellenspendern.

Man riet uns, nach Möglichkeit eine unverheiratete Leihmutter zu finden. In der Vergangenheit war es schon vorgekommen, dass die Ehemänner verheirateter Leihmütter Anspruch auf das Kind erhoben hatten, obwohl sie nicht der biologische Vater waren. Wir entschieden uns dafür, eine gemeinsame Samenspende abzugeben, sodass wir unmöglich wissen konnten, wer von uns beiden der biologische Vater war. Alles sollte unter strenger Geheimhaltung ablaufen. Die Leihmutter würde uns nur unter unseren Pseudonymen Edward und James kennen, ein schwules britisches Paar, das laut der vagen Beschreibung »in der Unterhaltungsindustrie tätig war«. Jeder, der sonst noch in den Vorgang eingebunden war, musste sich an strikte

Vertraulichkeitsvereinbarungen halten. Da ich erst vor Kurzem in einer äußerst anschaulichen Lektion gelernt hatte, welche enormen Vorteile es hat, wenn man hin und wieder seinen Mund hält, schien mir das eine überaus sinnvolle Vorsichtsmaßnahme zu sein. Als die Medien die Identität der Leihmutter von Matthew Broderick und Sarah Jessica Parker aufgedeckt hatten, musste die arme Frau sich verstecken. Das Letzte, was wir wollten, war eine werdende Mutter, die von der Presse schikaniert wurde.

Eine Leihmutterschaft erfordert einen enormen Vertrauensvorschuss. Hat man sich erst einmal für die Eizellenspenderin entschieden und seine Spermaprobe in der Fruchtbarkeitsklinik abgegeben, liegt alles Weitere nicht mehr in der eigenen Macht. Wir hatten unglaubliches Glück, denn wir fanden einen großartigen Arzt namens Guy Ringler, ein schwuler Mann, der sich auf Fruchtbarkeitsbehandlungen für LGBT-Eltern spezialisiert hatte. Und wir fanden eine wirklich beeindruckende Leihmutter. Sie lebte nördlich von San Francisco, machte das nicht zum ersten Mal und war weder an Ruhm noch an Geld interessiert. Sie wollte weiter nichts, als liebenden Paaren dabei zu helfen, Kinder zu bekommen. Als sie im dritten Monat schwanger war, fand sie die wahre Identität von Edward und James heraus und zuckte nicht mal mit der Wimper. David fuhr nach Nordkalifornien, um sich mit ihr zu treffen. Für den Fall, dass er erkannt werden sollte, fand das Treffen außerhalb ihres Heimatortes statt. Als er zurückkam und mir vorschwärmte, wie toll sie war, wurde auf einmal alles sehr real. Doch ich verspürte weder Unsicherheit noch hatte ich Zweifel an unserer Entscheidung. Da war keine Panik, kein »Was haben wir getan?« Nichts als aufgeregte Vorfreude.

Der Rest der Schwangerschaft verging wie im Flug. Geburtstermin sollte der 21. Dezember 2010 sein. Unser Verhältnis zu der

Leihmutter, ihrem Freund und ihrer Familie wurde immer enger. Je näher ich sie kennenlernte, desto mehr verabscheute ich den Begriff »bezahlte Leihmutterschaft«. Er klang so kalt und geldgierig, und diese Menschen hatten so gar nichts davon an sich. Sie waren freundlich, liebenswert und aufrichtig froh darüber, uns bei der Erfüllung unseres Traums helfen zu können. Wir engagierten ein Kindermädchen, dieselbe Nanny, die sich auch um den Sohn unserer Freundin Elizabeth Hurley gekümmert hatte. Wir kannten sie bereits, weil Liz nach der Geburt in Woodside gewohnt hatte, um sich so der Aufmerksamkeit der Medien zu entziehen. In unserer Wohnung in L.A. richteten wir ein Kinderzimmer ein, und auch das geschah unter völliger Geheimhaltung. Alles, was wir dafür anschafften, wurde an unser Büro in L.A. geschickt, dort aus der Verpackung genommen und neu eingepackt, damit es aussah wie ein Weihnachtsgeschenk für David oder mich, wenn es bei uns zu Hause ankam.

Als der Geburtstermin näher rückte, zogen die Leihmutter und ihre Familie in ein Hotel in L.A. Ingrid Sischy und Sandy, die wir als Paten ausgewählt hatten, kamen ebenfalls. Ursprünglich hatten wir geplant, unsere Freunde bei einem Weihnachtsessen in L.A. mit der Ankündigung zu überraschen, dass wir Eltern geworden waren, aber wir mussten das Essen absagen, weil das Baby überfällig war. Als die Leihmutter schließlich genug von schlaflosen Nächten, Rückenschmerzen und geschwollenen Knöcheln hatte, beschloss sie, die Sache zu beschleunigen. In Coldwater Canyon gab es ein Restaurant, das eine Brunnenkressesuppe servierte, der man nachgesagte, dass sie die Wehen herbeiführen könne. Offenbar hatte die Suppe ihren Ruf absolut verdient, denn am Nachmittag vor Heiligabend informierte man uns per Telefon, dass wir sofort ins Cedars-Sinai Hospital kommen sollten.

Da ich immer noch um Geheimhaltung bemüht war, kam ich mit dezenter Kleidung und Baseballkappe gut getarnt im Krankenhaus an. Wie sich herausstellte, hätte ich auch in den meterhohen Plateauschuhen, die ich in *Tommy* getragen hatte, und mit meiner alten Brille, deren blinkender Rahmen das Wort »Elton« formte, dort auftauchen können, und niemand hätte etwas mitbekommen. Es war nämlich kein Mensch da. Die Klinik war völlig verlassen. Die Entbindungsstation sah aus wie das Hotel in *Shining*. Um die Feiertage nicht im Krankenhaus zu verbringen, führen viele Leute die Wehen künstlich herbei oder nehmen sogar einen Kaiserschnitt in Kauf. Niemand will Weihnachten ein Baby bekommen. Niemand außer uns. Wir hatten uns bewusst bemüht, den Geburtstermin so zu legen, dass ich nicht arbeiten musste oder womöglich auf Tournee gewesen wäre. Die Station war menschenleer, abgesehen von uns, einer Australierin im Nebenzimmer, die Zwillinge bekam, und natürlich unserem Sohn, der um 2.30 Uhr am Morgen des ersten Weihnachtstages das Licht der Welt erblickte.

Ich durchtrennte sogar die Nabelschnur. Normalerweise bin ich unglaublich zimperlich, aber die Emotionalität dieses Ereignisses überwältigte mich einfach. David und ich zogen unsere Hemden aus, damit das Baby Hautkontakt hatte. Es bekam den Namen Zachary Jackson Levon. Alle nahmen an, dass der letzte Name auf Bernies und meinen Song von *Madman Across the Water* zurückgeht, aber damit liegen sie falsch. Unser Sohn wurde nach Lev benannt. Lev war mir wie ein Engel erschienen, ein Bote, der mir etwas über mich selbst beibrachte, was ich damals noch nicht richtig verstanden hatte. Lev war der Grund dafür, dass wir dort auf der Entbindungsstation saßen, unseren erstgeborenen Sohn in den Armen hielten und wussten, dass unser Leben sich gerade für immer völlig verändert hatte.

Neben Ingrid und Sandy fragten wir auch Lady Gaga, ob sie Zacharys Patin werden wollte. Von den Scissor Sisters bis hin zu Kanye West hatte ich zuletzt verstärkt mit jüngeren Künstlern zusammengearbeitet. Wenn Menschen an mich herantraten, die zu Beginn meiner Karriere noch nicht einmal geboren waren, war das jedes Mal ungeheuer schmeichelhaft für mich. Zu Gaga hatte ich allerdings eine ganz besonders innige Verbindung entwickelt. Schon als ich sie zum ersten Mal sah, war ich hin und weg von ihr: Mir gefiel ihre Musik, die ausgefallenen Klamotten, ihr Sinn für Theatralik und Spektakel. Wir waren grundverschiedene Menschen – sie war eine junge Frau aus New York und gerade mal Anfang zwanzig –, aber schon bei unserer ersten Begegnung war mir klar, dass wir aus demselben Holz geschnitzt waren. Für mich war sie Elton Johns illegitime Tochter. Ich hatte sie so gerne, dass mein Beschützerinstinkt mit mir durchging und mir mal wieder Ärger mit der Presse einbrachte.

Bisher war ich mit Madonna immer prima zurechtgekommen. Ich hatte mich gelegentlich über ihre Playback-Auftritte lustig gemacht, aber ein richtiges Problem bekamen wir, als sie in einer amerikanischen Talkshow über Gaga herzog. Mir war klar, dass Gagas Single »Born This Way« gewisse Parallelen zu »Express Yourself« aufwies. Doch ich konnte einfach nicht verstehen, warum Madonna darauf so gemein und undankbar reagierte, statt es als Kompliment zu betrachten, dass eine neue Generation von Künstlern offensichtlich von ihr beeinflusst wurde, vor allem, weil sie sich selbst als Vorreiterin für die Frauenrechte sah. Ich finde es einfach falsch – ein etablierter Künstler sollte nicht auf einem jungen Künstler herumtrampeln, schon gar nicht, wenn dieser noch ganz am Anfang seiner Karriere steht.

Ich war wütend, und in einem Interview mit Molly Meld-rum, einem Reporter vom australischen Fernsehen, den ich bereits seit den Siebzigern kannte, sagte ich schlimme Dinge über sie. Dass diese Aussagen nicht Teil des offiziellen Interviews waren und ich bloß zwischen den Aufnahmen mit einem alten Freund geplaudert hatte, war mehr als offensichtlich und zum Beispiel daran zu erkennen, dass man deutlich hörte, wie während des Gesprächs die Kameras für die nächste Szene umgestellt wurden. Dennoch sendete man sie, worauf ich meine Freundschaft zu Molly auf der Stelle begrub. Nichtsdestotrotz hätte ich diese Dinge nicht sagen sollen. Als wir uns später in einem Restaurant in Frankreich über den Weg liefen, entschuldigte ich mich bei Madonna, und sie reagierte sehr versöhnlich darauf. Gaga erwies sich als großartige Patin: Regelmäßig kam sie backstage und bestand in voller Gaga-Garderobe darauf, Zachary sein Bad einzulassen und ihn zu schrubben, was jedes Mal ein unvergesslicher Anblick war.

Vater zu sein erwies sich in jeder Beziehung als eine unglaubliche Erfahrung. Ich könnte keine großen Erkenntnisse über das Vatersein vermitteln, die nicht schon hundertmal kolportiert wurden. Aber dass es einen erdet, dass man die Welt mit anderen Augen sieht, dass man eine Liebe empfindet, wie man sie noch nie zuvor empfunden hat und wie Ehrfurcht einflößend es ist, mitzuerleben, wenn sich vor deiner Nase eine eigenständige Persönlichkeit entfaltet – all diese Klischees sind ausnahmslos und hundertprozentig wahr. Vielleicht habe ich das alles noch etwas intensiver erlebt, weil ich bis ins höhere Alter nicht damit gerechnet hatte, jemals Vater zu werden. Jeder, der den Versuch gewagt hätte, dem Elton John der Siebziger oder Achtziger weiszumachen, dass dieser beim Windelwechseln eine größere Erfüllung finden würde als beim Schreiben eines Songs oder einem Liveauftritt, hätte vermutlich auf der Stelle fluchtartig den Raum verlassen, weil ich ihm das Geschirr hinterhergeworfen hätte. Und doch ist es die Wahrheit: Trotz der gewaltigen Verantwortung, die sie mit sich bringt, gibt es nichts, was mir an meiner Rolle als Vater nicht gefällt. Sogar die Babywutanfälle fand ich entzückend. *Du glaubst also, du wärst schwierig, du kleines Würmchen? Habe ich dir je davon erzählt, wie ich mir einmal nach acht Wodka-Martinis vor den Augen eines Filmteams die Kleider ausgezogen und dann meinem Manager die Nase gebrochen habe?*

Uns war schnell klar, dass wir noch ein Kind wollten. Hauptsächlich, weil wir so darin aufgingen, Eltern zu sein. Aber es gab auch noch andere Gründe. Egal wie sehr wir uns bemühten, unserem Kind ein normales Leben zu ermöglichen, war es dennoch nicht zu leugnen, dass es niemals ein ganz normales Leben führen würde. Schuld daran waren der Beruf eines Elternteils sowie die Besonderheiten, die diese Art des Lebensunterhalts mit sich brachte. Bevor Zachary in die Schule kam, war er beispielsweise ständig mit mir auf Tournee. Im Alter von vier Jahren war er bereits zweimal rund um die Welt gereist. Er war von Lady Gaga gebadet worden und hatte auf Eminems Knien geritten. Als er bei den Shows in Las Vegas am Bühnenrand stand, war er von Paparazzi fotografiert worden. Etwas, das er zu meiner Freude eher ertragen als genossen hat. Zumindest was das betraf, fiel der Apfel also offenbar nicht weit vom Stamm. So etwas erlebt ein normales Kleinkind nicht. Der Sohn von Elton John zu sein bringt zweifellos gewisse Privilegien mit sich, aber es kann auch eine Bürde sein. Ich habe es gehasst, ein Einzelkind zu sein, auch deshalb hielten David und ich es für richtig, dass Zachary einen Bruder bekam, der ihn verstand, weil er sein Leben und seine Erfahrungen mit ihm teilte. Dank derselben Leihmutter, derselben Eizellenspenderin und derselben Agenturen lief auch diesmal wieder alles perfekt. Am 11. Januar 2013 wurde Elijah geboren.

Die einzige Person, die sich augenscheinlich nicht für uns freute, war meine Mutter. Meine Beziehung zu ihr war immer schon nervenaufreibend gewesen, aber von ihrem Auftritt bei der Feier anlässlich unserer eingetragenen Lebenspartnerschaft im Jahr 2005 hat sich unser Verhältnis nie wieder erholt. Wie immer hatte ich mich anschließend nach Kräften bemüht, wieder für eine Annäherung zu sorgen, aber etwas an ihr war anders als vorher oder hatte sich zumindest verstärkt. Aus der gelegentlichen Nörgelei war ein Dauerfeuer der Kritik geworden. Sie schien keine Mühen zu scheuen, mir zu sagen, wie sehr sie alles verabscheute, was ich tat. Wenn ich ein neues Album veröffentlichte, dann war es ein Haufen Mist. Warum konnte ich nicht mehr wie Robbie Williams sein? Hatte ich es etwa nicht drauf, solche Songs zu schreiben? Wenn ich ein neues Gemälde kaufte, dann war es potthässlich und sie hätte es selbst besser malen können. Wenn ich einen Benefizgig spielte, dann war es die ödeste Show, die sie je ertragen musste, und nur dank des Auftritts eines anderen Künstlers, der mich an die Wand gespielt hatte, war der Abend ganz knapp einer Katastrophe entronnen. Wenn die AIDS Foundation zu einer glamourösen Spendengala mit zahllosen Stars einlud, dann war das bloß der Beweis dafür, dass ich für Ruhm alles tun würde und mich ausschließlich dafür interessierte, Prominenten den Hintern zu küssen.

Damit es mir dabei nicht langweilig wurde, bekam sie hin und wieder einen waschechten Wutanfall. Ich wusste nie, wann mal wieder einer bevorstand oder was der jeweilige Auslöser war. Mit ihr gemeinsam Zeit zu verbringen war jedes Mal so, als hätte man eine tickende Zeitbombe zum Essen oder in den gemeinsamen Urlaub eingeladen. Immerzu war ich auf der Hut und fragte mich, weswegen sie wohl als Nächstes ausrasten würde. Einmal war es der Umstand, dass ich einen Zwinger für die Hunde gekauft hatte, die wir in unserem Haus in Nizza hielten. Und einmal war es *Billy Elliot* – bis dahin eigentlich das Einzige, was ich in den letzten zehn Jahren ihrer Meinung nach richtig gemacht hatte. Das Musical war ein gewaltiger Erfolg, den in dieser Größenordnung keiner der Beteiligten vorhergesehen hatte, nicht nur in England, sondern selbst in Ländern, wo die Menschen noch nie von dem Bergarbeiterstreik oder den Folgen des Thatcherismus auf die britische Schwerindustrie gehört hatten. Die zugrunde liegende Geschichte hatte sich als universell erwiesen. Mum hatte es sich in London ein gutes Dutzend Mal angesehen, bis eines Nachmittags an der Abendkasse ihre Tickets für die Matineevorstellung verlegt wurden und es fünf Minuten dauerte, die Karten wiederzufinden. Ihrer Meinung nach war ich der Schuldige und das Ganze ein vorsätzlicher und böswilliger Versuch, sie zu demütigen. Auf *Billy Elliot* folgte glücklicherweise *Lestat*, ein Musical, das Bernie und ich gemeinsam geschrieben hatten und bei dem vom Timing über die Inszenierung bis hin zu den Dialogen alles gründlich in die Hose ging, sodass die Vorstellung am Broadway schließlich eingestellt wurde. Ein Umstand, der meiner Mutter die einmalige Chance bot, mich wissen zu lassen, dass sie von Anfang an wusste, was für ein katastrophaler Flop das Ganze sein würde.

Ich bemühte mich weiterhin, ihre Angriffe mit einem Lachen abzutun oder sie schlicht zu ignorieren, aber das war leichter gesagt als getan. Wenn sie Streit suchte, wusste Mum immer, welche Knöpfe sie drücken musste. Schließlich war sie diejenige, die diese Knöpfe eingebaut hatte. Sie schaffte es immer, dass ich mich fühlte wie der verängstigte Zehnjährige damals an der Pinner Road. Als wäre alles ganz allein meine Schuld. Ich lebte immer noch in der ständigen Angst – metaphorisch gesprochen –, eine gescheuert zu kriegen. Das Resultat lag auf der Hand: Ich begann ihr bewusst aus dem Weg zu gehen. An meinem sechzigsten Geburtstag feierte ich eine große Party. Sie fand in derselben New Yorker Kirche statt, in der ich Aretha Franklin zum letzten Mal singen gehört hatte. An meinem Fünfzigsten hatte Mum noch zu meinen Ehrengästen gehört. Zu diesem legendären Kostümball waren sie und Derf als die Queen und der Duke of Edinburgh erschienen. Ich trug ein Louis-XVI-Kostüm mit einer Schleppe, die von zwei als Cupido verkleideten Männern gehalten wurde, sowie einer Perücke, die so groß war, dass ich auf der Ladefläche eines Möbeltransporters zu dem Fest gebracht wurde. Ich hatte reichlich Zeit, diese Idee zu bedauern, während der Laster anderthalb Stunden in einem Verkehrsstau feststeckte. Dieses Mal entschied ich mich, meine Mutter gar nicht erst einzuladen. Ich wusste, wenn sie käme, würde sie mir bloß alles verderben. Sie würde sich nicht amüsieren und ich schon gar nicht. Ich begründete es damit, dass die Reise zu weit für sie sei, immerhin war sie gesundheitlich angeschlagen. Aber in Wahrheit wollte ich sie schlicht und einfach nicht dabeihaben.

Als Zachary zur Welt kam, sprachen Mum und ich schon kein Wort mehr miteinander. Sie hatte sich längst nicht mehr damit zufriedengegeben, mich ständig zu kritisieren, sondern tat alles, was in ihren Kräften stand, um mir wehzutun. Hocherfreut hatte sie mir erzählt, dass sie immer noch mit John Reid befreundet war, nachdem unsere geschäftliche Beziehung kollabiert war. »Ich weiß gar nicht, worüber du dich so aufregst«, blaffte sie mich an, als ich ihr gegenüber deutlich machte, dass ich dieses Verhalten nicht besonders loyal fand. »Ist doch nur Geld.« Das war zweifellos auch eine Möglichkeit, es auszudrücken. Der Streit, der das Fass dann endgültig zum Überlaufen brachte, folgte, als mein persönlicher Assistent Bob Halley ging. Bob und ich hatten seit den Siebzigern zusammengearbeitet, aber das Verhältnis zwischen uns war zunehmend angespannter geworden. Bob profitierte von meinem verschwenderischen Lebensstil, der auch ihm einigen Luxus ermöglichte, und als das Management irgendwann versuchte, die Ausgaben herunterzufahren, um meine Tourneen kosteneffektiver zu gestalten, passte ihm das gar nicht. Schon komisch, dass den Menschen um einen herum der Ruhm manchmal eher zu Kopf steigt als einem selbst. Auslöser für unser Zerwürfnis war eine Auseinandersetzung darüber, welchen privaten Fahrdienst wir künftig in Anspruch nehmen sollten. Das Management hatte einen preisgünstigeren Anbieter beauftragt, dem Bob daraufhin kündigte, um wieder einen teureren anzuheuern. Das Management überstimmte ihn und engagierte erneut den günstigeren Fahrdienst. Bob war außer sich. Im St. Regis Hotel in New York hatten wir deshalb einen großen Streit. Er war der Meinung, seine Autorität wäre untergraben worden. Ich versuchte ihm zu erklären, dass wir uns nur bemühten, Geld zu sparen. Daraufhin drohte er mit der Kündigung. Ich verlor die Beherrschung und sagte ihm, von mir aus könne er machen, was er wolle. Später, als ich mich wieder beruhigt hatte, versuchte ich noch einmal, mit ihm darüber zu reden. Diesmal erklärte er mir, dass er jeden einzelnen Mitarbeiter im Rocket-Büro hasste, offenbar standen ausnahmslos alle auf seiner schwarzen Liste. Was sollte ich dazu sagen? Wenn man sich zwischen seinem kompletten Team und seinem persönlichen Assistenten entscheiden muss, dann ist das nicht unbedingt die schwierigste Wahl der Welt. Bob verkündete, dass er seinen Hut nehmen würde, und stürmte hinaus. Um mir währenddessen noch zu prophezeien, dass meine Karriere ohne ihn in sechs Monaten am Ende wäre. Wo auch immer Bobs Talente lagen, Hellseherei gehörte eindeutig nicht dazu. Seine Kündigung schmälerte für mich nur eins: die überzogenen Tourneeausgaben.

Meine Mutter war außer sich vor Wut, als sie hörte, dass Bob weg war. Die beiden hatten sich immer gut verstanden. Sie wollte meine Version der Ereignisse gar nicht erst hören und hielt mir vor, dass Bob für sie mehr ein Sohn sei, als ich es jemals gewesen wäre.

»Dieses verdammte *Ding*, dass du geheiratet hast, ist dir doch wichtiger als deine eigene Mutter!«, zeterte sie.

Nach diesem Telefonat sprachen wir sieben Jahre nicht mehr miteinander. Irgendwann kommt der Punkt, an dem man einsieht, dass man bloß immer wieder mit dem Kopf gegen die Wand rennt. Doch egal wie oft man es auch versucht, man wird niemals durchkommen. Am Ende bringt es einem weiter nichts ein als ständige Kopfschmerzen. Ich sorgte trotzdem dafür, dass sie finanziell versorgt war. Als Mum den Wunsch äußerte, nach Worthing zu ziehen, kaufte ich ihr ein neues Haus. Ich kam für alles auf, und als sie eine Hüftoperation brauchte, kümmerte ich mich darum, dass sie bestmöglich versorgt wurde. Sie dagegen versteigerte vom Schmuck bis zu den Platinschallplatten, die ich extra mit ihrem Namen versehen lassen hatte, jedes einzelne Geschenk, das sie je von mir bekommen hatte. Doch um das Geld ging es ihr dabei gar nicht. Den Zeitungen erzählte sie, dass sie sich verkleinern wollte, dabei hatte sie von Anfang an bloß vor, mir den Mittelfinger zu zeigen, genau wie mit dem Engagement einer Elton-John-Coverband für die Party zu ihrem neunzigsten Geburtstag. Schlussendlich habe ich einen Teil des Schmucks selbst ersteigert. Dinge, die mir besonders am Herzen lagen, auch wenn sie Mum nichts mehr bedeuteten.

So traurig das auch war, aber ich wollte sie nicht mehr in meinem Leben haben. Als sich 2014 die Gesetzeslage für homosexuelle Partnerschaften erneut änderte, sodass David und ich im Dezember heiraten konnten, habe ich sie nicht zur Trauung eingeladen. Sie fand in einem kleineren und deutlich privateren Rahmen statt als die Feier anlässlich unserer eingetragenen Lebensgemeinschaft. David und ich gingen allein zum Standesamt in Maidenhead, und später kam der Standesbeamte nach Woodside, um dort die Zeremonie abzuhalten. Die beiden Jungs waren die Ringträger. Wir benutzten erneut die Ringe aus Paris und banden sie zwei Plüschhasen um den Hals, die dann von Zachary und Elijah hereingetragen wurden.

Ich könnte sagen, dass meine Mutter verpasst hat, wie ihre Enkelsöhne groß wurden. Aber im Gegensatz zu meiner Tante Win und meinen Cousins und Cousinen, die immer zur Stelle waren, um mit den Jungs zu spielen, sie zu knuddeln und zu verhätscheln, wie es in normalen Familien eben üblich ist, zeigte sie ohnehin kein Interesse an ihnen. Als Zachary geboren wurde, lauerte ihr ein Boulevardjournalist vor der Haustür auf und wollte wissen, wie es ihr damit ging, ihren ersten Enkel nicht sehen zu können – vermutlich hoffte er dabei auf einen Knüller über eine eiskalt abservierte Großmutter. Aber er ging leer aus. Sie antwortete ihm, dass ihr das völlig gleichgültig sei und sie für Kinder nichts übrig habe, heute genauso wenig wie früher. Ich musste lachen, als ich den Artikel las. Sie hatte sich damit zwar keine Sympathiepunkte, aber immerhin die volle Punktzahl für Ehrlichkeit verdient.

Ich nahm den Kontakt zu ihr wieder auf, als ich erfuhr, dass sie schwer krank war. Ich schickte ihr eine E-Mail mit Fotos der Kinder. »Die halten dich sicher auf Trab«, schrieb sie in ihrer Antwort, würdigte sie ansonsten aber keines Wortes. Ich lud Mum zum Essen ein. Sie hatte sich nicht verändert. Als sie in Woodside über die Schwelle trat, waren ihr ersten Worte: »Ich hatte ganz vergessen, wie klein dieses Haus ist.« Ich war fest entschlossen, nicht auf ihre Provokationen zu reagieren. Die Köder einfach nicht zu schlucken. Die Kinder waren oben, wo sie zusammen spielten, und ich fragte meine Mutter, ob sie beiden vielleicht gerne sehen würde. Sie sagte Nein. Ich ließ sie wissen, dass ich weder über John Reid noch über Bob Halley sprechen wollte und dass ich ihr, nachdem wir uns so lange nicht gesehen hatten, bloß sagen wollte, dass ich sie liebe.

»Ich liebe dich auch«, sagte sie. »Aber ich kann dich nicht leiden.«

Wir blieben in Kontakt und telefonierten gelegentlich miteinander. Ich bat sie niemals um ihre Meinung, und wenn ich die Kinder erwähnte, wechselte sie das Thema. Immerhin schaffte ich es, dass sie und Tante Win wieder miteinander sprachen. Die beiden hatten sich verkracht, nachdem Derf 2010 gestorben war und Mum Tante Wins Sohn Paul nicht zur Beerdigung einladen wollte, weil »Fred ihn nie leiden konnte«. Der Versuch, Brücken zwischen ihr und Onkel Reg zu schlagen, erwies sich allerdings als vergeblich. Ich kann mich nicht einmal mehr erinnern, was der Auslöser für den Streit der beiden war, aber sie sprachen immer noch nicht miteinander, als sie im Dezember 2017 starb.

Bei Mums Tod war ich schrecklich aufgewühlt. Eine Woche vorher war ich noch in Worthing gewesen, um sie zu sehen. Ich wusste zwar, dass sie todkrank war, aber an diesem Nachmittag hatte sie auf mich nicht wie jemand gewirkt, der an der Schwelle zum Tode stand. Es war ein merkwürdiges Zusammentreffen. Als ich an ihre Haustür klopfte, öffnete mir Bob Halley. Wir begrüßten einander und gaben uns die Hand, was für Mum offenbar der Höhepunkt des Nachmittags war.

Mum war nie eine dieser gefühlvollen, fürsorglichen Komm-her-und-drück-mich-Mütter gewesen, und sie hatte eine boshafte Ader, die über ihren Hang zur Missmutigkeit, ihre ewigen Launen und das Dwight-Temperament weit hinausging. Etwas, über das ich nicht gerne nachdachte, weil es mir Angst machte. Ich hatte den Eindruck, dass es ihr regelrecht Freude bereitete, Streit anzufangen, und zwar nicht nur mit mir. Es gab kein Mitglied unserer Familie, mit dem sie sich über die Jahre nicht entzweit hatte. Und doch hatte es Zeiten gegeben, in denen ich auf ihre Unterstützung zählen konnte – und vor allem zu Beginn meiner Karriere sogar Zeiten, in denen wir richtig Spaß mit ihr hatten. So erinnerten sich die meisten Menschen an sie, die sie in den frühen Siebzigern kennengelernt hatten. Wenn ich nach Mums Tod mit ihnen sprach, hörte ich häufig Sätze wie: Oh, deine Mum war echt witzig.

Die Trauerfeier fand in der Kapelle von Woodside im allerengsten Kreis statt. Ich wollte mich im Schoß der Familie an die guten Momente erinnern. Als ich bei dem Gottesdienst von ihr sprach, musste ich weinen. Ich vermisste den Menschen, den ich gerade beschrieb, wirklich fürchterlich. Doch ich hatte schon Jahrzehnte vor Mums Tod begonnen, ihn zu vermissen. Sie schien genauso schnell und unerwartet zu verschwinden, wie sie aufgetaucht war. Am Ende fuhr ihr Sarg in einem Leichenwagen davon. Wir alle, und damit das, was von den Dwights und den Harris' noch übrig geblieben war, blickten ihm schweigend nach, als er die lange Zufahrt von Woodside hinabrollte.

Schließlich wurde die Stille von meinem Onkel Reg durchbrochen, der ein letztes Mal zu seiner Schwester sprach.

»Diesmal kannst du uns wohl keine patzige Antwort geben, stimmt's, Sheila?«, murmelte er.

SIEBZEHN

Seit ich erwachsen bin, arbeite ich als Profimusiker. Aber von Liveauftritten hatte ich niemals die Nase voll. Auch wenn ich es manchmal glaubte – als ich mit Long John Baldry durch die Clubs tingelte oder Mitte der Siebzigerjahre völlig ausgebrannt war –, war es offensichtlich nicht so. Man kann es auch daran ablesen, dass ich oft großspurig verkündet habe, ich würde mich von der Bühne zurückziehen, nur um dann Wochen später doch wieder auf einer zu stehen. Im Lauf meines Lebens hat sich an dem Gefühl, das sich jeden Abend vor einem Auftritt einstellt, an der besonderen Mischung aus Adrenalin und ängstlicher Anspannung, nichts geändert. Und das ist auch gut so, denn dieses Gefühl ist verdammt großartig. Es macht süchtig. Das Reisen, die Promotion, all die Sachen, die man vor und nach den Konzerten machen muss, öden einen irgendwann vielleicht an, aber dieses Gefühl treibt einen immer wieder auf die Bühne. Das und die Gewissheit, dass selbst beim schlechtesten Auftritt – mieser Sound, gelangweiltes Publikum, lausige

Halle – auf der Bühne irgendetwas Wunderbares geschehen wird: ein überspringender Funke, eine plötzliche Inspiration, ein Song, den man schon tausendmal gespielt hat und der plötzlich eine lang vergessene Erinnerung weckt.

Die Musik mag einen also immer wieder überraschen, aber nach fünfzig Jahren stellt sich doch allmählich das Gefühl ein, bei einem Gig könne nichts mehr geschehen, das einen wirklich umhaut. Im Prinzip habe ich auf der Bühne alles Erdenkliche getan, außer vielleicht tot vom Klavierhocker zu fallen. Ich bin nüchtern aufgetreten, ich bin besoffen aufgetreten, und ich bin, dafür schäme ich mich sehr, »high as a kite« aufgetreten. Bei einigen Gigs habe ich mich so fantastisch gefühlt, wie man es als Mensch nur kann, durch andere wiederum musste ich mich völlig verzweifelt hindurchkämpfen. Ich habe auf dem Klavier gespielt, ich bin auf das Klavier gesprungen, ich bin vom Klavier gefallen, und ich habe ein Klavier von der Bühne in die Menge geschoben, dabei einen Zuschauer verletzt und mich für den Rest des Abends bei allen Anwesenden tausendmal entschuldigt. Ich habe mit den Helden meiner Kindheit gespielt und mit einigen der größten Künstler der Musikgeschichte. Ich habe mit Leuten gespielt, die so hoffnungslos schlecht waren, dass sie eigentlich nicht auf eine Bühne gehörten, und ich bin mit einer Gruppe männlicher Stripper in Pfadfinderkostümen aufgetreten. Bei einigen Gigs war ich als Frau verkleidet, als Katze, Minnie Mouse, Donald Duck, Operettengeneral, Musketier, Drag-Dame, und sehr selten auch als ganz normaler Mensch. Einige Gigs mussten wegen Bombendrohungen unterbrochen werden, andere wegen Studentenprotesten gegen den Vietnamkrieg, wieder andere, weil ich beleidigt von der Bühne rannte, nur um Minuten später völlig zerknirscht zurückzuschleichen. In Paris wurde ich mit Hotdogs beworfen, in North

Carolina ging ich, verkleidet als riesiges Huhn, bewusstlos zu Boden, weil ich von einer Haschpfeife am Kopf getroffen worden war; meine Band glaubte tatsächlich, jemand hätte auf mich geschossen. Und ich bin in einem Gorillakostüm auf die Bühne gelaufen, weil ich Iggy Pop überraschen wollte. Nicht meine beste Idee. Das war 1973, und am Vorabend hatte ich ein Konzert der Stooges besucht. Etwas derart Irres hatte ich noch nie gesehen, das komplette Gegenteil meiner Musik, aber schier unglaublich wegen der Energie, dem Krach und einem Iggy, der wie Spider-Man überall herumkrabbelte. Sie traten eine ganze Woche lang im Richards in Atlanta auf, also bin ich am nächsten Abend wieder hin. Ich dachte, es könnte witzig sein, wenn ich mir ein Gorillakostüm lieh und während des Sets auf die Bühne rannte. Damit wollte ich eigentlich nur ein Scherflein zu dem allgemeinen Chaos und der Anarchie beitragen. Stattdessen lernte ich eine Lektion fürs Leben: Sollten Sie mit dem Gedanken spielen, in einem Gorillakostüm auf die Bühne zu rennen, um jemanden zu überraschen, dann erkundigen Sie sich besser vorher, ob sich der Betreffende vor dem Konzert nicht dermaßen viel LSD reingepfiffen hat, dass er nicht mehr zwischen einem als Gorilla verkleideten Menschen und einem echten Gorilla unterscheiden kann. Das ging mir auf, als mein Überraschungsauftritt nicht mit Gelächter begrüßt wurde, sondern Iggy Pop stattdessen schreiend vor mir weglief. Im nächsten Augenblick wurde mir klar, dass ich nicht länger auf der Bühne stand, sondern durch die Luft flog. Weil ein Mitglied der Stooges dachte, dass die Situation entschlossenes Handeln erforderte, hatte er mich kurzerhand in die Menge katapultiert.

Sie haben also eine ungefähre Vorstellung, warum ich mir gelegentlich einbilde, dass es nichts mehr gibt, was ich bei einem Gig nicht schon getan hätte. Aber sobald man so etwas denkt, führt einem das Leben vor Augen, wie sehr man sich geirrt hat. Nehmen wir beispielsweise diesen einen Abend im Jahr 2017 in Las Vegas, als ich nach dem Schlussakkord von »Rocket Man« vom Klavierhocker aufsprang und über die Bühne des Colosseum stolzierte, mich im Applaus der Menge sonnte, in die Luft boxte und auf besonders ausgelassene Fans zeigte. An und für sich nichts Ungewöhnliches, außer vielleicht, dass ich über die Bühne stolzierte, mich im Applaus der Menge sonnte und in die Luft boxte, während ich, ohne dass das Publikum es mitbekam, ausgiebig in die Erwachsenenwindel urinierte, die ich unter dem Anzug trug. Vor einem begeisterten Publikum in eine riesige Windel zu pinkeln, das war für mich nun doch Neuland. Über Prostatakrebs gibt es nicht viel Positives zu sagen, aber wenigstens eröffnet er einem Möglichkeiten, auf der Bühne etwas völlig Neues zu machen.

Ruhig ist es in meinem Leben nie zugegangen, aber die letzten Jahre waren noch eine Spur turbulenter als sonst. Viel Schönes ist passiert. Ans Vatersein habe ich mich schneller gewöhnt, als ich erwartet hatte. Ich liebe es, mit den Jungs ganz alltägliche Sachen zu machen, mit ihnen am Samstag ins Kino zu gehen, ins Legoland zu fahren oder im Windsor Great Park den Weihnachtsmann zu besuchen. Und es macht wahnsinnigen Spaß, mit ihnen zu den Spielen von Watford zu gehen. Sie sind total fußballverrückt. Oft rede ich mit ihnen stundenlang über nichts anderes und beantworte ihre Fragen zur Geschichte des Sports: »Wer war George Best, Dad?« »Warum war Pelé so ein toller Spieler?« Sie kamen auch mit, als im Vicarage Road eine Tribüne nach mir benannt wurde, worauf ich wahnsinnig stolz bin – eine andere Tribüne wurde nach Graham Taylor benannt. Seitdem sind die beiden Jungs bei den Spielen so etwas wie Maskottchen, und sie lassen sich kein einziges entgehen.

Toll finde ich es auch, wie mir die Kinder dabei geholfen hatten, mich in das Städtchen in der Nähe von Woodside zu integrieren. Dort hatte ich seit Mitte der Siebzigerjahre gelebt, ohne je einen Nachbarn näher kennengelernt zu haben. Doch als die Jungs erst in den Kindergarten und später in die Schule gingen, knüpften sie natürlich Freundschaften, und David und ich freundeten uns wiederum mit den Eltern ihrer Freunde an. Wer ich war, interessierte sie herzlich wenig. Eine gestresste Mutter vor dem Schuleingang fragt dich nicht, wie du auf »Bennie and the Jets« gekommen bist oder wie Prinzessin Diana als Mensch so war. Sie redet lieber über Schuluniformen, Pausenbrote und die Herausforderung, zwei Tage vor dem Krippenspiel ein passendes Kinderkostüm zu finden. Ich habe damit keine Probleme. Heute bewegen wir uns in einem ganz anderen Kreis als zu der Zeit, als David und ich ein bekanntes Schwulenpaar waren, das um die Welt jettete.

2011 feierte meine neue Show *The Million Dollar Piano* in Las Vegas Premiere. Sie war so spektakulär und erfolgreich wie *The Red Piano*, stieß zum Glück aber nicht auf ähnlich geteiltes Echo. Ich hatte Tony King als künstlerischen Leiter gewinnen können. Er hatte jahrelang mit den Rolling Stones zusammengearbeitet und sie weltweit auf Tour begleitet und machte seine Sache hervorragend. Seitdem gehört Tony fest zu meinem Organisationsteam, sein offizieller Titel lautet Graue Eminenz, was perfekt zu ihm passt. Im darauffolgenden Jahr machte ich das Album *Good Morning to the Night*, das völlig anders war als seine Vorgänger und trotzdem auf Platz eins stieg. Besser gesagt, gemacht habe ich das Album nicht im eigentlichen Sinn. Ich schickte die Masterbänder meiner Siebziger-Alben an das australische Elektropopduo Pnau und sagte den beiden, sie könnten damit machen, was sie wollten. Sie mixten verschiedene Elemente aus alten Songs zu neuen Tracks zusammen, sodass ich am Ende wie Pink Floyd oder Daft Punk klang. Das Ergebnis hat mir sehr gefallen, auch wenn ich keine Ahnung vom Produktionsprozess hatte. Auf Platz eins der Charts stand also ein Album mit meinem Namen darauf, und ich hätte nicht sagen können, wie es entstanden war. Im Rahmen eines Festivals auf Ibiza sind wir sogar zusammen aufgetreten, und es lief fantastisch. Vor jedem Gig bin ich nervös – sobald sich das eines Tages legt, leiert man die Stücke vermutlich nur noch runter –, aber an jenem Abend hatte ich richtig Schiss. Im Publikum waren wahnsinnig junge Leute, theoretisch hätten es meine Enkelkinder sein können, und den ersten Teil der Show bestritt ich allein am Klavier. Sie waren begeistert. Wenn sich ein Publikum, das gänzlich anders ist als die Leute, die normalerwiese zu deinen Konzerten kommen, über deine Lieder freut, gibt dir das unglaublich viel.

Pnau waren nicht die Einzigen, mit denen ich etwas gemacht habe. Ich arbeitete mit den verschiedensten Künstlern zusammen: Queens of the Stone Age, A Tribe Called Quest, Jack White und Red Hot Chili Peppers. Ich gehe gern mit Leuten ins Studio, mit denen mich die meisten eher nicht in Verbindung bringen würden. Das erinnert mich an meine Zeit als Sessionmusiker in den späten Sechzigerjahren. Den eigenen Stil an den der anderen anzupassen und sich blitzschnell auf neue Situationen einstellen zu müssen finde ich auch heute noch extrem spannend.

Ich war gerade mit Clean Bandit im Studio, als ich ans Telefon gerufen wurde. Offenbar wollte Wladimir Putin mich sprechen. In Russland hatte ich ein paar Konzerte gegeben und mich auf der Bühne für LGBTQ-Rechte eingesetzt, was in der dortigen Presse für Wirbel gesorgt hatte. Das Konzert in Moskau hatte ich Wladislaw Tornowoi gewidmet, einem jungen Mann aus Wolgograd, der aus Schwulenhass gefoltert und ermordet worden war, und in St. Petersburg hatte ich gesagt, wie lächerlich ich es fände, dass ein Denkmal für Steve Jobs aus der Stadt entfernt worden war, nachdem sich Tim Cook, sein Nachfolger als CEO von Apple, öffentlich geoutet hatte. Wie sich herausstellte, handelte es sich bei dem Anruf um einen Telefonscherz von zwei Komikern, die Ähnliches zuvor schon mit anderen Prominenten gemacht hatten, darunter auch Michail Gorbatschow. Die beiden nahmen das Gespräch auf und sendeten es im russischen Fernsehen, aber mir war das überhaupt nicht peinlich, weil ich nichts Dummes gesagt, sondern mich nur für den Anruf bedankt und ein Treffen vorgeschlagen hatte, damit wir über Bürgerrechte und die Versorgung von Aidskranken reden könnten. Außerdem rief mich der echte Wladimir Putin ein paar Wochen später zu Hause an, um sich bei mir zu entschuldigen und mir seinerseits ein Treffen vorzuschlagen. Dazu ist es bisher noch nicht gekommen, ich bin zwar wieder in Russland gewesen, aber meine Einladung in den Kreml muss wohl in der Post verloren gegangen sein. Trotzdem gebe ich die Hoffnung nicht auf.

Wenn man sich weigert, mit den Leuten zu reden, erreicht man gar nichts. Das war auch der Grund, warum ich 2010 bei der Hochzeit des rechtskonservativen Radiomoderators Rush Limbaugh aufgetreten bin. Dass er mich überhaupt gefragt hatte, überraschte mich, und als ich auf die Bühne kam, sagte ich als Erstes: »Sie wundern sich jetzt vermutlich, warum zur Hölle ich hier bin«. In den Medien wurde ich fast gevierteilt, weil sich alle fragten, wie ich nur für einen Mann singen konnte, der unglaublich dumme Sachen über Aids gesagt hatte. Aber ich versuche lieber, eine Brücke zu den Menschen auf der anderen Seite zu bauen, als zwischen uns eine Mauer zu errichten. Außerdem habe ich meine gesamte Gage für den Auftritt, und ich kann Ihnen versichern, wer mich als Hochzeitssänger haben will, muss schon etwas tiefer in die Tasche greifen, an die Elton John AIDS Foundation gespendet. Mir war es also gelungen, die Hochzeit eines rechtskonservativen Radiomoderators in eine Spendengala für die Aids-Hilfe zu verwandeln.

Aber in diesen Jahren passierten auch sehr viele furchtbare Dinge. Bob Birch, der über zwanzig Jahre lang Bassist in meiner Band gewesen war, beging Selbstmord. Er hatte sich nie ganz von einem Autounfall Mitte der Neunzigerjahre erholt, bei dem er vor einem Gig in Montreal auf der Straße von einem Laster erfasst worden war. Aber ich habe wohl nie richtig begriffen, wie schlimm seine Schmerzen waren oder wie sehr ihm das psychisch zusetzte. Auf mich wirkte er immer unglaublich widerstandsfähig: Eigentlich hatte man ihm gesagt, er würde nie wieder gehen können, aber nach sechs Monaten konnte er bereits wieder mit uns touren. Sein Bassspiel hat unter seinem Zustand nie gelitten, und er hat sich auch nie beklagt, selbst dann nicht, wenn er auf der Bühne im Sitzen spielen musste. Als wir 2012 zwischen den Konzertterminen eine Sommerpause einlegten, müssen seine Schmerzen plötzlich unerträglich geworden sein. Davey rief mich eines Morgens um sechs Uhr früh in Nizza an, um mir mitzuteilen, dass sich Bob vor seinem Haus in Los Angeles erschossen hatte. Bis heute wünsche ich mir, er hätte sich mir anvertraut. Ich weiß zwar nicht, was ich für ihn hätte tun können, aber der Gedanke, dass er still vor sich hin gelitten hat, hat mich noch lange nach seinem Tod verfolgt.

Dann starb Ingrid Sischy. Ende der Neunzigerjahre hatte sie Brustkrebs gehabt und mich in Tränen aufgelöst in Nizza angerufen, weil ich ihr zu einem Termin bei dem angesehenen Onkologen Larry Norton, der schon Linda McCartney behandelt hatte, verhelfen sollte. Damals hatte sich der Krebs zwar wieder zurückgebildet, aber Ingrid hatte furchtbare Angst, er könnte eines Tages erneut ausbrechen. Sie wurde richtig paranoid und suchte permanent nach Anzeichen, dass er an völlig absurden Stellen wieder aufgetaucht war, bis es zum Running Gag zwischen uns beiden wurde.

»Elton, guck mal, meine Hände zittern, meinst du, ich habe Handkrebs?«

»Ja, klar, Ingrid, du hast Handkrebs. Vermutlich hast du auch Zahn- und Haarkrebs.«

Damals kam mir das witzig vor, weil ich mir einfach nicht vorstellen konnte, dass sie tatsächlich einmal sterben würde. Nie habe ich einen Menschen mit einer solchen Energie getroffen, sie hatte immer etwas zu tun, war mit einer Million Projekten gleichzeitig beschäftigt. Und sie war in meinem Leben fast immer präsent, ich rief sie jeden Tag an, von Montag bis Freitag, um mit ihr zu plaudern, Klatsch und Tratsch auszutauschen oder sie um Rat zu fragen, denn sie hatte zu allem eine Meinung. Wenn ein Mensch dermaßen viel Lebenskraft besitzt und eine solche Rolle für einen spielt, dann kann man sich nicht vorstellen, dass dieses Leben jemals vorbei sein könnte.

Und doch ging es irgendwann zu Ende. 2015 kehrte bei Ingrid der Krebs zurück, und sie starb plötzlich und unerwartet – so plötzlich, dass ich sofort von Großbritannien nach Amerika flog, um sie wenigstens noch einmal zu sehen. Ich habe es gerade eben noch geschafft. Von ihr konnte ich mich wenigstens verabschieden, was mir nicht bei allen verstorbenen Freunden vergönnt war. In gewisser Hinsicht war ich froh, dass es so schnell ging. Ingrid hatte solche Angst vor dem Krebs, hatte solche Angst vor dem Sterben, und so musste sie sich wenigstens nicht wochen- oder gar monatelang mit dem Tod auseinandersetzen. Aber ein richtiger Trost war das nicht. Erst hatte ich Gianni verloren, nun eine weitere gute Freundin, zwei Menschen, die fast wie Geschwister für mich gewesen waren. Ich werde immer an sie denken. Überall in meinem Haus stehen Fotos von Ingrid, sie ist immer bei mir. Aber mir fehlen ihre guten Ratschläge, ihre Intelligenz, ihre Begeisterung, ihr Lachen. *Sie* fehlt mir.

Und dann war da noch die Sorge um David. Mir war wohl aufgefallen, dass er plötzlich mehr trank, wenn nicht gar zu viel. Am Anfang nahm er ein Glas Wein mit ins Bett und nippte daran, während er las oder sich mit mir unterhielt. Oder er blieb länger auf als ich, und am nächsten Morgen sah ich die leere Flasche neben der Spüle. Gelegentlich auch zwei. Wenn wir die Ferien in unserem Haus in Nizza verbrachten, kam er manchmal gar nicht erst ins Bett. Morgens entdeckte ich ihn dann zusammengesackt vor dem Computer oder auf dem Sofa im Wohnzimmer. Aber ich kam nicht auf die Idee, dass er ein ernstes Alkoholproblem haben könnte. Ganz gleich, wie der Abend verlaufen war, er stand immer um sieben Uhr auf und fuhr zur Arbeit. Manchmal, wenn wir abends unterwegs waren, betrank er sich – nach einer gemeinsamen Geburtstagsfeier von Sam Taylor-Wood und mir musste ich David fest unterhaken und zum Auto führen, damit er nicht vor den Paparazzi herumtorkelte. Aber er hatte sich immer einigermaßen im Griff. Wenn man bedenkt, dass bei mir nach ein paar Wodka-Martini von verbalen Entgleisungen über Handgreiflichkeiten bis hin zu öffentlicher Entblößung alles drin war, versteht man vielleicht, warum mir nicht auffiel, dass David ein ernstes Problem hatte.

Mir war nicht klar, dass David im Alkohol eine Stütze suchte. Ich hatte immer geglaubt, er wäre mühelos und selbstsicher in die Elton-John-Welt hinübergewechselt, aber wie sich herausstellte, machten ihn viele Dinge, an die ich mich längst gewöhnt hatte und die mir normal erschienen, beklommen. Es war ihm unbehaglich, unentwegt fotografiert zu werden, unter ständiger Beobachtung der Presse zu stehen oder bei Veranstaltungen der AIDS Foundation reden zu müssen. Das Fliegen machte ihn nervös, doch in meinem Leben vergeht nicht eine Woche, in der ich mich nicht in ein Flugzeug setzen muss. Nach ein paar Drinks wurde er leichter mit diesen Situationen fertig. Außerdem waren wir häufig getrennt, ich gab eigentlich immer Konzerte, und er blieb allein zu Hause. Ich will damit nicht andeuten, David wäre eine Art Rock'n'Roll-Strohwitwe gewesen, in seinem Leben war nämlich immer genug los, aber nach einer Weile fühlte er sich doch ein bisschen einsam, oder ihm wurde langweilig. Und ein altes Hausmittel gegen Einsamkeit und Langeweile sind bekanntlich eine schöne Flasche Wein oder zwei, drei Gläschen Wodka. Und natürlich hatten wir jetzt Kinder. Wie alle frischgebackenen Eltern wissen, gibt es trotz aller Liebe, die man für sein Kind empfindet, auch immer wieder Momente, in denen einem die Verantwortung schon einen Schrecken einjagen kann. David wäre nicht der erste Vater in der Geschichte der Menschheit gewesen, der, sobald die Kinder im Bett sind, zum Kühlschrank rennt, weil er ganz dringend ein kaltes, alkoholisches Entspannungsgetränk braucht. Natürlich kümmerten wir uns nicht allein um die Kinder, aber selbst die beste Nanny im gesamten Universum ist einem in manchen Augenblicken keine Hilfe. Jedes Elternteil, das sein Kind aufrichtig liebt, kommt manchmal an den Punkt, an dem ihm die Vorstellung, einen Menschen in die Welt gesetzt zu haben, dem man das beste Leben ermöglichen will, über den Kopf wächst.

Bekämpft man seine Ängste mit Alkohol, funktioniert das meistens nur so lange, wie man trinkt. Doch am nächsten Morgen sind die Ängste größer als je zuvor. So war es auch bei David. Der Tiefpunkt war 2014 in Los Angeles erreicht, zwei Tage vor Beginn meiner Amerika-Tour. Abends musste ich nach Atlanta. Tony King wollte ebenfalls hinfliegen, und ich freute mich schon darauf, vor der Tournee die neuesten Geschichten mit ihm auszutauschen. David wirkte leicht bedrückt und bat mich, diese eine Nacht noch bei ihm zu bleiben. Ich sagte Nein. Es kam zum Streit. Ich flog trotzdem. Am nächsten Morgen rief mich David an, und es kam zu einem weiteren Streit, der den vom Vorabend aussehen ließ wie eine leichte Meinungsverschiedenheit wegen des Mittagessens. Die Sorte Streit, nach der man heulend auflegt und sich angesichts der an den Kopf geworfenen Gemeinheiten fragt, ob die Kommunikation in Zukunft wohl über einen Anwalt laufen wird. Und tatsächlich, als ich das nächste Mal von David hörte, hatte er sich in eine Entzugsklinik in Malibu einweisen lassen. Wie er mir gestand, hatte er sich nach unserem Telefonat einfach ins Bett gelegt. Er hätte zwar gehört, wie Elijah und Zachary im Flur gespielt hätten, sei zum Aufstehen aber zu deprimiert gewesen. Und in diesem Moment traf er die Entscheidung: Er rief die Ärztin an und sagte ihr, dass er nicht mehr könne und Hilfe bräuchte.

Ich war froh, dass er sich in Behandlung begeben hatte. Aber ich fühlte mich auch schlecht, weil ich nicht bemerkt hatte, wie schlimm es um ihn gestanden hatte. Natürlich wünschte ich mir, es würde ihm bald besser gehen, aber gleichzeitig war ich auch nervös. Ich bin ein großer Befürworter des Entzugs, weiß aber auch, was für ein großer Schritt das ist. Er kann einen

Menschen komplett verändern. Was wäre, wenn der Mann, den ich liebte, als neuer Mensch nach Hause käme? Wenn sich unsere Beziehung ändern würde, so wie sich meine Beziehung mit Hugh nach unserem Entzug geändert hatte, und sie auf einmal nicht mehr funktionierte? Diese Gedanken raubten mir nachts den Schlaf. Doch als David nach Hause zurückkehrte, wirkte er überhaupt nicht verändert. Er war nur noch energiegeladener und konzentrierter und fest entschlossen, mich in seinen Genesungsprozess mit einzubeziehen. Ich fing wieder an, zu den Treffen der Anonymen Alkoholiker zu gehen. Dort war ich seit den frühen Neunzigerjahren nicht mehr gewesen. Zuerst kam ich nur mit, um David zu unterstützen, doch dann fand ich wieder richtig Gefallen an den Treffen. Man hört dort immer etwas, das einen aufbaut und die Stimmung hebt. Bald veranstalteten wir an jedem Sonntag ein Treffen bei uns zu Hause und luden Freunde wie Tony King ein, die ebenfalls einen Entzug hinter sich hatten. Vielleicht ist das ein bisschen so, als würde man in die Kirche gehen – man ist einfach dankbar, weil man es geschafft hat, nüchtern zu bleiben. Ich fühlte mich nach den Treffen wie neu geboren.

David schien es genauso zu gehen. Kurz nach seinem Entzug trennte ich mich von Frank Presland, der zuerst mein Anwalt und später mein Manager gewesen war. Seit John Reid hatte ich eine ganze Reihe von Managern gehabt, aber mit keinem hatte es richtig gut funktioniert. Im Geist ging ich die verschiedenen Optionen durch, dann überlegte ich mir, ob David nicht der Richtige wäre. Bevor wir uns kennengelernt hatten, hatte er bei einer namhaften Werbeagentur gearbeitet. Dort hatte er große Kampagnen und Werbeetats betreut – und dafür brauchte man Fähigkeiten, die sich nicht sonderlich von denen unterschieden, die ein Rockmanager mitbringen musste. Obwohl es natürlich ein bisschen gewagt war, mit seinem Partner eine geschäftliche Beziehung einzugehen, gefiel mir die Vorstellung. Wir hatten Kinder, also würden wir gewissermaßen einen Familienbetrieb führen. Zuerst zögerte David noch, aber am Ende stimmte er zu.

David stürzte sich kopfüber in die Aufgabe. Man sollte die Energie eines Menschen, der erst seit Kurzem völlig nüchtern durchs Leben geht, eben nie unterschätzen. Er straffte die Strukturen des Unternehmens und drosselte die Ausgaben. Und er passte ein paar Dinge den neuen Anforderungen des Musikbusiness an, indem er sich beispielsweise auch um Streaming und Social Media kümmerte. Mit diesen Sachen kannte ich mich nicht aus. Ich habe noch nie ein Handy besessen. Und als leidenschaftlicher Sammler interessiert mich Streaming nicht sonderlich. Ich besitze gern Alben, unendlich viele und am liebsten auf Vinyl. Da ich natürlich auch noch meine Gefühlsausbrüche und meine, sagen wir mal, beeindruckende Bilanz, meine Meinung ganz direkt zum Ausdruck zu bringen, bedenken musste, wusste ich, dass es bestenfalls im Chaos enden würde, wenn ich mich auch nur in die Nähe von Twitter oder Ähnlichem wagte.

Aber David hatte alles im Griff und stellte ein tolles Team zusammen. Er schien sich tatsächlich für einige Bereiche der Musikindustrie zu interessieren, die mich zu Tode langweilten. Und er engagierte sich sehr dafür, eine Filmbiografie über mein Leben in die Kinos zu bringen. Die Idee war ein paar Jahre zuvor wegen der Kurzfilme entstanden, die David LaChapelle für meine *The Red Piano*-Shows in Las Vegas gedreht hatte. Wenn wir wirklich einen Film über mein Leben machen wollten, dann sollte er meiner Meinung nach genauso aussehen. Sie waren explizit, gleichzeitig aber auch fantastisch, surreal und over-the-top. Meine Musikerkarriere war ebenfalls fantastisch, surreal und over-the-top gewesen, also passte das perfekt. Für das Drehbuch holten wir uns Lee Hall, der schon bei *Billy Elliot* mitgewirkt hatte, und seine Ideen gefielen mir außerordentlich gut. Die Dreharbeiten auf den Weg zu bringen dauerte leider eine halbe Ewigkeit. Regisseure und Hauptdarsteller kamen und gingen. Eigentlich hätte David LaChapelle Regie führen sollen, aber er wollte sich lieber auf seine Karriere als Fotokünstler konzentrieren. Erst sollte Tom Hardy mich verkörpern, aber er konnte nicht singen, und ich wollte einen Schauspieler haben, der meine Songs selbst sang, statt nur die Lippen dazu zu bewegen. Mit den Studios gab es unzählige Streitigkeiten über Budgets und den Inhalt des Films. Die Leute baten uns immer wieder, die Szenen mit schwulem Sex und Drogen zu entschärfen, damit der Film eine Altersfreigabe ab dreizehn Jahren erhielt. Aber ich bin nun mal schwul und ein ehemaliger Drogensüchtiger, also ergab es wenig Sinn, einen entschärften Film über mein Leben zu drehen, in dem Sex und Koks nicht vorkamen. Irgendwann gab ich die Hoffnung fast auf, aber David ließ nicht locker, und schließlich konnten die Dreharbeiten doch noch beginnen.

Einige von Davids neuen Ideen waren ziemlich radikal. Wie radikal, ging mir eines Morgens in L.A. auf, als er mir einen Zettel in die Hand drückte. Er hatte sämtliche Termine aufgeschrieben, die sich auf die schulische Ausbildung von Zachary und Elijah bezogen – wann ein neues Schuljahr begann, wie lange die Ferien dauerten, in welchem Jahr sie auf eine weiterführende Schule kamen, wann sie ihre Abschlussprüfungen ablegen würden.

»Bei wie vielen möchtest du dabei sein?«, fragte er. »Dann musst du nämlich deine Tourneen darauf abstimmen.«

Ich schaute auf das Blatt Papier. Im Prinzip war darauf der Lebensweg meiner Kinder vorgezeichnet. Wenn sie bei den letzten Terminen angelangt wären, würden sie keine Kinder mehr sein, sondern Teenager, junge Männer. Und ich wäre schon über achtzig.

»Bei allen«, sagte ich schließlich. »Ich möchte bei allen Terminen dabei sein.«

David zog die Augenbrauen hoch. »Dann«, sagte er, »solltest du dir überlegen, dein Leben zu ändern. Du solltest dir überlegen, mit dem Touren aufzuhören.«

Die Entscheidung fiel mir nicht leicht. Ich habe mich immer als Tourmusiker gesehen, seit der Zeit, als ich mit Bluesology in dem von Arnold Tendler spendierten Bandbus den Motorway rauf und runter gefahren war. Das soll keine falsche Bescheidenheit sein. Natürlich bin ich heute nicht mehr derselbe wie in den Sechzigerjahren – es ist ganz schön lange her, dass ich im Laderaum eines Transporters zu einem Gig gekarrt wurde. Doch die Philosophie dahinter ist dieselbe geblieben. Wenn man damals für einen Gig gebucht war, fuhr man hin und trat auf. So verdiente man seinen Lebensunterhalt, es definierte das Dasein als Musiker. Und ich war stolz darauf, dass sich mein jetziger Terminkalender nicht groß von dem der frühen Siebzigerjahre unterschied. Natürlich waren die Hallen nun wesentlich größer, die Unterkünfte luxuriöser, die Transportmittel bequemer, und ich schloss mich auch nicht mehr so oft auf der Toilette ein, um mich vor weiblichen Groupies zu verstecken. Selbst bei den hartnäckigsten unter ihnen war schon vor langer Zeit durchgesickert, wie unwahrscheinlich es war, dass sich Elton John durch ihren Charme umpolen ließ. Aber die Zahl meiner Gigs war ungefähr dieselbe geblieben, etwa hundertzwanzig oder hundertdreißig pro Jahr. Und ganz gleich, wie viele

Konzerte ich in einem Jahr gab, im nächsten wollte ich noch mehr geben. Im Kopf hatte ich eine Liste mit Ländern, in denen ich unbedingt noch auftreten wollte; Länder, in denen ich noch nie gewesen war, wie zum Beispiel Ägypten, das wegen meiner Homosexualität ein Auftrittsverbot gegen mich verhängt hatte. Tatsächlich hatte ich oft gesagt, wie glücklich ich wäre, wenn ich eines Abends auf der Bühne sterben würde.

Aber Davids Liste mit den Schulterminen gab mir zu denken. Meine Kinder würden nur einmal aufwachsen. Und ich wollte nicht im Madison Square Garden oder im Staples Center in Los Angeles oder in Boise in der Taco Bell Arena sitzen, während es passierte, so sehr ich die Fans auch liebte, die zu den Konzerten gekommen wären. Ich wollte nirgendwo anders sein als bei Zachary und Elijah. In ihnen hatte ich endlich etwas gefunden, das mit dem Reiz der Bühne locker mithalten konnte. Also begannen David und ich mit der Planung meiner Abschiedstournee. Sie sollte größer und spektakulärer werden als alles, was ich zuvor gemacht hatte, eine Riesenparty und ein Dankeschön an all die Menschen, die über Jahrzehnte die Alben und Konzertkarten gekauft hatten.

Die Vorbereitungen für die allerletzte Tournee liefen bereits, als ich erfuhr, dass ich Krebs hatte. Ich war bei einer Routineuntersuchung gewesen, mein Arzt hatte festgestellt, dass die Konzentration von prostataspezifischen Antigenen in meinem Blut leicht erhöht war, und mich für eine Biopsie an einen Onkologen überwiesen. Das Ergebnis war positiv. Seltsamerweise schockte mich das Wort »Krebs« nicht mehr so wie damals in den Achtzigerjahren, als die Ärzte glaubten, ich hätte Kehlkopfkrebs. Vielleicht lag es daran, dass nur die Prostata befallen war. Das soll kein Witz sein. Die Krankheit kommt ziemlich häufig vor, und bei mir hatten sie den Krebs in einem frühen Stadium entdeckt. Außerdem bin ich mit einer robusten Konstitution gesegnet und nach jeder Krankheit wieder kerngesund geworden. In der Vergangenheit musste ich mir einige Male ernsthaft Sorgen um meine Gesundheit machen, aber gebremst hat mich das nie. Ende der Neunzigerjahre machte ich während der Anreise zur Hochzeit von David und Victoria Beckham schlapp. Am Morgen hatte ich mich beim Tennisspielen etwas schwach gefühlt, und auf dem Weg zum Flughafen war ich kurz ohnmächtig geworden. Ich ließ die Hochzeit sausen und fuhr stattdessen ins Krankenhaus, wo ein Arzt ein EKG vornahm und mir im Anschluss erklärte, ich hätte eine Mittelohrentzündung. Am nächsten Tag stand ich wieder auf dem Tennisplatz, als David plötzlich aus dem Haus rannte und mich anschrie, ich solle sofort aufhören. Wie ich reagiere, wenn mich jemand beim Tennis stört, dürfte allgemein bekannt sein – vielleicht erinnern Sie sich an die Szene aus *Tantrums and Tiaras*, in der ich verkünde, ich würde Frankreich sofort verlassen und niemals wiederkommen, weil mir ein Fan während meines Aufschlags zugewunken und »ju-hu!« gerufen hatte. Ich hatte David gerade unmissverständlich zu verstehen gegeben, er solle sich verpissen, da schrie er, das Krankenhaus habe angerufen, sie hätten sich geirrt. Ich litt unter Herzrhythmusstörungen und musste sofort nach London fliegen, damit sie mir einen Herzschrittmacher einpflanzen konnten. Im Krankenhaus blieb ich nur eine Nacht, und danach fühlte ich mich nicht etwa geschwächt, im Gegenteil, der Herzschrittmacher war fantastisch. Durch ihn hatte ich noch mehr Energie als vorher.

Es war noch gar nicht so lange her, da hatte ich es geschafft, mit einem Blinddarmdurchbruch neun Konzerte zu geben, vierundzwanzigmal zu fliegen und mit Coldplay bei einer Spendengala für die AIDS Foundation aufzutreten; die Ärzte hatten gesagt, ich hätte eine Dickdarmentzündung, und ich hatte mich zwar erschöpft gefühlt, aber einfach weitergemacht. Ich hätte sterben können – ein Blinddarmdurchbruch führt unter Umständen zu einer Bauchfellentzündung, die nach wenigen Tagen tödlich enden kann. Ich ließ mir den Blinddarm rausnehmen, blieb ein paar Tage im Krankenhaus, wo ich Morphium bekam und halluzinierte – ich will nicht lügen, dieser Teil meines Aufenthalts hat mir gut gefallen. Danach erholte ich mich noch ein paar Wochen in Nizza und begab mich wieder auf Tournee. So bin ich nun mal. Wenn ich nicht diese Konstitution hätte, wäre ich schon vor Jahrzehnten an den vielen Drogen krepiert.

Der Onkologe sagte, es gebe für mich zwei Optionen. Die erste wäre eine operative Entfernung der Prostata. Die andere Möglichkeit wäre Bestrahlung und Chemotherapie, würde aber bedeuten, dass ich Dutzende Male ins Krankenhaus müsste. Ich entschied mich sofort für die Operation. Viele Männer schrecken vor dem Eingriff zurück, weil man danach mindestens ein Jahr lang auf Sex verzichten muss und vorübergehend die Kontrolle über seine Blase verliert. Im Prinzip trafen meine Kinder die Entscheidung für mich. Die Vorstellung, der Krebs würde mich – uns – auf absehbare Zeit nicht in Frieden lassen, gefiel mir gar nicht. Ich wollte ihn so schnell wie möglich loswerden.

Die Operation ließ ich in aller Stille in Los Angeles vornehmen. Und wir setzten sämtliche Hebel in Bewegung, damit die Presse nichts von meiner Krankheit erfuhr. Das Letzte, was ich gebrauchen konnte, waren hysterische Geschichten in den Zeitungen oder Fotografen, die mein Haus belagerten. Die Operation war ein voller Erfolg. Die Ärzte stellten dabei fest, dass der Krebs bereits auf zwei Lappen der Prostata übergegriffen hatte. Selbst mit einer gezielten Strahlentherapie hätte man da womöglich nichts bewirken können. Meine Entscheidung war die richtige gewesen. Zehn Tage später stand ich wieder auf der Bühne des Caesars Palace.

Dass irgendetwas nicht stimmte, merkte ich erst nach meiner Ankunft in Las Vegas. Morgens beim Aufwachen fühlte ich mich unwohl. Im Lauf des Tages wurden die Schmerzen schlimmer. Als ich vor dem Gig in der Künstlergarderobe saß, hielt ich es kaum noch aus. Mir kamen vor Schmerzen buchstäblich die Tränen. Die Band schlug vor, den Auftritt abzusagen, aber ich lehnte ab. Bevor Sie mich jetzt für meine Tapferkeit und beispiellose Professionalität bewundern, sollte ich wohl darauf hinweisen, dass ich mich nicht etwa aus einer stoischen Die-Show-muss-weitergehen-Haltung oder meinem Pflichtgefühl heraus für den Auftritt entschieden habe. Ich dachte nur, wenn ich die Schmerzen ohnehin ertragen muss, würde ich lieber auf die Bühne gehen, als untätig zu Hause rumsitzen. Also zogen wir die Show durch. Und es lief sogar einigermaßen gut. Während des Gigs konnte ich zumindest an etwas anderes denken als an die Schmerzen, sogar noch in dem besagten Moment, als mir klar wurde, dass sich die Prostataentfernung eben doch auf meine Blase auswirkte.

Das war wirklich komisch – schließlich hatte das Publikum nicht die geringste Ahnung –, aber trotzdem muss es einem schon ganz schön mies gehen, wenn es das Highlight des Tages ist, dass man sich vor viertausend Leuten in die Hose macht. Wie sich herausstellte, war bei mir eine seltene postoperative Komplikation aufgetreten. Meine Lymphknoten sonderten Flüssigkeit ab. Im Krankenhaus ließ ich eine Drainage vornehmen, und der Schmerz verschwand. Erneut sammelte sich Flüssigkeit, und der Schmerz kam wieder. Na, wunderbar, noch ein Abend mit unerträglichen Schmerzen und Inkontinenz auf der

Bühne des Caesars Palace. Dieser Kreislauf wiederholte sich in den folgenden zweieinhalb Monaten immer wieder, bis mich die Ärzte aus Versehen kurierten: Bei einer Routinedarmspiegelung wenige Tage vor meinem siebzigsten Geburtstag wurde die Flüssigkeit endgültig verschoben.

Die Feier zu meinem Siebzigsten fand in den Red Studios in Hollywood statt. David brachte Zachary und Elijah als Überraschungsgäste aus London mit. Ryan Adams, Rosanne Cash und Lady Gaga sangen für mich. Prinz Harry schickte Geburtstagsgrüße per Video und trug dabei eine Elton-John-Brille. Auch Stevie Wonder spielte für mich, offenbar hatte er vergessen oder verziehen, dass ich mich, als er vor vierundvierzig Jahren schon mal »Happy Birthday« für mich gesungen hatte, geweigert hatte, mein Schlafzimmer zu verlassen. Bernie kam mit seiner Frau und den beiden Töchtern ebenfalls zur Party – eigentlich hatten wir doppelten Grund zum Feiern, weil es genau fünfzig Jahre her war, dass wir uns 1967 kennengelernt hatten. Zusammen posierten wir für die Fotografen. Ich in weinrotem Anzug mit Satinrevers, Rüschenhemd und Samtslippern; Bernie in schlichter Jeans, mit kurz geschorenen Haaren und tätowierten Armen. Noch immer waren wir so gegensätzlich wie an jenem Tag, als Bernie aus Owmby-by-Spital nach London gefahren war. Bernie war wieder aufs Land gezogen, auf eine Ranch in der Nähe von Santa Barbara; er war also halb zu seinen Wurzeln zurückgekehrt, halb hatte er sich in eine dieser Wild-West-Figuren verwandelt, über die er so gerne Texte schrieb, wie für *Tumbleweed Connection*. Er hatte sogar Wettbewerbe im Kälberfangen gewonnen. Ich sammelte Porzellan, und die Tate Modern bereitete eine Ausstellung mit den unzähligen Fotografien aus dem 20. Jahrhundert vor, die ich im Lauf der Zeit erworben hatte. Ein Glanzstück der Ausstellung war das Original der

Man-Ray-Fotografie, die Bernie und ich damals als Poster für unser gemeinsames Zimmer in Frome Court gekauft hatten. Zwischen uns beiden lagen Welten. Keine Ahnung, warum unsere Zusammenarbeit noch immer so gut funktionierte, aber eigentlich hatte ich das nie gewusst. Es war einfach so. Und so ist es noch heute.

Der Abend war wirklich zauberhaft. Eigentlich kann ich sehr gut ohne Veranstaltungen leben, bei denen mir jeder erzählt, was für ein wundervoller Mensch ich bin, denn mit Komplimenten konnte ich noch nie besonders gut umgehen. Aber ich hatte fantastische Laune. Ich war krebsfrei und schmerzfrei. Die Operation war ein voller Erfolg gewesen. Die postoperativen Komplikationen waren behoben. Bald würde ich wieder auf Tournee gehen und mit James Taylor ein paar Konzerte in Südamerika geben. Das Leben ging wieder seinen gewohnten Gang.

Bis ich beinahe gestorben wäre.

Ich flog von Santiago zurück nach Hause, als es mir plötzlich nicht gut ging. In Lissabon mussten wir umsteigen, und an Bord der nächsten Maschine fühlte ich mich fiebrig. Im nächsten Augenblick war mir eiskalt. Ich hatte Schüttelfrost und hüllte mich in eine Decke. Jetzt war mir zwar etwas wärmer, aber irgendetwas stimmte nicht. Zu Hause in Woodside ließ ich meinen Arzt kommen. Das Fieber war ein wenig zurückgegangen, und er riet mir, mich erst einmal auszuruhen. Am nächsten Morgen fühlte ich mich so elend wie in meinem ganzen Leben noch nicht. Man brachte mich nach London ins King Edward VII's Hospital. Die Ärzte machten eine Ultraschalluntersuchung und stellten fest, dass ich ernsthaft krank war. Wie sie sagten, war mein Zustand kritisch. Da das Krankenhaus nicht über die nötige Ausstattung für meine Behandlung verfügte, wurde ich in die London Clinic verlegt.

Mittags kam ich dort an. Ich erinnere mich nur noch daran, dass ich bereits hyperventilierte, als jemand bei mir nach einer Vene suchte, um mir eine Injektion zu verabreichen. Meine Arme sind ziemlich muskulös, deshalb war das immer schwierig, außerdem hasse ich Spritzen wie die Pest. Am Ende holten sie eine russische Krankenschwester, die aussah, als käme sie direkt vom morgendlichen Olympiatraining im Kugelstoßen, und um halb drei lag ich schließlich auf dem Operationstisch. Es hatte sich wieder Lymphflüssigkeit angesammelt, dieses Mal in meinem Zwerchfell, und ich bekam eine Drainage gelegt. Danach musste ich noch zwei Tage auf der Intensivstation bleiben. Als ich wieder zu mir kam, sagte man mir, ich hätte mir in Südamerika eine schwere Infektion zugezogen, die intravenös mit hohen Dosen eines Antibiotikums behandelt werden müsse. Ich schien über den Berg zu sein, doch dann setzte das Fieber wieder ein. Die Ärzte entnahmen eine Blutprobe und legten eine Kultur an. Die Infektion war wesentlich schwerer, als sie zuerst befürchtet hatten. Sie verschrieben mir ein neues Antibiotikum und erhöhten die Dosis. Sie machten MRTs und führten Gott weiß wie viele andere Untersuchungen durch. Ich lag nur da und fühlte mich beschissen, während ich von hier nach dort geschoben und ständig an irgendwelche Schläuche angeschlossen wurde, ohne zu wissen, was eigentlich vor sich ging. Die Ärzte erklärten David, ich hätte nur noch vierundzwanzig Stunden zu leben gehabt. Wenn die Südamerikatour nur einen Tag länger gedauert hätte, wäre es aus mit mir gewesen.

Ich hatte wirklich Wahnsinnsglück, denn ich wurde von hervorragenden Ärzten und Pflegern medizinisch bestmöglich versorgt, obwohl ich gestehen muss, dass ich mich damals nicht gerade vom Glück verfolgt fühlte. Ich konnte nicht schlafen. Nachts lag ich wach in meinem Bett und fragte mich die ganze Zeit, ob ich sterben musste. Zwar wusste ich nicht, wie nah ich dem Tod tatsächlich gewesen war, denn diese Information hatte David schlauerweise für sich behalten, aber mir ging es doch so schlecht, dass ich mir Gedanken über die Sterblichkeit machte. Das waren nicht die Umstände, unter denen ich mich für immer verabschieden wollte. Ich wollte zu Hause sterben, im Kreis meiner Familie, und zwar am liebsten, nachdem ich ein wahnsinnig hohes Alter erreicht hatte. Ich wollte meine Jungs noch einmal sehen. Ich brauchte einfach mehr Zeit.

Nach elf Tagen wurde ich entlassen. Gehen konnte ich nicht, weil ich stechende Schmerzen in den Beinen hatte und von den vielen Antibiotika völlig geschwächt war. Aber wenigstens war ich jetzt zu Hause. Es dauerte sieben Wochen, bis ich einigermaßen bei Kräften war und wieder gehen konnte. Das Haus verließ ich nur, wenn ich zum Arzt musste. Normalerweise wäre mir bei diesem verordneten Nichtstun die Decke auf den Kopf gefallen. Ich konnte mich nicht daran erinnern, wann ich zum letzten Mal so lange zu Hause geblieben war, aber in meinem Zustand gefiel mir die neue Situation sogar recht gut. Es war Frühling, und der Garten in Woodside sah wunderschön aus. Es gab auf der Welt wesentlich schlimmere Orte, an denen man hätte festsitzen können. Ich gewöhnte mir eine häusliche Routine an, spazierte tagsüber durch den Garten und wartete darauf, dass die Jungs aus der Schule kamen und mir von ihrem Tag erzählten.

Als ich nachts allein im Krankenhaus gelegen hatte, hatte ich gebetet: Bitte lass mich nicht sterben, bitte lass mich meine Kinder noch einmal sehen, bitte gib mir noch etwas Zeit. Die Wochen, in denen ich mich zu Hause erholte, erschienen mir wie die Antwort auf meine Gebete. Wer mehr Zeit haben möchte, muss lernen, langsamer zu leben. Mir kam es vor, als hätte man mir plötzlich ein neues Leben gezeigt, das mir, wie mir klar wurde, besser gefiel als das Leben auf Tour. Hatte ich vorher insgeheim noch gezweifelt, ob es für mich das Richtige wäre, mich von den Tourneen zu verabschieden, so waren diese Zweifel mit einem Mal verflogen. Ich hatte die richtige Entscheidung getroffen. Musik war für mich das Schönste, trotzdem klang sie nicht annähernd so gut wie Zacharys begeisterte Stimme, wenn er vom Pfadfindertreffen oder dem Fußballtraining erzählte. Ich konnte nicht länger so tun, als wäre ich zweiundzwanzig. Über kurz oder lang hätte es nämlich das bewirkt, was die Drogen und der Alkohol nicht geschafft hatten: mich umzubringen. Und zum Sterben war ich noch nicht bereit.

EPILOG

Die Abschiedstour begann am 8. September in Allentown in Pennsylvania. David hatte es geschafft, exakt das rauschende Fest auf die Beine zu stellen, das ich mir gewünscht hatte. Der Bühnenaufbau war unglaublich, und zur Untermalung der Songs hatte er eine Reihe großartiger Filme in Auftrag gegeben. Animationen, die das Plattencover von *Captain Fantastic* zum Leben erweckten, alte Aufnahmen aus so ziemlich jeder Phase meiner Karriere und ausgefallene Clips zeitgenössischer Künstler. Tony King hatte alles im Blick und sorgte dafür, dass es immer perfekt aussah. Ein halbes Jahrhundert, nachdem dieser außergewöhnlich gut aussehende Mann in mein Leben getreten war, vertraute ich seinem Sinn für Ästhetik noch immer vorbehaltlos. Die Kritiken waren fantastisch. Als ich zum letzten Mal eine derart positive Besprechung bekommen hatte, war mein Haar noch voll gewesen, und der Autor musste die Hälfte des Textes darauf verwenden, seinen Lesern zu erklären, wer ich überhaupt war. Das Schönste daran war, dass die Kritiker ehrlich traurig zu sein schienen. Traurig, dass ich mich entschieden hatte, nicht mehr auf Tournee zu gehen, dass sich eine Ära ihrem Ende zuneigte.

Ich hatte bereits die ersten Termine der Tour gespielt, als ich einen Rohschnitt von *Rocketman* sah. David war sichtbar nervös, wie ich reagieren würde. Dass Taron Egerton der richtige Mann war, um mich zu spielen, hatte ich bereits gewusst, als ich ihn »Don't Let the Sun Go Down on Me« singen hörte. Er hatte es geschafft, den Song zu Ende zu bringen, ohne dass er damit drohte, jemanden zu ermorden und ohne über Engelbert Humperdinck zu fluchen. Verglichen mit meinem ersten Versuch, den Song zu singen, war das eine deutliche Verbesserung. Ich lud Taron nach Woodside ein und plauderte mit ihm bei einem Curry vom Lieferservice. Ich holte meine alten Tagebücher von Anfang der Siebzigerjahre hervor und ließ ihn darin schmökern, damit er ein Gefühl dafür bekam, wie mein Leben damals gewesen war. Diese Tagebücher sind wirklich unfreiwillig komisch. Sämtliche Einträge sind so übertrieben sachlich, dass dadurch alles nur noch grotesker erscheint. »Aufgestanden. Haus aufgeräumt. Fußballspiel im Fernsehen gesehen. ›Candle in the Wind‹ geschrieben. Nach London gefahren. Rolls-Royce gekauft. Ringo Starr war zum Essen da.« Vermutlich habe ich auf diese Weise versucht, dem, was mir damals widerfuhr, einen Anstrich von Normalität zu geben. Dabei war an meinem damaligen Leben überhaupt nichts normal.

Während des Drehs hielt ich mich vom Set fern und vermied es, einen Blick auf das Rohmaterial zu werfen. Kein Schauspieler will, dass die Person, die er spielt, ihn angafft, während er versucht, sie darzustellen. Doch als ich den Film dann schließlich sah, ging es mir genauso wie damals, als ich zum ersten Mal *Billy Elliot* gesehen hatte. Ich fing sofort an zu schluchzen, als Mum und Dad in der Szene in Großmutters Haus »I Want Love« sangen. Als Bernie diesen Song schrieb, hatte er vor allem sich selbst vor Augen, einen Mann mittleren Alters, der ein paar gescheiterte Ehen hinter sich hatte und sich fragte, ob er sich je wieder verlieben würde. Doch »I Want Love« könnte tatsächlich auch von den Menschen in diesem Haus an der Pinner Hill Road handeln. Der Film fühlte sich richtig an, und das war für mich das Allerwichtigste. Die Gründe dafür sind vermutlich die gleichen wie die für dieses Buch: Ich wollte, dass meine Kinder etwas haben, das sie in vierzig Jahren noch ansehen oder lesen können, wenn sie mehr über mich und mein Leben herausfinden wollen.

Nach Bekanntgabe der Abschiedstour orakelten einige Journalisten in ihren Artikeln, dass ich mich niemals wirklich zurückziehen würde. Sie untermauerten diese These mit enormem Faktenwissen und beeindruckenden psychologischen Erkenntnissen über meine Person. Die Liste der Argumente lautete: nicht seine erste Ankündigung, sich zur Ruhe zu setzen; zwanghafte Persönlichkeit; geborener Entertainer; musikbesessen, und so weiter und so fort. Noch überzeugender hätten sie ihre Argumentation allerdings belegen können, wenn sie einfach wiederholt hätten, was ich auf der Pressekonferenz gesagt habe. Dass ich nämlich nicht die geringste Absicht hege, künftig der Musik oder auch nur den Liveauftritten gänzlich den Rücken zu kehren. Ich habe nur angekündigt, dass ich künftig nicht mehr ständig rund um den Globus ziehen werde. Stattdessen absolviere ich noch eine letzte Welttournee, und das war's dann. In mehr als drei Jahren werde ich dreihundert Auftritte in Nord- und Südamerika, Europa, Asien, Australien und dem Nahen Osten spielen. Die Kinder bekommen einen Privatlehrer und reisen mit.

Das ist nicht das Ende. An dem Gedanken, nicht mehr auf Tournee zu gehen, begeisterte mich vor allem die Aussicht darauf, künftig mehr Zeit für andere Dinge zu haben. Ich möchte mehr Musicals und Soundtracks schreiben. Ich möchte mehr Zeit in die Arbeit mit der AIDS Foundation investieren, besonders in unser Engagement in Afrika. Ich möchte mich für die LGBTQ-Gemeinschaft dort einsetzen, mit Politikern in Uganda, Kenia oder Nigeria sprechen und dafür kämpfen, dass Lesben, Schwule, Bisexuelle und Transgender dort in Zukunft menschenwürdiger behandelt werden. Ich möchte mit vielen verschiedenen Künstlern zusammenarbeiten. Ich möchte eine riesige Ausstellung machen, die meine gesamte Karriere abdeckt, vielleicht sogar ein Museum eröffnen, damit die Menschen einen Teil meiner Gemälde- und meiner Fotografiesammlung sehen können. Ich möchte mehr Zeit in die Produktion neuer Alben stecken und diese wieder so angehen, wie ich das zu Beginn meiner Solokarriere gemacht habe: Ich will Bernie überzeugen, möglichst viele Texte zu schreiben, damit ich schon einen Haufen Material habe, bevor es ins Studio geht. Das letzte Album, bei dem ich vor Beginn der Aufnahmesessions eine große Auswahl an Songs zur Verfügung hatte, war bei *Madman Across the Water*, und das ist mittlerweile achtundvierzig Jahre her. Bei jeder Produktion danach kam ich einfach ins Studio und schrieb die Songs dort, so wie ein Maler, der sein Werk mit einer nackten Leinwand beginnt. Ich möchte zu einer Arbeitsweise zurückfinden, bei der ich komponiere, ohne parallel aufzunehmen – so, wie wir es bei *Captain Fantastic* gemacht haben. Ich möchte weiter live spielen, aber sehr viel kleinere Shows, bei denen ich mich darauf konzentrieren kann, ganz unterschiedliche Songs zu spielen. Wenn Hits wie »I'm Still Standing«, »Rocket Man« oder »Your Song« einen Nachteil haben, dann den, dass sie irgendwann überlebensgroß werden und ein Eigenleben entwickeln, das alles andere überschattet, was man tut. Ich liebe diese Songs über alles, aber ich habe noch andere Songs geschrieben, die ich für genauso gut halte. Diese Songs möchte ich auch gerne mal ins Rampenlicht rücken.

Doch mehr als alles andere möchte ich meine Zeit damit verbringen … normal zu sein, oder zumindest so normal, wie mir das möglich ist. Weniger auf Tournee zu sein bedeutet mehr Zeit zu haben, um meine Kinder zur Schule zu bringen, mehr Zeit für Samstagnachmittagsausflüge zu Pizza Express oder zu Daniel, dem örtlichen Kaufhaus in Windsor. Sachen, die meinen Kindern Spaß machen. Sachen, von denen ich früher niemals gedacht hätte, dass ich sie einmal genießen würde. Ich bin mein Leben lang vor Reg Dwight davongelaufen, weil Reg Dwight wirklich kein glückliches Kerlchen war. Dabei habe ich allerdings eines gelernt: Immer wenn ich mich zu weit von Reg entfernt habe, wenn ich den Kontakt zu dem normalen Jungen verlor, der ich einmal gewesen bin, lief alles höllisch schief, und ich war unglücklicher als je zuvor. Genau wie jeder andere auch brauche ich eine gewisse Verbindung zur Realität.

Mein Leben war außergewöhnlich, und das ist es immer noch. Aber ich würde nichts daran ändern wollen, nicht einmal das, was ich bereue, denn ich bin ungeheuer glücklich mit der Entwicklung, die es genommen hat. Natürlich wünsche ich mir, ich wäre einfach weitergegangen, als ich gesehen habe, wie John Reid im Studio das Kokain zu Lines auslegte, statt neugierig meine Nase hineinzustecken – und zwar im wahrsten Sinne des Wortes. Doch vielleicht habe ich das alles durchstehen müssen, um dann am Ende zu dem Menschen werden zu können, der ich heute bin. Auch wenn dieser Mensch so ganz anders ist, als ich es jemals erwartet habe, ein verheirateter Mann und zweifacher Vater, zwei Dinge, die mir vor nicht allzu langer Zeit noch unmöglich erschienen. Aber das ist die zweite Lektion, die mir mein irrwitziges Leben erteilt hat: Seit jenem Moment, als mir nach einem verpatzten Vorspielen ein Umschlag mit Texten von Bernie zugesteckt wurde, ist nichts jemals wirklich so gekommen, wie es geplant war. In meinem Leben und meiner Karriere reihte sich ein Was-wäre-wenn-Moment an den anderen, lauter seltsame kleine Momente, die alles veränderten. Was wäre passiert, wenn ich von dem vermasselten Vorspielen so frustriert gewesen wäre, dass ich Bernies Umschlag auf dem Weg zum Bahnhof einfach in die Mülltonne geworfen hätte? Was, wenn ich hartnäckig geblieben und nicht nach Amerika gegangen wäre, als Dick James mir dazu geraten hat? Was, wenn West Bromwich Albion an jenem Nachmittag Anfang der Neunziger von Watford geschlagen worden und ich deshalb so guter Dinge gewesen wäre, dass ich nicht das Bedürfnis verspürt hätte, einen Freund anzurufen, um ihn zu bitten, ein paar schwule Männer zum Essen mitzubringen? Was, wenn mir Lev in dem ukrainischen Waisenhaus gar nicht aufgefallen wäre? Wo wäre ich dann heute? Und vor allem: *Wer* wäre ich heute?

Es führt zu nichts, wenn ich mir über diese Dinge das Hirn zermartere. Sie sind nun einmal passiert, und genau darum bin ich der, der ich bin. Es bringt nichts, sich ständig zu fragen: Was wäre, wenn …? Es gibt nur eine Frage, die sich wirklich zu stellen lohnt: Wie geht es weiter?

476

DANK

Vielen Dank an alle, die meinem Gedächtnis auf die Sprünge geholfen haben und die Teil meines unglaublichen Lebens waren.

WICHTIGE EREIGNISSE

1947	Geburt 20
1950er	Hört zum ersten Mal Elvis 17
	Reddiford School 25
1950er/1960er	Klavierspiel und Unterricht 24f.
	Pinner County Grammar School 27, 34
	Rock'n'Roll, Aufstieg des 18f., 31ff.
	Royal Academy of Music 40ff.
1960er	Victoria Wine Job 32
	Arbeit als Studiomusiker 79ff.
1961	Scheidung der Eltern und neue Partner 42ff.
1962	Northwood Hills Hotel 43ff.
1963	Mills Music Job 45, 50ff.
1967	Liberty Records Vorspiel 13, 63f.
	Erste Begegnung mit Bernie Taupin 13f., 64ff.
1968	DJM 67f.
	Verlobung mit/Trennung von Linda Woodrow 71ff.
	Selbstmordversuch 73
1968	Baldry sagt ihm, dass er schwul ist 74
	sexuelles Erwachen 83
1969	Erste Begegnung mit Steve Brown 83ff.
	Eurovision Song Contest 85ff.
	Gründung der Elton John Band 88
1970	Erste USA-Tour 97ff.
	Erste Begegnung mit Leon Russell 101ff.

Verlust der Jungfräulichkeit 104f., 107ff.

Zusammenziehen mit John Reid 108ff.

Coming-out gegenüber Familie und Freunden 107ff.

John Reid wird Manager 120f.

1972 Namensänderung 125

Drüsenfieber 136

1973 Gorillakostüm beim Stooges-Konzert 447

Erste Begegnung mit John Lennon 155ff.

1974 Gründung von Rocket Records 143

Beginn des Kokainkonsums 145ff.

Verhaftung in Neuseeland 151

an Bord der SS *France* 158

Gastmusiker auf Lennons Album *Walls and Bridges* 160

Lennon live im Madison Square Garden 161

1975 Trennung von John Reid 151ff.

Elton John Week in Los Angeles 175ff.

Selbstmordversuche 177ff.

1976 Begegnung mit Elvis 185ff.

Erschöpfung 189ff.

Rolling Stone-Interview 190ff.

Coming-out in der Öffentlichkeit 191f.

Kauf des Watford FC 197ff.

Queen Mother zu Gast beim Lunch 211

1977 Pause der Zusammenarbeit mit Bernie 216

Zusammenarbeit mit Thom Bell 218

Ankündigung des Live-Rückzugs in Wembley 224

1978 Zusammenarbeit mit Gary Osborne 217

1980 Zusammenarbeit mit Tom Robinson 218

erfährt vom Mord an John Lennon 234ff.

1981 Erste Begegnung mit Prinzessin Diana 361ff.

Prinz Andrews Geburtstagsparty 361

1983 Safari mit Rod Stewart 247

Reise nach China mit dem Watford FC 247f.

1984 Verlobung und Heirat mit Renate Blauel 252ff.

1985–1986 Stimmprobleme 260ff.

1986 mögliche Krebsdiagnose 265ff.

1987 Halsoperation 266f.

Bulimie 273

Sun Zeitungskrieg 267ff.

1988 Scheidung von Renate 279

Sotheby's Auktionen 283ff.

1990 Tod von Ryan White 288ff.

Hilferuf 301

1990–1991	Entzug 303ff.
1991	Tod des Vaters 319f.
	Tod von Freddie Mercury 320f.
	Erste Begegnung mit John Scott 323
	Wiederaufnahme der Arbeit 325f.
1992	Gründung der Elton John AIDS Foundation 326
	Versteigerung der Plattensammlung 328
1993	Erste Begegnung mit David Furnish 337ff.
	Lunch mit David und EJs Eltern 344ff.
1994	Einführung in die Rock and Roll Hall of Fame 348ff.
1994/1997	*Der König der Löwen* Film und Musical 333ff.
1997	Party zum 50. Geburtstag 437
	Mord an Gianni Versace und Beerdigung 355ff.
	erfährt von Prinzessin Dianas Tod 360
	Prinzessin Dianas Beerdigung 368ff.
1998	Ritterschlag 362
	VH1 Divas 377
	Tour mit Billy Joel 380
	Ende der Geschäftsbeziehung mit John Reid Enterprises 381ff.
1999	Herzprobleme 462
2001	*Songs from the West Coast* 394ff.
2004	Beginn der regelmäßigen Konzerte im Caesars Palace 396ff.
2005	Antrag an David für eine eingetragene Lebenspartnerschaft 401
	Zeremonie und Empfang 400ff.
2007	Party zum 60. Geburtstag 437
2010s	Kollaborationen 449ff.
	David wird Manager 457ff.
	Todesfälle im Freundeskreis 452ff.
2010	Rush Limbaugh Hochzeit 451f.
	Geburt von Sohn Zachary 430f.
2011–2017	*The Million Dollar Piano*, Las Vegas 449
2012	*Good Morning to the Night Album* (mit Pnau) 449f.
2013	Geburt von Sohn Elijah 435
	Blinddarmdurchbruch 462f.
2014	Ehe mit David 440
	Tod und Beerdigung der Mutter 441f.
2017	Entscheidung zwischen Tourneen oder Elternschaft 459ff.
	Prostatakrebs und Nachwirkungen 461ff.
	Party zum 70. Geburtstag 465
	fast tödliche Infektion 466ff.
2018–2019	*Rocketman* Film 472f.
	Abschiedstour 471f.

PERSONENREGISTER

Ackles, David 99
Adams, Bryan 404
Adams, Ryan 390, 394, 465
Alexandra, Prinzessin 225
Anderson, Jon 66
Andrews, Bernie 281
Andrews, Julie 265
Anne, Prinzessin 361f.
Armani, Giorgio 377
Artem in der Ukraine 423, 426f.
Ashe, Arthur 328
Ashen, John 37
Atwell, Winifred 19, 89f.
Auger, Brian 9, 61

Babylon, Guy 423
Baldry, Long John 8ff., 61f., 69, 82, 88,
    93, 114, 169, 445
Barbis, Eddi 312
Barbis, Johnny 312, 416
Barnes, John 202
Bassett, Dave 205
Beck, Jeff 95ff.
Bell, Thom 218

Bellotte, Pete 223
Birch, Bob 378, 452
Birdsong, Cindy 75
Blauel, Renate 242, 251ff., 279, 411
Blissett, Luther 202
Blunt, James 402
Bolan, Marc 113, 214, 235, 351
Bond, Isabel 58
Bowie, David 92, 113
Branson, Richard 368f.
Brant, Sandy 358, 401, 412f., 430,
    432
Brett, Jeremy 267
Brown, Steve 83ff., 92, 97, 108f., 124
Brown, Stuart 61
Buck, Vance 274, 326
Buckmaster, Paul 41, 92, 123, 262
Burchett, Guy 219
Burdon, Eric 60
Burns, Shirley 79
Byron, David 81

Caddy, Alan 81
Callaghan, Nigel 202

Carey, George, Erzbischof von
    Canterbury 369
Cash, Rosanne 465
Chapman, Beth Nielsen 376
Charles, Prinz von Wales 361, 364f., 401
Charles, Ray 248f., 372, 415
Cher 174, 261
Clapton, Eric 116f., 308, 414
Clough, Brian 207
Cohen, Leonard 66, 70, 84
Collins, Phil 265f.
Cooper, Alice 217
Cooper, Ray 41, 225, 230, 232, 241, 308,
    314, 361
Cornelius, Don 164
Costello, Elvis 224
Cox, Patrick 404
Crosby, David 119
Curtis, Richard 364

D'Amico, Antonio 359, 376
Daldry, Stephen 392
Dean, Elton 12, 14
Dee, Kiki 111, 144, 182, 185, 213, 217, 404
Delfont, Bernard 137f.
Denny, Sandy 112
Derek (EJs Fahrer) 385
Diamond, Neil 99f.
Diana, Prinzessin von Wales 361ff., 368ff.,
    373ff.
Divine 163, 185, 400
Driscoll, Julie 9, 61
Dudgeon, Gus 92, 124, 143f., 259, 262,
    293, 415
Dury, Ian 224
Dwight, Roy 37f.
Dwight, Sheila (EJs Mutter) 17ff., 22ff.,
    26ff., 42ff., 51, 69, 72, 78f., 109f., 129,
    176, 212f., 230f., 251, 258, 344ff., 398f.,
    406ff., 435ff.
Dwight, Stanley (EJs Vater) 19ff., 45ff.,
    249ff., 319f.
Dylan, Bob 14, 49, 89, 119f., 173, 296f., 333

Ebert, Roger 332
Egerton, Taron 472
Elliot, Mama Cass 119, 372
Elizabeth II. 131, 361ff., 369
Elizabeth, Königinmutter 131, 138, 211,
    260
Eminem 324, 349, 434

Fame, Georgie 57
Farebrother, Fred («Derf«) 42f., 51, 152,
    157f., 188, 212f., 251, 406ff., 441
Farebrother, Sheila (EJs Mutter); siehe
    Dwight, Sheila (EJs Mutter)
Forbes, Bryan 130f.
Francis, Keith 28, 34, 405
Franklin, Aretha 329, 437
Franks, Clive 87
Furnish, David 337ff., 344ff., 354ff., 363ff.,
    385, 392, 400ff., 412ff., 420ff., 428ff.,
    440, 454ff., 471f.
Furnish, Gladys 410
Furnish, Jack 410
Furnish-John, Elijah 435, 440, 456, 459,
    461, 465
Furnish-John, Zachary 431ff., 437, 440,
    456, 459, 461, 465, 469

Gaff, Billy 150, 257, 268, 270
Gaga, Lady 400, 432, 434, 465
Garcia, Jerry 349
Garfunkel, Art 173
Garnier, Laurent 293
Gates, John 27f.
Gavin, Pete 12
Geller, Uri 162
Gere, Richard 364ff.
Gibb, Maurice 121
Gibb, Robin 81
Gilbert, John 170
Gillespie, Dana 81
Glotzer, Bennett 119f.
Goldsmith, Harvey 227
Graham, Bill 104, 415

Greco, Buddy 72, 93
Grossman, Albert 119f.
Guetta, David 293

Hall, Lee 392, 459
Halley, Bob 211f., 239, 245, 253, 287, 296,
   385, 438, 441f.
Halley, Pearl 212
Halperin, Bruce 233
Harrison, George 296, 415
Harry, Prinz, Herzog von Sussex 363,
   370f., 376, 465
Harty, Russell 176
Heart, Harry 53, 66
Heath, Edward 285
Henley, Don 386
Hepburn, Katharine 131
Hewitson, Mike 296
Hilburn, Robert 103, 112
Hill, Andy 212
Hiller, Tony 45
Holly, Buddy 34f.
Houston, Whitney 324
Howard, James Newton 165, 168,
   232
Hunt, Marsha 61f.
Hurley, Elizabeth 430
Hutton, Danny 117

Inkpen, Mick 51
Iovine, Jimmy 160

Jackson, Michael 153, 287, 289, 345,
   347f., 396
Jackson, Steve 252, 451
Jagger, Mick 89, 269
Jahr, Cliff 190f.
James, Dick 67f., 70, 85, 97, 100, 121,
   215f., 225, 476
James, Stephen 68f.
Johnson, Michael 35
Johnstone, Davey 124, 216f. 224, 378
Jones, Mrs. (Klavierlehrerin) 25

Jones, Quincy 102
Jopling, Jay 401, 409

Kanga, Skaila 41, 241
Katzenberg, Jeffrey 335, 364, 391
Katzenberg, Marilyn 364
Key, Robert 286, 300, 307, 328, 371, 385
Khan, Chaka 169
King, Billie Jean 162, 180, 232, 312, 328,
   408
King, Tony 68, 79f., 82, 100, 107, 139,
   152f., 155, 166, 173, 175f., 252, 270,
   274, 296, 410, 414, 449, 456f.,
   471
Kinison, Sam 294
Kitt, Eartha 172
Kloss, Ilana 312, 328
Knight, Gladys 142, 290
Kramer, Larry 291

LaBelle, Patti 52, 57, 75, 91, 117
LaChapelle, David 397f., 458f.
Lance, Major 52, 57, 91, 117, 181
Larkham, David 97
Lawrence, Sharon 143
Le Bon, Simon 244
Leggatt, Julie 274
Lennon, Cynthia 158
Lennon, John 155,160, 163, 184, 234ff.,
   242, 351, 356, 415
Lennon, Julian 158
Lennon, Sean 162, 420
Leonard, Pat 394
Lewis, Jerry Lee 12, 32, 36f., 46, 89
Liberace 119ff., 138
Limbaugh, Rush 451
Lindsay-Hogg, Michael 220
Linley, Viscount David (Earl Snowdon)
   132, 362f.
Lippert, Patrick 328
Little Richard (Penniman) 12, 32f., 36, 59,
   89f., 102, 370
Lovelace, Linda 139, 142

Lowe, Tim 274
Lulu 85f., 144

MacKenzie, Kelvin 267
Mackie, Bob 137, 176, 180, 233, 261, 270
Madonna 394f., 432f.
Manuel, Richard 119
Margaret, Prinzessin, Gräfin von Snow-
  don 131f., 188
Martin, George 68, 242, 373, 408
Marx, Groucho 131
McCartney, Paul 80, 170
McCormack, Eric 404
McCreary, Peggy 242
McIntosh, Robbie 174f.
McKellen, Sir Ian 404
Mee, Bertie 202
Megson, Mr. 32
Meldrum, Molly 433
Mellencamp, John 288
Mendes, Sérgio 93f.
Mercury, Freddie 153f., 259f., 296, 320f.,
  326, 329, 349
Michael, George 260, 310, 324, 353, 364,
  370
Midlane, Kaye 35
Minnelli, Liza 221
Mitchell, Joni 119, 242f.
Moon, Keith 89, 129, 235, 415
Moroder, Giorgio 243
Morris, Jim 359
Mulcahy, Russell 241
Murray, Dee 88, 217, 415

Nash, Graham 119
Nelson, Willie 288
Newman, Nanette 130, 133
Nilsson, Harry 156, 415
Noosa 419ff.
Nutter, Tommy 158

O'Grady, Paul 404
Olsson, Nigel 88

Ono, Yoko 156, 161f., 184, 234ff., 243
Osborne, Gary 217, 274
Osborne, Jenny 217
Osbourne, Sharon 410

Page, Gene 164
Pang, May 156
Pappas, Connie 168
Parkinson, Michael 276
Passarelli, Kenny 165
Peel, John 93, 282
Pell, Benjamin 384f.
Perrin, Alain 316f.
Petchey, Jack 206
Philip, Prinz, Herzog von Edinburgh 203
Phillips, Arlene 243
Piena, Helen 40
Plumley, Eddie 202
Pop, Iggy 274, 447
Pope, Roger 165
Presland, Frank 385f., 457
Presley, Elvis 17ff., 32f., 43, 177, 185ff.,
  309, 346, 361, 396
Presley, Lisa Marie 186
Presley, Priscilla 186
Price, Alan 60
Price, Bill 242
Proby, P. J. 75
Putin, Wladimir 231, 450f.
Putot, Pierre 194f.

Quaye, Caleb 67f., 83, 87f., 165, 216

Reagan, Ronald 271, 289f.
Reavey, Annie 137
Reed, Lou 221, 288, 380
Reeves, Jim 43, 63
Reeves, Martha 174
Reid, John 82f., 104f., 139, 161, 174ff.,
  191f., 199, 202, 215, 220, 223f., 228,
  234f., 240, 244ff., 256, 258, 274, 253,
  255, 381ff., 397, 437, 475
Renwick, Tim 232

Rice, Tim 218, 331, 391
Richard, Cliff 36, 221
Richards, Keith 146, 269, 333, 352
Richie, Janet 35
Ringler, Guy 429
Roberts, Tommy 100
Robertson, Robbie 119
Robinson, Tom 218
Rockwell, John 184
Rose, Axl 348ff.
Rose, Howard 116, 122, 328
Rosner, David und Margo 123
Rotten, Johnny 213f.
Rubell, Steve 220f., 326
Russell, Leon 91, 101ff., 116, 263, 414ff.

Sasha, sowjetischer Bodyguard 228f., 231
Scott, John 323, 326f., 335
Shears, Jake 404
Shepard, Matthew 396
Simon, Paul 173, 380
Sischy, Ingrid 358, 401, 412f., 430, 432, 453f.
Smith, »Legs« Larry 137
Sobell, Michael 209
Springfield, Dusty 95, 173, 352, 414f.
Stacey, Bob 385
Stallone, Sylvester 364f.
Starr, Ringo 130, 135, 158, 160, 166, 170, 239, 295, 408, 472
Steele, Polly 354
Stewart, Billy 56f.
Stewart, Dave 144
Stewart, Rod 9, 61, 113, 132, 150, 167, 198, 213f., 222, 247, 257, 268, 315
Stills, Stephen 119
Sting 349, 356
Stone, Joss 402
Street-Porter, Janet 213f., 257, 404

Taupin, Bernie 14, 64ff., 70ff., 77ff., 83ff., 88, 90ff., 109, 118f., 126f., 129, 139f., 159, 161ff., 182, 185, 188f., 201f., 215ff.,
234f., 241f., 246, 256f., 261, 311f., 325, 332f., 369, 389ff., 465f., 473ff.
Taupin, Maxine 109, 129, 165, 188
Taupin, Toni 257
Taylor, Elizabeth 290f., 345, 404
Taylor, Graham 201f., 204ff., 408, 448, 454
Taylor-Wood, Sam 399, 401, 404
Taymor, Julie 334
Tempest, Roy 52ff.
Tendler, Arnold 51, 460
Thomas, Chris 41, 242, 251, 255, 292
Timberlake, Justin 397
Tonkin, Dr. John 263ff.
Tornowoi, Wladislaw 451
Townshend, Pete 89, 95
Turner, Tina 248, 262, 377f.

Vaughan, Stevie Ray 308
Venables, Terry 50
Versace, Allegra 357f.
Versace, Donatella 357ff.
Versace, Gianni 219, 342ff., 355ff., 366ff., 376f., 381, 413, 454

Wainwright, Rufus 324
Walden, Barry 28, 35
Walker, Alan 61
Walsh, Joe 169
Warhol, Andy 157, 289
Warwick, Dionne 248, 290, 324
Watson, Tom 175
Weisenfeld, Jason 358f.
West, Mae 175
Westgate-Smith, Mr. 46
Weston, Carol 79
Weston, Doug 415
White, Andrea 287
White, Jeanne 275ff., 287ff., 294
White, Ryan 274ff., 287ff., 294f., 311, 326
Whitlock, Bobby 117
Whitten, Bill 137
William, Prinz, Herzog von Cambridge 370f.

Williams, Hugh 287
Williams, Ray 13, 63, 97, 103, 120, 311
Wilson, Brian 117f., 362
Winfrey, Oprah 375
Winter, Norman 97ff., 102
Winwood, Muff 92, 203, 408
Winwood, Stevie 59, 92
Winwood, Zena 92, 408
Wonder, Stevie 143, 145, 290, 465

Wood, Roy 60
Woodrow, Linda 71
Woodward, Edward 65
Wright, Steve 293

Young, Neil 111f., 242f., 288

Zeffirelli, Franco 173
Zito, Richie 232

SACHREGISTER

Abbey Road Studios 79
Academy Awards Viewing Party 328
After Dark Club, Los Angeles 172,
 415
Aida (Musical) 391
Aids/HIV 231, 252, 268, 274f., 289ff., 294,
 325ff., 363, 452
Associated Independent Recording (AIR)
 68, 79
Almost Famous (Film) 393
American Foundation for AIDS Research
 290f.
Andy Williams Show 372
»Are You Ready for Love« (Bell/Bell/
 James) 218
Average White Band 174

»Back in the U.S.S.R.« (Lennon/
 McCartney) 230
»Back to the Island« (Russell)
 414
Bag O'Nails Pub 74f., 82, 95
Band, The 70, 91, 98, 119, 333, 362
Barron Knights, The 80
Beach Boys, The 98, 117f., 169

Beatles, The 7, 36, 49, 53, 57f., 68ff., 113,
 160, 176f., 186, 402
Billy Elliot (Film) 391
Billy Elliot (Musical) 393, 412, 436, 472
Blue Mink 225
Bluesology 8ff., 12ff., 51ff., 57ff., 63, 68,
 73, 90, 117, 147, 181, 198f., 223, 460
»Bohemian Rhapsody« (Mercury) 153,
 349
Boy Club, Paris 292f., 336

Caesars Palace, Las Vegas 396, 464f.
Caribou Ranch Studio, Colorado 144
Cembalos 93
Central Park, New York 233, 235
Château d'Hérouville, Frankreich 125,
 136, 141
Chelsea FC 50
China (Band) 224
»Come Back Baby« (Dwight) 52
Corvettes, The 37, 51

Daily Express 86f.
Daily Mail 228, 425
Daily Mirror 278

Dakota Building, New York 162, 184, 236
Delaney & Bonnie 91, 99
Denmark Street, London 45, 49f.70, 82
Derek and the Dominos 116f.
Dick James Music (DJM) 67f., 79, 83, 86f., 92, 96f., 116, 121, 124, 143, 215f., 225
Disco 222f., 293
Disney Studios 331, 335, 364
Dodger-Stadion, Los Angeles 175, 180f., 205
»Don't Give Up« (Gabriel/Bush) 298f.
Double Fantasy (Lennon/Ono) 243
Drag-Namen 115
Dreamworks 335, 391
Duran Duran 241, 244
Dynamic Sounds Studios, Kingston, Jamaica 140

Eagles, The 169, 242, 386
Elton John AIDS Foundation 231, 326, 329, 368, 371, 376, 419, 422, 427, 435, 452, 455, 462, 474
Elton John Band 88
Eurovision Song Contest 85, 88

Fairport Convention 104f., 112
Farm Aid 288
Fernsehauftritte 94, 265, 294, 348ff., 369, 372
Fontana, Wayne and the Mindbenders 57
Fußball 37ff., 197ff.
Fotheringay 112
France, SS 158
Friends Soundtrack 331f.
Fulham FC 37

Gay Clubs 82, 111, 163, 172, 222, 414, 445
Geffen Records 242f.
Grateful Dead, The 125, 349
Guns N' Roses 288, 349

Hammondorgeln 59
»Heartbreak Hotel« (Axton, Durden, Presley) 18f., 186
Heartbreaker (Adams) 390
»He'll Have to Go« (Allison/Allison) 63f.
HIV/Aids *siehe* Aids/HIV
Hollywood Bowl 139
Hollywood Walk of Fame 175ff.
Hoochie Coochie Men, The 9, 61
Hookfoot 88

»I'm Not in Love« (Stewart/Gouldman) 166
Ink Spots, The 55
Inn On The Park, London 286
Interview (Magazin) 412
Island Records 92

Kenton Conservative Club 36, 61
Kokain 146f., 303ff., 307ff., 311ff., 321f., 357f.
Kiki and Herb 404
KPPC Radio 104
Krumlin-Festival, Yorkshire 94f., 104

LA Times 103f., 116
Latino Club, South Shields 7
Laurel Canyon, Los Angeles 119
Lestat (Musical) 436
»Let the Heartaches Begin« (Macaulay and Macleod) 10f., 14, 63, 65
Liberty Records 13, 63f., 124
London Palladium 36, 109, 138
Longdancer 144
Los Angeles Elton John Week (1975) 175ff.
Los Angeles Free Press 104
»Love Me Do« (Lennon, McCartney) 35f.
»Lucy in the Sky with Diamonds« (Lennon/McCartney) (EJ Aufnahme) 162

Madison Square Garden 161, 183, 189, 223, 260, 461
Marble Arch Label 80
Martha & The Vandellas 121f.
Mike Sammes Singers 79
Milk and Honey (Lennon/Ono) 236
Million Dollar Piano, The 449
Mills Music 45, 50, 52
Mind Games (Lennon) 155
Mirage, The 88
Montserrat Studio 242, 251, 253, 255
Mothers of Invention 7
Move, The 60f.
»Mr. Frantic« (Dwight) 52
Musicland 66, 70, 78

Northwood Hills Hotel 43f., 46, 63, 93
Nottingham Forest FC 38, 207

Ogilvy & Mather 338
One to One Talkshow 277
Open Hand 326

Parade (Zeitung) 352f.
Philips Records 70, 85, 87
Pinner County Grammar School 27, 34
Plastic Penny 88
Pnau 450
Puk Studio, Denmark 291
Punk 214f.

Queen 153, 248, 259

Rainbow Theatre, London 225f., 414
Record Plant East Studio, New York 160
Red Piano, The 398f., 449, 458
»Ride a White Swan« (Bolan) 113
Robinson, Smokey & The Miracles 121
Rock and Roll Hall of Fame 348ff., 418
Rock and Royalty (Versace) 366
Rock'n'Roll, Aufstieg des 31ff.

Rocket Records 328
Rocketman Film 472f.
Rolling Stone-Interview 1976 190ff.
Rolling Stones 8, 49, 53, 69, 140f., 146, 151, 333, 449
Royal Academy of Music 40ff.

»Sand and Water« (Chapman) 376
Studiomusiker 125, 165
Sex Pistols 214, 227
Smash Hits Tennis 328
Sotheby's Auktionen 283ff.
Soul Train 164
South Harrow British Legion 36
South Park 375
»Space Oddity« (Bowie) 92
Speakeasy Club, London 95f.
Stackridge 169
Starship Flugzeug 142, 145, 187, 200, 217, 345
Steampacket 9, 61
Stiff Records 224
Stonewall 294
Stooges, The 447
Studio 54, New York 220ff.
Studio One Club, Los Angeles 172
Sun City, Südafrika 248
Sun (Zeitung) 193, 266ff., 274, 277f., 425
»Surprise Surprise« (Lennon) 160

Tamla Motown Label 82
»Tears of a Clown« (Cosby/Robinson/Wonder) 121
»That's What Friends Are For« (Bacharach) Wohltätigkeits-Single 290
Three Dog Night 88, 117
Too 2 Much Club 404
Top of the Pops 12, 80f., 95, 375
Top Ten Club, Hamburg 57, 223
Trident Studio, London 92, 222
Troggs, The 67, 87

Troubadour, Los Angeles 100f., 103, 112, 156, 174, 176, 263, 390, 414f.
»Tutti Frutti« (Penniman, LaBostrie) 32

... und das Leben geht weiter (Dokudrama) 326
Uni Records 95, 98, 102f.

VH1 Divas Live 377
Victoria Wine 32
Videos 219f.

Voodoo Lounge (Rolling Stones) 333
Vox-Continental-Orgel 12, 59f.

Watford FC 38f., 197ff., 318f.
Weg nach El Dorado, Der (Soundtrack) 391
Wham! 260
»Whatever Gets You Thru the Night« (Lennon) 160
WNEW Radio 184
Women Talking Dirty (Soundtrack) 390
Woodside, Old Windsor 188, 209f., 281ff., 406ff., 440ff.

ALBEN

Bernie als einziger Texter
  Big Picture, The 389f.
  Captain and the Kid, The 395f.
  Captain Fantastic and the Brown Dirt Cowboy 159, 169, 395
  Caribou 144, 159
  Diving Board, The 395f.
  Don't Shoot Me, I'm Only the Piano Player 136, 395
  Elton John 81, 93, 97, 100, 104, 242
  Empty Sky 87f., 91, 97, 165, 289
  Goodbye Yellow Brick Road 140f., 150, 395
  Honky Château 126, 137
  Ice on Fire («Wrap Her Up» mit anderen) 259
  Made in England 389
  Madman Across the Water 123, 181, 431, 474
  One, The («Runaway Train» John/Taupin/Romo) 325, 331, 343
  Peachtree Road 395
  Reg Strikes Back 285
  Rock of the Westies 176f., 181, 193, 215

  Sleeping with the Past 196, 291, 293, 316
  Songs from the West Coast 394, 397, 399
  Too Low for Zero 241, 251, 257
  Tumbleweed Connection 112, 116, 119f., 123, 165, 181, 242, 395, 465
  Wonderful Crazy Night 396
Bernie mit anderen Textern
  21 at 33 232
  Blue Moves 187f., 193, 284
  Fox, The 242
  Jump Up! 219, 242, 274
  Leather Jackets 260f., 292, 325, 390
andere Alben
  11-17-70 (Livealbum) 123
  Aida (Musical) 391
  Billy Elliot (Soundtrack) 393, 412, 436, 459, 472
  Elton John's Greatest Hits (Compilation) 333
  Friends (Soundtrack) 123, 331
  Good Morning to the Night (mit Pnau) 449
  Here and There (Livealbum) 215

König der Löwen, Der (Soundtrack und Musical) 333, 335, 364, 382, 391
Live in Australia (Livealbum) 262
Muse, The (Soundtrack) 390
To Be Continued (Compilation) 315
Union, The (mit Leon Russell) 418

Vampire Lestat, The (Musical) 436
Victim of Love (Discoalbum) 223, 232
Weg nach El Dorado, Der (Soundtrack) 391
Women Talking Dirty (Soundtrack) 390

SONGS/SINGLES

Bernie als einziger Texter
»All the Nasties« 123
»Amazes Me« 293
»American Triangle« 394
»Amy« 127
»Ballad of a Well-Known Gun« 119
»Border Song« 90, 95
»Candle in the Wind« (Originalversion und für Prinzessin Diana) 141, 260, 270, 288, 368, 371, 373, 375ff., 472
»Cold as Christmas« 242
»Country Comfort« 114
»Don't Go Breaking My Heart« 182, 185, 340
»Don't Let the Sun Go Down on Me« 90, 144, 266, 293, 325, 472
»Ego« 219f., 241
»Empty Garden« 235
»Grow Some Funk of Your Own« 181
»Healing Hands« 293
»Heartache All Over the World« 260f.
»Hoop of Fire« 261

»I Fall Apart« 261
»I Guess That's Why They Call It the Blues« 242, 332
»I Never Knew Her Name« 293
»I Think I'm Going to Kill Myself« 137
»I Want Love« 394, 399, 473
»I'm Always on the Bonk« 182
»I'm Still Standing« 241ff., 257, 288, 474
»I've Been Loving You« 69f., 73, 85f.
»Kiss the Bride« 242, 257
»Lady Samantha« 85, 88
»Lady What's Tomorrow« 84
»Look Ma, No Hands« 394
»Mona Lisas and Mad Hatters« 127
»My Father's Gun« 333
»Nikita« 259
»Philadelphia Freedom« 162, 164, 180, 218
»Rocket Man« 127, 136, 448, 474
»Sacrifice« 293
»Sad Songs (Say So Much)« 126

»Skyline Pigeon« 70, 289
»Someone Saved My Life Tonight« 72, 76, 332
»Sorry Seems to Be the Hardest Word« 188, 332, 415
»Take Me to the Pilot« 90, 395
»The Last Song« 325f.
»This Train Don't Stop There Anymore« 397
»Tiny Dancer« 393
»We All Fall in Love Sometimes« 159
»White Lady White Powder« 232
»Your Song« 81, 90, 94, 118, 233, 382, 474

Elton als Texter
»Song for Guy« 219
andere Texter
»Are You Ready for Love« 218
»Blue Eyes« 217, 274
»Can You Feel the Love Tonight?« 333
»Chloe« 217
»Don't Trust That Woman« 261
»Elton's Song« 218
»Hakuna Matata« 333
»Legal Boys« 219
»Little Jeannie« 217
»Sartorial Eloquence« 218

BILDNACHWEIS

Mit Ausnahme der folgenden Fotos stammen alle Bilder aus der Privatsammlung des Autors:

Seite 3 oben links © Edna Dwight
Seite 3 unten © Mercury Records Ltd
Seite 5 oben © Mike Ross / Lickerish Syndication
Seite 5 unten © Barrie Wentzell
Seite 6 oben, Seite 10 Mitte, links und rechts, Fotos mit freundlicher Genehmigung von Rocket Entertainment
Seite 6 Mitte, Foto von David Larkham
Seite 6 unten, Foto von Don Nix © OKPOP Collection / Steve Todoroff Archive
Seite 7 oben © Bob Gruen / www.bobgruen.com
Seite 7 unten © Anonymous / AP / Shutterstock
Seite 8 oben © Michael Putlund / Getty Images
Seite 8 unten © Bryan Forbes
Seite 9 oben © MARKA / Alamy Stock Photo
Seite 9 unten rechts, Seite 11 oben und unten, Seite 12 oben und unten © Sam Emerson (mit freundlicher Genehmigung von Rocket Entertainment)
Seite 10 oben © May Pang
Seite 10 unten © Mike Hewitson
Seite 13 oben © Terry O'Neill / Iconic Images
Seite 14 oben © Ron Galella / WireImage
Seite 14 unten © Northcliffe Collection / ANL / Shutterstock
Seite 15 oben © Chris Morris / Shutterstock
Seite 15 unten © Alan Cozzi (mit freundlicher Genehmigung von Watford FC)